Franz Kolland, Rebekka Rohner, Stefan Hopf, Vera Gallistl

Wohnmonitor Alter 2018

Franz Kolland, Rebekka Rohner, Stefan Hopf, Vera Gallistl

Wohnmonitor Alter 2018

Wohnbedürfnisse und Wohnvorstellungen im Dritten und Vierten Lebensalter in Österreich

Mit Gastbeiträgen von

François Höpflinger
Frank Oswald
Anna Wanka
Helena Müller
Andreas Wörndl
Julia Birke

StudienVerlag
Innsbruck
Wien
Bozen

SeneCura Kliniken- und Heimebetriebsges.m.b.H.
1020 Wien
Lassallestraße 7a/Unit 4/TOP 8
Tel.: 0043/1/5856159-0
E-mail: office@senecura.at
www.senecura.at

© 2018 by Studienverlag Ges.m.b.H., Erlerstraße 10, A-6020 Innsbruck
E-Mail: order@studienverlag.at
Internet: www.studienverlag.at

Umschlag- und Buchgestaltung nach Entwürfen von himmel. Studio für Design und Kommunikation, Innsbruck / Scheffau – www.himmel.co.at
Umschlag: himmel. Studio für Design und Kommunikation
Satz: Studienverlag/Maria Strobl – www.gestro.at

Gedruckt auf umweltfreundlichem, chlor- und säurefrei gebleichtem Papier.

Bibliografische Information der Deutschen Nationalbibliothek
Die Deutsche Nationalbibliothek verzeichnet diese Publikation in der Deutschen Nationalbibliografie; detaillierte bibliografische Daten sind im Internet über <http://dnb.dnb.de> abrufbar.

ISBN 978-3-7065-5922-5

Alle Rechte vorbehalten. Kein Teil des Werkes darf in irgendeiner Form (Druck, Fotokopie, Mikrofilm oder in einem anderen Verfahren) ohne schriftliche Genehmigung des Verlages reproduziert oder unter Verwendung elektronischer Systeme verarbeitet, vervielfältigt oder verbreitet werden.

Inhalt

Vorwort   7

Teil I: Einführendes   9

Altern und Wohnen im Wandel   11

Wohnperspektiven: Reportagen über die Vielfältigkeit des Wohnens im Alter (Julia Birke)   23

Teil II: Expertisen   31

Zur Lebenslage älterer Menschen – im Vergleich mitteleuropäischer Länder (François Höpflinger)   33

Wohnen im höheren Lebensalter – Österreich und Schweiz im Vergleich (François Höpflinger)   41

Wohnen und Wohnveränderungen im Lebenslauf (Helena Müller, Anna Wanka, Frank Oswald)   51

Der Mensch im Raum. Gestaltungsprinzipien für Lebensraum-Modelle im Alter (Andreas Wörndl)   63

Teil III: Analysen – Demoskopie zum Wohnen im Alter in Österreich   75

Der Wohnmonitor 2018: Zielsetzung und empirisch-methodisches Vorgehen   77

Zufriedenheit mit Wohnung und Wohnumgebung im Alter   81

Wohnsituation älterer Frauen und Männer in Österreich   101

Persönliche Hilfen und technische Unterstützung im privaten Wohnen   119

Umzugsbereitschaft und Umzugsgründe in der zweiten Lebenshälfte   133

Wohnen in Alten- und Pflegeheimen	151
Wohnwünsche und -formen	169

Teil IV: Verdichtungen — 185
    Zielgruppen älterer Menschen – Wohnstile im Alter — 187
    Handreichungen für die Praxis — 209

Bibliographie — 217

Abbildungsverzeichnis — 229

Tabellenverzeichnis — 233

Vorwort

Der hier vorgelegte Wohnmonitor Alter schließt eine Lücke in der österreichischen Alter(n)sforschung und ist der Beginn einer Serie von Beobachtungen des Wohnverhaltens und der Wohnzufriedenheit in Österreich. Seriöse Aussagen über soziale Sachverhalte sind eher dann möglich, wenn diese wiederholt beobachtet werden. Da wir von der Annahme ausgehen, dass Wohnbedarfe und Wohnbedürfnisse im Alter sowohl stabil sind als auch sich verändern, braucht es eine entsprechende methodische Vorgangsweise, um das zu belegen. Als geeignete Methode dafür sehen wir die wiederholte Befragung von Menschen in der Lebensphase Alter. Die Befragung selbst, so wie die gewählten Themen der Befragung, beziehen sich dabei auf Forschungen im In- und Ausland. Besonders hervorgehoben werden sollen die Arbeiten von François Höpflinger in der Schweiz, der uns mit seinem Age Report wichtige Anregungen gegeben hat und damit geradezu wegweisend für den Wohnmonitor Alter ist.

Um die Ergebnisse der Befragung von älteren Menschen in Österreich besser verstehen und einordnen zu können, haben wir uns dazu entschieden, weitere wissenschaftliche Expertisen in diese Publikation aufzunehmen. Eingeladen haben wir François Höpflinger, dessen zwei Beiträge kulturvergleichend angelegt sind, Andreas Wörndl, der einen architekturbezogenen Blick auf das Wohnen im Alter gewährt, Helena Müller, Anna Wanka und Frank Oswald mit einer Lebenslaufperspektive auf das Wohnen und Julia Birke, die über drei biografische Zugänge die Heterogenität der Wohnwünsche herausstellt.

Aufgabe dieses Wohnmonitors Alter ist neben der fundierten empirischen Untersuchung des Wohnverhaltens die Bedeutung dieser Fragestellung für die Praxis. Damit also dieses Projekt erfolgreich realisiert werden konnte, brauchte es nicht nur die wissenschaftliche Expertise, es brauchte auch die Praxis. Für dieses Projekt haben wir in Gestalt der SeneCura Gruppe einen exzellenten Partner gefunden. Diesen sehen wir als eine Art „Opportunity Structure", d. h. als Diskussionspartner sowohl in Hinsicht auf die Wahl der interessierenden Themen als auch in Hinsicht auf die sogenannte Dissemination bzw. Verbreitung der Ergebnisse. Dazu kommt, dass wir in der SeneCura auch einen verlässlichen Partner für die Finanzierung dieses Projektes gefunden haben.

Erreichen wollen wir mit diesem Wohnmonitor Entscheidungsträger und Planungseinrichtungen mit dem Ziel, eine hohe Wohnqualität und damit auch hohe Lebensqualität im Alter zu erreichen.

Wien, November 2018

Franz Kolland, Rebekka Rohner, Stefan Hopf, Vera Gallistl

Teil I: Einführendes

Altern und Wohnen im Wandel

Altern ist in modernen Gesellschaften ein vielfältiges und dynamisches Phänomen geworden. Wurde die Lebensphase Alter in der Forschung lange als Phase des Rückzugs wahrgenommen, hat sich durch das Aufkommen des „Aktiven Alters" ein Perspektivenwechsel vollzogen. Das Alter wird heute nicht mehr rückzugsorientiert, sondern ressourcen- und aktivitätsorientiert verstanden. Wohnen im Alter heißt vor diesem Hintergrund, älteren Menschen Aktivität, Anerkennung und Autonomie zu ermöglichen und im höheren Lebensalter aufrecht zu erhalten.

Zusätzlich zur Aktivitätsorientierung im Alter bilden sich vielfältige Lebensbedingungen älterer Menschen in der Moderne heraus: Das Alter ist in modernen Gesellschaften zu einem vielschichtigen sozialen Phänomen geworden (Yang & Lee, 2010).

Vor dem Hintergrund dieses grundlegenden Wandels der Lebens- und Wohnbedingungen älterer Menschen, fragt dieses Kapitel nach Bedingungen und Chancen des Wohnens im Alter. Was lässt sich aus sozialwissenschaftlicher Sicht über das Wohnen sagen? Wie lässt sich das Alter vor dem Hintergrund gesellschaftlicher Vielfalt und Individualisierung bestimmen? Und welche Wohnbedürfnisse gehen darauf aufbauend mit dem höheren Lebensalter einher?

Die soziale Wirklichkeit des Wohnens

Wohnen ist ein existenzielles Grundbedürfnis des Menschen und in einem ständigen Wandel. Hartmut Häußermann und Walter Siebel (2000, p. 42) bestimmen Wohnen „als elementare Erscheinungs- und Ausdrucksform menschlichen Seins, welches alle Tätigkeiten und Verhaltensweisen, die regelmäßig an einem bestimmten Ort stattfinden, erfasst".

Im Gegensatz zur Architektur interessieren sich die Sozial- und Kulturwissenschaften weniger für die physische Grundlage, die Konstruktion und Ästhetik von Gebäuden, sondern für die „soziale Wirklichkeit des Wohnens". Wohnweisen, als räumlich organisierte Lebensweisen (Elias, 1983), bieten dabei einen höchst anschaulichen Zugang zum Verständnis gesellschaftlicher Beziehungen. Denn die Art oder der Typus der gesellschaftlichen Beziehungen drückt sich immer auch durch räumliche Kategorien aus. Jeder Art des Zusammenseins von Menschen entspricht auch eine bestimmte Ausgestaltung des Raumes, wo die zugehörigen Menschen tatsächlich beisammen sind oder sein können. „Im Wohnen", so Jürgen Hasse (2012, p. 477), „drückt sich eine spezifische Weise des Menschen aus, sein Leben in Formen der Verräumlichung zu führen."

Der Alltag jedes Menschen ist also immer in räumlich-soziale Kontexte eingebettet. Einerseits bildet unsere Umwelt eine Voraussetzung für die Lebensbewältigung, auf der anderen Seite gebrauchen wir unsere Umwelt als Mittel zur Alltagsgestaltung. Räumlichkeit ist eine Wesensbestimmung des menschlichen Daseins, denn ohne Umwelt- und Raumbezug ist menschliches Leben nicht vorstellbar.

Wohnen ist für den Menschen eine charakteristische Daseinsform, was dem Wohnen seinen hohen Stellenwert verleiht. Wohnen heißt, an einem bestimmten Ort zuhause zu sein, mit ihm verwachsen zu sein und auch dort hinzugehören (Saup, 2001). Wohnen bezeichnet den

Eintritt in eine besonders innige physische, soziale und psychologische Beziehung zur Umwelt. Wohnen hat mit Selbstbewahrung, Beheimatung, Sicherheit, Identität und Kontemplation zu tun. Auch in der Alltagssprache wird eine ähnlich umfassende Bezeichnung gebraucht, wenn es heißt: „Wo lebst Du?" Wohnen ist eine vergleichsweise enge Beziehung des Menschen zu seiner Umwelt, eine Interaktion zwischen Mensch und Wohnumgebung, genauer: eine Transaktion von und zwischen Mensch-Umwelt-Einheiten im Zeitablauf, eine zentrale menschliche Tätigkeit, eine Rahmenbedingung für Sozialisationsleistungen der Familie und ein emotionales Verbundensein mit einem Ort.

Der Idealtypus des modernen Wohnens zeigt sich in der Trennung von Öffentlichkeit und Privatheit, in der symbolischen Funktion der Wohnung (z. B. Wohnung als Statussymbol) und in der Individualisierung, d. h. der eigenständigen Haushaltsführung der verschiedenen familialen Generationen. Die Wohnung wird in der Moderne industrialisierter Gesellschaften zum Ausdruck für die richtige Art des Lebens.

„Die Art des Wohnens ist auch ein Indikator dafür, wie reich eine Person beziehungsweise ein Haushalt ist" (Blasius, 2017). Wohnen beeinflusst damit den sozialen Status einer Person. Das Wohngebiet, in dem jemand wohnt, „färbt" auf die Person ab. Aus diesem Grund spielt bei Wohnraumentscheidungen neben der Wahl der Art des Wohnraumes (Größe, Rechtsverhältnis, Ausstattung) immer auch die Wahl des Wohngebiets eine Rolle. Dabei geht es neben den räumlich-physikalischen Bedingungen, ob städtisch oder in Grünlage, stets auch um das soziale Umfeld, welches das Wohnen beeinflusst.

Die Wohnung ist aber nicht nur ein Ort, der den eigenen sozialen Status maßgeblich beeinflusst und ein Ort subjektiv gefühlter Zugehörigkeit und Emotionalität, sondern auch ein Ort „ökonomischer Rationalität" (Hasse, 2012). Diese zeigt sich in roboterisierter Hausarbeit, in Erwerbsarbeit zu Hause oder über WhatsApp gesteuerte familiale Kommunikation in Mehrzimmer-Haushalten. Wohnen ist also sowohl Erlebnis als auch Funktionalität, ist ein Lebenszusammenhang, der über alltägliche Praktiken hergestellt wird. Wohnen heißt handeln, heißt lernen.

Verändert haben sich in den letzten Jahrzehnten die Ansprüche an die Wohnungsausstattung (Einem 2016, p. 145ff.). Waren in der zweiten Hälfte des 20. Jahrhunderts Wohnungen mit Teppichboden beliebt, so werden seit mehr als zwei Jahrzehnten Wohnungen mit Laminatböden oder Parkett nachgefragt. Eine Wohnung ohne Balkon oder Terrasse ist an Mittelstandsfamilien nur mehr beschränkt vermittelbar. Das Bad ist großzügig mit hochwertigen Objekten und Armaturen gestaltet. Schlecht gedämmte Wohnungen mit unzureichend isolierten Fenstern, d. h. mit hohen Heizkosten, werden gemieden. Zudem ist die Lärmsensibilität gestiegen, werden Wohnungen an lärmbelasteten Durchgangsstraßen gemieden. Unbeliebt sind heute Wohnungen mit starren Grundrissen, die in großen anonymen Wohnblocks und Großsiedlungen errichtet wurden. Die Standardwohnung, die für Ehepaare mit einem oder zwei Kindern eingerichtet wurden, hatte eine Sitzgruppe, eine Vitrine und einen Fernsehapparat, die immer am gleichen Platz standen. Das Schlafzimmer der Eltern, das Kinderzimmer, das Bad und die Wohnungstür konnten mit geschlossenen Augen gefunden werden. Diese Wohnraumgestaltung galt in ähnlicher Form auch für das Einfamilien-Wohnhaus. Heute werden Wohnungen mit flexiblen Grundrissen ausgestattet, wird die Wohnung selbst immer wieder „umgemodelt", gehört etwa die Regendusche zu den gewünschten Utensilien eines Badezimmers.

Zuletzt ist Wohnen auch ein Ort der Auseinandersetzung mit unseren ästhetischen Präferenzen: Wie möchte ich meine Wohnung gestalten? Wann fühle ich mich in meiner Wohnung wohl? Die Wohnung bietet ihren Bewohnerinnen und Bewohnern als individuelle Ausdrucksmöglichkeit Chancen zur Selbstentfaltung (Harth & Scheller, 2012a). Aus dieser Perspektive ist das Wohnen eine Frage des Geschmacks und eine Frage des Lebensstils.

Über den persönlichen Geschmack drückt die Wohnung soziale Unterschiedlichkeiten und Ungleichheiten aus. Ästhetische Urteile – welche Möbel und Einrichtungsgegenstände zum Beispiel gefallen oder abgelehnt werden – werden durch Zugehörigkeiten zu bestimmten sozialen Gruppen erlernt und drücken unseren soziokulturellen Status und die Zugehörigkeit zu einem sozialen Milieu aus (Katschnig-Fasch, 1998). Unter dem sozialen Milieu – in unserem Fall Wohnmilieu – wird eine Gruppe von Menschen verstanden, die ähnliche Lebensbedingungen aufweist, d. h. Einkommen, Erwerbsstatus usw. und einen ähnlichen Lebensstil entwickelt (Hradil, 1987). Der Lebensstil beruht auf ästhetischen Präferenzen und Geschmacksurteilen in Hinsicht auf Wohnungseinrichtung und -gestaltung. Wohnen hat aus dieser Perspektive – auch im Alter – eine ästhetische und symbolische Komponente: Wo und wie ich wohne, muss meinen Überzeugungen, meiner Zugehörigkeit zu einem Milieu und meinem Geschmack entsprechen.

Wohnen im Alter – Unterschiede zu anderen Lebensphasen?

Wie sehen Wohnbedürfnisse im Alter aus? Unterscheiden sich diese von jenen in anderen Lebensphasen?

Wohnbedürfnisse sind lebenszyklusabhängig. Im Alter erhält Wohnen einen generell höheren Stellenwert. Die Wohnung und die unmittelbare Wohnumgebung sind im höheren und höchsten Lebensalter wichtige Lebensräume. Empirische Befunde zeigen, dass ältere Menschen einen großen Teil des Tages im eigenen Wohnbereich verbringen (Saup, 2001). Dabei findet Wohnen nicht nur innerhalb der Wohnung statt, sondern umfasst auch das unmittelbare Wohnumfeld. Vieles spricht dafür, dass die Lebensqualität im Alter, wozu die selbständige Lebensführung gehört, mit zunehmendem Alter deutlich von den Bedingungen der Wohnung und den Gegebenheiten des unmittelbaren Wohnumfelds abhängt.

Was meinen wir mit Alter?

Alter und Altern lassen sich aus verschiedenen Perspektiven betrachten und inhaltlich bestimmen. Für unsere Zwecke wollen wir vier Perspektiven herausheben, wobei klar ist, dass diese primär den Sinn haben, den Bedeutungshorizont zu bestimmen, der die Diskussion in diesem Buch folgt.

Zu nennen ist an erster Stelle das kalendarische Alter. Obwohl diese Perspektive am stärksten zur Kritik herausfordert, weil tatsächlich sehr unklar ist, ab welchem kalendarischen Alter nun von Alter gesprochen werden kann bzw. welche Markierungen die Lebensphase Alter festlegen, gibt es dafür doch auch einen guten Grund, diese zu wählen, nämlich die Altersgrenze. Gemeint ist damit das Pensionierungsalter, welches das Wohnen beeinflusst, und zwar dergestalt, dass das Individuum das Verhältnis zwischen privatem und öffentlichem Raum neu ordnet. Es kann zu mehr verbrachter Zeit zu Hause führen, zu neuen Tätigkeiten zu Hause, es kann aber auch der öffentliche Nahraum neu erschlossen werden, oder es kann zu baulichen Veränderungen kommen.

An zweiter Stelle ist das funktionale Alter zu nennen, welches sich auf die gesundheitlichen Ressourcen bezieht. Je nach körperlicher und geistiger Mobilität, wird von einem gesunden oder gebrechlichen Alter gesprochen. Die je unterschiedliche Verfasstheit wirkt auf das Wohnverhalten, beeinflusst die Wohnzufriedenheit, führt zu Anpassungsprozessen. Funktionale Einschränkungen machen ältere Menschen in Bezug auf Störungen und Hindernisse im Wohnalltag anfälliger, andererseits aber auch empfänglicher für erleichternde Wohn- und Umweltbedingungen. Umweltbedingungen spielen dann eine große Rolle, wenn physische, sensorische oder kognitive Einschränkungen gegeben sind.

Als dritte Eingrenzungsform ist das soziale Alter zu nennen. Das Alter aus sozialer bzw. soziologischer Perspektive ist von den gesellschaftlichen Normen und Rollenerwartungen bestimmt. Alter und Altern werden sozial konstruiert. Gemeint ist damit, dass der Alternsprozess nicht nur als ein bio-medizinische Prozess zu verstehen ist, sondern auch beeinflusst wird von den gesellschaftlichen Lebensbedingungen und Erwartungen. Eine klar positive Rollenerwartung ist mit der Großelternposition verknüpft. Diese Position wirkt sich auf das Wohnverhalten dann sehr stark aus, wenn Großeltern ihren Wohnraum temporär (z. B. Nachmittagsbetreuung) oder längerfristig (z. B. Zusammenwohnen mit Enkelkind) zur Verfügung stellen. Eine ungünstige Situation ist dort gegeben, wo alte Menschen in ihrem Wohnumfeld Bedingungen vorfinden, die als altersdiskriminierend bezeichnet werden können. Dazu gehören verschiedene Formen von Barrieren im öffentlichen Raum, stark beschleunigte Lebensverhältnisse oder kulturelle Ausgrenzungen.

Als vierter Aspekt ist das kulturelle Alter zu nennen. Altern ist in modernen Gesellschaften keine eindeutige bestimmte Lebensphase mehr, sondern gleichsam eine soziale, biologische und kulturelle Tatsache (Kolland, Gallistl, & Wanka, 2018). Alter und Altern werden heute in vielfältiger Weise über Werturteile und Lebensstile mitgestaltet: Je älter Menschen werden, desto verschiedener werden sie auch voneinander (Yang & Lee, 2010). Diese Betrachtungsweise stellt ältere Menschen als aktiv Handelnde dar, die ihre Lebensstile im späteren Leben selbstbestimmt gestalten (Gilleard & Higgs, 2000). Mit Bezug auf das Wohnen im Alter bedeutet dies, dass ältere Menschen nicht nur einseitig von ihrer Wohnumgebung bestimmt werden, sondern diese auch aktiv – etwa durch die Einrichtung, Veränderungen der Wohnung nach persönlichem Geschmack – mitgestalten. Diese aktive Gestaltung der Wohnung wirkt sich positiv auf die Wohnzufriedenheit aus. Empirische Studien zeigen, dass die Einrichtung nach persönlichen Geschmack auch im Leben im Pflegeheim eine zentrale Rolle für das Wohlbefinden der Bewohnerinnen und Bewohner spielt. Positiv auf das Wohlbefinden im Altersheim wirkt sich aus, eigene Möbel zu kaufen oder Erinnerungsstücke wie z. B. Fotos im Pflegeheim aufstellen zu können (Lovatt, 2018).

Neben den alterns- und kohortenbedingten Veränderungen in den Wohnformen beeinflusst der allgemeine Wandel der Wohnung und des architektonischen Gehäuses das Wohnen im Alter. Unter den strukturellen gesellschaftlichen Veränderungen sind der Wandel von Ehe und Familie, von gesellschaftlicher Arbeitsteilung und Herrschaftsorganisation sowie von Geschlechterverhältnis und Charakterstruktur zu nennen (Häußermann & Siebel, 1996).

Wohnfragen im höheren Lebensalter umfassen sehr unterschiedliche Aspekte des Lebens. Soziale Beziehungen sind ebenso wichtig wie privates Leben und Selbstbestimmung oder die räumlich-dingliche Gestaltung der Wohnung. Von den räumlichen Faktoren her gesehen, sind Bedingungen günstig, die alte Menschen zu sozialer Teilhabe veranlassen. Verhalten im Alter ergibt sich immer aus der Wechselwirkung zwischen gegebenen Kompetenzen, d.s. Gesundheit, Sensorik, geistige Leistungsfähigkeit und räumlich-sozialen Umweltbedingungen, d.i. Qualität der Wohnbedingungen, Verfügbarkeit eines Fahrstuhls, Entfernung zur nächsten

Haltestelle. Gelungene Anpassung im Alter setzt bei hohem Umweltdruck eine hohe Kompetenz voraus. Ist etwa eine schlechte Beleuchtung am Abend gegeben, dann braucht es ein gutes Sehvermögen. Umgekehrt verlangt ein schlechtes Sehvermögen eine gute Beleuchtung. Mit herabgesetzter Kompetenz des älteren Menschen steigt jedenfalls der Einfluss von Umweltmerkmalen (Lawton & Simon, 1968).

Neben den lebensphasen- und kohortenspezifischen Einflüssen, sind als Besonderheit des Wohnens im Alter, die Wohnungen selbst zu nennen. Was ist damit gemeint? Aus der durchschnittlich sehr langen Wohndauer, die im Alter gegeben ist, ergibt sich als Effekt, dass auch die Wohnung altert und zwar auch dann, wenn regelmäßig Investitionen getätigt werden. „Jede Wohnung oder Haus durchläuft einen Lebenszyklus" (Einem 2016, 148). Mit der Zeit sinkt eine Wohnung von Qualitätsstufe zu Qualitätsstufe ab. Treibender Grund ist der Prozess der Alterung. Je länger jemand in einer Wohnung lebt, desto stärker ist ein Prozess gegeben, der als „Trickle-Down Effekt" (Sclar 1987) bezeichnet wird. Relativ zu modernen Angeboten sinkt eine „gebrauchte" Wohnung langsam ab. Das kann daran liegen, weil sie „altert", d. h. funktional oder ästhetisch nicht mehr den sich verändernden Ansprüchen gerecht wird. Durch Modernisierung, d. h. durch qualitative Standardverbesserung, kann dieser Prozess zum Teil aufgehalten oder gar umgekehrt werden, sodass von einem Trickle-Up-Effekt gesprochen wird.

Lebensformen im Wandel

Gezeigt werden können hinsichtlich der Wohn- und Lebensformen für ältere und hochaltrige Menschen Veränderungen in den Bedürfnissen. Dies liegt daran, weil neue Generationen ins Alter kommen, die sowohl in ökonomischer als auch sozialer und kultureller Hinsicht vielfältig sind. Die Wohnmöglichkeiten für ältere Menschen beschränken sich heute nicht mehr auf die Alternative „Daheim oder Heim". Neben den traditionellen Wohnformen geraten neue, innovative Modelle in den Blickpunkt. Wohnen im Alter reicht von privatem Wohnen aktiver, gesunder Menschen bis zu betreuten Wohngruppen für Pflegebedürftige.

Aus dieser Perspektive greift es zu kurz, ältere Menschen als homogene Gruppe zu charakterisieren. Wünschenswert ist es eher, die Vielfalt des Alter(n)s anzuerkennen. Es sind im Alter weniger homogene Lebenslagen gegeben, sondern breit gefächerte Lebensstile und Lebenswelten (Kolland, Gallistl, & Wanka, 2018).

In der Altersforschung hat es bislang verschiedene Versuche gegeben, die Heterogenität der Lebensphase Alter zu beschreiben. Eine wichtige Unterscheidung traf die US-amerikanische Forscherin Bernice Neugarten (1974), indem sie zwischen den „jungen Alten" (55–75 Jahre) und den „alten Alten" (75+ Jahre) differenzierte. Aufbauend darauf schlug Peter Laslett (1989) vor, die Lebensphase Alter in ein drittes und ein viertes Lebensalter zu unterteilen. Während das dritte Lebensalter als eine Phase gesteigerter Aktivität nach dem Berufsaustritt, der Kreativität und persönlicher Entwicklungschancen verstanden wird, ist das vierte Alter durch gesundheitliche Einschränkungen und Vulnerabilität gekennzeichnet. Die jungen Alten leben in ihrer Wohnumgebung weitgehend behinderungsfrei und wünschen sich Komfort, während Menschen im vierten Alter stärkere Anpassungen ihrer Wohnumgebung benötigen und stärker sicherheitsorientiert sind (Kolland, Gallistl, & Wanka, 2018).

Weiters lässt sich die Gruppe älterer Menschen nach Generationszugehörigkeit unterscheiden. Bedeutsam sind die Wohnungswünsche der sogenannten „Baby Boomer"-Generation,

d. h. in Österreich die Geburtsjahrgänge 1952–1972. Diese geburtenstarken Jahrgänge der Nachkriegsgeneration zeigen erhebliche Unterschiede zu ihrer Elterngeneration hinsichtlich ihrer Wohnwünsche und Wohnorientierungen. So wurden die Baby Boomer als erste Generation mit der Auflösung traditioneller Lebensformen konfrontiert, etwa im Bereich Scheidung, Sexualität und Familie. Zudem profitieren die Baby Boomer von der Bildungsexpansion der 1980er-Jahre. Sie konnten häufiger akademischen Berufen im Dienstleistungssektor nachgehen. Aus diesem Grund werden erhebliche Anteile dieser Generation das höhere Alter in einem besseren Gesundheitszustand als ihre Eltern erreichen. Sie werden im Alter eine aktivere Lebensform und eine höhere Anpassungsbereitschaft haben, aber auch eine selbstbewusstere Position einnehmen (Höpflinger, 2017).

Forschungsergebnisse zum Wohnen im Alter aus den USA zeigen, dass sich die Baby Boomer nur bedingt in bisherige institutionelle Wohnformen integrieren lassen. Sie leben eine neue Form des Alterns, die auf die „Maskierung" des Älterwerdens abzielt, was durch eine stark expandierende Anti-Ageing-Industrie (z. B. Fitness, Schönheitsoperationen) unterstützt wird. Sie wollen weder alt aussehen noch als alt bezeichnet werden. Sie eint außerdem ein starkes Generationenbewusstsein, das sich durch eine klare Abgrenzung zur Elterngeneration definiert. Die soziale Einbindung in die Strukturen institutioneller Wohnformen werden dadurch erschwert (Roth et al., 2012).

Die angeführten Umbrüche in den Lebens- und Wohnformen haben folgende Trends hervorgebracht (vgl. Höpflinger, 2004):

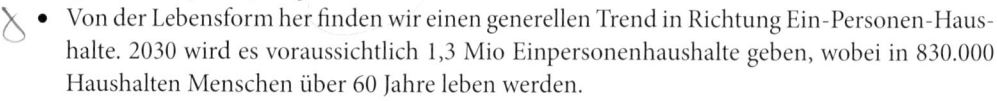

- Von der Lebensform her finden wir einen generellen Trend in Richtung Ein-Personen-Haushalte. 2030 wird es voraussichtlich 1,3 Mio Einpersonenhaushalte geben, wobei in 830.000 Haushalten Menschen über 60 Jahre leben werden.
- Es steigt der Anteil von Menschen, welche auch im Alter in einer Ehebeziehung leben. Dies ist primär darauf zurückzuführen, dass es sich bei den heutigen älteren Menschen um ehefreundliche Generationen handelt.
- Verringert hat sich der Anteil älterer Menschen, welche mit oder bei einem ihrer Kinder wohnen.
- Schließlich zeigt sich ein deutlicher Rückgang im Anteil komplexer Haushaltsformen. Ein Zusammenleben mit anderen Verwandten oder Bekannten ist seltener geworden.

Wohnzufriedenheit als Anpassungsprozess im Lebenslauf

Wohnbedürfnisse und Wohnwünsche von Menschen im Alter sind – ähnlich der Situation in anderen Altersstufen - unterschiedlich. Dies hängt damit zusammen, dass ältere Menschen unterschiedliche Lebens- und Wohnerfahrungen hinter sich haben und auch Prozesse des Alterns individuell verlaufen. Deshalb gibt es im Alter keine Wohnform, die für alle gleichermaßen ideal ist. Studien zeigen hier auch, dass in der Wohnzufriedenheit zwischen in privaten Wohnungen lebenden Menschen und Heimbewohnern kaum Unterschiede gegeben sind.

Empirische Studien zeigen eine hohe Wohnzufriedenheit im Alter (Höpflinger & van Wezemeal, 2014). Die hohe Wohnzufriedenheit älterer Menschen ist allerdings kein guter Gradmesser dafür, ob eine Wohnung altersgerecht eingerichtet ist. Die hohe Wohnzufriedenheit älterer Menschen widerspiegelt nicht allein einen hohen Wohnstandard, sondern sie ist auch das Ergebnis einer gegenseitigen Anpassung von Person und Wohnung. Dadurch werden manche

Wohnungsmängel nicht oder nur bedingt wahrgenommen. Ältere Menschen gewöhnen sich häufig allzu leicht an unbefriedigende oder nicht altersgerechte Wohnbedingungen.

Die Gründe, dass die Bewohner nur selten Unzufriedenheit äußern, selbst wenn die Wohnverhältnisse objektiv betrachtet schlecht sind, sind unter anderem (Höpflinger, 2009):
- Resignative Anpassung, d. h. die Kluft zwischen dem was sich der Betroffene vorgestellt hat, und dem was tatsächlich ist, verringert sich.
- Der Wunsch nach einem positiven Selbstbildnis und dem Bedürfnis nach Anerkennung (Theorie der kognitiven Dissonanz) verhindert das Eingeständnis, dass man in einer ausgesprochen schlechten Wohngegend wohnt.
- Selektionsprozesse: Das heißt, jene Personen die nicht zufrieden sind, bemühen sich, soweit möglich um Alternativen. Ältere Personen und Personen mit längerer Wohndauer sind leichter zufrieden zu stellen.

Zu beachten ist daher, dass „das Ergebnis von Wohnzufriedenheitsbefragungen also weniger die wahre Wohnzufriedenheit wiedergibt, sondern vielmehr Mechanismen der Selbstverteidigung offen legt" (Carp & Carp, 1981). Eine hohe Wohnzufriedenheit kann auch zustande kommen, obwohl die Wohnumwelt kaum zu übersehende objektive Mängel aufweist, diese werden einfach für nicht so wichtig erklärt.

Bei Untersuchungen zur Wohnzufriedenheit im Alter (vgl. Saup, 2001) stellt sich heraus, dass neben der physischen Beschaffenheit der Umwelt bedeutungsorientierte Aspekte einen hohen Stellenwert haben. So stellen der subjektive Wert des Wohnens und die Bindung an das eigene Zuhause einen Mittelpunkt im Lebensinteresse älterer Menschen dar. Es geht weniger um die objektiv gegebenen ökologischen Bedingungen als vielmehr um die Art und Weise, wie ältere Menschen diese erleben, und was sie für sie persönlich bedeuten. Wenn auch die generelle Lebenszufriedenheit im Alter sehr stark mit der Zufriedenheit mit der Wohnsituation korreliert, so ist diese Wohnzufriedenheit jedoch nur in geringem Maße von objektiven, funktionalen Umweltkriterien bestimmt, sondern vielmehr beeinflusst von subjektiven Bedeutungen wie biographische Verankerung und Erinnerung.

Als gesichert gilt jedenfalls, dass Selbstbestimmung ein wesentliches Element der Wohnqualität im Alter ist. Diese gilt es sowohl im Bereich des privaten Wohnens zu fördern, um einen möglichst langen Verbleib in der eigenen Wohnung zu gewährleisten, diese ist aber auch wesentlich in allen anderen Wohnformen. Dazu gehört, dass eigenständiges Handeln gefördert und unterstützt wird, ob das nun die barrierefreie Gestaltung der Wohnung betrifft oder Möglichkeiten der Freizeitgestaltung. *Unterstützend wirken weiters Home-Monitoring-Systeme, die mithilfe von Sensoren individuelle Bewohner/innenprofile erstellen oder medizinische Messwerte automatisch an den Arzt übertragen* (vgl. Miesenberger, Klaus, Zagler, & Karshmer, 2008; Wright, Gutwirth, & Friedewald, 2008). Es geht dabei um Sicherheit und Komfort, wobei allerdings auch Fragen des Persönlichkeitsschutzes zu klären sind. Technologieassistenz stellt die Politik vor die Aufgabe datenschutzrechtliche Klärungen vorzunehmen.

Wohnumwelt und Wohnen im Quartier

Wohnen und Wohnquartier bilden einen sozialräumlichen Kontext, der für Personen je nach Lebensphase einen unterschiedlichen Stellenwert hat. Wohnen findet jedenfalls nicht nur innerhalb der Wohnung statt, sondern umfasst auch das unmittelbare Wohnumfeld. Neben der Frage nach den Bauformen geht es stets um die räumliche Anordnung und Einbindung der Gesellschaft in den Wohnraum auf der Mikroebene von Wohnhäusern und Wohnungen.

Wie wirkt das Wohnumfeld, die Nachbarschaft auf die Bewohnerinnen und Bewohner eines Wohngebiets? Dazu zeigen die Forschungen ein uneinheitliches Ergebnis (Friedrichs, 2017, p. 41). Zunächst kommen sozialwissenschaftliche Studien zu dem Schluss, dass es keine generellen Effekte des Wohngebietes bzw. der Nachbarschaft auf die Bewohnerinnen und Bewohner gibt. Aber es können spezifische Effekte festgestellt werden, die für alte Menschen sehr bedeutsam sind, nämlich Wirkungen auf die Gesundheit. Der Gesundheitszustand von Individuen ist also nicht nur von sozio-demografischen Faktoren wie Einkommen, Schulbildung oder Erwerbsstatus abhängig, sondern auch von Merkmalen des Wohngebiets. Zu diesen Merkmalen gehören objektive Sachverhalte und die subjektive bzw. kollektiv geteilte Wahrnehmung von Wohngebieten. Zu den objektiven Merkmalen zählen Grünflächenanteil, Gepflegtheit, soziale Zusammensetzung des Wohngebiets. Je nach Vorhandensein dieser Merkmale werden Wohngebiete als statushoch oder statusniedrig bezeichnet. Dabei zeigt sich: In statushohen Gebieten ist die Mortalität geringer als in statusniedrigen Gebieten (Boyle, Norman, & Reese, 2004). Aber es sind nicht nur und teilweise sogar nachrangig die materiellen Bedingungen des Wohnumfeldes, die auf die Gesundheit wirken. Als genauso bedeutsam gelten Selbst- und Kollektivwirksamkeit. Gemeint ist damit das subjektive Gefühl des Wohlbefindens und der Zugehörigkeit zu einem Wohngebiet.

Wohnen und Kontrollerleben

Das Konzept der Selbstwirksamkeit (self efficacy) ist aus der Sozialpsychologie bekannt und wird vielfach für Forschungen im Alter verwendet. Ist das Gefühl der Selbstwirksamkeit – der Kontrolle des eigenen Lebens – hoch, dann werden die Umweltbedingungen nicht nur besser eingeschätzt, sondern es kommt zu einem aktiveren Handeln (Kolland & Ahmadi, 2010). Neben dieser individuellen Selbstwirksamkeit gilt für die Abschätzung der Effekte des Wohngebiets das von Robert J. Sampson (2006) eingeführte Konzept der kollektiven Wirksamkeit (collective efficacy) als Einflussvariable. Die kollektive Wirksamkeit misst das Vertrauen und die soziale Kontrolle in einem Wohngebiet. Wer weniger soziale Kontrolle im Wohngebiet wahrnimmt, nimmt auch mehr soziale Bedrohungen wahr. Die Folge solcher Bedrohungen sind Stress und Depression, die zu physiologischen Reaktionen führen und damit den Gesundheitszustand beeinflussen (Friedrichs 2017, p. 47).

Wie können und werden ungünstige Bedingungen des Wohnumfeldes abgeschwächt? Es sind insbesondere lokale soziale Netzwerke, die gleichzeitig Unterstützungsnetzwerke sind, die negative Effekte und ungünstige Wahrnehmungsmuster reduzieren. Gute soziale Einbettung hat somit einen deutlichen Schutzcharakter. Deshalb ist die Nachbarschaftsarbeit ein wichtiger Baustein in der sozialen Integration und Versorgung älterer und hochaltriger Menschen (Rohrauer-Näf, Giedenbacher & Krappinger, 2018). Gemeint sind damit Angebote und Aktivitäten, die wohnortnah zwischen Menschen stattfinden und die Lebenszufriedenheit fördern. Zu diesem Ansatz gehören auch quartiersbezogene Wohnkonzepte, die eine bedarfsgerechte Antwort auf die zukünftige Herausforderung beim Wohnen im Alter sind, weil sie ein Wohnen im vertrauten Wohnumfeld auch bei Hilfe- und Pflegebedarf erlauben.

Wohnen und Umweltaneignung

Personen eignen sich ihre Umwelt durch Bewegung an. Durch sie wird das Wohnumfeld als Ressource erschlossen und durch die dabei gewonnenen Erfahrungen verändert. Mobilsein gehört ebenso wie Aktivsein zu den existentiellen Bedürfnissen. Eingeschränkte Mobilität bedeutet vor allem eine Zunahme der Unsicherheit bei der Fortbewegung und erhöht das Risiko des sozialen Rückzugs.

Wohnqualität im Alter ergibt sich aus einer Wechselwirkung zwischen gegebenen Kompetenzen (z. B. Gesundheit, Sensorik, geistige Leistungsfähigkeit) und räumlich-sozialen Umweltbedingungen (Qualität der Wohnbedingungen, Fahrstuhl). Gelungene Anpassung verlangt bei hohem Umweltdruck (z. B. ungünstige Straßenbeleuchtung) eine hohe Kompetenz (Lawton, 1970). Kompetenzverluste stellen in Kombination mit ungünstigen Bedingungen des Wohnumfeldes eine Risikosituation dar und erhöhen die Unfallgefahr.

Wohnen und Sicherheit

Sicheres Wohnen hat einerseits mit altersgerechter Wohnanpassung zu tun und ist andererseits beeinflusst von dem Gefühl von Sicherheit in der sozial-räumlichen Wohnumwelt. Bei Befragungen gibt ein erheblicher Anteil älterer Menschen an, sich in der eigenen Wohngegend nicht sicher zu fühlen. Insbesondere Menschen mit geringeren Sozialkontakten, die zurückgezogen leben, weisen eine höhere Kriminalitätsfurcht auf. Damit ergibt sich ein ungünstiger Kreislauf. Höhere Angst vor Kriminalität führt zu einem stärkeren Rückzug, dieser wiederum zu einer höheren Ängstlichkeit usf. Als günstig wird in diesem Zusammenhang das Vorhandensein von lebendigen Wohnquartieren gesehen, die über entsprechende Infrastruktureinrichtungen verfügen (vgl. Flade, 2006), d. h. etwa Ärzte, Einkaufsmöglichkeiten, Dienstleistungseinrichtungen.

Wohnformen im Alternsverlauf – zwischen Stabilität und Veränderung

Wohnveränderungen im Alternsverlauf beziehen sich zumeist auf Veränderungen in der Wohnung und auf Umzüge. Die/der einzelne kann sich vorausschauend mit dem Wohnen befassen und Wohnraumanpassung in Gang setzen. So kann sie/er sich über Umweltbedingungen informieren, die auf die von ihr/ihm erwarteten Veränderungen in der sozialen Umwelt, mit der Verfügbarkeit über soziale, finanzielle Ressourcen abgestimmt sind. Allerdings ist bei den über 50jährigen vorausschauendes (altersgerechtes) Wohnen kaum vorhanden, wie eine Untersuchung von Fessel+GfK aus dem Jahr 2006 zeigt (Fessel+GfK, 2006).

Wie lässt sich diese gering ausgeprägte vorausschauende Haltung zum eigenen Wohnen erklären? Dazu zeigen Forschungsergebnisse, dass konkrete Vorstellungen über das Leben im Alter erst im späteren Lebenslauf entwickelt werden und selbst dann keineswegs selbstverständlich sind, sondern erst dann, wenn Schlüsselerlebnisse und Positionswechsel die eigene Lebenszufriedenheit irritieren (Haefker & Tielking, 2017, p. 248). Solche Schlüsselerlebnisse können Veränderungen des eigenen Körpers betreffen oder Fremdzuschreibungen in der Art:

„Für Dein Alter schaust Du aber noch gut aus!" Als Positionswechsel kann der Übergang in die nachberufliche Lebensphase oder in die Großelternschaft verstanden werden.

Die Umzugsbereitschaft weist über den Lebenslauf eine Art Zweigipfeligkeit auf. Die Bereitschaft zum Wohnsitzwechsel ist hoch zwischen dem 20. Und 40. Lebensjahr, geht dann stark zurück und steigt wieder bei den über 80-Jährigen an. Mit zunehmendem Alter wächst jedenfalls die Bedeutung der vertrauten Wohnumgebung, in der Alltagsroutinen aufrechterhalten werden können (Wolter, 2017, p. 61), weshalb die Umzugsbereitschaft stark zurückgeht. Bei den Hochaltrigen sind es dann vorwiegend gesundheitliche Gründe die einen Wohnungswechsel „erzwingen". Es sind meist ungünstige Bedingungen privaten Wohnens und schlechte Gesundheitsbefindlichkeit, die dazu führen, dass ein Umzug erwogen wird. Dabei kommt es auch zu Wohnsitzwechsel über große räumliche Distanzen (z. B. Pflege in Thailand), wobei sich diese Veränderung auf eine Minderheit beschränkt.

Ein besonderer Ort des Wohnens im höheren Alter ist das Pflegeheim. Obwohl sich die Lebenswelt Pflegeheim in einem ständigen Wandel befindet, leben und arbeiten die Pflegebedürftigen und die Pflegenden in relativer Abgeschiedenheit.

Wohnen im Pflegeheim

Der Umzug in ein Alten- bzw. Pflegeheim kann als Strategie verstanden werden, die höhere biologische Vulnerabilität auszugleichen und als Versuch, den Alternsprozess zu bremsen (Tulle-Winton, 1999). Dabei sind Pflegeheime durch ein ambivalentes Bild in der Öffentlichkeit geprägt und es sind Orte, die für die meisten Besucher befremdlich wirken. Dies hängt unter anderem damit zusammen, dass Heime kaum dem Idealtypus des modernen Wohnens entsprechen. Modernes Wohnen ist gekennzeichnet durch die Trennung von Öffentlichkeit und Privatheit und der damit einhergehenden Emotionalisierung des Wohnens. Wohnen umfasst Aktivitäten, die mit Scham- und Peinlichkeitsempfinden verknüpft sind. In der vor dem Blick der Öffentlichkeit schützenden Abgeschlossenheit separater Räume können sich Emotionalität und Körperlichkeit entfalten. Sozialpsychologisch ist die Wohnung ein Ort der Privatheit und Intimität. Diese sind in der Pflegeheimsituation eingeschränkt und gefährdet. Während im Mittelalter das Schlafen Fremder im eigenen Bett üblich war, hat sich die Intimisierung der Situation des Schlafens spätestens ab dem 17. Jahrhundert so weit verändert, dass nun als peinlich empfunden wird, was zuvor als normal galt (Hasse, 2012). Eine rezente Studie zum Wohnen im Pflegeheim zeigt, dass fremde Personen im eigenen Bett als sehr negativ bewertet werden (Stadler, 2018).

Pflegeheime sind zum Teil in ihrer Wohnweise auf die funktionale Bedeutung des Wohnens reduziert, nämlich Essen, Schlafen und physischer Schutz. Dort, wo dies der Fall ist, kommt es, wie pflegewissenschaftliche Forschungen zeigen (Koch-Straube, 2005), durch die Pflegebedürftigen häufiger zu einem Rückzug in „innere Welten", sie reagieren mit Gefühlen der Einsamkeit und des Verlorenseins und mit „abweichendem Verhalten".

Welche Faktoren das subjektive Wohlbefinden in Pflegeheimen beeinflussen, zeigt eine österreichische Studie (Amann, Löger, & Lang, 2005., p. 168ff.):

- Subjektives Wohlbefinden im Heim ist in erster Linie von den eigenen Ressourcen und der Qualität der sozialen Beziehungen abhängig.
- Die Arbeit gegen Einsamkeit und Autonomieverlust beginnt mit der Gestaltung der sozialen Beziehungen.

- Die künftige Lebensqualität im Heim wird zwar schon vor dem Heimeintritt mit grundgelegt, die tatsächlichen Teilhabemöglichkeiten im Heim beeinflussen die Lebensqualität jedoch erheblich.

Um eine hohe Lebensqualität zu erreichen, gilt es, wie die internationale Fachdiskussion zeigt, die Bewohnersicht bzw. „Patient View" (Schnabel & Schönberg, 2002) als Grundlage für die Bestimmung der Lebensqualität heranzuziehen. Für das Wohnen bedeutet dies, sich damit zu befassen, wie der soziale Raum Pflegeheim zu einem Raum des Wohnens wird. Dabei steht fest, dass viel Betreuung in Form von körperlicher Pflege und Versorgung gekoppelt ist mit wenig Wohnen. Steigt die Betreuung, vor allem durch professionelle Hilfe, dann nimmt das Wohnen ab. Die Entwicklung der letzten zwanzig Jahre geht in die Richtung, das Wohnen und die Selbstbestimmung der Bewohnerinnen und Bewohner in den Vordergrund zu stellen.

Fazit: Wohnen im Alter ist ein dynamisches Anpassungsgeschehen

Wohnen im Alter – so haben die Ausführungen gezeigt – ist nicht als statisches Phänomen zu verstehen. Das Wohnen im Alter stellt sich stattdessen als dynamischer Prozess der Veränderung und Anpassung an altersbedingte Veränderungen einerseits und Veränderungen der Wohnumgebung andererseits dar. Wohnen im Alter hat damit eine prozessual-dynamische Komponente. Forschungsergebnisse belegen, dass die Orientierung und das Zurechtfinden in Pflegeheimen einen längerfristigen Anpassungsprozess erfordert, in dem sich Einstellungen und Erwartungen gegenüber der neuen und fremden Wohnsituation verändern (Seifert & Schelling, 2011). Das Wohnen im Alter ist auch unter Bedingungen von Gebrechlichkeit und Vulnerabilität als variabel und gestaltbar zu verstehen.

Wie können diese Anpassungsprozesse als zentrales Element des Wohnens im Alter unterstützt werden?

Hier lassen sich Studien nennen, die das Wohnen im Alter als Bildungs- und Lernanlass verstehen (Heckmann, 2000). Bildung im Alter ist dabei nicht als schul- oder weiterbildungsorientiert zu verstehen. Sie findet alltags- und kompetenzorientiert statt (Bubolz-Lutz, 2003) und zielt darauf ab, die soziale Einbindung älterer Menschen zu unterstützen (Kade, 2007). Zentrale Kriterien sind die Anregung zum Erfahrungsaustausch und die Thematisierung der Biographie, die Förderung der Selbst- und Mitbestimmung durch Bildung und die Ermöglichung von Kontakt und Zugehörigkeit (Bubolz-Lutz, Gösken, Kricheldorff, & Schramek, 2010). Bildung und Lernen sind bis in das hohe Alter möglich und die Teilnahme an Bildung unterstützt die soziale Eingebundenheit und Lebensqualität älterer Menschen (Jenkins & Mostafa, 2014). Um die Anpassung an Veränderungen in der eigenen Wohnung und in der Wohnumgebung im hohen Alter gut bearbeiten zu können, braucht es Lernbereitschaft und entsprechende Kompetenzen. Wohnroutinen sind hilfreich, können aber auch zur Falle werden, und zwar dann, wenn sie notwendige Veränderungen verhindern. So wie es für ein erfolgreiches Altern Neugierde und Aufgeschlossenheit braucht, so braucht es auch für ein optimales Wohnen im Alter Erneuerung und Umstellungsbereitschaft.

Das vorliegende Buch ist nun in vier Teile unterteilt: Der erste Teil gibt einen breitgefächerten Einblick in das Thema „Wohnen im Alter", wobei ebenfalls unterschiedliche Perspektiven der älteren Menschen selbst in drei Reportagen geschildert werden. Im zweiten Teil werden unterschiedliche Expertisen zum Thema vorgestellt. So werden Perspektiven aus dem Bereich der Architektur, Psychologie und Soziologie erläutert und die Wohnverhältnisse älterer Menschen im europäischen Vergleich betrachtet. Im dritten Teil des Buches werden die Ergebnisse der 2017 durchgeführten Befragung präsentiert und die Wohnbedürfnisse und -vorstellungen älterer Menschen in Österreich im Lichte aktueller, wissenschaftlicher Erkenntnisse dargestellt. Schließlich werden im vierten Teil des Buches Zielgruppen für unterschiedliche Wohnkonzepte im Alter vorgestellt und Praxisempfehlungen für Politik und Wirtschaft gegeben.

Wohnperspektiven: Reportagen über die Vielfältigkeit des Wohnens im Alter

Julia Birke

Wohnen im Alter ist bunt und vielfältig. So heterogen wie die Zielgruppe älterer Menschen in ihren Lebenslagen und Einstellungen ist, so divers sind auch ihre Wohn- und Lebenswelten. Ziel der folgenden drei Reportagen ist es, einen Einblick in die unterschiedlichen Wohnvorstellungen und -bedürfnisse älterer Österreicher und Österreicherinnen zu gewähren. Vor dem Hintergrund ähnlicher sozialer Herkunft der Befragten divergieren die Lebenssituationen und Bedürfnisse maßgeblich. Der Titel „Wohnperspektiven" verweist dabei auf die unterschiedlichen Blickwinkel, aus denen heraus das *Wohnen im Alter* nachvollzogen wird und die einen Einblick in unterschiedlichste Lebensformen älterer Menschen in Österreich ermöglichen. Die folgenden drei Reportagen stellen eine Auswahl von Ergebnissen qualitativer Interviews dar, die vor der quantitativen Erhebung als möglichst breiter Einstieg in die Thematik und zur Erarbeitung des Fragebogens durchgeführt wurden.

Dargestellt werden die Wohn- und Lebenswelten von zwei Frauen und einem Mann, dabei bewegen wir uns im ländlichen und städtischen Bereich. Die Wohnformen reichen von Eigentumswohnung über das eigene Haus bis zur Wohnung in einem gemeinschaftlichen Wohnprojekt. Die Befragten leben allein oder in Partnerschaft. Frau Hochstätter, Herr Wimmer und Frau Gruber sind zwischen 60 und 75 Jahren alt und befinden sich somit in einer Lebensphase, die geprägt ist von hoher Aktivität und wenigen gesundheitlichen Einschränkungen. Das *Wohnen im Alter* findet für alle Gesprächspartner und -partnerinnen in den eigenen vier Wänden statt; Pflege ist für diese Altersgruppe noch kein akutes Thema, wiewohl sie in den Reportagen durch das Reflektieren über die eigene Zukunft ihren Niederschlag findet. Denn die folgenden Reportagen zeigen nicht nur die Vielfältigkeit des *Wohnens im Alter* auf, sondern die „Wohnperspektiven" verweisen auch auf die heterogenen Vorstellungen und Wünsche älterer Menschen im Hinblick auf ihre zukünftige Wohnsituation bei sich verschlechternder Gesundheit: Frau Hochstätter hofft, Pflege im gemeinschaftlichen Wohnprojekt umsetzen zu können, Herr Wimmer will freiwillig ins Heim, wenn es nicht mehr anders geht, und Frau Gruber präferiert eine Pflegefachkraft, die bei ihr zuhause einziehen kann. Was die Befragten bei ihren Vorstellungen über die Zukunft eint, ist der Wunsch, so lange wie möglich selbstständig (wohnen) bleiben zu können.

Wohnperspektive 1

Frau Hochstätter lebt gemeinsam mit ihrem Ehemann, beide 60, seit fünf Jahren in einem gemeinschaftlichen Wohnprojekt im Stadtzentrum einer größeren österreichischen Stadt.

> *„Das Dorf in der Stadt war für mich eine anziehende Vorstellung."*

Während Frau Hochstätter erzählt, blickt sie in den Park vor ihrem Wohnhaus, in dem Kinder und Jugendliche spielen und eine beständige Geräuschkulisse erzeugen. *„Ich würde gerne das*

Haus nehmen und mit einem Kran woanders hinstellen". Denn mit der Zeit sei das bunte Treiben vorm Haus mehr Lärm als Genuss geworden, das beständige *„Stadtrauschen"* störe und die *„Menschendichte"* mache ihr zu schaffen, sagt Frau Hochstätter.

Seit 2013 wohnt sie mit ihrem zweiten Mann, beide 60 Jahre alt, in einem gemeinschaftlichen Wohnprojekt in der Innenstadt einer größeren, österreichischen Stadt. Etwa 100 Bewohner und Bewohnerinnen verwirklichen in diesem Wohnprojekt ihre Vorstellungen vom intergenerationellen, interkulturellen und nachhaltigen Zusammenleben. Frau Hochstätter und ihr Mann gehören zur Gründungsgruppe des Hauses und haben die Projektentwicklung von den ersten Überlegungen über die Suche nach einem passenden Grundstück, die Gestaltung und den Bau des Hauses und den Einzug der Hausgemeinschaft begleitet und maßgeblich mitgeprägt; über vier Jahre hat sich dieser Prozess hingezogen. Die Interessensgruppe, die die Idee des gemeinschaftlichen Wohnens verfolgte, bestand anfangs aus rund fünfundzwanzig Personen. Dass man diese Gruppe gefunden habe, sei Zufall gewesen – dennoch sei beiden ziemlich schnell klargeworden: *„Mit diesen Menschen passt es, mit denen können und wollen wir"*. Bei der Auswahl weiterer Bewohnerinnen und Bewohner habe man auf Heterogenität geachtet: Die Besetzung sollte möglichst vielfältig sein, was Alter, Beziehungsstand, Familien mit und ohne Kinder, sexuelle Orientierung und Migrationshintergrund anbelangt. Es sei vor allem wichtig, dass man auch junge Menschen aufnehme, *„damit der Kreislauf bleibt und nicht irgendwann nur noch die Alten da sind"*, betont Frau Hochstätter.

Die Begeisterung für die Idee vom gemeinschaftlichen Wohnen begleitet sie schon seit den 80ern. Damals konnte sie in ihrem Freundeskreis miterleben, wie ein vergleichbares Wohnprojekt entstanden ist. Der *„größere soziale Kontext"* habe ihr immer gefallen, sagt die Frau, die in einer Familie mit fünf Geschwistern in einem kleinen Dorf aufgewachsen ist und sich mit der Anonymität der Großstadt nie so richtig anfreunden konnte. Doch das Leben in einer solchen Wohnform wäre mit ihrem ersten Ehemann nicht denkbar gewesen. Dennoch sei ihr die Idee nie aus dem Kopf gegangen, erzählt Frau Hochstätter, und viele Jahre später – mit dem passenden Partner, ihrem jetzigen Mann – habe sie ihre Pläne schließlich verwirklichen können. Große Erwartungen hätten die Projektplanung und den Einzug begleitet: In einem *„zwischenmenschlich warmen Verhältnis"* wollte Frau Hochstätter leben und die *„Menschen kennen, die meine Nachbarn sind"*.

Spricht sie heute von ihrem Wohnalltag, scheinen sich ihre Erwartungen erfüllt zu haben. Die 60-Jährige erzählt von Plaudereien im Hausflur, Gesprächen im zum Haus gehörenden und von der Hausgemeinschaft betriebenem Café oder gemeinsamen Mittag- und Abendessen in der Gemeinschaftsküche. Ob jemand ein Fahrrad, drei Eier oder ein Kabel braucht – all das wird per E-Mail kommuniziert und lässt sich auf diese Weise schnell organisieren; Frau Hochstätter hat selbst schon von dieser Nachbarschaftshilfe profitiert. Sie schätzt die Balance zwischen Gemeinschaft und Rückzugsmöglichkeit: *„Dass jeder seine eigene Wohnung hat (…), die Tür zu machen kann, aber hinausgehen kann und dann draußen Leute trifft und in einen sehr netten nachbarschaftlichen Kontakt gehen kann, da bin ich sehr zufrieden"*. Ab und zu kommt es auch zu Konflikten – diese zeigen sich für Frau Hochstätter vor allem beim gemeinsamen Eigentum. Da hätten die Bewohnerinnen und Bewohner ihrer Meinung nach unterschiedliche Auffassungen, wie ordentlich man mit den Gegenständen umzugehen habe und nicht selten wäre Frustration die Folge, wenn die Bohrmaschine mal wieder nicht da hängt, wo sie eigentlich hingehört oder es in der Gemeinschafsküche an Tellern mangelt.

Das Gemeinschaftsleben im Haus gestaltet sich vielfältig: Es reicht von Freizeitaktivitäten wie Kinoabenden am Dach und der Teilnahme an politischen Demonstrationen über Feste bis hin zu Gemeinschaftswochenenden innerhalb oder außerhalb des Hauses sowie dem Wahrnehmen organisatorischer Aufgaben. Denn das Wohnprojekt ist als Verein organisiert: Mit dem Einzug wird man automatisch Mitglied und verpflichtet sich zu einigen Stunden Mitarbeit im Monat. Dazu gibt es unterschiedliche Arbeitsgruppen, denen jeweils ein Teil der Bewohnerinnen und Bewohner angehört sowie Großgruppentreffen, wo dann möglichst alle zusammenkommen sollen – was jedoch nach Aussage von Frau Hochstätter in der Realität selten der Fall sei. Sie selbst beteiligt sich in der „Arbeitsgruppe Grüner Lebensraum" an der Außengestaltung des Wohnprojektes. Daneben arbeitet sie in ihrer Pension fallweise als freiberufliche Ergotherapeutin. Das kommt auch der Hausgemeinschaft zu Gute, denn ihre Praxis ist direkt im Haus. Dieses Berufsfeld, in dem sie oft auch mit älteren und zum Teil hochbetagten Menschen arbeite, habe sie für die vor ihr liegende Lebensphase sensibilisiert. Frau Hochstätter erzählt, dass sie bei ihren Kundinnen und Kunden im höheren Lebensalter die *„Dramatik des sozialen Vereinsamens und der Isolierung"* erlebt und für sich in der Wohnform des gemeinschaftlichen Wohnens eine Möglichkeit gefunden habe, dieser Gefahr vorzubeugen. In ihrer Familie konnte sie die Erfahrung machen, wie älter werdende Menschen trotz schwindender Ressourcen in das soziale System der Großfamilie eingebunden wurden, wie sie integriert blieben und ihre Fähigkeiten – wenn auch in eingeschränktem Maße – einbringen konnten. Heute sei dies durch berufliche Verpflichtungen der Kinder eben schwierig geworden und sie kenne viele Geschichten, in denen das Leben älterer Menschen nach einem unausweichlichen Einzug ins Heim „einfach auseinandergefallen" sei, weil sie plötzlich keine Aufgaben mehr hatten.

In einem gemeinschaftlichen Haus könne man so etwas abfangen, meint Frau Hochstätter. *„Da kann ich, auch wenn ich nicht mehr so gut drauf bin, meinen Beitrag leisten, noch in irgendeiner Form mitarbeiten."* Nachhaltigkeit soll im Wohnprojekt eben nicht nur in ökologischer und ökonomischer Hinsicht, sondern auch sozial sichtbar werden. Sie habe das Gefühl, dass eine gemeinschaftliche Wohnform eine Struktur darstelle, innerhalb derer die Integration im Alter mit zunehmenden Schwächen möglich bleibt. Dennoch sieht sie im Hinblick auf ein Leben im Alter im Wohnprojekt Entwicklungspotential: Wie die Gemeinschaft damit umgeht, wenn jemand pflegebedürftig wird – dazu gibt es noch kein tragfähiges Konzept. Manches könne schon über die Nachbarschaftshilfe abgedeckt werden, *„aber nur bis zu einem gewissen Grad".* Aber Frau Hochstätter ist zuversichtlich, dass man auch diese Frage zusammen meistern werde. Denn sie ist überzeugt, dass man *„in einer Gruppe viel mehr umsetzen kann als alleine".*

Wohnperspektive 2

Herr Wimmer ist 64 Jahre alt und lebt gemeinsam mit seiner Ehefrau und seiner Schwiegermutter in einem Haus in einer Kleinstadt in Niederösterreich.

„Zuhause will ich meine Ruhe haben!"

Wenn Herr Wimmer nach einem anstrengenden Arbeitstag mit vielen Terminen und Gesprächen nach Hause kommt, dann entspannt es ihn am meisten, wenn er sich in seinen Lehnsessel fallen lassen und kurz die Augen zu machen kann. Dann möchte er *„einfach mal nichts sehen, nichts hören, nichts sagen müssen".* Denn Wohnen bedeute für ihn vor allem, *„die Welt vor der Tür zu lassen".*

Mit seiner zweiten Ehefrau lebt Herr Wimmer im Obergeschoss eines kleinen, verwinkelten Hauses am Land. Der Wohnraum ist für zwei Personen knapp bemessen, für Herrn Wimmer zu knapp: *„Der Platz reicht nicht einmal, um eine vernünftige Kaffeemaschine in die Küche zu stellen."* Das Haus habe seine besten Jahre hinter sich: Ständig sei etwas kaputt und müsse repariert werden, berichtet Herr Wimmer, und diese Aufgaben würde er dann meist selbst übernehmen, denn das Geld für aufwändige Reparaturen sei begrenzt. Besucht man Herrn Wimmer in seinem Zuhause, muss man mit eingezogenem Kopf eine steile Stiege hinauf, die Stufen knarren bei jedem Schritt. Man passiert dabei die Wohneinheit der dritten Bewohnerin des Hauses: Im Untergeschoss wohnt die 72-jährige Schwiegermutter von Herrn Wimmer, die pflegebedürftig ist und zuhause von seiner Frau und einem mobilen Pflegedienst betreut wird. Obwohl beide Wohnbereiche voneinander getrennt seien, komme es aufgrund der Wohnsituation immer wieder zu Konflikten mit der Schwiegermutter: *„Es gibt hier einfach wenig Rückzugsmöglichkeiten und das macht es manchmal sehr anstrengend."* Die räumliche Enge erzeuge auch Reibung in der Beziehung zur Ehefrau: *„Wenn man zu zweit auf 45 Quadratmetern auf einem Geschoss wohnt"*, so Herr Wimmer, *„läuft man sich zwangsweise immer über den Weg"*. Für jemanden wie ihn, der von sich selbst sagt, dass er oft seine Ruhe brauche und gerne allein sei, eine schwierige Situation.

Das Haus, welches seiner Frau gehört, steht in einer Kleinstadt in Niederösterreich, knapp 10.000 Menschen wohnen dort. Es gibt einige Restaurants, ein Schwimmbad, mehrere ärztliche Praxen sowie eine Apotheke, der nächste Supermarkt ist fußläufig zwanzig Minuten entfernt. Für kulturelle Angebote muss man sich in die weitere Umgebung aufmachen. Durch die Abgelegenheit seines Wohnortes ist Herr Wimmer auf sein Auto angewiesen, auch um seiner Arbeit nachzugehen. Als technischer Liegenschaftsbetreuer und Facility Manager eines mittelständischen Bauunternehmens ist er täglich viel unterwegs. Obwohl er in wenigen Monaten das gesetzliche Pensionsalter erreichen wird, möchte Herr Wimmer in seinem Beruf weiterarbeiten. Das sei notwendig, um den aktuellen Lebensstandard zu halten, erklärt er. Außerdem arbeite er gerne und mag es, dass er durch die Arbeit aus dem Haus komme: *„Ich bin zwar gern daheim, aber ich will ja nicht den ganzen Tag zuhause sitzen müssen."*

Herr Wimmer fühlt sich fit und macht sich wenig Gedanken über das Älterwerden. Das sei für ihn *„Zukunftsmusik"*, sagt er selbstbewusst. Später erfährt man dann aber doch von Herzproblemen und den ersten Beschwerden, die nicht mehr so recht weggehen wollen – in einem Nebensatz. Denn der 64-Jährige möchte nicht *„als alter Herr gesehen werden"* und gerne jünger wirken, als er ist. Sein Äußeres kommt ihm dabei zugute: Er trägt sportlich-legere Kleidung und ein modisches Brillengestell. Auch wenn er sein eigenes Älterwerden nicht gerne zum Thema werden lässt, hat er sich über seine Zukunft bereits erste Gedanken gemacht. Wenn er merken sollte, dass sich sein gesundheitlicher Zustand so verändert, dass er nicht mehr alleine zurechtkommt, dann will Herr Wimmer sich einen Platz im Heim suchen – und zwar selbstbestimmt und eigeninitiativ. Sich von seiner 15 Jahre jüngeren Ehefrau pflegen zu lassen, komme für ihn unter keinen Umständen infrage – obwohl diese als ausgebildete Pflegefachkraft sogar über entsprechende Expertise verfügen würde. Dafür sei er *„viel zu stolz"* und seine Frau ihm *„zu viel wert"*. Wie schwer und belastend die Pflege und Betreuung eines Familienangehörigen sein kann, das hat Herr Wimmer lange Jahre bei seiner Mutter beobachtet, die ihren Ehemann zuhause bis zu seinem Tod gepflegt hat. Und heute erlebt er diese Situation tagtäglich im eigenen Zuhause mit. *„Ich möchte niemandem zur Last fallen"*, das sei für ihn klar.

Der Umzug in ein Pflegeheim liegt für ihn sowieso noch in weiter Ferne: *„Das hat alles noch Zeit."* Seine junge Frau werde ihn schon auf Trab halten, sagt Herr Wimmer lachend. Eine andere räumliche Veränderung ist dagegen umso realistischer: Denn Herr Wimmer möchte gemeinsam mit seiner Frau in absehbarer Zeit in sein früheres Familienhaus ziehen, in welchem er während seiner ersten Ehe über 25 Jahre gelebt und seine Tochter großgezogen hat. Nach der Scheidung zog er dort aus, seine Ex-Frau blieb im Haus wohnen. Als sie jedoch aufgrund einer Verschlechterung ihres Gesundheitszustandes in ein betreutes Wohnen wechseln musste und die Frage im Raum stand, was mit dem Haus passieren sollte, hat Herr Wimmer nicht lange gezögert: *„Mir hat der Gedanke gefallen, dort noch einmal wohnen zu können, denn ich habe dieses Haus mit meinen eigenen Händen aufgebaut."* Damit das Haus in der Familie bleibt, hat er nun vor kurzem noch einen Kredit aufgenommen – auch deswegen wird er in der Pension weiterarbeiten müssen.

Sein früheres Wohnhaus steht unweit vom jetzigen Zuhause im Nachbarort. Immer habe er in dieser Gegend gelebt, sagt Herr Wimmer, und es sei für ihn nie in Frage gekommen, seine Heimat zu verlassen. Umgezogen sei er in seinem ganzen Leben nur vier Mal, in einem Umkreis von weniger als 30 Kilometern. Dass der Umzug in sein Haus unter Umständen nicht der letzte sein wird, das beschäftigt ihn wenig – die Aussicht auf mehr Platz und Komfort steht im Vordergrund. Herr Wimmer beginnt zu schwärmen: Statt eines Boilers gäbe es eine Fußbodenheizung, statt einem Bad mit Dusche zwei geräumige Bäder mit Badewanne, statt eines kleinen, asphaltierten Hinterhofs einen großen Garten und die Wohnfläche würde sich um das Dreifache erhöhen. Es wäre *„ein Umzug vom Gartenhäuschen in ein Schloss"*, so Herr Wimmer, und damit könnte sich auch seine Ehefrau anfreunden, obwohl sie dann ihr Elternhaus aufgeben müsste, indem sie selbst, ihre Mutter und ihre Tochter aufgewachsen sind. Allerdings ist ein Umzug im Moment aufgrund der Betreuungssituation der Schwiegermutter schwierig; auch, weil diese sich weigert, aus ihrem Elternhaus auszuziehen. Deswegen ist das frühere Eigenheim derzeit vermietet, Herr Wimmer sieht regelmäßig nach dem Rechten und kümmert sich um die Belange des Ehepaars, das im Moment dort wohnt. In drei Jahren läuft der Mietvertrag aus – und dann gilt es, die Situation neu zu überdenken. Herr Wimmer hat sich eine Frist gesetzt: Spätestens in fünf Jahren, er wäre dann fast 70, will er wieder in seinem eigenen Haus die Tür hinter sich zu machen können. Und bis es so weit ist, träumt er in seinem Lehnsessel noch ein bisschen vom Leben im *„Schloss"*.

Wohnperspektive 3

Frau Gruber ist 75 Jahre alt und bewohnt alleine eine große, barrierefreie Eigentumswohnung am Stadtrand von Wien.

> *„Und ich wollte im Westen bleiben. Das war vielleicht, was ich wollte: daheim sein im Westen von Wien."*

Frau Gruber wohnt allein. Die 75-jährige Frau lebt in einer 100 Quadratmeter großen Eigentumswohnung im 17. Bezirk Wiens. Bereits Anfang der Siebziger ist sie hier mit ihrem Ehemann eingezogen – seit 2004 lebt sie allein, nachdem ihr Mann nach langer Krankheit verstorben ist. Frau Gruber hat ihn bis zum Schluss gepflegt, zuhause in den eigenen vier Wänden.

Nach seinem Tod entschied sie sich bewusst dafür, keine weitere Partnerschaft mehr einzugehen – weil sie im Fall eines erneuten Pflegebedarfs des Partners *„die Verantwortung nicht mehr übernehmen kann"*. Denn auch wenn sie nichts rückgängig machen würde, habe sie diese Zeit viel Kraft gekostet, erzählt Frau Gruber.

Frau Gruber ist ein *„Stadtmensch"*. Als gebürtige Wienerin hat sie ihr gesamtes Leben im Wiener Westen verbracht und fühlt sich ihrer Wohnumgebung sehr verbunden. *„Wegziehen war nie eine Option"*, sagt sie. An ihrer Wohnlage schätzt sie die gleichzeitige Nähe zur Natur und zum Zentrum. Von ihrer Wohnung schaut sie hinaus ins Grüne, hat den ganzen Tag über viel Sonne. Die wichtigsten Einkaufsmöglichkeiten finden sich direkt vor der Haustür: *„Unten an der Ecke ist ein Bäcker, ich habe daneben ein Delikatessengeschäft, daneben die Apotheke."* Schnell ist sie zu Fuß im Grünen und genauso zügig kommt sie mit öffentlichen Verkehrsmitteln voran. *„Ich gehe hinaus, habe auf der Ecke unten einen Bus, der fährt zur U-Bahn. Wenn ich links hinaufgehe, habe ich die Linie 43, rechts die Linie 10."* Von ihrer Wohnung bis in die Innenstadt benötigt sie mit Bus und U-Bahn knappe vierzig Minuten. Ihr Auto steht derweil zuhause in der Tiefgarage, zu umständlich ist die Parkplatzsuche im Zentrum. *„Beim Service sagen sie mir immer, dass das Auto zu wenig Kilometer hat"*, berichtet Frau Gruber mit einem Schmunzeln im Gesicht. Dass sie keinen weiten Weg in die Innenstadt zurücklegen muss, ist für sie von großer Bedeutung.

Denn Frau Gruber ist aktiv. Nicht selten trifft man die Kulturbegeisterte im Theater oder in der Oper, sie ist viel unterwegs: *„Also einmal in der Woche bin ich sicher irgendwo"*. Vor kurzem hat sie die Aquarellmalerei für sich entdeckt – seitdem werde ihr die Wohnung mit all den benötigten Utensilien fast zu klein, erzählt sie lachend. Außerdem ist die 75-Jährige auf der Universität eingeschrieben und studiert Rechtswissenschaften. *„Man muss sich halt dann was suchen, was man machen kann"*, lautet ihre Devise. Älterwerden, sagt Frau Gruber, bedeute für sie in erster Linie, *„mehr Erfahrungen zu sammeln"*. Es sei eine Phase, in der man die körperliche und geistige Gesundheit aktiv fördern sollte. Neben kulturellen Aktivitäten und viel Bewegung im Alltag zählt dazu für Frau Gruber auch der Austausch mit anderen. Sie hat ein großes Beziehungsnetzwerk, das sich über Bekannte in der unmittelbaren Umgebung bis zu Familienmitgliedern sowie Freundinnen und Freunden ins weit entfernte Ausland erstreckt. Mit diesen steht sie über Skype in Verbindung, aber es finden auch regelmäßig gegenseitige Besuche statt. Wenn Frau Gruber Gäste empfängt, finden diese immer eine Schlafmöglichkeit in ihrem Zuhause, denn seit langem steht im Arbeitszimmer ein Gästebett. Auch in ihrer Nachbarschaft pflegt Frau Gruber ihre Kontakte. Für das Kind einer Freundin, die nur zwei Häuser weiter wohnt, sei sie *„quasi eine Art Großmutter"* und übernähme ab und zu Betreuungstätigkeiten. In ihrem Wohnhaus unterstütze sie manchmal ihre Nachbarinnen und Nachbarn bei kleinen Aufgaben wie Einkaufen oder Ähnlichem, denn in ihrem Haus seien *„alle alt und ruhig"*, erzählt sie lachend und ergänzt, dass sie von allen *„die Fitteste"* sei.

Frau Gruber denkt über ihre Zukunft nach. Schon in der Vergangenheit hat sie sich viele Gedanken über ihr Älterwerden gemacht. So hat sie bereits vor einiger Zeit in ihrer Wohnung Vorkehrungen getroffen, sollte sich ihr Gesundheitszustand verschlechtern: Sie hat ihr Bad behindertengerecht umbauen lassen, außerdem verfügt sie über ein Bett, dass sich durch einen eingebauten Motor automatisch in der Höhe verstellen und kippen lässt. Schon beim Einzug hatten Frau Gruber und ihr Mann sich bewusst dafür entschieden, nicht höher als in den zweiten Stock zu ziehen, denn *„das können wir vielleicht immer schaffen, auch wenn der Aufzug mal ausfällt"*. Ihr Sohn hat Frau Gruber angeboten, dass sie in absehbarer Zeit mit dessen Familie in ein Haus in der Umgebung Wiens ziehen könnte. Allerdings ist Frau Gruber von dieser Idee nicht wirklich überzeugt: Zum einen gefällt ihr ihre Wohnung in Stadtlage, zum anderen hat Frau Gruber Angst vor andauernder und überbordender Fürsorge ihrer Familienmitglieder: *„Ich war mein ganzes Leben schon ein sehr selbstständiger Mensch. Und ich weiß nicht, ob ich mit diesem Druck zurechtkommen würde. Weil, jeder will ja das Beste. Und das Beste ist nicht immer gut. Die erklären einem dann: Du musst dies machen, du musst das machen"*. Sollte sie wirklich einmal umfassende Unterstützung brauchen, dann würde sie eine 24-Stunden-Hilfe präferieren, die in ihr Gästezimmer ziehen könnte. Denn nicht nur das intergenerationelle Zusammenleben scheint ihr ungeeignet, auch institutionelle Wohnformen sieht Frau Gruber eher kritisch. In ihrer Diplomarbeit hat sie sich mit Freiheitsentzugsmaßnahmen in Pflegeheimen auseinandergesetzt – aufgrund dieser Arbeit, aber auch aufgrund persönlicher Erfahrungen und durch die mediale Berichterstattung steht sie institutionellen Wohnformen wie Alters- und Pflegeheimen voreingenommen gegenüber. Das Pflegeheim stellt für Frau Gruber die allerletzte Wahl dar und kommt nur dann in Frage, wenn die Versorgung aufgrund medizinisch gegebener Notwendigkeit selbst mit einer Rund-um-die-Uhr-Betreuung im eigenen Haushalt nicht mehr gewährleistet sein sollte: *„Alters- und Pflegeheim wäre etwas, wo ich sagen muss, dann muss man aber wirklich schon ein Leiden haben."* Zu groß ist für die 75-Jährige die Sorge vor fehlender Privatsphäre, sozialer Isolation und der Beschneidung persönlicher Freiheiten.

Denn Frau Gruber will selbstständig bleiben. Um dies so lange wie möglich zu gewährleisten, hat sie nicht nur die erwähnten Veränderungen in ihrer Wohnung vorgenommen. Zusätzlich ist sie auch erfinderisch geworden: Jeden Morgen zwischen sieben und acht Uhr schickt sie eine SMS mit dem Wort *„Okay"* an ihren Sohn. So wissen ihre Familienangehörigen, dass es ihr gut geht. Für den Fall, dass eine Nachricht ausbleibt und Frau Gruber nicht auf Anrufe reagiert, ist bei der Freundin in der Nachbarschaft ein Schlüssel deponiert. Diese wird bei Bedarf vom Sohn informiert und kontrolliert dann, ob alles in Ordnung ist. *„Man muss sich schon absichern!"*, sagt Frau Gruber mit Überzeugung. Bis dato funktioniert dieses System für sie sehr gut und so fühlt sich in ihren eigenen vier Wänden sicher. Einen Umzug in den nächsten fünf Jahren, zum Sohn oder in ein Heim, hält Frau Gruber nicht für wahrscheinlich: *„Da muss schon irgendwas passieren."*

Teil II: Expertisen

Zur Lebenslage älterer Menschen – im Vergleich mitteleuropäischer Länder

François Höpflinger

Ausgangspunkt

Wohnform und Wohnbedürfnisse in späteren Lebensjahren werden stark durch Haushaltsgrösse bzw. Lebensform, der wirtschaftlichen Lage und dem gesundheitlichen Befinden bestimmt. Paare oder ältere Menschen, die mit ihren Kindern zusammenleben, benötigen eine größere Wohnung als alleinlebende ältere Menschen. Wer wirtschaftlich abgesichert ist, hat auch auf dem Wohnungsmarkt mehr Optionen als arme Altersrentner und Altersrentnerinnen. Eine gute subjektive Gesundheit oder die Abwesenheit funktionaler Einschränkungen des Alltagslebens erlaubt ein längeres selbständiges Wohnen und Haushalten.

Im folgenden kurzen Beitrag werden Indikatoren zur Lebenslage zuhause lebender älterer Personen (65+) in Österreich mit der Situation in anderen mitteleuropäischen Ländern verglichen. Einbezogen werden Deutschland, Polen, Schweiz, Slowenien, Tschechische Republik und Ungarn. Dazu wird auch Schweden – als sozialpolitisch bedeutsames – Bezugsland berücksichtigt.[1]

Haushaltsgrösse und Lebensform

Im höheren Lebensalter – nach dem Auszug der Kinder – dominieren Kleinhaushalte von ein bis zwei Personen, wobei mit steigendem Alter der Anteil der alleinlebenden Personen ansteigt (oft als Folge einer Verwitwung). Grössere Haushalte von vier und mehr Personen sind in Nord- und Mitteleuropa die Ausnahme. In Österreich sind es gemäss diesen Zahlen um die fünf Prozent (vgl. Tabelle 1). Noch tiefere Werte zeigen sich in Deutschland, der Schweiz und Schweden. Dies schliesst auch ein, dass gesamthaft gesehen nur ein sehr geringer Anteil der älteren Menschen in den heute viel diskutierten und medial verbreiteten Altershausgemeinschaften leben (auch wenn altersgemeinschaftliche Wohnformen häufig als vorteilhaft wahrgenommen werden (vgl. Hechtfischer, 2013). Die individualisierte Haushaltsform während langer Lebensjahre steht entsprechend im Konflikt mit einem Wechsel in eine kollektive Wohnform, wies dies ein Alten- und Pflegeheim insinuiert.

Häufiger verbreitet sind Mehrpersonenhaushalte im Alter in Slowenien und Polen, primär weil dort mehr ältere Menschen zusammen mit ihren Kindern zusammenleben. So ist der Anteil der 65-jährigen und älteren Menschen, die mit oder bei den Kindern im gleichen Haushalt wohnen, deutlich höher als in den übrigen einbezogenen Ländern. Teilweise widerspiegelt dies

---

1 Datenquelle: European Social Survey Daten 2016. Data file edition 1.0. Norwegian Social Science Data Services, Norway - Data Archive and distributor of ESS data. Für Ungarn werden Daten der Erhebung 2014 verwendet. Es handelt sich um eine von mir selbst durchgeführte Datenanalyse (basierend auf gewichteten Daten).

kulturelle Normen intergenerationeller Nähe, teilweise ist dies aber auch durch wirtschaftliche Zwänge (Arbeitslosigkeit erwachsener Kinder, geringe Renten älterer Angehöriger) bedingt. In Deutschland, der Schweiz, Schweden sowie Österreich ist hingegen der Anteil der mit Kindern im gleichen Haushalt lebenden älteren Menschen gering, speziell in städtischen Regionen. Intergenerationelle Beziehungen nach dem Auszug der Kinder aus dem elterlichen Haushalt sind in diesen Ländern oft durch Formen von ‚Intimität auf Abstand' gekennzeichnet (Rosenmayr & Köckeis, 1965). So haben erwachsene Kinder und ihre Eltern oft enge Beziehungen, aber jede Generation verfügt in der Regel über seinen eigenen privaten Haushalt (Isengard, 2018; Szydlik, 2016).

Tabelle 1: Zur Haushaltsgröße und Lebensform älterer Menschen im Ländervergleich (2016)

	Zuhause lebende Personen im Alter 65 und älter							
	A	D	CH	SL	TS	H*	PL	SW
N=	393	596	348	292	298	374	340	459
Zahl an Personen, die normalerweise im Haushalt leben:								
1 Person	27 %	27 %	24 %	20 %	32 %	45 %	29 %	31 %
2 Personen	62 %	65 %	71 %	54 %	59 %	46 %	46 %	66 %
3 Personen	6 %	6 %	4 %	14 %	6 %	6 %	10 %	2 %
4 und mehr Personen	5 %	2 %	1 %	12 %	3 %	3 %	15 %	1 %
Lebt mit Partner/in:								
Männer	79 %	80 %	84 %	87 %	77 %	65 %	79 %	76 %
Frauen	56 %	57 %	61 %	56 %	52 %	28 %	40 %	60 %
Lebt mit Kind/ern im Haushalt:	12 %	7 %	6 %	31 %	9 %	14 %	28 %	3 %

* Ungarn: Erhebung 2014.
Länder: A: Österreich, D: Deutschland, CH: Schweiz, SL: Slowenien, TS: Tschechische Republik, H: Ungarn (Daten 2014), PL: Polen, SW: Schweden.

Beim Übertritt in die nachberufliche Lebensphase leben die meisten Frauen und Männer in einer Paarbeziehung und die Pensionierung erzwingt oft auch neue Aushandlungsprozessen der Beziehung. Je nach Konstellation geht es um Diskussionen zu Ansprüchen nach Selbstbestimmung, nach Ruhe und Entlastung, um Beibehaltung des bisherigen Lebensstils oder zur Entwicklung neuer Gemeinsamkeiten (Métrailler, 2018). In diesem Rahmen ist auch eine (Neu-) Gestaltung der Wohnung bzw. des Wohnorts ein zentrales Diskussionselement; sei es, dass ein ehemaliges Kinderzimmer zum Hobby-Raum umgestaltet werden soll oder sei es, dass ein Wechsel in eine kleinere, aber zentral gelegene Wohnung geplant wird. Bei ausländischen oder bi-nationalen Paaren ist die Frage einer Rückkehr ins Herkunftsland oft ein bedeutsames Thema.

Da Frauen eine höhere Lebenserwartung aufweisen als Männer und zumeist auch einen etwas älteren Partner aufweisen, sind Frauen im Alter von Verwitwung bzw. Partnerverlust früher und häufiger betroffen als Männer. Während die grosse Mehrheit der 65-jährigen und älteren Männer in allen einbezogenen Ländern in einer Partnerschaft leben, sind 65-jährige und ältere Frauen häufiger partnerlos und damit alleinlebend. Hohe Anteile an Frauen ohne Partnerbeziehung zeigen sich in Ungarn und Polen, was auch damit zusammenhängt, dass in diesen Ländern die geschlechtsspezifischen Unterschiede in der Lebenserwartung ausgeprägter sind als in Deutschland oder Österreich.

Wahrgenommene finanzielle Lage

Wohnkosten sind im Alter oft eine zentrale Ausgabengrösse und je nach Renteneinkommen und Vermögenslage stehen Frauen und Männern im Ruhestand je andere Wohnoptionen offen. Wohlhabende können sich eine luxuriöse Seniorenresidenz oder eine bezahlte Pflegefachkraft zuhause leisten. Wer wirtschaftlich schlechter gestellt ist, ist auf eine günstige Mietwohnung angewiesen oder muss schlechte Wohnverhältnisse in Kauf nehmen (wie eine zu enge Wohnung in einer lärmigen Umgebung). Entsprechend variieren die wohnbezogenen Handlungsoptionen auch im Alter in Abhängigkeit von den finanziellen Ressourcen (Jann, 2015).

Tabelle 2: Einschätzung der finanziellen Lage des eigenen Haushalts im Ländervergleich (2002–2016)

	Zuhause lebende Personen im Alter 65 und älter: Einschätzung der finanziellen Lage des eigenen Haushalts							
	A	D	CH	SL	TS	H*	PL	SW
Erhebung 2002								
N=	271	550	298	258	265	308	320	358
Komfortabel	28 %	31 %	41 %	30 %	6 %	3 %	3 %	51 %
Es geht	51 %	59 %	49 %	54 %	52 %	45 %	43 %	42 %
Schwierig/sehr schwierig	21 %	10 %	10 %	16 %	42 %	52 %	54 %	7 %
Erhebung 2016								
N=	393	596	348	292	298	374	340	459
Komfortabel	33 %	46 %	55 %	34 %	4 %	3 %	5 %	63 %
Es geht	58 %	48 %	34 %	48 %	52 %	41 %	67 %	30 %
Schwierig/sehr schwierig	9 %	6 %	11 %	18 %	44 %	56 %	28 %	7 %

* Ungarn: Erhebung 2014.
Länder: A: Österreich, D: Deutschland, CH: Schweiz, SL: Slowenien, TS: Tschechische Republik, H: Ungarn (Daten 2014), PL: Polen, SW: Schweden.

Der Anteil an 65-jährigen und älteren Befragten, welche die finanzielle Lage ihres eigenen Haushalts positiv – als komfortabel – bewerten, variiert intereuropäisch, in Abhängigkeit vom allgemeinen Wohlstandsniveau und dem Ausbau der Alterssicherungssysteme. In Schweden und der Schweiz stuft eine Mehrheit ihre finanzielle Lage positiv ein. Der Anteil der finanziell sich gut abgesichert fühlenden Altersrentner und Altersrentnerinnen hat sich in beiden Ländern seit 2002 erhöht (auch weil in diesen nicht kriegsbetroffenen Ländern Generationen ins Rentenalter treten, die vom wirtschaftlichen Aufschwung der Nachkriegsjahrzehnte besonders stark zu profitieren vermochten). Hohe Lebenshaltungs- und Wohnkosten tragen in der Schweiz allerdings auch dazu bei, dass sich der Anteil der einkommensschwachen älteren Menschen nicht verringert hat.

Auch in Deutschland und Österreich kommen die ersten ‚Wohlstandsgenerationen' ins Alter. In Deutschland hat sich entsprechend der Anteil an Befragten erhöht, die ihre finanzielle Lage als komfortabel einstufen. In Österreich sowie Slowenien ist Trend zu ‚affluent seniors' weniger klar, aber der Anteil derjenigen, die ihre finanzielle Lage als schwierig einstufen, ist in Österreich deutlich gesunken (nicht aber in Slowenien).

Die finanzielle Lage älterer Menschen in der Tschechischen Republik, Ungarn und Polen ist deutlich prekärer. Der Anteil der wirtschaftlich abgesicherten älteren Menschen liegt bei unter zehn Prozent und hat sich im Zeitvergleich 2002–2014/16 kaum erhöht, was teilweise auch mit der Finanz- und Wirtschaftskrise nach 2007 in Verbindung steht (Börsch-Supan et al., 2013). In diesen drei Ländern schätzen sehr viele ältere Menschen ihre finanzielle Lage als schwierig bis sehr schwierig ein. In Polen – aber nicht in Ungarn und der Tschechischen Republik – hat sich der Anteil derjenigen, die als finanziell prekär einzustufen sind, allerdings in den letzten Jahren deutlich reduziert (was mit hohen wirtschaftlichen Wachstumsraten und dem Ausbau sozialpolitischer Absicherung in Zusammenhang steht).

In der Erhebung 2014 (aber nicht 2016) wurde auch eine Frage zu schlechten Wohnbedingungen (wie feuchte Wohnung, fehlendes Bad, schlechte Heizung usw.) gestellt. Erwartungsgemäss bestimmen Unterschiede der wirtschaftlichen Ressourcen Unterschiede der Wohnlage und entsprechend ist der Anteil an älteren Befragten, die ein Wohnproblem anführen, in ärmeren europäischen Ländern höher als in reichen Ländern. Ebenso zeigt sich in allen einbezogenen Ländern – mit einer Ausnahme – ein positiver Zusammenhang von Wohnproblemen und geringen finanziellen Ressourcen. So liegt beispielsweise in Deutschland das ermittelte durchschnittliche Monatseinkommen der in einfachen Wohnlagen lebenden 40–85-jährigen Mieter und Mieterinnen 44 % unter dem Einkommen von Mietern in gehobenen Wohnlagen (Nowossadeck & Engstler, 2017, p. 299). Die Ausnahme ist Schweden, wo dank sozialpolitischer Absicherung und ausgebautem sozialem Wohnungsbau einkommensschwächere Personen ähnlich selten schlechte Wohnbedingungen anführen als wohlhabendere Personen.

Tabelle 3: Schlechte Wohnverhältnisse – nach Einschätzung der finanziellen Lage 2014

Zuhause lebende Personen im Alter 65 und älter: Mindestens ein angeführtes Wohnproblem *								
	A	D	CH	SL	TS	H	PL	SW
N =	360	682	292	202	361	370	226	445
Insgesamt	7 %	8 %	7 %	18 %	14 %	18 %	12 %	5 %
- komfortabel	2 %	7 %	4 %	11 %	0	0	9 %	5 %
- es geht	7 %	7 %	10 %	13 %	9 %	10 %	9 %	6 %
- schwierig/sehr schwierig	15 %	21 %	12 %	34 %	23 %	24 %	19 %	5 %

* basierend auf Liste mit sechs Wohnproblemen: verschimmelte Wohnung, feuchte Wände/undichtes Dach, keine eigene Toilette, kein Bad/Dusche, schlecht geheizte Wohnung, überbelegte Wohnung.
Länder: A: Österreich, D: Deutschland, CH: Schweiz, SL: Slowenien, TS: Tschechische Republik, H: Ungarn (Daten 2014), PL: Polen, SW: Schweden.

Subjektive und funktionale Gesundheit

Selbständiges Wohnen im Alter bzw. ‚ageing-in-place' ist oft nur solange möglich, als nicht Gesundheitsprobleme und funktionale Einschränkungen selbständiges Haushalten erschweren oder gar verhindern. Dies ist vor allem der Fall, wenn Wohnung und Wohnzugang nicht altersgerecht bzw. hindernisfrei gebaut sind. Solange ältere Menschen sich gesundheitlich als gesund einstufen (und keine rasche Verschlechterung ihres Gesundheitszustandes erwarten) werden altersbezogene Wohnfragen häufig nicht konkret angegangen.

Der Anteil an 65-jährigen und älteren Personen, die ihre Gesundheit (noch) als gut bis sehr gut einstufen, variiert je nach Land. Er ist besonders hoch in Schweden und der Schweiz, etwas tiefer in Deutschland und Österreich und vergleichsweise gering in den übrigen aufgeführten Ländern.

Sowohl in Schweden, der Schweiz wie auch in Österreich ist eine substanzielle Mehrheit der 65-jährigen und älteren Befragten (noch) durch keine funktionalen Alltagseinschränkungen betroffen. In den übrigen Ländern ist dies nur für eine Minderheit der Fall. Häufig sind leichte funktionale Einschränkungen, wogegen starke funktionale Alltagseinschränkungen weniger häufig sind.[2] Ganz analoge intereuropäische Unterschiede des gesundheitlichen Befindens wie auch der gesunden Lebenserwartung wurden auch in früheren Vergleichen festgestellt (Jagger et al., 2011).

---

2 Der Anteil von zuhause lebenden Befragten mit starken funktionalen Einschränkungen im Alter ist allerdings generell gering, weil starke funktionale Einschränkungen oft einen Wechsel in eine stationäre Alteneinrichtung erzwingen. Ein Ausbau ambulanter Pflege, ebenso wie der Bau hindernisfreier Wohnungen kann allerdings dazu beitragen, dass sich statistisch der Anteil an stark funktional eingeschränkten zuhause lebenden Personen im Zeitverlauf erhöht. In jedem Fall sind bei der Interpretation entsprechender Daten immer auch soziale Selektionseffekte zu berücksichtigen.

Tabelle 4: Subjektive und funktionale Gesundheit älterer Personen im Ländervergleich 2016

	Zuhause lebende Personen im Alter 65 und älter							
	A	D	CH	SL	TS	H*	PL	SW
N =	393	596	348	292	298	374	340	459
Subjektive Gesundheit:								
- gut/sehr gut	50 %	48 %	71 %	33 %	16 %	25 %	26 %	61 %
- mittelmässig (fair)	43 %	39 %	34 %	47 %	50 %	52 %	52 %	33 %
- schlecht/sehr schlecht	7 %	13 %	5 %	20 %	34 %	23 %	22 %	6 %
Gesundheitlich bedingte Einschränkungen des Alltagslebens								
- nein	61 %	53 %	71 %	47 %	39 %	36 %	46 %	57 %
- leichte Einschränkungen	31 %	38 %	25 %	33 %	52 %	50 %	39 %	31 %
- starke Einschränkungen	8 %	9 %	4 %	20 %	9 %	14 %	15 %	12 %

* Ungarn: Erhebung 2014.
Länder: A: Österreich, D: Deutschland, CH: Schweiz, SL: Slowenien, TS: Tschechische Republik, H: Ungarn (Daten 2014), PL: Polen, SW: Schweden.

Neben länderbezogenen Unterschieden im Ausbau gesundheitlicher Versorgungssysteme und länderspezifischen Ernährungs- und Bewegungsverhalten sind die feststellbaren Differenzen der subjektiven wie funktionalen Gesundheit eng mit sozio-ökonomischen Rahmenbedingungen von Altersrentnern verknüpft. So zeigt sich im Vergleich von 16 europäischen Ländern eine sehr hohe Korrelation (von r= ,92)[3] zwischen dem Anteil an 65-74-jährigen Befragten, die ihre Gesundheit positiv bewerten und dem Anteil an wirtschaftlich gut abgesicherten Personen.

Auch auf individueller Ebene ergeben sich klare Zusammenhänge zwischen sozialen Schichtfaktoren und der selbst bewerteten Gesundheit von älteren Befragten: Personen mit tertiärer Ausbildung weisen häufiger eine gute subjektive sowie eine gute funktionale Gesundheit auf als bildungsferne Personen; ein Zusammenhang, der zu den klassischen Ergebnissen sozialwissenschaftlicher Ungleichheitsforschung gehört (Richter & Hurrelmann, 2006; Unger, 2016). Erwartungsgemäss ist auch die Einschätzung der finanziellen Lage des eigenen Haushalts eng mit dem gesundheitlichen Befinden assoziiert. Eine hohe subjektive und funktionale Gesundheit im höheren Lebensalter ist positiv mit einer guten wirtschaftlichen Absicherung assoziiert, wogegen Altersarmut das gesundheitliche Befinden reduzieren; sei es, dass sozio-ökonomische Probleme ganz allgemein das physische und psychische Wohlbefinden reduzieren oder sei es, dass finanzielle Schwierigkeiten zu einer schlechteren Gesundheitsversorgung bzw. zu einem schlechteren Zugang zu sozio-medizinischen Versorgungssystemen führen (Ilinca, Rodrigues, Schmidt, & Zolyomi, 2016).[4] Ein Faktor, der soziale Unterschiede im Alter statistisch gesehen reduzieren kann, ist umgekehrt die Tatsache, dass arme Menschen häufiger vorzeitig versterben als wohlhabende Personen.

---

3 Interpretation Pearsons-r: -1 =perfekter negativer Zusammenhang; 0 =kein Zus.; 1=perfekter positiver Zus.
4 Daneben zeigen sich erwartungsgemäss auch Alterseffekte und mit steigendem Lebensalter reduziert sich das gesundheitliche Befinden. Ebenso bleiben geschlechtsbezogene Gesundheitsunterschiede auch nach Kontrolle von Alter Bildung und finanzieller Situation statistisch bedeutsam (vgl. Kolip & Hurrelmann 2016)

Abschlussbemerkungen

Wie die früheren Lebensphasen sind auch die späteren Lebensphasen durch ausgeprägte soziale und wirtschaftliche Ungleichheiten der Lebenslage geprägt, die direkt und indirekt auf Wohnlage und Wohnqualität. Die länderspezifischen Unterschiede in Haushaltsform, wirtschaftlicher Absicherung und gesundheitlichem Befinden – alles Einflussfaktoren auf Wohnformen im Alter – sind weiterhin beträchtlich. Die Werte von Österreich liegen sehr nahe bei den Werten von Deutschland. Sie sind leicht schlechter als für die Schweiz und Schweden (zwei Länder, die unversehrt den Zweiten Weltkrieg überstanden und wo deshalb die heutigen Rentnergenerationen früher und stärker vom Wohlstandsaufschwung der Nachkriegsjahrzehnte zu profitieren vermochten). In den ehemals kommunistisch dominierten Ländern Mitteleuropas ist die Lebenslage vieler älterer Menschen noch prekärer, was sich auch auf die Wohnqualitäten im Alter auswirkt.

Es ist zu erwarten, das sich die länderbezogenen Unterschiede teilweise angleichen, speziell wenn jüngere Generationen ins Alter kommen. Hingegen ist einerseits mit verstärkten regionalen Differenzen innerhalb mancher europäischer Länder zu rechnen, etwa zwischen demografisch dynamischen urbanen Regionen und Regionen mit relativem und absolutem Bevölkerungsrückgang. Andererseits gibt es keine Hinweise darauf, dass sich die grossen und teilweise anwachsenden sozio-ökonomischen Ungleichheiten im Alter reduzieren, sondern sie dürften zukünftig noch durch eine ausgeprägte Heterogenität von Alternsprozessen verstärk werden.

Literatur

Börsch-Supan, A., Brandt, M., Litwin, H., & Weber, G. (Hrsg.). (2013). *Active Ageing and Solidarity between Generations in Europe. First Results from SHARE after the Economic Crisis.* Berlin: De Gruyter.

Hechtfischer, S. (2013). *Gemeinsam statt einsam: alternative Wohnformen im Alter.* Marburg: Tectum.

Kolip, P., & Hurrelmann, K. (Hrsg.). (2016). *Handbuch Geschlecht und Gesundheit. Männer und Frauen im Vergleich.* Bern: Hogrefe.

Ilinca, S., Rodrigques, R., Schmidt, A., & Zolyomi, E. (2016). *Gender and Social Class Inequalities in Active Ageing: Policy meets Theory.* Vienna: European Centre for Social Welfare Policy and Research.

Isengard, B. (2018) *Nähe oder Distanz? Verbundenheit von Familiengenerationen in Europa.* Leverkusen: Budrich Academic.

Jagger, C., Weston, C., Cambois, E., Van Oyen, H., Nusselder, W., Doblhammer, G., Rychtarikova, J., … EHLEIS team. (2011). Inequalities in health expectancies at older ages in the European Union: Findings from the Survey of Health and Retirement in Europe (SHARE), *J Epidemol Community Health, 65,* 1030-1035. doi: 10.1136/jech.2010.117705.

Jann, A. (2015). Reflexionen zur Frage des guten Wohnens beim Älterwerden. Nicht alle haben die Wahl, *Zeitschrift für Gerontologie und Geriatrie, 48,* 270–274. doi: 10.1007/s00391-014-0656-3.

Métrailler, M. (2018). *Paarbeziehungen bei der Pensionierung. Partnerschaftliche Aushandlungsprozesse der nachberuflichen Lebensphase.* Wiesbaden: Springer VS.

Nowossadeck, S., & Engstler, H. (2017). Wohnung und Wohnkosten im Alter. In K. Mahne, J. K. Wolff, J. Simonson, & C. Tesch-Römer (Hrsg.), *Altern im Wandel. Zwei Jahrzehnte Deutscher Alterssurvey* (pp. 299–313). Wiesbaden: Springer VS.

Richter, M., & Hurrelmann, K. (Hrsg.). (2006). *Gesundheitliche Ungleichheit. Grundlagen, Probleme, Perspektiven*. Wiesbaden: VS Verlag für Sozialwissenschaften.

Rosenmayr, L., & Köckeis, E. (1965). *Umwelt und Familie alter Menschen*. Neuwied: Luchterhand.

Szydlik, M. (2016). *Sharing Lives. Adult Children and Parents*. London: Routledge.

Unger, R. (2016). Lebenserwartung in Gesundheit. Konzepte und Befunde. In Y. Niephaus, M. Kreyenfeld, & R. Sackmann (Hrsg.), *Handbuch Bevölkerungssoziologie* (pp. 565–594). Wiesbaden: Springer VS.

Wohnen im höheren Lebensalter – Österreich und Schweiz im Vergleich

François Höpflinger

Einleitung

Ein Vergleich der Wohnsituation älterer Menschen zwischen Ländern kann aus unterschiedlichen Gründen von Interesse sein. Aus wissenschaftlicher Sicht können Ländervergleiche bestehende Theorien zum Wohnen im Alter unterstützen, etwa wenn analoge Stadt-Land-Unterschiede der Wohnsituation im Alter in verschiedenen Ländern nachgewiesen werden. Aus gesellschaftspolitischer Sicht sind vor allem länderbezogene Unterschiede von Interesse, etwa wenn sie Hinweise darauf liefern, welche sozialpolitischen Rahmenbedingungen die Lebensqualität alter Menschen positiv beeinflussen.

Im Rahmen einer schweizerischen Wohnerhebung wurde Januar bis April 2018 eine repräsentative Stichprobe von 2220 zuhause lebenden Personen im Alter 65+ sowie 456 Bewohner von Alters- und Pflegeheimen erfasst. Die Erhebung basiert auf einer standardisierten mündlichen Befragung durch ausgebildete Interviewer und Interviewerinnen in drei Sprachregionen (deutsch-, französisch- und italienischsprachige Schweiz).[1]

In der folgenden Analyse werden die Ergebnisse des österreichischen Wohnmonitors mit Ergebnissen einer Wohnerhebung in der Schweiz verglichen. Der Vergleich beschränkt sich sachgemäß auf Fragen, die in beiden Erhebungen gleich oder zumindest sehr ähnlich formuliert und kategorisiert wurden. Da in der schweizerischen Erhebung nur 65-jährige und ältere Menschen befragt wurden, werden nur österreichische Befragte im Alter 65+ einbezogen (und die Gruppe der 60-64-Jährigen ausgeklammert).

Wohnform und Wohnkategorie – deutliche Unterschiede zwischen den beiden Ländern

Ein erster Vergleich lässt sowohl bei der Wohnform als auch bei der Wohnkategorie deutliche länderbezogene Unterschiede erkennen:

Erstens leben in Österreich mehr ältere Menschen in einem Einfamilien- oder Reiheneinfamilienhaus als in der Schweiz, wo mehr Menschen in einem Mehrfamilienhaus wohnen. Dies gilt speziell auch für die älteste Bevölkerungsgruppe. Während in Österreich gut zwei Drittel

---

[1] Organisiert und finanziert wurde die Erhebung 2018 gemeinsam von der Age-Stiftung in Zürich (www.age-stiftung.ch) und der Fondation Leenards in Lausanne (www.leenaards.ch). Die Age-Stiftung unterstützt innovative Wohnprojekte in der deutschsprachigen Schweiz und führt seit 2003 alle 5 Jahre eine grössere Erhebung zum Wohnen im Alter durch. Die Fondation Leenards unterstützt neue innovative Projekte und Forschungsideen in der französischsprachigen Schweiz.

der 80-jährigen und älteren Befragten in einem eigenen Haus leben, ist dies in der Schweiz nur bei einem Viertel der Fall.

Zweitens ist in Österreich die Wohneigentumsrate bei älteren Menschen höher als in der Schweiz. Während in weiten Regionen Österreichs Wohneigentum eine lange Tradition aufweist, war die Schweiz lange Zeit eher eine Mietergesellschaft. Der Wohneigentumsanteil hat sich erst in den letzten zwei Jahrzehnten erhöht, primär auch bei der Baby-Boom-Generation. Dies trägt dazu bei, dass die 65-79-Jährigen eine höhere Wohneigentumsrate aufweisen als die 80-jährigen und älteren Personen.

Drittens sind in Österreich Genossenschaftswohnungen verbreiteter als in der Schweiz, wobei der Anteil an genossenschaftlich organisierten Wohnungen primär in Städten bedeutsam ist, die über eine lange sozialreformerische Tradition verfügen (wie etwa Wien oder Zürich).[2]

Tabelle 5: Wohnform und Wohnkategorie im Vergleich Österreich-Schweiz

	\multicolumn{4}{c}{*Zuhause lebende Personen*}			
	Österreich		Schweiz	
	65–79 J.	80+ J.	65–79 J.	80+ J.
N=	546	203	1666	566
Wohnform:				
- Wohnung	43%	35%	67%	75%*
- Haus	57%	65%	33%	25%
Wohnkategorie:				
- in Eigentum	68%	77%	49%	37%*
- in Miete	32%	23%	51%	63%
Genossenschaftswohnung:	13%	5%	2%	3%*
* Unterschiede zwischen den beiden Ländern signifikant auf 1% (Chi-Quadrat-Test).				

Erwartungsgemäß variieren Wohnform (Haus versus Wohnung) und Wohnkategorie (Eigentum versus Miete) nach Gemeindegrößenklasse. Je kleiner bzw. ländlicher eine Gemeinde, desto häufiger wird in einem Einfamilienhaus gelebt und desto höher ist die Wohneigentumsrate. Je städtischer eine Gemeinde, desto mehr Personen leben in einer Genossenschaftswohnung, namentlich in Österreich.

---

[2] Interessant ist, dass in der Stadt Zürich in Quartieren mit vielen Genossenschaftswohnungen neuerdings viele junge Familien leben und diese Quartiere deshalb seit einigen Jahren eine demografische Verjüngung erfahren. Quartiere ohne Genossenschaftswohnungen unterliegen hingegen einer verstärkten demografischen Alterung.

Tabelle 6: Wohnsituation der 65-jährigen und älteren Befragten nach Gemeindegrößenklasse

A) Österreich:				
Zuhause lebende Personen 65+				
	Verteilung	%-in Haus	%-Eigentum	%-Genossen-schaftswohnung
Gemeindegröße:				
- unter 5.000 Einwohner	41%	82%	87%	3%
- 5.000–50.000 Einwohner	27%	60%*	76%*	8%*
- über 50.000 Einwohner	32%	27%	46%	24%

B) Schweiz:				
Zuhause lebende Personen 65+				
	Verteilung	%-in Haus	%-Eigentum	%-Genossen-schaftswohnung
Gemeindegröße:				
- unter 5.000 Einwohner	23%	47%	62%	1%
- 5.000–50.000 Einwohner	58%	30%*	47%*	2%
- über 50.000 Einwohner	19%	16%	23%	5%
* Unterschiede nach Gemeindegrößenklasse signifikant auf 1% (Chi-Quadrat-Test)				

Gleichzeitig werden die vorherigen Feststellungen zu den Länderunterschieden bestätigt: In der Schweiz leben unabhängig von der Gemeindegröße weniger ältere Menschen in einem Einfamilienhaus und die Wohneigentumsrate ist durchgehend geringer. Dasselbe gilt für die Verbreitung von Genossenschaftswohnungen.

Auffallend ist zudem, dass sich die ältere Bevölkerung Österreichs bezüglich ländlich-urbanem Leben stärker polarisiert als die ältere Bevölkerung in der Schweiz. So leben in Österreich relativ mehr ältere Menschen in kleinen Gemeinden (unter 5000 Einwohner) und in Städten (mehr als 50.000 Einwohner) als in der Schweiz, wo die Mehrheit in mittelgroßen Gemeinden (5000-50.000 Einwohner) lebt.

Wohnkosten im Vergleich

Die Wohnkosten (inkl. Nebenkosten) gehören bei vielen Altersrentnern und Altersrentnerinnen zu den größten festen Ausgabeposten. Finanzschwache ältere und alte Menschen können gezwungen sein, eine suboptimale Wohnung zu beziehen, weil das Geld für eine altersgerechte oder zentral gelegene, aber ruhige Wohnung fehlt. Umgekehrt können wohlhabende ältere Personen relativ viele Ressourcen in eine qualitativ hochstehende Wohnform investieren; etwa in eine hindernisfreie und luxuriös eingerichtete Eigentumswohnung an zentraler Lage. Die Wohnkosten moderner älterer Menschen bewegen sich somit – je nach finanziellen Ressourcen – im Spannungsfeld von notwendigen Zwangsausgaben und gewollten Luxusausgaben.

In Österreich betragen die durchschnittlichen monatlichen Wohnkosten (ohne Heizung) der befragten Wohneigentümer rund 380 Euro (allerdings mit starken Variationen je nach Hypothekarbelastung und Größe des Hauses). Mieter und Mieter bezahlen durchschnittlich etwas weniger als 500 Euro. In der Schweiz sind die Wohnkosten (inkl. Heizkosten) generell höher und die durchschnittlichen Mietkosten liegen bei fast 1200 Euro. Bei älteren Mietern – nicht aber bei Wohneigentümern zeigt sich in Österreich eine signifikant negative Korrelation (r= -,21, N= 198) zwischen Wohndauer in der Wohnung und den monatlichen Wohnkosten. Analoges zeigt sich auch bei Mietern in der Schweiz (r= -,17, N= 1137). Dies bedeutet, dass langjährige Mieter und Mieterinnen nicht selten von relativ tiefen Mietpreisen profitieren. Probleme entstehen dann, wenn altersbedingt ein Wohnwechsel unumgänglich wird. In der Schweiz ist ein Wechsel von einer langjährig bewohnten Familienwohnung in eine kleinere (altersgerechte) Wohnung häufig mit deutlich höheren Kosten verbunden; mit der Folge, dass viele ältere und alte Menschen in untergenutzten Wohnungen verbleiben.

Der Anteil der Wohnkosten am Nettohaushaltseinkommen ist in Österreich – wegen oft geringer Hypothekenbelastung – bei Wohneigentümer geringer als bei Mietern, die durchschnittlich mehr als ein Viertel ihres Renteneinkommens für Wohnkosten ausgeben. Alleinlebende ältere Menschen weisen zudem generell eine höhere Wohnkostenbelastung auf als Paare. Dasselbe zeigt sich in der Schweiz, wobei sowohl für alleinlebende als auch nicht alleinlebende ältere Menschen die Wohnkostenbelastung höher ist als in Österreich. Entsprechend stufen 14 % der befragten älteren Mieter und Mieterinnen ihre Wohnkosten als zu hoch ein (und bei finanzschwachen älteren Menschen sind es 36 %).

Tabelle 7: Durchschnittliche Wohnkosten bei älteren Menschen in Österreich und der Schweiz

A) Durchschnittlich angeführte monatliche Wohnkosten bei Befragten 65+:		
	in Eigentum	in Miete
Österreich	383 Euro (N= 324)	495 Euro (N= 198)
Schweiz	-	1172 Euro (N= 1146)

B) Anteil der Wohnkosten am Nettohaushaltseinkommen bei Befragten 65+:		
	in Eigentum	in Miete
Österreich	17%	27%

	Alleinlebende	Paarhaushalte
Österreich	28%	15%
Schweiz (2012/14) *	32%	21%
* Bundesamt für Statistik, Haushaltsbudget-Erhebung (HABE 2012-2014)		

Barrierefreiheit – als Qualitätselement des Wohnens im Alter

Ein bedeutsamer Einflussfaktor, ob alte Menschen mit funktionalen Einschränkungen (z. B. Mobilitätseinschränkungen) weiterhin in ihrer Wohnung verbleiben können, ist eine adäquate Gestaltung von Wohnung und Wohnzugang. Eine hindernisfreie und behindertengerechte Wohnung erlaubt es auch mit starken Einschränkungen den Wohnalltag und Haushalt selbständig zu führen.

Gegenwärtig wohnt eine Mehrheit der älteren Menschen in beiden Ländern in Wohnungen bzw. Häusern, in denen vor oder in der Wohnung Stufen zu überwinden sind. Der Anteil von 80-jährigen und älteren zuhause lebende Personen, die über einen stufenlosen Wohnungszugang und/oder eine stufenlose Wohnung verfügen, liegt in beiden Ländern bei nur gut einem Drittel.

Wird die Barrierefreiheit der Wohnung betrachtet, zeigt sich ebenfalls, dass nur eine Minderheit alter Menschen in einer barrierefreien bzw. hindernisfreien Wohnung leben. Die Werte sind in der Schweiz etwas höher, aber auch in diesem Land kann die Mehrheit der von älteren Menschen genutzten Wohnungen nicht oder nur bedingt als barrierefrei bzw. altersgerecht eingestuft werden. Eine Detailanalyse unterstreicht, dass in der Schweiz eine nicht behindertengerechte bzw. nicht rollstuhlgängige Wohnung einerseits von Mietern häufiger angeführt wird als von Wohneigentümern (die oft grössere Wohnungen belegen) und dass Befragte in schwieriger finanzieller Lage signifikant häufiger in einer Wohnung leben, die nicht altersgerecht ist. In jedem Fall besteht in beiden Ländern noch ein starker ungedeckter Bedarf nach hindernisfreien Wohnungen für die zunehmende Zahl alter Menschen.

Tabelle 8: Stufen in oder vor der Wohnung – und Einstufung der Wohnung als barrierefrei

	Zuhause lebende Personen			
	Österreich		Schweiz	
	65–79 J.	80+ J.	65–79 J.	80+ J.
N=	546	203	1666	566
Stufen in oder vor Wohnung/Haus	61%	59%	63%	66%
Barrierefreiheit der Wohnung				
- Nein	38%	28%	34%	36%
- Teilweise	43%	56%	36%	35%
- Ja	19%	16%	30%	28%

Infrastruktur und Wohnumgebung

Die Qualität der Wohnumgebung ist ein zentrales Element der Lebensqualität von Menschen. Dies gilt speziell in Lebensphasen, wo Wohnung und Wohnumgebungen bedeutsame Lebensbezüge darstellen, etwa für Familien mit Kleinkindern, Menschen im Rentenalter sowie bei alten Menschen mit eingeschränkter Mobilität. Eine hindernisfreie und altersgerecht ausgestaltete Wohnung allein nützt wenig, wenn der Zugang zur Wohnung schwierig ist, keine nahen Einkaufsgelegenheiten vorliegen oder Lärmbelastungen und Konflikte mit Nachbarn das Wohlbefinden reduzieren. Eine altersgerechte Wohnung in einem schlechten Wohnumfeld kann den Trend zum Rückzug in die eigenen vier Wände verstärken und damit zu sozialer Isolation beitragen.

Ein wichtiges Qualitätskriterium im hohen Alter – namentlich bei Menschen mit Gehschwierigkeiten oder älteren Menschen ohne privates Automobil – ist eine gute Anbindung an zentrale Dienstleistungen (Ärzte, Einkaufsmöglichkeiten, öffentlicher Verkehr). Die angeführten Angaben zeigen die durchschnittliche Gehdistanz bis zur nächsten Haltestelle des öffentlichen Verkehrs (Bus, Tram, Eisenbahn) und zum nächstgelegenen Einkaufsladen (Lebensmittel). In beiden Ländern variieren die Gehdistanzen zum Einkaufen oder zur Benützung des öffentlichen Verkehrs nicht unerwartet je nach Gemeindegröße. Vor allem in ländlichen Regionen müssen ältere Menschen beim Einkaufen teilweise beträchtliche Gehdistanzen in Kauf nehmen bzw. sie sind – namentlich im Winter – auf Transportdienste angewiesen. In der Schweiz sind die angeführten Gehdistanzen in kleineren Gemeinden etwas geringer als in Österreich, aber die Unterschiede sind nicht markant.[3]

Auch die Distanzen zur nächsten Haltestelle des öffentlichen Verkehrs variieren nach Gemeindegröße, aber sowohl in Österreich als auch der Schweiz sind dank starkem Ausbau des öffentlichen Verkehrs die Gehdistanzen relativ gering (namentlich wenn man dies mit der Situation in vielen anderen europäischen Ländern vergleicht).

Tabelle 9: Zuhause lebende Personen 65+: Geschätzte Gehminuten bis zur nächsten Haltestelle des öffentlichen Verkehrs und zur nächsten Einkaufsmöglichkeit (Lebensmittel)

	Durchschnittliche Gehminuten (auf 1 Minuten auf- bzw. abgerundet) bis zur nächsten:			
	Haltestelle		Einkaufsmöglichkeit	
	Österreich	Schweiz	Österreich	Schweiz
N=	723	2220	713	2204
Gemeindegröße:				
- unter 5.000 Einwohner	12	9	23	14
- 5.000–50.000 Einwohner	9*	6*	15*	10*
- über 50.000 Einwohner	5	5	8	10
Österreich: Gehminuten durch Befragte eingeschätzt, Schweiz: Gehminuten durch Interviewer/innen eingeschätzt.				
* Unterschiede nach Größenklassen signifikant auf 1% (F-Test).				

---

3 Die Gehdistanzen sind bei Personen mit Einschränkungen der Alltagsaktivitäten in beiden Ländern höher, aber die Unterschiede sind nicht besonders markant (und nur in der Schweiz, dank höheren Fallzahlen, statistisch klar signifikant). Korrelation zwischen ADL-Einschränkungen und Gehminuten bis zur nächsten Haltestelle r= ,09 (N= 2212) bzw. bis zur nächsten Einkaufsmöglichkeit r= ,08 (N= 2198). Die geringen Korrelationen können allerdings ein Artefakt davon sein, dass in der schweizerischen Erhebung die Gehdistanzen von den (mobilen) Interviewern eingeschätzt wurden (und nicht von den Befragten selbst).

Die Zufriedenheitswerte mit der Wohnumgebung – aufgrund unterschiedlicher Frageformen zwischen den beiden Ländern nur indirekt vergleichbar – variieren ebenfalls mit der Gemeindegröße. In ländlichen Gemeinden Österreich ist weniger als die Hälfte der Befragten mit den lokalen Einkaufsmöglichkeiten sehr zufrieden. In größeren Gemeinden sind es nahezu zwei Drittel. In der Schweiz sind die Zufriedenheitswerte auch in kleineren Gemeinden höher, weil in vielen ländlichen Regionen oder Bergkantonen der Schweiz landwirtschaftliche Genossenschaften weiterhin kleine Dorfläden betreiben (wobei deren Zukunft nicht immer gesichert erscheint).

Die Nachbarschaft wird in beiden Ländern von einer bedeutsamen Mehrheit älterer Menschen positiv beurteilt, wenn auch in kleineren Gemeinden etwas ausgeprägter als in den Städten. Interessant ist aber, dass auch in Großstädten eine Mehrheit der älteren Menschen die Nachbarschaft bzw. die Nachbarschaftskontakte positiv beurteilt (was Vorurteile über die Anonymität städtischen Lebens in Frage stellt).

Die Beurteilung der Umweltqualität (Grünflächen) variiert in Österreich - nicht aber in der Schweiz[4] – mit der Gemeindegröße. Aber auch städtisch lebende Österreicher und Österreicherinnen beurteilen die ökologische Wohnqualität mehrheitlich positiv.

Tabelle 10: Zufriedenheit mit Aspekten der Wohnumgebung nach Gemeindegröße

A) Österreich: Zuhause lebende Befragte im Alter 65+: %-Anteil sehr zufrieden			
	Einkaufsmöglichkeiten	Nachbarschaft	Grünflächen
N=	735	725	735
Gemeindegröße:			
- unter 5.000 Einwohner	49%	70%	85%
- 5.000–50.000 Einwohner	70%*	66%*	78%*
- über 50.000 Einwohner	64%	55%	62%

B) Schweiz: Zuhause lebende Befragte im Alter 65+: Werte 8-10 auf Skala 1-10			
	Einkaufsmöglichkeiten	Nachbarschaftskontakte	öffentl. Grünflächen und Parks
N=	2226	2201	
Gemeindegröße:			
- unter 5.000 Einwohner	65%	83%	85%
- 5.000–50.000 Einwohner	76%*	73%*	78%
- über 50.000 Einwohner	80%	70%	78%
* Unterschiede nach Gemeindegröße signifikant auf 1% (Chi-Quadrat-Test)			

---

4 Die fehlenden Stadt-Land-Unterschiede in der Schweiz können eine Folge der Frageform sein: Während in Österreich generell nach der Zufriedenheit mit Grünflächen nachgefragt wurde, bezog sich die Frage in der Schweiz auf öffentliche Grünflächen/Parks und ländliche Regionen können zwar viel Grünflächen umfassen, aber nicht unbedingt viele öffentliche Parks/Wiesen.

Insgesamt betrachtet kann in Österreich und der Schweiz die von älteren Menschen erlebte Qualität der Wohnumgebung und Infrastruktur mehrheitlich als gut bis sehr gut eingestuft werden. Nachbarschaftsbeziehungen sind weitgehend (noch) intakt, eine gute infrastrukturelle Versorgung (öffentlicher Verkehr, Einkaufsmöglichkeiten) ist mit Ausnahme einiger weniger abgelegener Regionen (noch) gegeben und auch städtische Bevölkerungen profitieren von ausgedehnten Grünflächen (Parks, Wälder usw.).

Allgemeine Wohnzufriedenheit im Alter

In beiden Ländern ist dank guter Wohnsituation deshalb auch die allgemeine Wohnzufriedenheit der älteren Bevölkerung – gemessen auf einer Skala von 1 (gar nicht zufrieden) bis 10 (vollständig zufrieden) – sehr hoch.[5] Dies gilt gleichermaßen für ‚junge Alte' (65-79-jährig) wie für ‚alte Alte (80+-jährig). Nicht unerwartet sind Wohneigentümer mit ihrer Wohnsituation noch zufriedener als Mieter und Mieterinnen.

Tabelle 11: Allgemeine Wohnzufriedenheit: Vergleich Österreich-Schweiz

	Zuhause lebende Personen			
	Österreich		Schweiz	
	65–79 J.	80+ J.	65–79 J.	80+ J.
N=	546	203	1666	566
Allgemeine Wohnzufriedenheit (1–10)				
x̄=	9,0	9,3	8,8	8,9
Nach Wohnkategorie				
- in Eigentum	9,1	9,4	9,2	9,2
- in Miete	8,7	8,7	8,5	8,8

---

[5] In der Schweiz lag die Wohnzufriedenheit der befragten 456 Alters- und Heimbewohner gleich hoch wie bei den zuhause lebenden Gleichaltrigen. Ein Wechsel in eine Alters- und Pflegeheim führt nicht zu einer generellen Verschlechterung der allgemeinen Wohnzufriedenheit. Eine geringere Wohnzufriedenheit bei Heimbewohnern ergab sich nur, wenn die Alters- und Pflegewohnung bzw. ihr Pflegezimmer als zu klein eingestuft wird bzw. sie nicht über ein eigenes Zimmer verfügen sowie wenn sie ihre Pflegewohnung bzw. ihr Pflegezimmer nicht selbst möblieren durften.

Tabelle 12: Einfluss von Wohnmerkmalen auf allgemeine Wohnzufriedenheit: Vergleich Österreich-Schweiz

	Zuhause lebende Befragte 65+	
	Österreich	Schweiz
Wohneigentum	+	+
Wohnfläche/Einstufung Wohngröße	+	+
Wohndauer in Jahren	+	+
Barrierefreiheit der Wohnung	0	+
Wohnkosten (in Euro)/Mietkosten	0	0
Gemeindegröße	-	-
Zufriedenheit mit		
- Einkaufsmöglichkeiten	++	++
- Nachbarschaft/ Nachbarschaftskontakte	++	++
- Grünflächen/öffentl. Grünflächen/Parks	++	++

+ bzw. – auf 1% signifikante Beziehung, ++ bzw. -- besonders starke Beziehung (Korrelationsmaß von ‚20 und höher)

Eine größere Wohnfläche bzw. in der Schweiz eine Wohngröße, die als angemessen definiert wird, zeigt einen positiven Effekt auf die Wohnzufriedenheit. Vor allem eine zu kleine Wohnung (z. B. kein eigenes Zimmer, enge Wohnverhältnisse) reduziert die Wohnzufriedenheit signifikant. Interessant ist, dass sich in der schweizerischen Befragung eine deutlich als zu groß beurteilte Wohnung im Alter s nicht negativ auf die Wohnzufriedenheit auswirkt.

Mit steigender Wohndauer in der jetzigen Wohnung steigt die Wohnzufriedenheit an, wenn auch nicht massiv. Dies kann mit Gewöhnungseffekten verbunden sein, aber auch damit, dass Wohnunzufriedenheit auch im Alter zu einem Wohnwechsel beitragen kann.

Das Vorhandensein einer barrierefreien Wohnung hat nur einen leichten positiven Effekt, der sich nur in der schweizerischen Erhebung als statistisch signifikant erweist (primär, weil die Zahl an Befragten höher liegt). Zu vermuten ist, dass Barrierefreiheit erst im hohen Lebensalter bzw. bei auftretenden funktionalen Einschränkungen bedeutsam wird. Eine Detailanalyse bei 80-jährigen und älteren Befragten lässt jedoch keinen klaren Zusammenhang zwischen Barrierefreiheit und Wohnzufriedenheit erkennen.

Die absoluten Wohnkosten bzw. in der Schweiz die Mietkosten und die Wohnzufriedenheit scheinen unverbunden zu sein. In der schweizerischen Erhebung zeigte sich allerdings, dass die Wohnzufriedenheit von Befragten in schwieriger finanzieller Lage geringer war, weil – wer wenig Geld besitzt – häufiger eine schlechtere Wohnqualität in Kauf zu nehmen hat.

Die Gemeindegröße ist insofern relevant, als die Wohnzufriedenheit eine leichte, aber statistisch signifikant negative Beziehung zur Gemeindegröße aufwies. Ob hier direkte Land-Stadt-Unterschiede relevant sind oder ob indirekte Effekte (mehr Lärmbelastung in den Städten) lässt sich nicht genau feststellen. In der schweizerischen Erhebung waren Lage (ruhige Wohnlage, kein Verkehrs- und Freizeitlärm in der Wohngegend) wichtigere Einflussfaktoren als die Gemeindegröße an sich.

Die stärksten Unterschiede der Wohnzufriedenheit ergaben sich nicht mit Merkmalen der Wohnung selbst, sondern mit der Einschätzung der Wohnumgebung: Nahegelegene Einkaufsmöglichkeiten, gute Nachbarschaftsbeziehungen und genügend Grünflächen in der Wohnumgebung erweisen sich in beiden Ländern als stärkere Einflussfaktoren der Wohnzufriedenheit im Alter als Merkmale der Wohnung selbst. Funktional-gerontologische Ansätze, welche primär die Passung von Wohnung und Person ins Zentrum rücken, sind entsprechend zu eng. Zentral für ein gutes wohnmässiges Wohlbefinden sind auch infrastrukturelle, ökologische und soziale Merkmale der Wohnumgebung. Dies gilt sowohl für gesunde und aktive Menschen im Rentenalter als auch für fragile und hilfebedürftige alte Menschen.

Abschlussbemerkungen

Beide Länder sind durch ausgeprägte Stadt-Land-Unterschiede in der Wohn- und Lebenssituation älterer Menschen geprägt. Herausforderungen des Wohnens im Alter sind daher regional unterschiedlich und erfordern in beiden Ländern unterschiedliche Beratungsstrategien. Unabhängig von länder- bzw. regionalspezifischen Unterschieden von Wohnform und Wohnkategorie lässt sich jedoch in beiden Ländern eine insgesamt hohe Qualität sowohl von Wohnsituation und Wohnumgebung feststellen. Lücken bestehen primär bezüglich Barrierefreiheit und namentlich in der Schweiz erweisen sich zu hohe Wohnkosten für finanzschwache Altersrentner und Altersrentnerinnen häufig als Belastung.

An und für sich ist die in Österreich und der Schweiz festgestellte hohe Wohnqualität und Wohnzufriedenheit der grossen Mehrheit der älteren Frauen und Männer ein gutes Zeichen. Es ist ein Hinweis auf eine vielfach gute Lebensqualität in einem zentralen Lebensbereich. Auf der anderen Seite kann eine hohe Wohnqualität im dritten Lebensalter dazu beitragen, dass sich Menschen zu spät nach einer neuen, angepassten Wohnsituation für das vierte Lebensalter umsehen. Eine langjährige gegenseitige Anpassung von Person und Wohnung kann dazu führen, dass Wohnungsmängel, welche das späte Lebensalter erschweren, nicht oder zu spät wahrgenommen werden. Hohe Wohnzufriedenheitswerte können im Alter daher auch bei objektiv problematischen Wohnbedingungen auftreten. Eine hohe Wohnzufriedenheit älterer Menschen ist deshalb kein geeigneter Gradmesser dafür, ob eine Wohnung tatsächlich bedürfnisgerecht ist bzw. bei funktionalen Einschränkungen die optimale Lösung darstellt. Hohe Wohnzufriedenheitswerte im hohen Alter dürfen nicht zur Annahme verleiten, es bestünde kein objektiver Verbesserungsbedarf. Sie zeigen höchstens, dass kein subjektiver Handlungsbedarf wahrgenommen wird.

Wohnen und Wohnveränderungen im Lebenslauf

Helena Müller, Anna Wanka, Frank Oswald

Wohnen im Lebenslauf aus sozialgerontologischer Perspektive

In heutigen westlichen Gesellschaften weist der Lebenslauf eine hohe Altersgradierung auf. Das heißt, unterschiedliche Lebensphasen, wie die Ausbildungs-, Erwerbs- oder Ruhestandsphase, und die mit ihnen einhergehenden Rollen und Erwartungen sind nach kalendarischen Altersgrenzen unterteilt. Eine derart chrono-normativ (vgl. Freeman, 2010) sequenzierte Verlaufskette von Lebensphasen nennt Martin Kohli (1985) den institutionalisierten Lebenslauf.

Seit den 1960er Jahren wird auf Basis sozialgerontologischer Studien die Homogenitätsannahme, die hinter einer solchen Vereinheitlichung in distinkte Lebensphasen steckt, in Frage gestellt. Die Lebensphase „Alter" differenziert sich, so die erste These, dabei aufgrund von Arbeitsteilung, Langlebigkeit und Pluralisierung von Lebensstilen zunehmend aus. So wird in der Gerontologie etwa zwischen den „jungen Alten" (55 bis 75 Jahre) und den „alten Alten" (Neugarten, 1974) bzw. dem dritten und vierten Lebensalter (Laslett, 1989) differenziert. Die jungen Alten (drittes Alter) leben weitgehend beeinträchtigungsfrei, während bei hochaltrigen Menschen altersbedingte körperliche und psychische Einschränkungen zu Anpassungen des Alltagslebens zwingen (vgl. Mayer et al., 2010). Dabei ist von einer flexiblen und sich immer mehr nach hinten verschiebenden Grenze zwischen dem eher „ressourcenreichen" dritten und dem eher „ressourcenarmen" vierten Alter an den Beginn oder sogar die Mitte des achten Lebensjahrzehnts (80 – 85 Jahre) die Rede. Personen im dritten Lebensalter unterscheiden sich von jenen des vierten Lebensalters aber auch durch einen höheren sozio-ökonomischen Status, der diese gesundheitlichen Unterschiede bedingen kann (vgl. Dannefer, 2003) und sich seinerseits aus kohortenspezifisch unterschiedlichen Lebensbedingungen ergibt (Gilleard & Higgs, 2002). Kohorten- oder Generationenansätze weisen uns also darauf hin, dass Differenzierungen innerhalb der Altersphase eng an bestimmte Geburtsjahrgänge gebunden sind (Kolland & Wanka, 2014).

Für das Wohnen lässt sich daraus einerseits die Frage ableiten, ob sich Anforderungen an Wohnumwelten und Wohnbedürfnisse im dritten und vierten Alter sowie kohorten- und generationenabhängig unterscheiden. Auf Basis der English Longitudinal Study of Ageing (ELSA) analysieren etwa Falkingham et al. (2016) die Wohnmobilität von Kohorten, die zwischen 1918 und 1947 geboren wurden. Dabei kommen sie zu dem Ergebnis, dass die Kohortenzugehörigkeit insbesondere für die Wohnverläufe von Frauen dieser Geburtsjahrgänge eine signifikante Rolle spielt und mit der sich verändernden Rolle von Frauen in der Gesellschaft zusammenhängt (sozio-historischer Kontext). Daneben erweisen sich die partielle Destandardisierung des institutionalisierten Lebenslaufs (vgl. Kohli, 2007) und die damit einhergehenden Übergänge als Einflussfaktoren auf die Wohnmobilität, und zwar insbesondere hinsichtlich der Formierung und Auflösung von Partnerschaften im Lebenslauf (Falkingham et al., 2016).

Komplementär dazu stellt die Gerontologie neben der internen Differenzierung zwischen Personengruppen insbesondere aus psychologischer Perspektive auch die Frage nach sich verändernden Verhältnissen von Stabilität und Wandel im Wohnen über das Altern hinweg. Altern als Prozess – und nicht Alter als Zustand – zu denken, bedeutet auch, Wohnpräferenzen, Wohnbedürfnisse und Wohnentscheidungen, kurz Wohnerleben und Wohnhandeln dynamisch zu betrachten und zu verstehen (s. auch weiter unten). Nicht nur in der gerontologischen Wohnforschung (s. a. Ökologische Gerontologie), sondern auch in der Wohnpraxis (z. B. Beratung, Umzugsassistenz) zeigt sich trotz einer empirisch überwältigenden Standortkontinuität älterer Menschen eine Abkehr von der lang einseitig vorherrschenden Meinung „Einen alten Baum verpflanzt man nicht" hin zur differenzierenden Frage, für wen ist wann welche Wohnentscheidung (bleiben, anpassen, umziehen) wünschenswert und angemessen. Denn ein Wohnenbleiben um jeden Preis ist heute als Allgemeinrezept ebenso wenig vertretbar, wie es die Idee des antizipierten Umzugs in spezielle, womöglich auch noch segregierte Altenwohnanlagen in den 80er Jahren das letzten Jahrhunderts war (Dieck, 1994).

Die Tendenz zur differenzierten Auseinandersetzung mit Stabilität und Wandel des Wohnens im hohen Alter hat sich in der gerontologischen Forschung und Praxis mit dem Aufkommen des Konzepts des ‚ageing in place' in den 1990er Jahren wieder verstärkt (Altman & Low, 1992; Parmelee & Lawton, 1990). In der Forschung finden sich dafür Belege unterschiedlicher disziplinärer Prägung (z. B. Rowles & Bernard, 2013; Rubinstein & DeMedeiros, 2004; Scharlach et al., 2012; Scharlach & Diaz-Moore, 2016). Ageing in place impliziert als alterspolitisches und kommunalpolitisches Postulat aber auch eine wichtige Trendwende in der Pflegepolitik weg von der stationären hin zur ambulanten und mobilen Pflege. Unzählige Umfragen belegen, dass ältere Menschen auch, wenn sie pflegebedürftig werden, so lange wie möglich in der eigenen Wohnung oder dem eigenen Haus bleiben und nicht in ein Pflegeheim ziehen wollen (vgl. Frank, 2002). Maßnahmen zur Gestaltung altersgerechter Wohnumwelten, wie etwa in der Age-Friendly-Cities-and-Communities-Initiative (WHO, 2007) oder über Ambient-and-Assisted-Living(AAL)-Technologien sollen dazu beitragen, dass dies auch gelingen kann – und Kosten im Gesundheitssystem gesenkt werden (Wiles et al., 2012). Heute werden diese Fragen auch aus geografischer Sicht, z. B. im Rahmen einer „Geographical Gerontology" (Andrews et al., 2007; Buffel et al., 2014; Greenfield et al., 2018; Greenfield, 2012) oder im Hinblick auf die differenzierte Frage nach „ageing in the right place" (Golant, 2015) diskutiert.

Obwohl solche Konzepte mittlerweile auch kritisch hinterfragt werden (vgl. Golant, 2014; Moulaert & Garon, 2016), so wird doch das grundlegende Primat des Respekts vor subjektiven Wohnbedürfnissen und damit von möglichst wenig Wohnveränderung im Alter selten angetastet, wohlwissend, dass dies nicht immer nur zum Wohle des älter werdenden Menschen sein muss, da auch (innerhäusliche und außerhäusliche) Wohnstabilität mit Gefahren und rechtzeitige Anpassung u. a. mit Verlängerung von Selbstständigkeit einhergehen kann (Mahler et al., 2014; Stark et al., 2017; Stineman et al., 2012; Wahl et al., 2009; Van Cauwenberg et al., 2011; Wanka, 2017). Zudem impliziert Wohnortkontinuität womöglich ein Altersbild, das älteren Menschen Stabilität, Starrheit und möglicherweise auch Starrsinn unterstellt. Erweitern wir unsere Perspektive jedoch vom höheren Alter auf den gesamten Lebenslauf, so finden wir häufig Wohnveränderungen, die als normal und teilweise gar konstitutiv für bestimmte Lebensphasen angesehen werden (Auszug aus dem Elternhaus, Zusammenziehen mit einem Partner oder einer Partnerin etc.).

Gerontologische Lebenslaufmodelle von Wohnen und Wohnveränderungen

Obwohl die Datenlage zu Wohnen im Alter national und international insbesondere im Hinblick auf längsschnittliche Studien bis auf wenige Ausnahmen insbesondere im Hinblick auf Gesundheitsfolgen des Wohnens (Stephens et al., 2018a,b; Smith et al., 2017) immer noch unzureichend ist, haben sich in der ökologischen Gerontologie mittlerweile einige theoretische Ansätze entwickelt, die Wohnen aus einer Lebens(ver-)laufperspektive fassen (Rubinstein & DeMedeiros, 2004; Wahl & Gitlin, 2007; zusammenfassend Chaudhury & Oswald, 2018). Ganz allgemein wird dabei angenommen, dass die Bedeutung des unmittelbaren Wohnumfelds im Alter zunimmt (vgl. Grymer et al., 2005). Das liegt an mehreren Faktoren: Zum einen weisen ältere Menschen eine überdurchschnittlich hohe Wohndauer auf: Etwa 50 % der Eigentümerinnen und Eigentümer und ein Drittel der Mieterinnen und Mieter über 65 Jahren leben bereits seit über 30 Jahren in derselben Wohnung und Umzüge im Alter sind selten (BMVBS, 2011; Friedrich, 2008). Genau genommen finden Umzüge im frühen Alter entweder „from home to home" im sehr nahen Umfeld statt (Friedrich, 2008), oder im sehr hohen Alter, dann allerdings häufig unfreiwillig und nicht selbstbestimmt ins institutionalisierte Wohnen (z. B. ins Pflegeheim) (Oswald & Rowles, 2006). Beide Prozesse begleitet die biografisch gewachsene verstärkte emotionale Bindung zum Wohnumfeld, die in der Alternsforschung u. a. über Konzepte wie *place attachment, bonding, place identity, insideness, embodiment etc.* (vgl. Rubinstein, 1990; Rowles et al., 2004; Wahl, 2015) abgebildet wird. Andererseits ergibt sich durch altersbedingte gesundheitliche Einschränkungen (z. B. in der physischen Mobilität) einerseits, aber auch kritische Lebensereignisse wie Verwitwung oder Renteneintritt eine Verkleinerung des Aktionsradius. So besitzen beispielsweise ältere Frauen seltener einen Führerschein und werden damit durch den Tod des Partners immobil(er) oder eine Person beendet mit dem Ende der Erwerbstätigkeit das Pendeln zum Arbeitsplatz. Diesen Prozess der Zunahme von emotionaler Verbundenheit mit dem Wohnumfeld bei gleichzeitiger Abnahme seiner praktischen Nutzung beschreiben Wahl und Lang (2006) in ihrem „Social-Physical Places Over Time-model" (SPOT). Folgen wir dieser Annahme, so haben wir es im Alter mit einer spezifischen Konstellation des Selbst-Welt-Verhältnisses zu tun, dessen emotional-subjektive (Belonging) und praktisch-handlungsorientierte (Agency) Dimensionen zusammenwirken, aber in gegensätzlicher Dynamik auseinanderfallen. In dieser Konstellation trotzdem ein positives Wohnerleben aufrechtzuerhalten, stellt nach Havighurst (1972 [1948]) – neben etwa der Anpassung an abnehmende Gesundheit oder den Tod des Partners oder der Partnerin – eine zentrale Herausforderung und Entwicklungsaufgabe im höheren Alter dar.

Diese Anpassungs- oder Entwicklungsleistung ist auch Gegenstand des Lebenslaufmodells der Umwelterfahrung von Rowles und Watkins (2003). In diesem berücksichtigen sie sowohl das bewusste als auch das unbewusste Erfahren des Wohnumfelds sowie eine Vielzahl an Ereignissen, die Veränderungen im Wohnerleben und darauf aufbauende Anpassungsleistungen auslösen. Als prototypisches Ereignis wird in diesem Modell der Umzug gesehen, der eine Ablösung von der alten Wohnumwelt und eine Anpassung an die neue Wohnumwelt erfordert. In dieser Übergangsphase nimmt die Fähigkeit, *spaces* in *places* zu verwandeln, eine zentrale Rolle ein (Rowles & Bernard, 2013). Diese Fähigkeit beschreibt das Vermögen, anonyme, neutrale Räume, wie etwa eine neue Wohnung oder Nachbarschaft, emotional aufzuladen und sich anzueignen, sich also in neuen Umgebungen zu Hause zu fühlen und nachbarschaftliche

Beziehungen aufzubauen. Sie wird über den Lebenslauf aufgebaut und (in unterschiedlichen Anteilen eben teilweise unbewusst, teilweise bewusst) gestaltet in einer fortlaufenden Person-Umwelt-Dynamik die Beziehung zwischen dem alternden Menschen und seiner (Wohn-) Umwelt mit. Auf das Zusammenspiel von Agency und Belonging-Prozessen (Wahl & Lang, 2006) und zugehörigen Entwicklungsausgängen der Aufrechterhaltung von Selbstständigkeit und Identität rekurriert auch das entsprechende Rahmenmodell von Wahl & Oswald (2016). Ebenfalls auf die Wohnerfahrung als dynamischer Prozess und noch konkreter auf die jeweilige Wohnentscheidung des Bleibens, Anpassens oder Umziehens fokussiert Golant (2011) in seinem Modell der Aufrechterhaltung/Wiederherstellung von Wohn-Normalität (residential normalcy). In diesem trennt er das subjektive Geborgenheitserleben in der Wohnumwelt (comfort) von der subjektiven Wahrnehmung handlungsbezogener Kontrolle (mastery) über die Wohnumwelt. Ist eines von beidem nicht gegeben, setzen (kognitive oder handlungspraktische) Anpassungsleistungen ein. Ein Umzug stellt dabei wiederum nur eine (handlungspraktische) von vielen möglichen (auch kognitiven) Strategien dar.

Zusammenfassend bedeutet dies für die Forschung zum Wohnen im Alter, dass …

1) das Verhältnis zwischen der Wohnumwelt und dem älteren Menschen durch ein Zusammenwirken emotional-subjektiver Wohnbedeutungszuschreibung und Bindung und praktisch-handlungsorientierter Wohnaneignung und Veränderung gekennzeichnet ist (Wahl & Oswald, 2016);
2) dieses Verhältnis nicht statisch ist, sondern sich prozesshaft in einer komplexen Dynamik vollzieht und sich im Zeitverlauf über die Lebensspanne hinweg auch gegenläufig gestaltet (Wahl & Lang, 2006);
3) im Lebenslauf angeeignete P-U-Austauschprozesse und Erfahrungen je nach Gewöhnung und zeitlicher Stabilität (z. B. Wohndauer) sowohl bewusste als auch unbewusste Anteile auf der Wahrnehmungs- und Handlungsebene haben können (Rowles & Watkins, 2003);
4) den Herausforderungen des Wohnens ältere Menschen mit dem Ziel der Erhaltung und Wiederherstellung von Wohnnormalität aktiv mit kognitiven und/oder handlungspraktischen Anpassungen begegnen können (Golant, 2011).

Was bedeutet das für Wohnveränderungen im Lebenslauf? Zuerst einmal bedeutet es, dass Wohnveränderungen facettenreich sind mit Blick auf das Kontinuum von wohnen bleiben über Anpassung bis zum Umzug, und dass Letztere nur *eine* Variante der Wohnveränderung über den Lebenslauf bzw. im hohen Alter darstellen, von denen es allerdings zunehmend vielfältigere Optionen gibt (z. B. Wahl & Steiner, 2014). Der unfreiwillige Umzug ins Pflegeheim ist dabei nur eines von vielen denkbaren Szenarien und in der Regel sowohl hinsichtlich der eigenen Mitgestaltungsoption als auch mit Blick auf den Verlust an Bindung zu Nachbarschaften, Räumen und Dingen häufig das ungünstigste (z. B. Depner, 2015). Hier trifft also eine vormals starke Wohnverbundenheit auf eine kaum mehr mögliche Beherrschung der Wohnumwelt, was bei einem Umzug ins Pflegeheim zu einem sehr markanten, kritischen Übergangsprozess führen kann und es gelingt häufig nur schwer, aus einem anonymen Raum ein neues Zuhause zu machen. Ein anderes mögliches Szenario ist eine praktische Veränderung der Wohnumwelt ohne Umzug, etwa eine Renovierung der gesamten Wohnung oder die Neugestaltung eines einzelnen Innenraums (z. B. ein ehemaliges Kinderzimmer), an die ebenso ein Gewöhnungs-

bzw. Normalisierungsprozess anschließt. Oder eben die bislang eher unterforschten freiwilligen und selbstgeplanten Umzüge in alternative Wohnformen, die in der Regel ein hohes Maß an Übergangsgestaltungspotenzial mit sich bringen. Darüber hinaus können Veränderungen in anderen Lebensbereichen auch einen Wandel in der Wahrnehmung der Wohnumwelt auslösen, auch wenn sich an dieser „objektiv" nichts verändert: So kommt einem das Haus auf einmal viel zu groß vor, wenn die Kinder ausziehen, die Gemeinde und die Nachbarschaft erscheinen attraktiver, wenn man nicht mehr täglich zur Arbeit in die Stadt pendelt, und räumliche Barrieren treten erst ins Bewusstsein, wenn sich die eigene Mobilität verringert.

Es sind also einerseits Übergänge des Wohnens selbst, die heute – wie entsprechend der eingangs beschriebenen Vielfalt gesellschaftlicher Lebensläufe – zunehmend bunter und differenzierter verlaufen und für die wir weder auf individueller, noch auf institutioneller oder gesellschaftlicher Ebene passende „Rezepte" der Übergangsbegleitung vorweisen können. Andererseits sind es zudem die – im Alter häufig kumulierenden – Übergänge und kritischen Lebensereignisse, die das Wohnerleben und die Wohngestaltung mit beeinflussen können (z. B. Verwitwung), die aber auch ihrerseits durch Veränderungen der Wohnumwelten ausgelöst werden können (z. B. Scheidung). Im kommenden Abschnitt soll daher exemplarisch auf das Szenario des freiwilligen Umzugs in eine spezifische und innovative, in der Regel urbane Wohnform im Alter – das Mehrgenerationenwohnen – eingegangen werden, der sich als besonderer Übergang im Lebenslauf darstellt. Daran anschließend werden Praxisimplikationen für die Wohnberatung formuliert.

Wohnbiografien und freiwillige Umzüge im Alter – Ergebnisse aus dem UMGEWOHNT-Projekt

Betrachtet man Wohnentscheidungen – nicht nur – älterer Menschen, lassen sich grundsätzlich drei Optionen erkennen: wohnen *bleiben,* umziehen *müssen* und umziehen *wollen.* Die Umzugsstatistik verrät, dass ältere Menschen deutlich seltener umziehen als jüngere (z. B. Statistik Austria, 2018). Umso interessanter scheint ein genauerer Blick darauf, wenn ältere Menschen sich freiwillig für einen Umzug entscheiden und für diesen Schritt ein Mehrgenerationenwohnprojekt dem herkömmlichen Privatwohnen vorziehen. Dabei stellt sich die Frage, *wie* es zu diesem Umzug kommt und welche Rolle dabei Situation und Biografie spielen.

Im Rahmen des Promotionsprojekts UMGEWOHNT (Umzüge in gemeinschaftliche Wohnprojekte) im DFG-Graduiertenkolleg *Doing Transitions* wird dieser Frage nachgegangen. Dazu werden neben quantitativen Erhebungen auch leitfadengestützte Interviews mit Umziehenden ($N=7$; w=6, m=1; Alter: 49 – 74 Jahre) vor und nach ihrem Umzug in gemeinschaftliche Wohnprojekte geführt.

Diese Interviewdaten geben Einblick in die Wohnbiografien der Einzelnen und stellen damit eine empirische Annäherung an die individuellen Wohnerfahrungen der Umziehenden in ihrem bisherigen Lebenslauf dar. Eine Zusammenschau der berichteten Wohnverläufe verdeutlicht, welche Vielzahl an biografischer Information sich allein aus der Abfolge erlebter Wohnformen ablesen lässt. So geht vielfach mit dem Wechsel einer Lebensphase (z. B. von der Ausbildungs- zur Erwerbsphase) auch ein Wechsel der Wohnform einher. Dies kann als Hinweis auf eine enge Verknüpfung zwischen Biografie und Wohnen dienen (Oswald & Wahl, 2005; Rowles & Watkins, 2003).

Die in den Interviews genannten Wohnveränderungen beschränken sich jedoch nicht auf Wohnortwechsel. Neben Umzügen unter unterschiedlichsten Bedingungen (unfreiwillig: z. B. im Kindesalter, Fluchterfahrung, aufgrund von gesundheitlichen Einschränkungen; freiwillig: z. B. aus dem Elternhaus, in eine eigene Wohnung, innerhalb der gleichen Stadt, gemeinsam mit Freundinnen und Freunden) werden auch andere lebensweltliche Veränderungen relevant gemacht, die das Wohnen der Interviewten beeinflussen. Die in den Interviews genannten Beispiele lassen sich in soziale (z. B. Tod des Partners oder der Partnerin, Auszug der Kinder, neue Freundschaft), strukturelle (z. B. Renteneintritt, Antritt eines Erbes), alterskorrelierte (z. B. Antizipation von Schwierigkeiten in der Wohnraumnutzung) und räumliche Veränderungen (z. B. Renovierung, Wanddurchbruch, Umnutzung) unterteilen (s. Abb. 1). Dies hilft dabei, Veränderungen im Selbst-Welt-Verhältnis der Interviewten zu differenzieren und widerspricht der – noch immer – verbreiteten Annahme von Stabilität bis hin zur Stagnation im mittleren und höheren Erwachsenenalter.

Abbildung 1: Beispiele lebensweltlicher Veränderungen, die sich im Wohnen niederschlagen

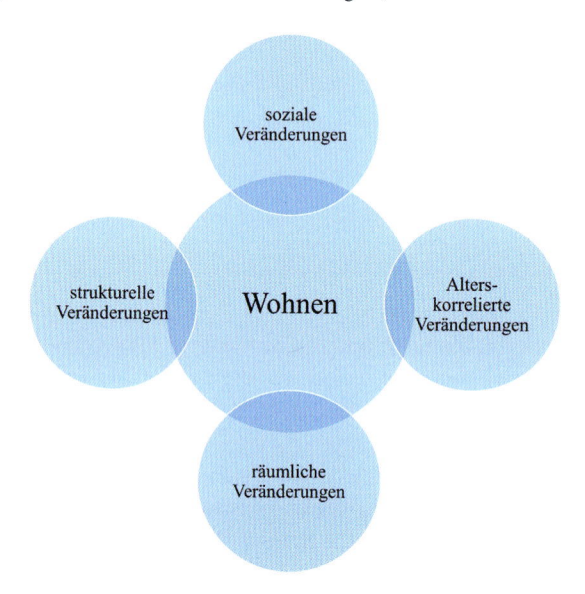

Dabei stehen die einzelnen Veränderungen vielfach in Beziehung zueinander. So werden beispielsweise durch den Renteneintritt Zeitressourcen für Wohnfragen frei, führt der Familienzuwachs zum Ausbau der Nebenwohnung oder wird ein Raum vom Arbeitszimmer in der Erwerbsphase, zum Kinderzimmer in der Familienphase, zum Schlaf- und Krankenzimmer im höheren Erwachsenenalter. Somit passen die Bewohnenden ihr Wohnumfeld an persönliche Veränderungen im Lebenslauf an, gleichzeitig bedingen die bestehenden Räumlichkeiten ihre Nutzung mit (z. B. durch Größe, Schnitt, Barrieren). Darin wird das sich wandelnde Zusammenspiel von personenseitigen (Selbst) und umweltseitigen (Welt) Aspekten über unterschiedliche Lebensphasen hinweg deutlich.

Vor diesem Hintergrund lassen sich auch Wohn- und Umzugsentscheidungen als biografisch verankerte Prozesse erkennen. So werden die Entscheidungen für ein gemeinschaftliches

Wohnprojekt von keiner interviewten Person als spontan, sondern vielmehr als langjähriger Prozess beschrieben, der häufig von früheren Wohnerfahrungen (z. B. Aufwachsen in Großfamilie, Wohnen in studentischer Wohngemeinschaft) motiviert ist. Hierin zeigen sich auch spezifische Wohnerfahrungen und -präferenzen der alternden ‚Babyboomer' (z. B. bzgl. Wohngemeinschaften; Höpflinger, 2009; Kricheldorff, 2008). Eine Interviewte beschreibt ihre frühen Bestrebungen gemeinschaftlich zu wohnen und ihre Zeit in Wohngemeinschaften als Erfahrungen, die angesichts einer situativen Veränderung (dem Tod ihres Partners) aktualisiert und konkretisiert werden.

> „Ich hab' mir eigentlich auch immer schon vorgestellt, und das auch immer mal wieder so mit Freunden angeschnitten, ‚Man müsste irgendwo ein Haus kaufen!' Und das hat sich dann nicht ergeben. [...] Das ist vielleicht dieser Wohnhintergrund, der mich dann dazu gebracht hat, eigentlich auch sofort nach diesem gemeinschaftlichen Wohnen zu gucken, als die Situation sich so verändert hat." (Frau A.)

Gleichwohl müssen Wohnerfahrungen nicht zwangsläufig selbst gemacht werden. Auch stellvertretende Erfahrungen, wie z. B. der Umzug der Eltern in ein Pflegeheim, werden im Rahmen der Entscheidung für ein gemeinschaftliches Wohnprojekt beschrieben. Dies kann als Antizipation einer zurückgehenden Handlungsfähigkeit (*Agency*) im hohen Alter (vgl. Wahl & Lang, 2006) verstanden werden, die zur proaktiven Auseinandersetzung mit und Veränderung der eigenen Wohnsituation führt. In diesem Fall zeigt sich der Wunsch nach einer vorausschauenden Anpassung (im „dritten Lebensalter"), die ein späteres *ageing in place* (im „vierten Lebensalter") ermöglichen soll:

> „Das Treibende war dann auch – und das hat sich in den letzten Jahren noch mal bestätigt mit der Erfahrung unserer eigenen Eltern –, dass wir aus unserer Wohnung nur raus wollen mit den Füßen voran. Also nicht noch in ein Altersheim. Mit meinen Eltern habe ich noch relativ Glück gehabt, aber ich hab' schon viel Schlimmeres gesehen." (Herr B.)

Trotz der Freiwilligkeit dieses Umzugs lässt sich auch ein Konflikt zwischen Agency (selbstbestimmte Veränderung) und Belonging (Wohnverbundenheit) erkennen, der durch eine hohe Wohndauer verstärkt sein kann. So beschreibt eine Interviewte ihre ambivalenten Emotionen kurz vor dem Umzug, indem sie die Zugehörigkeit zur neuen, gemeinschaftlichen Wohnform dem Trennungsschmerz von ihrem jahrzehntelangen Wohnumfeld gegenüberstellt:

> „Unser Wohnprojekt ist mein ein und alles, ich will da nicht mehr weg! Aber trotzdem ist dieser Schmerz auch da, hier wegzugehen." (Frau C.)

Eine Möglichkeit, dieser Ambivalenz zu begegnen, ist der Versuch, die Beziehung zum früheren Wohnort aufrechtzuerhalten. So wird von dem Plan berichtet, nach dem Umzug z. T. regelmäßig zurückzukehren, um Freunde und Freundinnen, aber auch die außerhäusliche Umgebung zu besuchen. Damit wird die Radikalität des Abschieds relativiert, indem bei aller Veränderung in Teilen auch Kontinuität gepflegt wird.

„Da nehm' ich schon innerlich auch Abschied und denke ‚Die Lage war schon toll!' Wobei bei dem Neuen wird sie auch schön. Es ist auch nicht weit, im Grunde kann ich auch immer wieder hierherkommen und hier spazieren gehen, wenn ich will." (Frau D.)

Es lässt sich also festhalten, dass der Umzug in ein gemeinschaftliches Wohnprojekt im Alter nicht nur als situative Bewältigung einer unpassenden Wohnsituation gelten kann, sondern sich vielfach aus der Aufschichtung lebenslanger (Wohn-)Erfahrungen ergibt und seinerseits einen Übergang im Lebenslauf markiert. Gleichzeitig zeigen sich situative, oftmals soziale und alterskorrelierte Einflüsse, die eine Auseinandersetzung mit der Idee des gemeinschaftlichen Wohnens (wieder-) anstoßen können. Damit spielen in der Wohnentscheidung die aktuelle persönliche Situation, die Antizipation zukünftiger Bedürfnisse und die Reflexion früherer Erfahrungen zusammen. Eine Lebenslaufperspektive erlaubt den Blick auf diese Dynamik von Veränderung und Kontinuität zu lenken.

Facetten des Wohnens im Lebenslauf – Schlussfolgerungen und Praxisimplikationen

In diesem Beitrag haben wir uns der Frage gewidmet, wie sich Wohnen aus einer Lebenslaufperspektive fassen lässt. Aus dieser Perspektive wird das Primat von möglichst wenig Wohnveränderung im Alter kritisch hinterfragt; stattdessen wird Wohnen im Lebenslauf als ein dynamischer Prozess verstanden, in dem das Selbst-Welt-Verhältnis fortlaufend neu ausgehandelt wird. Veränderungen der Wohnerfahrung gehen dabei häufig mit anderen Übergängen und kritischen Lebensereignissen einher; Krankheit oder Pflegebedürftigkeit sind aber nur zwei Beispiele – auch der Auszug der Kinder, der Verlust des Partners oder der Partnerin oder das Ende der Erwerbsarbeit haben Auswirkungen auf das Wohnen im Alter. Veränderungen der Wohnerfahrung beschränken sich dabei nicht auf – schon gar nicht unfreiwillige – Umzüge, sondern umfassen eine Vielzahl an sichtbaren und unsichtbaren, also subjektiven, Wandlungen der Wohnumwelt.

Angebote der Wohnberatung für ältere Menschen fokussieren dagegen immer noch primär auf zwei wohnbezogene Thematiken: erstens die Wohnraumanpassung (z. B. Barrierefreiheit, Ambient-Assisted-Living-Technologien) und zweitens, quasi als ‚ultima ratio', den Umzug. Eine lebenslaufsensible Wohnberatung und Begleitung (z. B. im Sinne einer Wohnmediation) kann diese Engführung der Perspektive in vielerlei Hinsicht erweitern. Fünf Leitlinien lassen sich für eine solche Wohnberatung skizzieren:

1) Wohnen und Biografie sind eng miteinander verknüpft – das Wohnerleben im Alter fußt auf der bisherigen Wohnerfahrungsaufschichtung (vgl. Rowles & Watkins, 2003). Um zu wissen, wie eine Person gut leben kann, sollte diese berücksichtigt werden.
2) Ältere Menschen sind dabei nicht lediglich auf ihre Vergangenheit zu reduzieren; neben der Wohnbiografie spielen auch die gegenwärtige soziale Situation und die Antizipation zukünftiger Bedürfnisse eine Rolle. Eine Lebenslaufperspektive erlaubt den Blick auf diese Dynamik von Veränderung und Kontinuität zu lenken.
3) Wohnveränderungen gehen häufig mit anderen Übergangen im Lebenslauf Hand in Hand; sie werden von diesen angestoßen oder initiieren ihrerseits diese Übergänge. Ist das Haus oder die Wohnung auch der enge Gegenstandsbereich der Wohnberatung, so

plädiert eine solche Perspektive für eine Erweiterung dieses Gegenstands auf die gesamte derzeitige Lebenssituation einer Person.
4) Die Fähigkeit, *spaces* in *places* zu verwandeln, ist zentral für die Anpassung an Veränderungen in der Wohnumwelt und Bewältigung von Wohnkrisen; sie zu stärken, trägt zu Empowerment und subjektiver Kontrolle über die Wohnumwelt (mastery) bei (Rowles & Watkins, 2003; Golant, 2011).
5) Veränderungspotenzial in Bezug auf das Wohnen erschöpft sich nicht in Umzügen oder barrierefreier Einrichtung, sondern umfasst jegliche subjektive oder handlungspraktische Wandlung der Wohnerfahrung. Themen der Wohnberatung im Alter reichen somit von der Umgestaltung des ehemaligen Kinderzimmers über eine Verbesserung der Beziehung zu Nachbarn und Nachbarinnen oder einer Aktivierung der gesamten Dorfgemeinschaft bis hin zum Aufzeigen alternativer Wohnformen, etwa dem Mehrgenerationenwohnen oder WGs für Seniorinnen und Senioren.

Kommen wir zum Abschluss auf das oben erwähnte Sprichwort „Alte Bäume soll man nicht verpflanzen" zurück, so müssen wir es aus einer Lebenslaufperspektive zurückweisen: Die Wohnumwelten um ältere Menschen sowie ihre Beziehungen zu und subjektiven Wahrnehmungen von ihnen wandeln sich ständig – auch wenn es nicht immer eine „Verpflanzung" ist. Zentral ist dabei die Fähigkeit, immer wieder neue Wurzeln schlagen zu können.

Literatur

Altman, I., & Low, S. M. (Eds.). (1992). *Place attachment* (Vol. 12). New York: Plenum Press.
Andrews, G. J., Cutchin, M., McCracken, K., Phillips, D. R., & Wiles, J. (2007). Geographical gerontology: The constitution of a discipline. *Social Science & Medicine, 65*, 151–168. DOI: 10.1016/j.socscimed.2007.02.047.
Buffel, T., McGarry, P., Phillipson, C., De Donder, L., Dury, S., De Witte, N., Smetcoren, A.-S., & Verté, D. (2014). Developing age-friendly cities: Case studies from Brussels and Manchester and implications for policy and practice. *Journal of Aging & Social Policy, 26*, 52-72.
Bundesministerium für Verkehr, Bau und Stadtentwicklung (BMVBS). (2011). Wohnen im Alter, p. 34. Berlin.
Chaudhury, H. & Oswald, F. (2018). Environments in an Aging Society: Autobiographical Perspectives in Environmental Gerontology. *Annual Review of Gerontology and Geriatrics*, Volume 38. New York: Springer.
Dannefer, D. (2003). Cumulative advantage/disadvantage and the life course: Cross-fertilizing age and social science theory. *The Journals of Gerontology Series B: Psychological Sciences and Social Sciences, 58*, 327–337.
Depner, A. (2015). *Dinge in Bewegung – zum Rollenwandel materieller Objekte. Eine ethnographische Studie über den Umzug ins Altenheim*. Bielefeld: Transkript Verlag.
Dieck, M. (1994). Das Altenheim traditioneller Prägung ist tot. In A. Kruse & H.-W. Wahl (Hrsg.), *Altern und Wohnen im Heim: Endstation oder Lebensort?* (S. 191–199). Bern: Huber.
Falkingham, J., Sage, J., Stone, J. & Vlachantoni, A. (2016). Residential mobility across the life course: Continuity and change across three cohorts in Britain. *Advances in Life Course Research*, 30, 111–123 . doi: 10.1016/j.alcr.2016.06.001

Frank, J. B. (2002). *The paradox of aging in place in assisted living.* London: Bergin & Garvey.

Freeman, E. (2010). Time Binds: Queer Temporalities, Queer Histories. Perverse Modernities. Durham [NC]: Duke University Press.

Friedrich, K. (2008). Binnenwanderungen älterer Menschen – Chancen für Regionen im demographischen Wandel? In Bundesamt für Bauwesen und Raumordnung (Hg.): *Informationen zur Raumentwicklung* (185–192). Bonn: Eigenverlag.

Gilleard, C. & Higgs, P. (2002). The third age: class, cohort or generation? *Ageing & Society, 22(3),* 369-382.

Golant, S. (2011). The quest for residential normalcy by older adults: Relocation but one pathway. *Journal of Aging Studies, 25*(3), 193–205.

Golant, S. M. (2014). *Age-Friendly Communities: Are We Expecting Too Much?* IRPP Insight 5, pp. 1–19. Montreal: Institute for Research on Public Policy.

Golant, S. M. (2015) *Aging in the right place.* Baltimore: Health Professions Press.

Greenfield, E. A. (2012). Using ecological frameworks to advance a field of research, practice, and policy on aging-in-place initiatives. *The Gerontologist,* 52, 1–12. DOI: 10.1093/geront/gnr108.

Greenfield, E. A., Black, K., Buffel, T., & Yeh, J. (2018). Community Gerontology: A framework for research, policy, and practice on communities and aging. *The Gerontologist, XX*(XX), 1–8. doi:10.1093/geront/gny089. Advance Access publication August 13, 2018

Grymer, H., Köster, D., Krauss, M., Ranga, M.-M., & Zimmermann, J. C. (2005). *Altengerechte Stadt - Das Handbuch. Partizipation älterer Menschen als Chance für die Städte.* Münster: Landesseniorenvertretung Nordrhein-Westfalen e.V.

Havighurst, R. J. ([1948] 1972). *Developmental tasks and education.* New York: David McKay.

Höpflinger, F. (2009). Einblicke und Ausblicke zum Wohnen im Alter. Age Report 2009. Zürich: Seismo.

Kohli, M. (2007). 'The Institutionalization of the Life Course: Looking Back to Look Ahead'. *Research in Human Development,* 4 (3-4): 253–71. https://doi.org/10.1080/15427600701663122.

Kohli, M. (1985). Die Institutionalisierung des Lebenslaufs. Historische Befunde und theoretische Argumente. *Kölner Zeitschrift für Soziologie und Sozialpsychologie,* 37, 1–29.

Kolland, F. & Wanka, A. (2014). Die neue Lebensphase Alter. In: H.-W. Wahl & A. Kruse (Hrsg.). Lebensläufe im Wandel: Entwicklung über die Lebensspanne aus Sicht verschiedener Disziplinen (pp. 185–200). Stuttgart: Kohlhammer Verlag.

Kricheldorff, C. (2008). Neue Wohnformen im Alter. In S. Buchen und M. S. Maier (Hrsg.): Älterwerden neu denken. Interdisziplinäre Perspektiven (S. 236-247). Wiesbaden: Verlag für Sozialwissenschaften.

Laslett P (1989) A fresh map of life: the emergence of the third age. Weidenfeld and Nicolson, London.

Mahler, M., Sarvimäki, A., Clancy, A., Stenbock-Hult, B., Simonsen, N., Liveng, A., Zidén, L., Johannessen, A., & Hörder, H. (2014). Home as a health promotion setting for older adults. *Scandinavian Journal of Public Health, 42*(15 suppl), 36-40. doi:10.1177/1403494814556648

Mayer, K. U., Baltes, P. B., Baltes, M. M., Borchelt, M., Delius, J. A. M., Helmchen, H., Linden, M., Smith, J., Staudinger, U. M., Steinhagen-Thiessen, E., & Wagner, M. (2010). Wissen über das Alter(n): Eine Zwischenbilanz der Berliner Altersstudie. In U. Lindenberger, J. Smith, K. U. Mayer, & P. B. Baltes (Eds.), Die Berliner Altersstudie (3rd ext. ed., pp. 623-658). Berlin: Akademie-Verlag.

Moulaert, T., & Garon, S. (Hrsg.) (2016). *Age-Friendly Cities in International Comparison: Political Lessons, Scientific Avenues, and Democratic Issues. International perspectives on aging* (Band 14). Basel: Springer.

Neugarten, B. L. (1974). Age Groups in American Society and the Rise of the Young-Old. The ANNALS of the American Academy of Political and Social Science, 415, 187–198. doi:10.1177/000271627441500114

Oswald, F. & Rowles, G. D. (2006). Beyond the relocation trauma in old age: New trends in today's elders' residential decisions. In H.-W. Wahl, C. Tesch-Römer & A. Hoff (Hg.): *New Dynamics in Old Age: Environmental and Societal Perspectives* (127–152). Amityville, New York: Baywood Publ.

Oswald, F., & Wahl, H.-W. (2005). Dimensions of the meaning of home. In G. D. Rowles & H. Chaudhury (Hrsg.), *Home and identity in late life: International perspectives* (S. 21–45). New York: Springer.

Parmelee, P. A., & Lawton, M. P. (1990). The design of special environment for the aged. In J. E. Birren & K. W. Schaie (Eds.), *Handbook of the psychology of aging* (3 ed., pp. 465-489). New York: Academic Press.

Rowles, G., & Bernard, M. (Hrsg.) (2013). *Environmental Gerontology: Making meaningful places in old age*. New York: Springer.

Rowles, G. D., Oswald, F. & Hunter, E. G. (2004). Interior living environments in old age. In H.-W. Wahl, R. Scheidt & P. G. Windley (Eds.), *Aging in context: Socio-physical environments (Annual Review of Gerontology and Geriatrics, 2003)* (pp. 167–193). New York: Springer.

Rowles, G., & Watkins, J. (2003). History, habit, heart and hearth: On making spaces into places. In K. W. Schaie (Hrsg.), *Aging independently: Living arrangements and mobility* (S. 77-96). New York: Springer.

Rubinstein, R. L., & De Medeiores, K. (2004). Ecology and the aging self. In H.-W. Wahl, R. J. Scheidt & P. G. Windley (Eds.), *Aging in context: Socio-physical environments (Annual Review of Gerontology and Geriatrics, 2003)* (pp. 59-84). New York: Springer.

Rubinstein, R. L. (1990). Personal identity and environmental meaning in later life. *Journal of Aging Studies*, 4 (2), 131–147.

Scharlach, A.E., Graham, C., & Lehning, A.J. (2012). The "Village" Model: A consumer-driven approach for aging-in-place. *The Gerontologist*, 52, 418-427. doi:10.1093/geront/gnr083

Scharlach, A. E., & Diaz-Moore, K. (2016). Aging in place. In V. L. Bengtson & R. A. Settersten (Eds.), *Handbook of theories of aging, chapter 21* (3rd ed., pp. 407–426). New York: Springer.

Statistik Austria (2018). Alters- und geschlechtsspezifische Binnenwanderung 2017 nach Gebietseinheiten in Promille. Verfügbar unter http://www.statistik.at/web_de/statistiken/menschen _und_gesellschaft/bevoelkerung/wanderungen/wanderungen_innerhalb_oesterreichs_binnenwanderungen/index.html

Smith, R. J., Lehning, A. J., & Kim, K. (2017). Aging in Place in Gentrifying Neighborhoods: Implications for Physical and Mental Health. *The Gerontologist*. doi: 10.1093/geront/gnx105

Stark, S., Keglovits, M., Arbesman, M. & Lieberman, D. (2017). Effect of home modification interventions on the participation of community-dwelling adults with health conditions: A systematic review. *American Journal of Occupational Therapy*, 71(2), doi:10.5014/ajot.2017.018887

Stephens, C., Szabó, A., Allen, J., & Alpass, F. (2018a). Livable environments and the quality of life of older people: An ecological perspective. *The Gerontologist*, Epub ahead of print, doi: 10.1093/geront/gny043.

Stephens, C., Szabó, A., Allen, J., & Alpass, F. (2018b). A capability approach to unequal trajectories of healthy aging: The importance of the environment. *Journal of Aging and Health*, Epub ahead of print, 1-22. doi: 10.1177/0898264318779474

Stineman, M. G., Xie, D., Streim, J., Pan, Q., Kurichi, J., Henry-Sanchez, J., . . . Saliba, D. (2012). Home accessibility, living circumstances, stage of activity limitation, and nursing home use. *Archives of Physical Medication Rehabilitation, 93*, 1609 - 1616. doi:10.1016/j.apmr.2012.03.027

Van Cauwenberg, J., De Bourdeaudhuij, I., De Meester, F., Van Dyck, D., Salmon, J., Clarys, P., & Deforche, B. (2011). Relationship between the physical environment and physical activity in older adults: A systematic review. *Health & Place, 17*(2), 458–469. doi: 10.1016/j.healthplace.2010.11.010

Wahl, H.-W., Fänge, A., Oswald, F., Gitlin, L. N., & Iwarsson, S. (2009). The home environment and disability-related outcomes in aging individuals: What is the empirical evidence? *The Gerontologist, 49*, 355-367. doi:10.1093/geront/gnp056

Wahl, H.-W., & Lang, F. R. (2006). Psychological aging: A contextual view. In P. M. Conn (Hrsg.), *Handbook of models for human aging* (S. 881-895). Burlington: Elsevier Academic Press.

Wahl, H.-W., & Gitlin, L. N. (2007). Environmental gerontology. In J. E. Birren (Ed.). *Encyclopedia of gerontology* (2nd edition, pp. 494-502). Oxford: Elsevier.

Wahl, H.-W., & Oswald, F. (2016). Theories of Environmental Gerontology: Old and new avenues for person-environmental views of aging. In V. L. Bengtson & R. A. Settersten (Eds.), *Handbook of Theories of Aging, chapter 31* (pp. 621-641). New York: Springer.

Wahl, H.-W. & Steiner, B. (2014). Innovative Wohnformen. In J. Pantel, J. Schröder, C. Bollheimer, C. Sieber & A. Kruse (Hg.): *Praxishandbuch Altersmedizin* (701–707). Stuttgart: Kohlhammer.

Wahl, H.-W. (2015). Theories of Environmental Influences on Aging and Behavior. In: N.A. Pachana (Hrsg.), *Encyclopedia of Geropsychology (S. 1–8)*. Singapore: Springer Singapore.

Wanka, A. (2017). Disengagement as withdrawal from public space: Rethinking the relation between place attachment, place appropriation, and identity-building among older adults. *The Gerontologist, 00*, 1–10. Advance Access publication. doi: 10.1093/geront/gnx081

Wiles, J. L., Leibing, A., Guberman, N., Reeve, J., Allen, R. E. (2012). The Meaning of "Aging in Place" to Older People. *The Gerontologist, 52*(3), 357–366.

World Health Organization (ed) (2007) Global age-friendly cities: a guide. World Health Organization, Geneva.

Der Mensch im Raum. Gestaltungsprinzipien für Lebensraum-Modelle im Alter

Andreas Wörndl

Einleitung

Menschen haben eine besondere Beziehung zu ihren Räumen. Im Spannungsfeld einer wechselseitigen Einflussnahme (Bollnow, 2010) verbringen sie den Großteil ihres Lebens in geschlossenen räumlichen Situationen. Menschen mit Handlungseinschränkungen (Schultz-Gambard, 1990; Flade, 2008), im Besonderen alte aber auch junge Menschen, die sich auf Grund ihrer physischen, psychischen oder kognitiven Beeinträchtigungen nicht mehr bzw. noch nicht in öffentlichen Territorien (Altman, 1970; Lyman & Scott, 1967) aufhalten können, verbringen ihren Alltag nahezu ausschließlich in Räumen, die ihre Beziehungen zur Öffentlichkeit, zur sozialen Interaktion und zu Teilhabe und Austausch beschränken oder unterbrechen. Diese Räume sind im Fall institutioneller Strukturen nicht immer frei an Entscheidungen, ritualisiert, funktionsverdichtet (Welter, 1997) und kulturell bedingt unterschiedlich. Dieser Zustand führt zu Vermeidung oder Aggression (Schönborn & Schumann, 2013).

Die immer älter werdende Gesellschaft verlangt in Verbindung mit einer fortschreitenden Individualisierung und dem Ruf nach immer mehr Privatheit (Westin, 1970; Pastalan, 1970; Altman, 1975; Ochs, 2015) nach räumlichen Lösungen, die auf die unterschiedlichen Formen alternsbedingter Einschränkungen reagieren können. Die Diskussion darüber, welches Wohn-, Betreuungs- oder Pflegemodell im Alter eine adäquate Lösung darstellen könnte, muss eine Öffentliche sein. Die Suche nach einer generellen Antwort auf die Frage nach der einzig richtigen Wohn- bzw. Lebensform ist relativ. Dafür scheinen die Dimensionen der unterschiedlichen Handlungseinschränkungen zu individuell und zu vielfältig zu sein. Mentale, soziale, physische und kognitive Beeinträchtigungen sowie spezielle Erkrankungen, wie beispielsweise die Demenz, erfordern eine Wohnraumgestaltung, die den individuellen Bedürfnissen der Menschen gerecht wird und den Raum als Komplementärstruktur – im Sinne von unterstützend und begleitend – wirksam werden lässt. Lebensraum-Modelle im Alter müssen die Umweltkompetenzen der Menschen erhalten und unterstützen. Diese Unterstützung basiert unter anderem auf einer räumlichen Kleinteiligkeit (Kaiser, 2012), die dem Wohnen (Bollnow, 2010; Flade, 2008) entspricht und als häusliche Qualität eine Grundlage für menschliches Handeln bildet.

Raum wird über die Stimmung verstanden (Bollnow, 2010). Stimmung und räumliche Atmosphäre sind in der einen oder anderen Art und Weise durch Gestaltungsprozesse veränderbar. Dieser Umstand führt uns zu Handlungsempfehlungen, die – unabhängig davon welche Modelle wir diskutieren – in Form von Gestaltungsentscheidungen einen Einfluss darauf nehmen, wie die räumliche Umgebung an- und wahrgenommen, das Verhalten verändert und das Zusammenleben gestaltet wird. Dabei steht der emotionsbasierte Zugang zum Raum (Zumthor, 1999; Feddersen, 2014) im Mittelpunkt einer Betrachtung, die den Menschen in

Verbindung mit dem pflegetheoretischen Ansatz der Personenzentrierung in den Mittelpunkt rückt. Die Möglichkeit, dass wir durch Gestaltung einen Einfluss darauf nehmen können, wie wir unseren Alltag miteinander verbringen, führt zur Definition von Gestaltungsprinzipien (Wörndl, 2018) die bei der Entwicklung individueller Lebensraum-Modelle eine unterstützende Funktion übernehmen und ein Bewusstsein dafür schaffen, das Gestaltung einen wesentlichen Betrag dafür leistet Lebensqualität zu erreichen und zu erhalten.

Die Idee der Gestaltungsprinzipien basiert auf einer wissenschaftlichen Arbeit zum Thema: Territorien, Konflikte und Raum. Räumliche Konfliktprävention in der stationären Altenhilfe (Wörndl, 2018). Der Anlass dieser Untersuchung war die Tatsache, dass die Mensch-Raum Beziehung und der Einfluss auf das Verhalten im Kontext pflegebedürftiger alter Menschen bislang auf wenig Interesse gestoßen war. Demzufolge wurden Gestaltungsprinzipien formuliert, die auf der Wechselwirkung zwischen Mensch und Raum (Bollnow, 2010) basieren, den individuellen Privatheitsvorstellungen (Westin, 1970; Pastalan, 1970; Altman, 1975; Ochs, 2015) gerecht werden, Territorialität (Altman, 1970; Lyman & Scott, 1967; Richter & Christl, 2013) sowie soziale Distanzzonen (Hall, 1966, 1976) in die Überlegungen integrieren, Erkenntnisse über Dichte und Beengtheit (Schultz-Gambard, 1990) verdeutlichen, räumliche Vorstellungen auf Emotionen und Erinnerungen (Zumthor, 1999; Feddersen, 2014) aufbauen und Raumbedürfnisse definieren, die erst durch konkretisierte Gemütszustände (Beneder, 2002) fassbar werden und eine räumliche Kleinteiligkeit (Kaiser, 2012) beschreiben, die auf einer häuslichen Umgebung aufbauen.

Gestaltungsprinzip 1

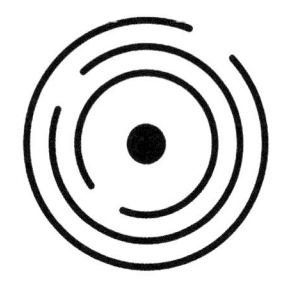

Optimum an Privatheit
Individualität, Autonomie und Selbstbestimmung

Privatheit ist ein Wert, der einen besonderen Schutz erfordert und speziell im Umfeld institutioneller Strukturen abgebildet werden muss. Privatheit bildet gemeinsam mit individuellen Gestaltungsprozessen ein primäres Bedürfnis der Menschen, dient deren Identitätsbildung und kontrolliert den eigenen Wirkungsraum. Privatheit dient der sozialen Regulation, ist ein Prozess zwischen Alleinsein und Zusammensein und schafft die Grundlage für Kommunikation und sozialen Austausch. Beide Zustände erfordern Raum, der als Abbild individueller Privatheitsvorstellungen in einer wechselseitigen Beziehung zum Menschen steht.

Die Privatheitstheoretiker der 1970er Jahre, wie beispielsweise Altman, Westin, Pastalan, beschreiben das Wesen der Privatheit als Kontrolle. Kontrolle darüber, wann, wie und in welchem Umfang persönliche Informationen öffentlich werden. Privatheit kann unterschiedliche Zustände erlangen. Ein Zustand davon ist ein „optimaler", der ein ausgewogenes Verhältnis zwischen erreichter und gewünschter Privatheit beschreibt. Die Forderung nach einer an die Situation angepassten Privatsphäre verlangt in Verbindung mit einem institutionellen Umfeld räumliche Wahlmöglichkeiten. Ist diese physische Ausdehnung nicht vorhanden sind Beengungszustände, Stress und konflikthafte Situationen mögliche Folgeerscheinungen.

Der Verlust individueller Privatheitsvorstellungen und die Verletzbarkeit der Privatsphäre sind beispielsweise in der stationären Altenhilfe ein bekannter Umstand. Verhaltensänderungen auf Grund mangelnder Privatsphäre führen zu konflikthaften Reaktionen wie Wut, Aggression und Gewalt. Raum ist ein Medium, das diesem Verhalten Ressourcen zur Verfügung stellt. Das Optimum an Privatheit wird durch individuelles, autonomes und selbstbestimmtes Handeln erreicht. Die Wahlmöglichkeit, der respektvolle Umgang im professionellen Miteinander und die Einhaltung sozialer Regeln sind weitere Faktoren, die im stationären Zusammenleben einen möglichst optimalen Privatheitszustand unterstützen. Raum und Privatheit stehen in enger Beziehung zueinander. Privatheit fordert räumlichen Rückzug und klare Formulierungen in der Raumgestaltung.

Privatheit dient der sozialen Regulation, ist ein Prozess zwischen Alleinsein und Zusammensein und schafft die Grundlage für Kommunikationsbereitschaft und sozialen Austausch. Verletzungen der Privatsphäre sind die Basis für Konflikte. Dieser Umstand bedarf einer klaren räumlichen Aussage.

Gestaltungsprinzip 2

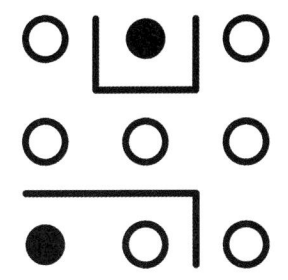

Räumliche Kleinteiligkeit
Wohnen und häusliche Umgebung als Maßstab menschlichen Handelns

Die Forderung nach einer wohnlichen Lebensumgebung ist aus der heutigen Diskussion rund um die stationäre Altenhilfe, aber auch für andere Lebensraum-Modelle im Alter, nicht mehr wegzudenken. Basierend auf diesem Hintergrund müssen wir Wege suchen, die den gewohnt häuslichen Maßstab abbilden und in die institutionellen Strukturen integrieren. Räumliche Kleinteiligkeit ist eine Reaktion auf Dichte und Beengung, besitzt viele Wirkungsebenen und findet in der häuslichen Umgebung ihren Ursprung. Der Maßstab dafür ist der Mensch, der die Grundlage für die Konkretisierung des Raumes bildet.

Wohnen ist eine Form dieser Kleinteiligkeit, bildet einen Ort der Identitätsbestimmung des Menschen und ist ein Kriterium für häusliche Qualität. Der Begriff ist individuell geprägt und atmosphärisch höchst unterschiedlich formuliert. Das Raumempfinden ist subjektiv und baut auf Emotionen, Erinnerungen und Erlerntem auf. Der persönliche und emotionsbasierte Raum wird durch einen Umzug in eine stationäre Pflege- und Betreuungseinrichtung in die Institution „mitgebracht". Die Grundlage dafür bilden Raumstrukturen, die auf einer häuslichen Umgebung fundieren. Das emotionale Raumgefühl ist ein konkretisierter Gemütszustand und basiert auf der Beteiligung aller Sinne. Geben wir diesem mitgebrachten Raumempfinden eine Bedeutung, so müssen wir gerade im Kontext institutioneller Verhältnisse Strukturen schaffen, die dieser Anforderung gerecht werden können.

Räumliche Kleinteiligkeit basiert auf Wahlmöglichkeit, Individualität und Rückzug, auf Beziehungsleben und Wohngefühl sowie auf Vielfalt in einer differenzierten räumlichen Umgebung. Sie bietet einen Rahmen für Sicherheit und Orientierung und schafft eine Plattform für Begegnung und Vertrautheit. Als primäre Territorien bewahren räumlich kleinteilige Strukturen nicht nur die physische und psychische Gesundheit der Menschen, sondern beschreiben einen Ort, an dem die soziale und kognitive Entwicklung stattfinden kann. Räumliche Kleinteiligkeit ist also eine Kategorie, die der institutionellen Umgebung einen häuslichen Maßstab verleiht und auf Grundlage individueller Gestaltungsspielräume vielfältige Szenarien entstehen lässt. Wohnen und Häuslichkeit erzeugt eine Normalität, die auf kulturellen Vorstellungen basiert und den Bewohnerinnen und Bewohner im Rahmen ihrer Handlungseinschränkungen eine vertraute Umgebung erleben lässt.

Die häusliche Umgebung basiert auf einer räumlichen Kleinteiligkeit, der Maßstab dafür ist der Mensch. Wohnen ist die Grundlage für menschliches Handeln und der Richtwert für häusliche Qualität.

Gestaltungsprinzip 3

Klare territoriale Abgrenzung
Territoriale Typologien als Basis räumlicher Differenzierungen

Die Vorstellung, dass über den persönlichen Bereich Kontrolle ausgeübt werden kann, impliziert die Frage nach der Abgrenzung dieser physischen Umgebung. Territoriale Abgrenzung und der Schutz dieser Begrenzung hat im stationären Umfeld eine hohe Bedeutung. Dabei geht es nicht nur um den Aspekt, Privatsphäre zu bewahren und individuelle Gestaltungsvorstellungen in die Institution zu integrieren, sondern auch darum, durch persönliche Markierungen einen konkreten Raum zu definieren, über den Kontrolle und Macht ausgeübt werden kann. Dabei müssen insbesondere der Zugang zu diesen Territorien, wie auch das Verhalten in den territorialen Wirkungsbereichen kontrollierbar bleiben.

Territorien verhelfen den Menschen ihren gewünschten Privatheitsgrad zu erreichen. Soziale Interaktionen erfordern nicht nur klare territoriale Abgrenzungen, sondern auch räumliche Differenzierungen. Verletzungen der Primärterritorien und der Verlust der Selbstständigkeit führen zu Konfliktsituationen und lösen im schlechtesten Fall Aggressionen und Gewalthandlungen zwischen den Bewohnerinnen und Bewohnern, aber auch zwischen den Pflegepersonen und den Pflegebedürftigen aus. Diese Konfliktarten sind auf unklar geregelte Territorien sowie auf die Verschiedenheit und die Individualität der Menschen zurückzuführen.

Räumlich eindeutig ablesbare Interventionen verändern im territorialen Gefüge der Institution das Verhalten der Menschen. Deshalb sind territoriale Grenzen zur Klärung individueller Lebensräume von Bedeutung. Klare räumliche Botschaften schaffen die Möglichkeit, Privatheit erlebbar zu gestalten. Territoriale Abgrenzungen sind dann klar, wenn diese durch räumliche und soziale Markierungen erfolgen. Diese Markierungen definieren den persönlichen Wirkungsbereich, verleihen Schutz und Sicherheit und setzten den Respekt und das Einfühlvermögen des Pflegepersonals über die persönlichen Bereiche der Bewohnerinnen und Bewohner voraus. Die Verschiedenheit und Individualität der Menschen, fehlende Ausweichmöglichkeiten, der Verlust über selbstbestimmtes Handeln sowie unklar definierte Räume verursachen konflikthafte Situationen. Verschiedenheit definiert sich über klar geregelte Territorien – zumindest im institutionellen Umfeld der stationären Altenhilfe.

Territorien verhelfen den Menschen ihren gewünschten Privatheitsgrad zu erreichen. Soziale Interaktionen erfordern klare territoriale Abgrenzungen und räumliche Differenzierungen. Überschreitungen und Verletzungen territorialer Grenzen und Markierungen führen zu konflikthaften Situationen.

Gestaltungsprinzip 4

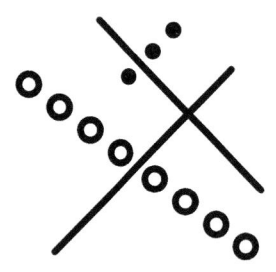

Entflechtung von Funktionen
Funktionsregulierung als wirkungsvolle Intervention im verdichteten Pflegealltag

Verdichtete Aktivitäten und Funktionskombinationen sind im stationären Pflege- und Betreuungsalltag gelebte Normalität. Diese Normalität verlangt nach angemessenen Lösungen, die eine Entflechtung von unklar geregelten Alltagssituationen unterstützt. Eine Differenzierung erscheint dann sinnvoll, wenn sich Aktivitäten und Funktionen konkurrieren. Funktionsverdichtungen in Räumen führen zu ernstzunehmenden Veränderungen im Verhalten der Bewohnerinnen und Bewohner und sorgen sogar dafür, dass Räume gar nicht mehr genutzt werden. Dieses Potenzial für Auseinandersetzungen lässt sich nicht nur auf ungünstige territoriale Bedingungen zurückführen, sondern auch auf verdichtete Aktivitäten, die wir auf Grund mangelnder räumlichen Handlungsalternativen immer wieder erleben. Funktionsregulierungen schaffen eine Chance für neue Situationen.

Die Entflechtung von Funktionen basiert auf der Anforderung die Intim- und Privatsphäre zu schützen und zu bewahren. Die Art der Aktivität, der Faktor Zeit und ein organisatorisch begleiteter Alltag entscheiden darüber, welche Funktionen kombiniert werden können und welche nicht. Verdichtete Funktionsverhältnisse führen zu veränderten Verhaltensweisen wie Rückzug und Verweigerung. Gleichartige Funktionen, wie beispielsweise Kochen und Essen, fördern Aktivität und Kommunikation und können räumlich gut miteinander kombiniert werden. Eine Funktionsdifferenzierung erfordert zusätzliche Raumressourcen und/oder räumliche Interventionen. Elemente im Raum führen beispielsweise zu Differenzierungen und schaffen eine flexible und rasche Möglichkeit widersprüchliche Aktivitäten und Funktionen voneinander zu trennen.

Funktionskombinationen und verdichtete Aktivitäten sind im Kontext stationärer Strukturen die Ursache für Verhaltensänderungen. Die Entflechtung überlappender Funktionen schafft Chancen für neue Situationen.

Gestaltungsprinzip 5

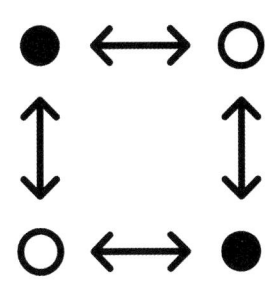

Angemessene Dichte
Raum als Medium für die Gestaltung ausgewogener Dichteverhältnisse

In institutionellen Lebensräumen kommt es zwangsläufig zu Dichteverhältnissen. Soziale und räumliche Dichte führt zu Beengungssituationen, die als Folge von eingeschränkten Handlungsspielräumen zu einer nicht gelungenen Privatheitsregulation führen. Das Dichteempfinden ist subjektiv. Was für die Einen als dicht gilt, wird von den Anderen als normal empfunden. Daher gilt es herauszufinden, was räumlich in der jeweiligen Situation als angemessen erscheint und was nicht. Räumliche Enge verhindert nicht nur die Entwicklung von sozialen Beziehungen, sondern begünstigt die Entstehung von konflikthaften Verhaltensformen, sofern keine ausreichenden Ausweichmöglichkeiten vorhanden sind.

Hohe Dichte hat eine schädigende Wirkung auf den menschlichen Organismus. Kompensationsmaßnahmen der Dichtesituation sind entweder Vermeidung oder Aggression. Beide Phänomene sind im Pflegealltag eine bekannte Größe. Rückzug und Resignation sowie aggressives, gewaltbereites und stressbedingtes Konfliktverhalten lassen sich einerseits auf fehlende Privatheit zurückführen, andererseits auf den Verlust der Kontrolle über die konkrete Situation.

Räumliche Dichte führt zu Handlungseinschränkungen, verändert im stationären Kontext das Mobilitätsverhalten der Menschen und nimmt Einfluss darauf, wie und in welcher Anzahl private und öffentliche Kontakte stattfinden. Diese defizitäre Entwicklung behindert nicht nur eine selbstbestimmte Lebensführung, sondern führt zu Rückzugstendenzen, die sich in Form von verbalen und nonverbalen Äußerungen manifestieren. Fehlende Ausweichmöglichkeiten verhindern die Entwicklung positiver Beziehungen und führen zu physischen und psychischen Beeinträchtigungen. Raum ist eine Möglichkeit, Beengung und Dichte in einem Verhältnis zu regulieren, das Handlungsspielräume entstehen lässt. Veränderungen im Verhalten lösen Beengungssituationen auf.

Soziale und räumliche Dichteverhältnisse führen zu Beengungssituationen und sind die Folge von eingeschränkten Handlungsspielräumen und einer nicht gelungenen Privatheitsregulation. Raum ist ein Beispiel dafür, die Balance zwischen Enge und Weite physisch zu konkretisieren.

Gestaltungsprinzip 6

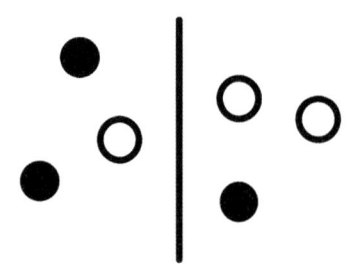

Konfliktprävention durch räumliche Interventionen
Architektur als Komplementärstruktur im interaktiven Territorialgefüge

Räumliche Interventionen sind konkrete physische Handlungen im Raum, die die Stimmung des Raumes und damit auch die Stimmung der Menschen, die sich in diesem Raum befinden verändern. Diese wechselseitige Beziehung zwischen Mensch und Raum lässt sich bei der Gestaltung des institutionellen Umfelds nutzen. Veränderungen im Raum sind wirkungsvolle Methoden, um Konfliktsituationen zu begegnen und diese zu regulieren. Architektur ist ein mitbestimmender Faktor bei der Entstehung von Konflikten und stellt als Sekundärstruktur eine Form struktureller Gewalt dar. Auf Basis räumlicher Interventionen kann sich das Territorialgefüge dahingehend verändern, dass durch Markierungen und Reglementierungen der Einfluss auf das Verhalten wirksam wird. In welcher Art und Weise diese Veränderungen wirken, ist in Abhängigkeit der jeweilgen Anforderung zu bewerten. Räumliche Interventionen bilden ein Kontrollterritorium über den individuellen Wirkungsbereich und zeigen Auswege aus der Aggression. Eine bedarfs- und altersgerechte Gestaltung bietet ein orientiertes und sicheres Umfeld und unterstützt Handlungen, die in Bezug auf raumatmosphärische Veränderungen selbstbestimmt und autonom ausgeführt werden können (z. B. öffnen von Fenstern). Darüber hinaus ist Raum ein Medium, das den Bewohnerinnen und Bewohnern durch Gestaltung (z. B. Licht, Farbe) ein gutes Zeitgefühl (Tag/Nacht) vermitteln kann.

Räumliche Interventionen verändern die Stimmung des Raumes und das Verhalten der Individuen. Markierungen und Reglementierungen im Raum sind wirkungsvolle Methoden, um das Territorialgefüge zu verändern.

Gestaltungsprinzip 7

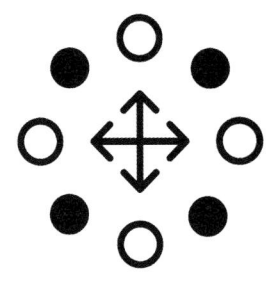

Individuelle Gestaltungsfreiheit
Gestaltung im individuellen Wirkungsbereich als partizipativer Prozess

Das Bedürfnis nach Gestaltung ist für die Entwicklung der eigenen Identität von großer Bedeutung. Diese Anforderung geht auch im Fall eines Umzugs in eine stationäre Pflege- und Betreuungseinrichtung nicht verloren und wird durch die Verantwortlichen neu zu interpretieren sein. Individuelle Vorstellungen basieren auf lebenslangen Erfahrungen, die in das institutionelle Umfeld bestmöglich integriert werden müssen. Diese Vorstellungen lösen Gestaltungsbedürfnisse aus, die auf Grundlage der neuen Situation zwischen den Bewohnerinnen und Bewohnern und der Institution verhandelt werden müssen.

Der Schwerpunkt liegt auf Gestaltungsebenen, welche die persönlichen und unmittelbaren Wirkungsbereiche der Bewohnerinnen und Bewohner betreffen. Mangelnder Gestaltungseinfluss führt zu Veränderungen in der sozialen Interaktion sowie zu Rückzug und Resignation. Zur Anpassung der sozialen und territorialen Bedingungen wird ein Konzept der Miteinbeziehung Betroffener in Gestaltungsprozesse und -entscheidungen verfolgt. Dabei entsteht der Gedanke eines partizipativen Prozesses, der in das Aufnahmemanagement integriert werden muss.

Partizipative Gestaltungsprozesse unterstützen den Aufbau von Beziehungen, schaffen einen Rahmen für selbstbestimmtes Handeln und reduzieren Konflikte und Stress. Sie führen dazu, dass die räumliche Umgebung von den Bewohnerinnen und Bewohnern akzeptiert und angenommen wird. Gestaltung verändert die physische Umgebung, schafft durch individuelle Markierung und Besetzung einen Ort des persönlichen Ausdrucks und integriert die Vorstellung einer Atmosphäre, die dem individuellen Charakter des jeweiligen Menschen entspricht. Der partizipative Prozess startet bestenfalls vor dem Umzug in die Institution, wird organisatorisch begleitet und in das Betreuungskonzept integriert. Pflegepersonen sind Teil dieses Prozesses, haben aber keine gestaltende Funktion über bewohnernahe Lebensbereiche. In der stationären Altenhilfe ist das partizipative Konzept eine Möglichkeit den Verlust der häuslichen Umgebung in der einen oder anderen Art und Weise auszugleichen bzw. eine Situation zu schaffen, die auf Erinnerungen an die eigene Häuslichkeit verweisen. Der Mensch wird in seiner Individualität betrachtet und die Institution an seine Bedürfnisse herangeführt.

Der Mensch schafft durch die individuelle Gestaltungsfähigkeit seine Identität und wird durch diese wirksam. Die Gestaltung der unmittelbaren Lebensumgebung erfordert die Miteinbeziehung der Betroffenen in Gestaltungsprozesse und -entscheidungen.

Gestaltungsprinzip 8

Schwellenräume für Handlungsalternativen
Flexibilität und räumliche Entlastungsangebote in der Alltagsgestaltung

Das institutionelle Umfeld schränkt Handlungsspielräume ein. Handlungseinschränkungen wirken sich nicht nur auf den physischen und psychischen Gesundheitszustand der Menschen aus, sondern auch auf deren Raumempfinden. Als Alternative dazu entwickeln räumliche Ressourcen den Handlungsraum und wirken diesen Einschränkungen entgegen. Stetig wandelnde Nutzungsbedürfnisse erfordern flexible Strukturen und erweiterte Raumangebote, die in der institutionellen Raumgestaltung möglich sein müssen. Flexibilität ist das Eine – erweiterte Raumangebote das Andere.

Menschen mit eingeschränkten Handlungsalternativen können sich aus unterschiedlichen Gründen nicht oder nicht mehr in öffentlichen Territorien bewegen und brauchen im Fall verdichteter Situationen ein räumliches Entlastungsangebot. Gerade im institutionellen Umfeld entstehen Situationen, die nach räumlichen Strukturen verlangen, in denen Handlungsalternativen in die Alltagsgestaltung integriert werden müssen. Dazu zählen beispielsweise, dass Besuche in familienähnlicher Atmosphäre stattfinden können und Anreize zur Mobilisierung der Bewohnerinnen und Bewohner geschaffen werden.

Räumliche Flexibilität schafft einen Rahmen für situationsabhängige Handlungen und geht auf die individuellen Lebenskonzepte der Menschen ein. Räume für Handlungsalternativen lösen in der Alltagsgestaltung physische und psychische Anreize aus, aktivieren und mobilisieren, ermöglichen soziale Interaktionen und den Aufbau bedeutungsvoller Beziehungen. Sie wirken Konfliktsituationen entgegen und schaffen als Schwellenraum ein Lebensumfeld in einer halböffentlichen Atmosphäre. Auf dieser Basis können wir argumentieren, dass räumliche Flexibilität und erweiterte Raumangebote die Selbstständigkeit der Menschen unterstützen und das Konfliktpotenzial reduzieren.

Funktionsneutrale Schwellenräume öffnen Handlungsalternativen und Interaktionsmöglichkeiten für physische, psychische und kognitive Aktivitäten.

Fazit

Die beschriebenen Gestaltungsprinzipien bieten eine Orientierungshilfe für die Umsetzung konkreter Projekte. Sie richten sich im interdisziplinären Zusammenwirken rund um das Thema Pflege und Betreuung an Entscheidungsträgerinnen und Entscheidungsträger, die auf Basis ihrer strategischen Handlungsfähigkeit großen Einfluss auf die Qualität künftiger Lebensraum-Modelle nehmen können und daraus eine Vielfalt ableiten, die den individuellen Bedürfnissen pflegebedürftiger alter Menschen gerecht werden. Des Weiteren wendet sich dieses Gestaltungsangebot an Privatpersonen bzw. Personengruppen, die im Alter eine Alternative zur stationären Versorgung suchen, um in der einen oder anderen Form eine Unterstützung dafür zu finden einen Lebensraum zu gestalten, der Privatheit sicherstellt, Gemeinschaft fördert, Begegnung ermöglicht und Gesellschaft erlebbar macht.

Um der eingangs angedeuteten Frage nachzugehen, inwieweit diese Prinzipien auf andere institutionelle Einrichtungen, wie beispielsweise der Kinder- und Jugendhilfe übertragbar sind, wird auf eine ähnliche Ausgangslage verwiesen. Wie zu Beginn dieses Artikels erwähnt, sind auf Grund der besonderen Umstände Handlungseinschränkungen nicht nur auf pflegebedürftige alte Menschen zutreffend, sondern stellen im Rahmen der Kinder- und Jugendhilfe eine Erscheinungsform dar, die in besonderer Weise berücksichtigt werden muss. Ob und in welcher Form die Gestaltungsprinzipien für Einrichtungen für Kinder und Jugendliche anwendbar sind, ist in einer erweiterten Untersuchung und auf Basis vertiefter Daten zu klären. Dennoch hat sich gezeigt, dass am Beispiel des Projektes GenerationenCampus Korneuburg große Parallelen zwischen den Anforderungen der Altenhilfe und den Bedürfnissen aus dem Zielgruppenspektrum der Kinder- und Jugendhilfe erkennbar sind und auf Basis der Gestaltungsprinzipien ein schlüssiges Gesamtkonzept entwickelt werden konnte, das beiden Anforderungen gerecht wurde.

Insgesamt bieten die Gestaltungsprinzipien mehrdimensionale Anwendungsmöglichkeiten, sie helfen uns eine Beziehung zwischen uns und unseren Räumen aufzubauen und diese zu verstehen. Letztendlich haben wir durch unsere Gestaltungskraft die einzigartige Chance unsere räumliche Umgebung so zu formen, dass der Wusch nach einer selbstbestimmten Lebensführung Wirklichkeit wird – insbesondere im Alter.

Literatur

Altman, I. (1970). Territorial behavior in humans: An analysis of the concept. In L A Pastalan, & D H Carson (Hrsg.), *Spatial behavior of older people* (pp. 1–24). Ann Arbor, MI: University of Michigan Press.
Altman, I. (1975). *The environment and social behavior. Privacy, personal space, territory, crowding.* Monterey, CA: Brooks/Cole.

Beneder, E. (2002). *Topographische Beugung. ORTE architektur netzwerk niederösterreich*. Bezogen von: http://www.orte-noe.at/index/page.php?id=12&item=656 [letzter Zugriff: 15.08.2018].

Bollnow, O. F. (2010, [1963]). *Mensch und Raum* (11. Auflage). Stuttgart: W. Kohlhammer GmbH.

Feddersen, E. (2014). raum lernen, raum erinnern, raum fühlen. In E. Feddersen, & I. Lüdtke (Hrsg.), *raumverloren. Architektur und Demenz* (pp. 14-23). Basel: Birkhäuser Verlag GmbH.

Flade, A. (2008). *Architektur – psychologisch betrachtet*. Bern: Verlag Hans Huber, Hogrefe AG.

Hall, E. T. (1966). *The hidden dimension*. Garden City, N.Y.: Doubleday.

Hall, E. T. (1976). *Die Sprache des Raumes*. Düsseldorf: Schwann.

Kaiser, G. (2012). *Vom Pflegeheim zur Hausgemeinschaft. Empfehlungen zur Planung von Pflegeeinrichtungen* (2. unveränderte Auflage). Köln: Kuratorium Deutsche Altershilfe.

Lyman, S. M., & Scott, M. B. (1967). Territoriality: A neglected sociological dimension. *Social Problems, 15*, 236–249.

Ochs, C. (2015). *Die Kontrolle ist tot – lang lebe die Kontrolle! Plädoyer für ein nach-bürgerliches Privatheitsverständnis*. Bezogen von http://www.medialekontrolle.de/wp-content/uploads/2015/11/Ochs-Carsten-2015-04-01.pdf. [letzter Zugriff: 15.08.2018].

Pastalan, L. A. (1970). Privacy as an expression of human territoriality. In L A Pastalan, & D H Carson (Hrsg.), *Spatial behavior of older people* (pp. 88-101). Ann Arbor, MI: University of Michigan Press.

Richter, P. G., & Christl, B. (2013). Territorialität und Privatheit. In P G Richter (Hrsg.), *Architekturpsychologie. Eine Einführung* (3. überarbeitete und erweiterte Auflage) (pp. 235–260). Lengerich: Pabst Science Publishers.

Schönborn, S., & Schumann, F. (2013). Dichte und Enge. In P G Richter (Hrsg.), *Architekturpsychologie. Eine Einführung* (3. überarbeitete und erweiterte Auflage) (pp. 261–291). Lengerich: Pabst Science Publishers.

Schultz-Gambard, J. (1990). Dichte und Enge. In L Kruse, C F Graumann, & E D Lantermann (Hrsg.), *Ökologische Psychologie. Ein Handbuch in Schlüsselbegriffen* (pp. 339–346). München: Psychologie Verlags Union.

Welter, R. (1997). Architektur, Gewalt und Aggression in Kliniken. *System Familie, 10*, 88–91.

Westin, A. F. (1970). *Privacy and freedom* (6th ed.). New York: Atheneum.

Wörndl, A. (2018). *Territorien, Konflikte und Raum. Räumliche Konfliktprävention in der stationären Altenhilfe*. Wien Linz: Akademie für Weiterbildung der FH OÖ und Akademie für Sozialmanagement Wien. Bezogen von: https://www.lebensweltheim.at/wissen/studien [letzter Zugriff: 15.08.2018].

Zumthor, P. (1999). *Architektur denken*. Basel u.a: Birkhäuser.

Teil III: Analysen – Demoskopie zum Wohnen im Alter in Österreich

Der Wohnmonitor 2018: Zielsetzung und empirisch-methodisches Vorgehen

Der Wohnmonitor 2018 zielt in seiner empirischen Ausrichtung auf die Erhebung von Wohnformen und Wohnwünschen älterer Menschen in Österreich ab. Ziel des empirisch-methodischen Vorgehens in Form einer quantitativen Befragung ist es, fundiertes Wissen zu Wohnbedürfnissen und Wohnvorstellungen älterer Menschen (60+) in Österreich der interessierten Öffentlichkeit zur Verfügung zu stellen. Der Fokus der empirischen Untersuchung richtet sich auf individuelle Wohnpräferenzen und Einstellungen zu verschiedenen Wohnformen. Je mehr wir über die Wohnpräferenzen und die Bedeutung des Wohnens im Alter wissen, desto besser können adäquate Wohnangebote entwickelt werden.

Mit dieser Studie sollen zwei Ziele verfolgt werden, erstens Grundlagen für die Gestaltung altersfreundlicher Gemeinden bereitzustellen und zweitens Daten und Analysen für die Planung im Bereich Pflegewohnen vorzulegen. Die Attraktivität einer Gemeinde wird zukünftig ganz entscheidend davon abhängen, welche Wohn- und Lebensqualität sie den älteren Menschen anbieten kann, und in welcher Weise es ihr gelingt, die Potenziale älterer Menschen einzusetzen. Eine moderne Politik für und mit älteren Menschen auf Gemeindeebene hat ein breiter werdendes Spektrum an Lebensformen und Lebensentwürfen zu berücksichtigen. Die zweite Zielsetzung richtet sich auf die gestiegene und steigende Relevanz von Wohnen im Zusammenhang mit Pflegeleistungen sowohl im privaten als auch stationären Bereich. Für gelingende Pflege im Alter sind gute Wohnbedingungen und eine hohe Wohnzufriedenheit günstig. Ein stimulierendes Wohnumfeld wirkt mobilitätsfördernd. Wir wollen auch in der Pflege ein hohes Maß an Selbstbestimmtheit haben, welches besser erreicht werden kann, wenn gleichzeitig das Gefühl von Privatheit vorhanden ist. Je mehr in Pflegesettings das Gefühl von (privatem) Wohnen erzeugt werden kann, desto weniger kommt es zu Rückzug und Selbstaufgabe. Die Daten, die wir in den folgenden Kapiteln präsentieren, sollen an diesen beiden Zielen orientiert sein.

Die empirische Feldarbeit für diese Studie erfolgte zwischen November 2017 und Jänner 2018. Für diese Feldarbeit konnten wir mit dem Institut für statistische Analysen Jaksch & Partner GmbH in Linz einen sehr professionellen und kompetenten Partner gewinnen. Nach Vorarbeiten und der Entwicklung des Fragebogens durch das Forschungsteam startete die telefonische Befragung von 1.000 Personen im Alter von 60 Jahren und älter in privaten österreichischen Haushalten. Die Befragten wurden zufällig nach dem Konzept des Random Last Digit (RLD) ausgewählt. Diese Vorgehensweise erlaubt es, sowohl Festnetz- als auch Handynummern zu generieren. Damit wird nicht ausschließlich auf registrierte Telefonnummern zurückgegriffen, da weniger als 50 % der Haushalte über Telefonverzeichnisse erreichbar sind. Mit dem RLD-Verfahren werden die Telefonnummern über das Computer Assisted Telephone Interview (CATI) automatisch angewählt. CATI bedeutet, dass die Interviewer und Interviewerinnen die Fragen von Bildschirmen ablesen und die Antworten der Interviewten direkt in den Computer eingeben. Der standardisierte Fragebogen besteht aus insgesamt sieben Abschnitten.

Tabelle 13: Themen des Erhebungsbogens

Themengebiet	Themen
Aktuelle Wohnsituation	Wohnform, -fläche, -dauer, Barrierefreiheit, Zufriedenheit und Verbundenheit, Wohnumgebung
Zukünftige Wohnsituation	Umzugsbereitschaft, Wohnpräferenzen mit und ohne Betreuungsangebot
Einstellung gegenüber Pflegeheimen	Einstellung zu und Einschätzung von Pflegeheimen
Gesundheitszustand	Gesundheitszustand, Unterstützungsformen (Angehörige, bezahlte Dienste, assistive Technologien)
Werte und Altersbilder	Werteeinstellungen, Erwartungen an das Älterwerden
Soziodemografie	u. A. Alter, Geschlecht, höchste abgeschlossene Schulbildung, mntl. Nettohaushaltseinkommen

Die erhobenen Daten wurden nach sozio-demografischen Variablen faktorengewichtet. Das ist deshalb erforderlich, um Verzerrungen von Zufallsstichproben auf Grund nicht 100%iger Ausschöpfung zu korrigieren. Die Ausschöpfungsquote gibt das Verhältnis von gezogenen Interviewpersonen zu den erreichten Interviewten an. Für diese Studie beträgt die Ausschöpfungsquote 26 %. Dieser Wert liegt im erwartbaren Bereich, weil eine Teilgruppe der Studie, nämlich die Hochaltrigen, zu jener Befragtengruppe gehören, die als schwer erreichbar gilt.

Bei der Gewichtung der Daten handelt es sich um eine Form der Kompensation von Repräsentanzabweichungen von Stichproben. Das sogenannte Redressement stellt für die Stichprobe die Bevölkerungsstrukturen her, wie sie in der amtlichen Statistik ausgewiesen werden. Nach der Feldphase wurden die erhobenen Daten in Form eines weiterverarbeitbaren Datenfiles dem Forschungsteam übergeben.

Beschreibung der Stichprobe

Die Stichprobe, auf die sich die folgenden Auswertungen beziehen, besteht aus 1001 Personen aus allen neun Bundesländern, die zwischen 60 und 96 Jahre alt sind. Dabei sind 45 % der Befragten zwischen 60 und 69 Jahre alt und weitere 20 % sind über 80 Jahre alt. Der überwiegende Teil der Befragten ist weiblich (57 %) und jeweils 10 % weisen eine Matura oder einen Hochschulabschluss auf. Die Hälfte der Befragten verfügt über weniger als 1.800 Euro monatliches Nettohaushaltseinkommen und ein Drittel lebt alleine. Es wurde in allen Bundesländern erhoben, wobei die Verteilung der Befragten auf die Bundesländer der Grundgesamtheit entspricht. Dementsprechend kommen die meisten Befragten aus Nieder- und Oberösterreich, Wien und der Steiermark. Dabei leben zwei Fünftel der Befragten in Gemeinden mit weniger als 5.000 Einwohnern und Einwohnerinnen und fast ein Drittel in Städten (siehe auch Tabelle 14).

Tabelle 14: Beschreibung der Stichprobe nach sozio-demografischen Merkmalen

		Anzahl	Prozent
Alter (n=1001)	60–69	447	45
	70–79	351	35
	80+	203	20
Geschlecht (n=1001)	weiblich	567	57
	männlich	434	43
höchste abgeschlossene Bildung (n=1001)	(keine) Pflichtschule	351	35
	Lehre/BMS	464	46
	AHS/BHS	99	10
	Universität/FH/Kolleg	87	9
monatl. Haushaltseinkommen (n=805)	bis 1.300€	236	29
	bis 1.800€	166	21
	bis 2.800€	230	29
	mehr als 2.800€	173	21
Gemeindegröße (n=988)	< 5.000 Einw.	403	41
	5.000–50.000 Einw.	267	27
	> 50.000 Einw.	318	32
Bundesland (n=1001)	Wien	179	18
	Niederösterreich	200	20
	Burgenland	42	4
	Oberösterreich	171	17
	Salzburg	56	6
	Steiermark	153	15
	Kärnten	81	8
	Tirol	84	8
	Vorarlberg	34	3

Während die Verteilung des Geschlechts und Bundeslandes auch ohne Gewichtung weitestgehend mit der Grundgesamtheit übereinstimmt, waren leichte Anpassungen bei der Bildung und dem Alter notwendig. So sind in der ungewichteten Stichprobe 17 % der Befragten über 80 Jahre alt und im Mikrozensus 2017 sind es 19 %. Dies liegt daran, dass über 80-Jährige vor allem für Telefonbefragungen eine sehr schwer zu erreichende Zielgruppe darstellen, genauso wie Personen mit niedrigerem Bildungsstand. Dementsprechend weist in der ungewichteten Stichprobe ein Drittel einen gleichwertigen oder höheren Abschluss als eine Matura oder Meisterprüfung auf, während dies in der Grundgesamtheit „nur" 22 % tun. So sind in der ungewichteten Stichprobe vor allem höher gebildete Frauen und höher gebildete über 80-Jährige im Vergleich zur Grundgesamtheit etwas stärker vertreten (Statistik Austria, 2017, eigene Berechnung). Dies mindert allerdings nicht die Qualität der Aussagen über die Gruppe der

80+-Jährigen, da der überwiegende Teil auch in der ungewichteten Stichprobe eine niedrige Bildung aufweist.

Bei der Frage nach dem Einkommen haben 20 % der Befragten keine Angaben gemacht, was für eine Telefonbefragung zwar ein nicht unüblicher Anteil ist, allerdings die Interpretation verzerrt, daher müssen Aussagen zum Einkommen vorsichtig gehandhabt werden. Aus diesem Grund und auch weil ein Vergleich des Einkommens mit der Grundgesamtheit schwieriger ist, da es sehr große Unterschiede macht, wie das Einkommen erhoben worden ist (z. B. inkl./exkl. Vermögenswerte, brutto/netto), wurde hier nicht nach dem Einkommen gewichtet. Alles in allem handelt es sich um eine gute Stichprobe der über 60-jährigen Österreicher und Österreicherinnen, deren typische Abweichungen, die durch das Teilnahmeverhalten unterschiedlicher Gruppen bedingt sind, durch die Gewichtung ausgeglichen wurden.

Auswertung der Daten

Die vorhandenen Daten wurden mit dem Statistikpaket IBM SPSS Statistics 25 zunächst entlang des Fragebogens deskriptiv über Linearauszählungen ausgewertet. In der weiteren Datenanalyse ging es um die Darstellung von Zusammenhängen zwischen zwei und mehreren Variablen bzw. Einflussfaktoren. Um den Einfluss mehrerer Variablen auf eine zu erklärende Variable gleichzeitig prüfen zu können, wird in den folgenden Kapiteln zumeist ein multivariates Regressionsmodell verwendet. Die multivariate Regression dient dazu, die gegenseitige Beeinflussung der erklärenden Variablen zu berücksichtigen und damit zu komplexeren Erklärungsansätzen zu kommen.

Die statistischen Kennwerte bivariater Zusammenhänge und ihre Interpretation finden sich in den Fußnoten, wobei bei einem p-Wert von weniger als 0,05 von einem signifikanten und damit nicht zufälligen Unterschied gesprochen werden kann.

Zufriedenheit mit Wohnung und Wohnumgebung im Alter

In den letzten Jahrzehnten haben sich die Vorstellungen über das Alter deutlich gewandelt. Während es zunächst als defizitärer Prozess (Cumming & Henry, 1961) begriffen wurde, trat diesem Defizitmodell laut Stefan Pohlmann relativ bald ein Kompetenzmodell gegenüber, demnach Alter(n) nicht als Prozess des sozialen Rückzugs, sondern als Entwicklungsprozess mit neuen Chancen und Potenzialen verstanden werden kann (vgl. Pohlmann, 2011, p. 76f.). Auch wenn in modernen Gesellschaften bis heute beide Interpretationen oder Bilder über das Alter(n) weit verbreitet sind (Marshall, 2015), konstatiert Tews (1993) – wohl in einem positiven Sinne – die allgemeine Verjüngung des Alters und bezieht sich dabei u. a. auf die Selbsteinschätzung des Alters (vgl. p. 23f.). Eine solche Selbsteinschätzung basiert dabei auf einem Vergleich, nämlich dem Vergleich der eigenen aktuellen Lebenssituation mit der vorgestellten Lebenssituation. Für die Selbsteinschätzung des eigenen Alters wird auf bestimmte Vorstellungen und Bilder von und über das Alter und Älterwerden, sogenannter Altersbilder, zurückgegriffen. Die Sicht auf das eigene Alter wird also einerseits durch die eigenen Lebenssituation, wie etwa die Gesundheit, oder die sozial-räumlichen Ressourcen zur sozialen Teilhabe, andererseits aber auch durch die gesellschaftlich geprägten Vorstellungen über das Alter und Älterwerden geformt.

Im Kontext des vorliegenden Bandes stellt sich die Frage, wie sich objektive Lebensbedingungen und subjektive Vorstellungen über das Altern auf die Zufriedenheit mit der eigenen Wohnsituation auswirken. In diesem Kapitel werden erstens die Auswirkungen unterschiedlicher Lebensbedingungen, d. h. Gesundheit, finanzielle Situation und soziales Netzwerk, auf die Wohn- und Wohnumgebungszufriedenheit untersucht. Diese Bedingungen wirken auf den sogenannten Aktionsraum des Wohnens (Dangschat et al., 1982).

Der Aktionsraum ist die „Menge jener Orte, die die Person innerhalb eines bestimmten Zeitabschnittes zur Ausübung bestimmter Aktivitäten aufsucht" (Dangschat et al., 1982, p. 4), d. h. der Aktionsraum umfasst jene Orte, an denen das alltägliche Leben stattfindet. Die Wohnung und die Wohnumgebung stellen in diesem Kontext ganz allgemein bedeutsame Orte dar, deren Relevanz im Alter noch zunimmt. Entscheidend für die Qualität des Aktionsraumes ist dessen möglichst uneingeschränkte und autonome Nutzbarkeit, die sowohl von räumlichen Aspekten, wie Zugangsbeschränkungen, bspw. physische Barrieren, oder räumlicher Distanz, als auch von personalen Ressourcen wie dem Gesundheitszustand oder den finanziellen Möglichkeiten abhängt (vgl. Baumgartner et al., 2013, p. 76f.). In der vorliegenden Untersuchung wird nicht der gesamte Aktionsraum untersucht, sondern die Wohnung und die Wohnumgebung. Die Qualität des betreffenden Aktionsraums wird anhand der Zufriedenheit mit diesen Orten gemessen, die wiederum von unterschiedlichen Faktoren abhängt. Einen maßgeblichen Einfluss auf die Qualität oder Zufriedenheit mit dem Aktionsraum hat in dieser Hinsicht etwa die Möglichkeit, sich in der eigenen Wohnung ungehindert zu bewegen und alltägliche Angelegenheiten wie etwa die Haushaltsführung selbstständig zu bewerkstelligen.

Zweitens werden Vorstellungen über das Alter in ihrem Einfluss auf die eigene Wohnsituation analysiert. Ziel ist es zu zeigen, dass für ein „gelingendes" Wohnen nicht nur „harte"

Indikatoren, wie die individuelle Gesundheit, Einkommen oder Bildung ausschlaggebend sind, sondern darüber hinaus auch Aspekte wie die kulturell geformte und vermittelte Vorstellung über das Alter(n).

Vorstellungen von und über das Alter und Älterwerden werden in den Sozialwissenschaften häufig als „Altersbilder" bzw. „Alternsbilder" bezeichnet. Im Kern handelt es sich dabei um stereotype Annahmen darüber, was es bedeutet zu altern, bspw. ob mit dem Älterwerden eher Verlust (Defizitmodell) oder eher neue Potenziale (Kompetenzmodell) einhergehen. Altersbilder bezeichnen somit innerhalb einer Gesellschaft vorhandene und durch bspw. die Darstellung von Alter in den Medien, am Arbeitsmarkt oder im politischen Diskurs geformte und vermittelte Vorstellungen von Eigenschaften und Fähigkeiten, die ältere Menschen haben oder nicht (mehr) haben, und die Bedürfnisse oder Ansprüche, die mit einem höheren Erwachsenenalter verbunden sind (vgl. Schmid-Hertha & Mühlbauer, 2012, p. 111).

Die Bedeutung und Auswirkung von Selbst- und Fremdbildern über das Alter auf die persönliche Lebenslage und Lebensqualität sind beachtlich. Studien aus Deutschland zeigen, dass positive Alter(n)sbilder in einem positiven Zusammenhang mit dem persönlichen Gesundheitsverhalten (Levy & Myers, 2004) und der Lebenserwartung stehen (Levy et al., 2002). Wer eine positive Einstellung gegenüber dem Älterwerden hat, schätzt die eigene Gesundheit positiver ein. Die eigene Gesundheit und die persönlichen Alter(n)sbilder sind also eng miteinander verbunden, wobei nicht abschließend geklärt ist, ob aus einer besseren Gesundheit positivere Alter(n)sbilder folgen, oder positive Vorstellungen über das Älterwerden ganz im Sinne eine Selffulfilling Prophecy zu einer besseren Gesundheit beitragen.

Die zentrale Frage, die in diesem Kapitel beantwortet werden soll, ist daher, wie sich die subjektive Gesundheit auf die Zufriedenheit mit der Wohnsituation auswirkt, und welchen Einfluss unterschiedliche Altersbilder auf die Wohnzufriedenheit haben. Weiter wird danach gefragt, wie unterschiedliche personale und soziale Ressourcen die Zufriedenheit mit der Wohnumgebung beeinflussen.

Wohn- und Wohnumweltzufriedenheit nach sozialer Lage

Die Zufriedenheit mit der aktuellen Wohnsituation wurde in vorliegenden Studie auf einer 10-stufigen Skala erhoben. Die Mehrheit der Befragten gab mit einem Durchschnittswert von 8,9 eine hohe Zufriedenheit mit der eigenen Wohnsituation an (MW = 8,9, SD = 1,7). Nur 15 Prozent der Befragten stufen ihre Zufriedenheit mit einem Wert von „7" oder geringer ein[1]. Bei der Interpretation dieser hohen Wohnzufriedenheit ist zu beachten, dass allein von der subjektiven Zufriedenheit nicht unmittelbar auf die objektive Wohnqualität geschlossen werden darf, da ältere Menschen teilweise relativ unabhängig von den tatsächlichen Wohnumständen hohe Werte bei der Zufriedenheit mit der Wohnsituation angeben (vgl. Iwarsson et al., 2007).

Der zweite Indikator, der für die nachfolgende Analyse wichtig ist, ist die Zufriedenheit mit den strukturellen Einrichtungen der Wohnumgebung. Zur Erhebung der Zufriedenheit

---

1   Aufgrund dieser äußerst schiefen Verteilung wurden für die folgenden Analysen die Skalenwerte „1 – 7" zu „wenig zufrieden", „8 – 9" zu „eher zufrieden" zusammengefasst und nur der Wert „10" als „sehr zufrieden" übersetzt. Sofern in einigen Tabellen nur von „zufrieden" und „nicht zufrieden" die Rede ist, wurden die Angaben „eher zufrieden" und „sehr zufrieden" ebenfalls zusammengefasst.

mit den Einrichtungen der Wohnumgebung wurden die Befragten gebeten, ihre Zufriedenheit mit den Einkaufsmöglichkeiten, den Freizeit- und Bildungseinrichtungen und den Gesundheitseinrichtungen auf einer vierstufigen Skala anzugeben. Durchschnittlich zeigen sich auch hier Befragte eher zufrieden (MW zwischen 3,1 und 3,5; SD zwischen 0,7 und 0,8)[2]. Um auch andere Aspekte der Wohnumgebung zu berücksichtigen, wurde ebenfalls nach der Zufriedenheit mit den Grünflächen und der Nachbarschaft gefragt.

Im sehr hohen Alter ist die Wohnzufriedenheit am höchsten

Abbildung 2: Links: sehr hohe Wohnzufriedenheit nach Alter und Geschlecht (n = 1000), rechts: sehr hohe Zufriedenheit mit den strukturellen Einrichtungen nach Alter und Geschlecht (n = 929).

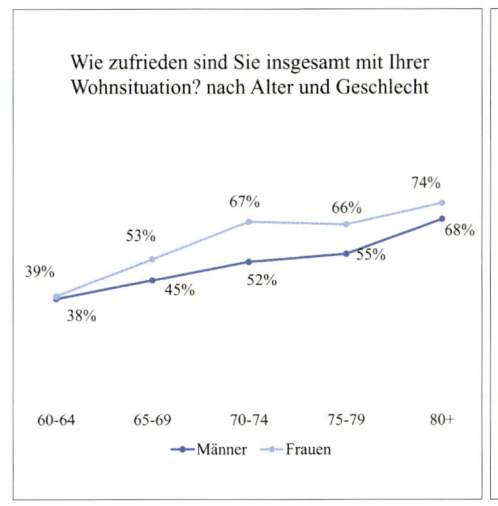

Das Alter und die Zufriedenheit mit der Wohnsituation hängen signifikant zusammen[3], d. h. mit dem Alter steigt der Anteil an Personen, die mit ihrer Nachbarschaft zufrieden sind. In der jüngsten Altersgruppe (60 – 64 Jahre) geben 39 % der Befragten an, sehr zufrieden mit ihrer aktuellen Wohnsituation zu sein. In der höchsten Altersgruppe (80+) wächst der Anteil an Personen, die sehr zufrieden sind, auf beinahe das Doppelte (74 %) an. Ein signifikanter Zusammenhang besteht auch zwischen dem Alter und der Zufriedenheit mit dem Wohnumfeld[4]. Trotz eines leichten Einbruchs der Zufriedenheit mit den Einrichtungen im sehr hohen Erwachsenenalter nimmt der Anteil an Personen, die mit ihrer Wohnumgebung sehr zufrieden sind, in den höheren Altersgruppen im Gesamtbild zu. Verantwortlich für den Einbruch im

---

2 Die Zufriedenheit mit Gesundheits-, Bildungs- und Freizeiteinrichtungen sowie Einkaufsmöglichkeiten wurde anschließend zu einer Variable „Zufriedenheit mit der Infrastruktur der Wohnumgebung" zusammengefasst.
3 r = 0,166, p < 0,001. Interpr. Pearsons-r: -1 =perfekter negativer Zusammenhang; 0 =kein Zus.; 1=perfekter positiver Zus.
4 r = 0,106, p < 0,01.

Teil III: Analysen

sehr hohen Alter dürfte eine schlechtere subjektive Gesundheit und die damit einhergehende schlechtere Erreichbarkeit bestimmter Einrichtungen (bspw. Freizeit- oder Gesundheitseinrichtungen) sein. Im Unterschied dazu finden sich, auch wenn Abb. 2 diesen Eindruck erweckt, keine signifikanten Unterschiede nach dem Geschlecht, und zwar weder generell noch in den unterschiedlichen Altersgruppen.

Eine lange Wohndauer führt zu hoher Wohnzufriedenheit

Durch welche Eigenschaften der aktuellen Wohnsituation wird die Wohnzufriedenheit gesteigert? Besonders hoch ist der Anteil an älteren Erwachsene, die mit ihrer gegenwärtigen Wohnsituation sehr zufrieden sind, unter jenen Befragten, die schon lange an ein und demselben Ort und in derselben Wohnung wohnen[5] (65 %), die sich mit ihrer Wohnung sehr verbunden fühlen[6] (65 %) und unter denjenigen, die in einer sehr großen Wohnung wohnen[7] (64 %). Außerdem sind in Ortschaften mit weniger als 50.000 Personen mehr ältere Erwachsene (58 %) mit ihrer derzeitigen Wohnsituation sehr zufrieden als in Ortschaften mit mehr als 50.000 Personen[8].

Abbildung 3: Von links nach rechts: Sehr hohe Wohnzufriedenheit (Wert 10) nach Verbundenheit mit Wohnung (n = 1001), nach Wohndauer (n = 987), nach Wohnungsgröße (n = 968), und nach Ortsgröße (n = 987)

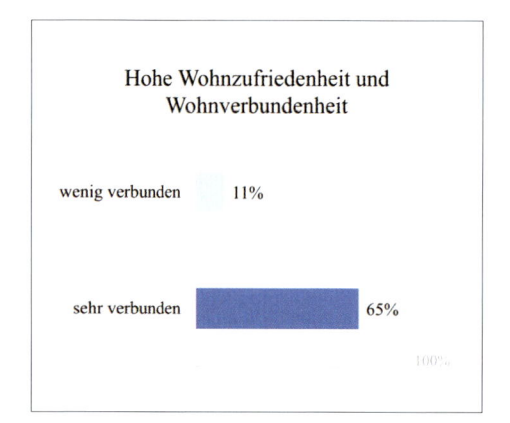

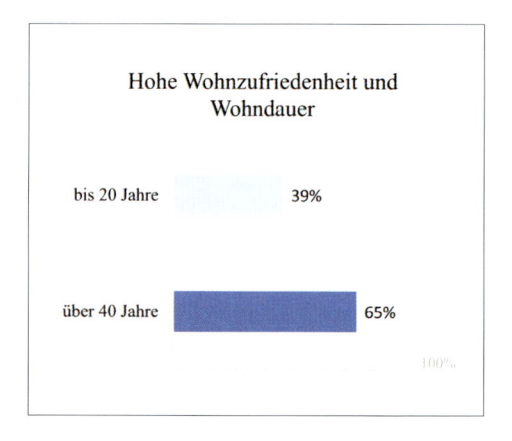

---

5   r = 0,176, p < 0,001.
6   r = 0,585, p < 0,001.
7   r = 0,172, p < 0,001.
8   Kendall-Tau-b = - 0,118, p < 0,001. Interpr. Kendall Tau c: -1 perfekter negativer Zus.; 0=kein Zus.; 1=perf. positiver Zus.

Hohe Wohnzufriedenheit und Wohnungsgröße

- 15–90m²: 45%
- 91–130m²: 58%
- 131+m²: 64%

Hohe Wohnzufriedenheit und Ortsgröße

- mehr als 50.000: 47%
- weniger als 50.000: 58%

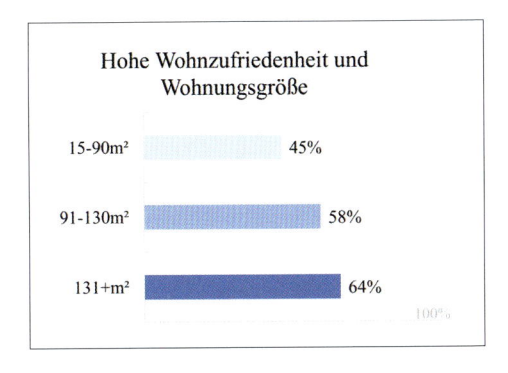

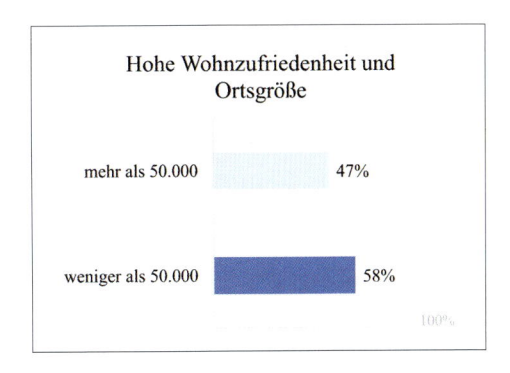

Darüber hinaus stehen auch das Einkommen, das Rechtsverhältnis (Miete/Eigentum) und die subjektive Gesundheit in einem Zusammenhang mit der Wohnzufriedenheit. Jene Befragten, die mehr verdienen, die in einem Eigentumshaus oder einer Eigentumswohnung leben und die ihren eigenen Gesundheitszustand als gut bewerten, sind mit ihren Wohnverhältnissen zufriedener als die entsprechenden Referenzgruppen (siehe Kapitel: Wohnsituation älterer Frauen und Männer in Österreich). Keinen Einfluss auf die Wohnzufriedenheit haben im Unterschied dazu der formale Bildungsabschluss und die Wohnkosten.

Ähnlich wie die Zufriedenheit mit der aktuellen Wohnsituation variiert auch die Zufriedenheit mit den Einrichtungen der Wohnumgebung nach Wohndauer, Wohnverbundenheit und der Ortsgröße.

Tabelle 15: Wohnverbundenheit (n =928), Wohndauer (n = 913), Ortsgröße (n = 919) nach der Zufriedenheit mit den Einrichtungen in der Wohnumgebung[9]

	Zufriedenheit mit den Einrichtungen der Wohnumgebung		
	nicht zufrieden	eher zufrieden	sehr zufrieden
Wohnverbundenheit			
hohe Wohnverbundenheit	16 %	33 %	51 %
geringere Wohnverbundenheit	30 %	39 %	31 %
Wohndauer			
bis zu 20 Jahren	24 %	36 %	40 %
21–40 Jahre	19 %	34 %	47 %
über 41 Jahre	14 %	34 %	52 %
Wohnortsgröße			
<5.000 Einw.	22 %	41 %	37 %
5.000–50.000 Einw.	16 %	31 %	53 %
>50.000 Einw.	17 %	29 %	54 %

---

9   Korrelation Wohnverbundenheit und Zufriedenheit mit Einrichtungen: r = 0,157, p < 0,001.
    Korrelation Wohndauer und Zufriedenheit mit Einrichtungen: r = 0,134, p < 0,001.
    Unterschied in der Zufriedenheit mit Einrichtungen zwischen Stadt u. Land: KW-Test: p < 0,001. Interpretation: *KW-Test:* H0= Die Verteilung der Zufriedenheit mit den Einrichtungen ist über die Kategorien der Ortsgröße identisch. Bei p<0,05 wird H0 verworfen.

51 % der älteren Erwachsenen, die angeben, mit ihrer Wohnform sehr verbunden zu sein, sind mit ihrem Wohnumfeld sehr zufrieden, während dies auf 31 % jener Befragten zutrifft, die sich nur in einem geringen Maß mit ihrer Wohnform verbunden fühlen. Auch der Einfluss der Wohndauer ist deutlich. Der Anteil an Personen, die angeben, mit ihrer Wohnumgebung sehr zufrieden zu sein, liegt mit 52 % bei Befragten mit einer langen Wohndauer um 12 Prozentpunkte über dem Wert von Personen mit einer vergleichsweise kurzen Wohndauer (40 %). Im Unterschied zur Zufriedenheit mit der allgemeinen Wohnsituation, bei der Befragte im ländlichen Raum eine höhere Zufriedenheit aufwiesen, sind bei der Zufriedenheit mit strukturellen Einrichtungen Stadtbewohner und -bewohnerinnen zufriedener. Betrachtet man allerdings zusätzlich die Zufriedenheit mit den Grünflächen, weisen Personen in Städten eine geringere Zufriedenheit damit auf (62 % sehr zufrieden) als Personen im ruralen Raum (85 %)[10].

Gesundheit und Wohnzufriedenheit im Alter

In der vorliegenden Studie wurde der Gesundheitszustand der Befragten mittels verschiedener Indikatoren erhoben: einerseits auf Basis der subjektiven Gesundheit, andererseits mittels der ADL-Skala (Activities of daily living). Die subjektive Gesundheitseinschätzung gilt als guter Indikator für die objektive Gesundheit (Wu et al., 2013) und ist eines der in den Sozialwissenschaften am häufigsten verwendeten Instrumente zur Messung von Gesundheit (vgl. Jylhä, 2009, p. 307). Neben der subjektiven Einschätzung wurde auch ein vergleichsweise objektiverer Indikator in die Erhebung aufgenommen, nämlich die sogenannte „Activities-of-daily-living-Skala", die in den Sozialwissenschaften als „Proxy-Variable für Gesundheit" gilt (vgl. Wahl, 1998, p. 243). Anhand dieser Skala wird erhoben, ob Befragte sich in der Lage sehen, bestimmte Tätigkeiten des alltäglichen Lebens, wie Treppensteigen oder die Haushaltsführung, selbstständig erledigen zu können. Im Kontext des Wohnens sind beide dieser Indikatoren von Relevanz: Fühle ich mich gesund, so die These, dann fühle ich mich auch in meiner Wohnumgebung wohl. Kann ich die Aktivitäten des täglichen Lebens selbstständig ausführen, dann ist die Zufriedenheit mit dem Wohnumfeld ebenfalls hoch.

Die Einschätzung der subjektiven Gesundheit – ein Überblick

Das kalendarische Alter steht in einem signifikanten, aber nur schwachen Zusammenhang mit der selbsteingeschätzten Gesundheit[11]. Dieser schwache Zusammenhang lässt sich mit der, über alle Altersgruppen hinweg, guten Gesundheitseinschätzung erklären. Zwei Drittel der männlichen Befragten und beinahe jede zweite Frau im Alter von 80+ geben einen guten bis sehr guten subjektiven Gesundheitszustand an. In den jüngeren Altersgruppen liegt der Anteil jener Personen, die einen guten Gesundheitszustand angeben, meist deutlich über 60 %.

---

10   Tb = - 0,213 p<0,001
11   r = 0,109, p < 0,001.

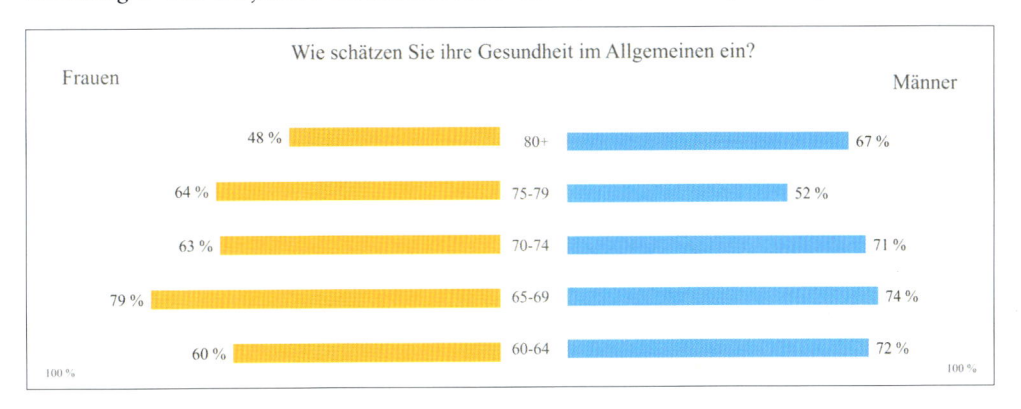

Abbildung 4: Gute subjektive Gesundheit von Frauen und Männern (n = 998)

Frauen	Alter	Männer
48 %	80+	67 %
64 %	75-79	52 %
63 %	70-74	71 %
79 %	65-69	74 %
60 %	60-64	72 %

Die Unterschiede zwischen Männern und Frauen sind nur in den Altersgruppen der 60- bis 64-Jährigen[12] und der ab 80-Jährigen[13] signifikant. In beiden Gruppen geben weibliche Befragte einen schlechteren Gesundheitszustand an als Männer. Geschlechterunterschiede in der Gesundheitswahrnehmung sind in den jüngeren Altersgruppen nicht ungewöhnlich, tendieren aber dazu, sich in den höheren Altersgruppen aufzulösen (Josfesson et al., 2016) oder umzukehren. Die in der gegenständlichen Untersuchung im höheren Alter bestehenden Unterschiede lassen sich aus der Stichprobe erklären, in der nur Personen in privaten Wohnformen befragt wurden. Männer verfügen im hohen Alter im Vergleich zu Frauen über einen schlechteren Gesundheitszustand (Zajacova et al., 2017). Für jene Männer, die in einem hohen Alter allerdings noch in der eigenen Wohnung wohnen und nicht aufgrund einer gesundheitlichen Verschlechterung in eine betreute Wohnform gezogen sind, ist von einer vergleichsweise besonders guten Gesundheit auszugehen.

Insgesamt zeigt sich mit dem ansteigenden Alter für Männer wie für Frauen eine Verschiebung hin von einem guten zu einem mittelmäßigen/schlechten Gesundheitsempfinden. So berichten bspw. in der Gruppe der 60- bis 74-Jährigen 70 % von einem guten und rund 26 % von einem mittelmäßigen Gesundheitszustand (und damit nur 4 % von einem schlechten Gesundheitszustand), während unter den über 74-Jährigen 32 % die eigene Gesundheit als gut bezeichnen und 46 % ein mittelmäßiges subjektives Gesundheitsbefinden angeben (beinahe jede fünfte Person gibt einen subjektiv schlechten Gesundheitszustand an). Aus dieser Verschiebung darf allerdings keineswegs automatisch die Schlussfolgerung gezogen werden, mit dem Alter ginge per se ein schlechter Gesundheitszustand einher, da selbst unter den über 80-Jährigen der Anteil an Personen, die ihre eigene Gesundheitssituation als schlecht beschreiben, äußerst gering bleibt (1 % der Männer und 7 % der Frauen). Diese Ergebnisse widerlegen die gängige Vorstellung, wonach das Älterwerden per se mit einem schlechten Gesundheitszustand einhergeht.

Die Auswirkungen sozio-ökonomischer Merkmale auf die Gesundheit und Lebenserwartung sind weithin bekannt. Grundsätzlich gilt, dass ein höheres Einkommen und eine höhere

---

12 Mann-Whitney-U-Test: p < 0,05. Interpretation: *U-Test:* H0= Die Verteilung der Wohnfläche ist über die Kategorien der Haushaltsgröße identisch. Bei p<0,05 wird H0 verworfen.
13 Mann-Whitney-U-Test: p < 0,005.

Bildung den allgemeinen Gesundheitszustand verbessern, das Risiko für viele Krankheiten verringern und die Lebenserwartung erhöhen (vgl. Brenes-Camacho, 2011, p. 1228; Marmot, 2004). Dieser Zusammenhang ist im mittleren Lebensalter von besonderer Bedeutung und bleibt bis ins höhere Alter bestehen (vgl. Schoeni et al., 2008).

In Übereinstimmung mit Ergebnissen aus Deutschland (Knesebeck, 2000, p. 266f.) zeigen unsere Daten, dass sowohl das monatliche Nettohaushaltseinkommen als auch der formale Bildungsgrad in einem signifikanten Zusammenhang mit der persönlichen Gesundheitseinschätzung stehen. Zwar ist in allen Bildungs- und Einkommenskategorien die Mehrheit der Befragten der eigenen Ansicht nach bei guter Gesundheit, doch steigt der Anteil an Personen, die ihre Gesundheit als gut einschätzen, mit dem monatlichen Nettohaushaltseinkommen. Interessanterweise sinkt die Zahl jener Personen, die von einem schlechten Gesundheitszustand berichten, nicht kontinuierlich mit der Zunahme des Einkommens, sondern erst ab einem Einkommen von über 1800 Euro; es bedarf also nicht bloß eines gegenüber der untersten Einkommensklasse leicht erhöhten Einkommens, sondern einer deutlich besseren finanziellen Stellung, damit sich diese auf das Gesundheitsniveau auswirkt. Unterschiede in der Einschätzung der eigenen Gesundheit existieren nach formaler Bildung, allerdings nur zwischen der niedrigsten und der höchsten Bildungskategorie[14].

Personen mit ungünstigem Gesundheitsempfinden sind weniger zufrieden mit ihrer Wohnung

Wie wirkt sich die subjektive Gesundheit auf das Wohnen im Alter aus? In welchem Zusammenhang stehen subjektives Gesundheitsempfinden und Wohnzufriedenheit? Die Zufriedenheit mit der eigenen Wohnung steht in einem signifikanten Zusammenhang[15] mit der persönlichen Gesundheitseinschätzung. Unter jenen Befragten, die mit ihrer derzeitigen Wohnsituation unzufriedener sind, ist der Anteil an Personen, die ihre Gesundheit ungünstig einschätzen, gegenüber jenen, die sie gut oder mittelmäßig sehen, in etwa doppelt so hoch. Diese deutlichen Unterschiede lassen sich u. a. aus bestehenden Ungleichheiten in den Möglichkeiten zur Gestaltung und Anpassung der eigenen Wohnung an die persönlichen Gesundheitsbedürfnisse erklären.

---

14   Kruskal-Wallis-Test: p < 0,05. Interpretation: *KW-Test:* H0= Die Verteilung der subjektiven Gesundheit ist über die Kategorien der formalen Bildung identisch. Bei p<0,05 wird H0 verworfen.
15   r= -0,214, p < 0,001.

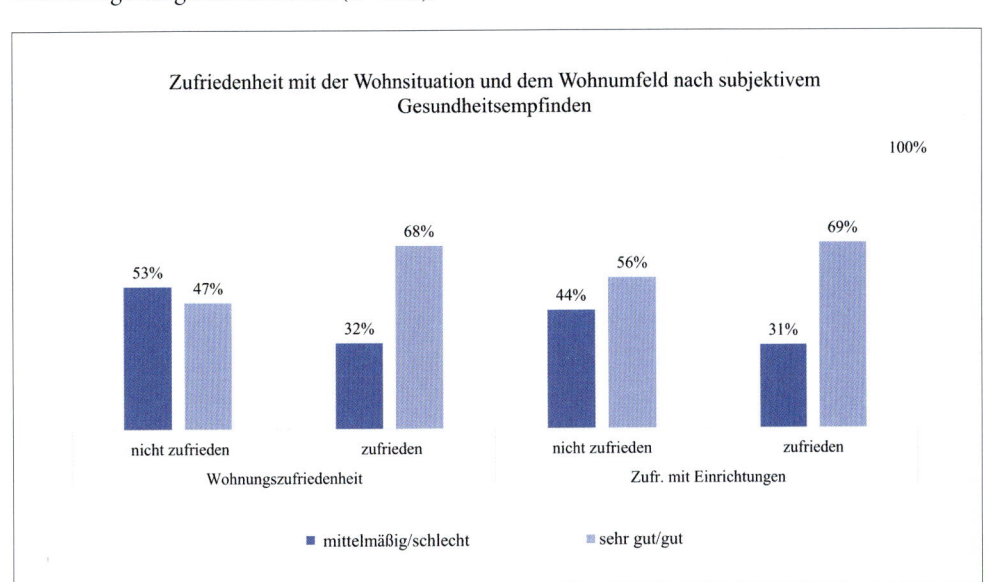

Abbildung 5: Einfluss des subjektiven Gesundheitsempfindens auf die Wohn- (n = 998) und Wohnumgebungszufriedenheit (n =926).

Die Daten zeigen einen schwachen Zusammenhang[16] zwischen der subjektiven Gesundheit und der Planung eines barrierefreien Umbaus der eigenen Wohnung, d. h. wer sich gesundheitlich gut fühlt, sieht sich vergleichsweise eher in der Lage, die Wohnung den eignen Bedürfnissen entsprechend anzupassen.

Wer sich gesünder fühlt, ist zufriedener mit seiner Wohnumgebung

Ähnliche Zusammenhänge zeigen sich zwischen der subjektiven Gesundheit und der Zufriedenheit mit der Wohnumgebung. Personen mit einer schlechteren Gesundheit sind weniger zufrieden mit ihrem Wohnumfeld. Darüber hinaus sind Personen, die einen guten oder mittelmäßigen Gesundheitszustand angeben, auch zufriedener mit den unterschiedlichen Einrichtungen der Wohnumgebung als Personen mit schlechtem Gesundheitszustand.

Mit einer schlechteren subjektiveren Gesundheit geht einerseits eine geringere Zufriedenheit mit der Nachbarschaft[17] und den Gesundheitseinrichtungen[18] einher. In beiden Fällen sind es Befragte mit einer nur mäßigen persönlichen Gesundheitseinschätzung (15 % bzw. 13 %), die angeben, nicht zufrieden mit diesen Aspekten des Wohnumfeldes zu sein. Ebenfalls signifikant ist die Korrelation zwischen den Einkaufsmöglichkeiten und der subjektiven Gesundheit, wobei es sich hier um den schwächsten Zusammenhang handelt[19].

---

16 Cramer-V= 0,094, p < 0,05. Interpretation Cramer-V: 0= kein Zusammenhang, 1=perfekter Zus.
17 r = 0,140, p < 0,001.
18 r = 0,130, p < 0,001.
19 r = 0,090, p < 0,05.

Abbildung 6: Zufriedenheit mit ausgewählten Aspekten der Wohnumgebung (sehr zufrieden = 10, nicht zufrieden = 1 – 7, eher zufrieden wird nicht angezeigt, besteht jedoch aus der Differenz zu den 100%) nach der subjektiven Gesundheit (n = zwischen 929 und 998)

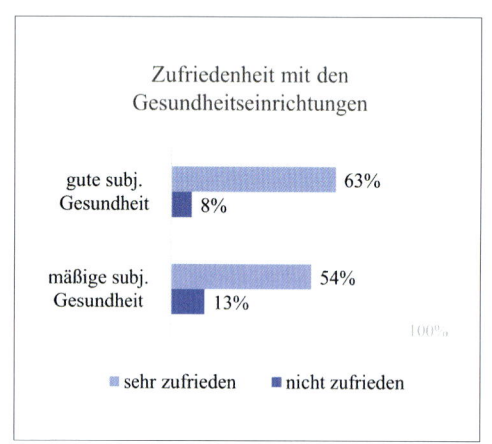

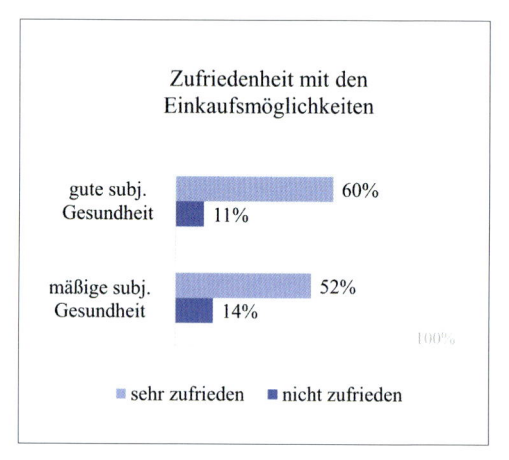

Zufriedenheit mit den Freizeit- u. Bildungseinrichtungen

- gute subj. Gesundheit: sehr zufrieden 40%, nicht zufrieden 17%
- mäßige subj. Gesundheit: sehr zufrieden 29%, nicht zufrieden 30%

Zufriedenheit mit der Nachbarschaft

- gute subj. Gesundheit: sehr zufrieden 63%, nicht zufrieden 9%
- mäßige subj. Gesundheit: sehr zufrieden 55%, nicht zufrieden 15%

Zufriedenheit mit den Gesundheitseinrichtungen

- gute subj. Gesundheit: sehr zufrieden 63%, nicht zufrieden 8%
- mäßige subj. Gesundheit: sehr zufrieden 54%, nicht zufrieden 13%

Zufriedenheit mit den Einkaufsmöglichkeiten

- gute subj. Gesundheit: sehr zufrieden 60%, nicht zufrieden 11%
- mäßige subj. Gesundheit: sehr zufrieden 52%, nicht zufrieden 14%

Am stärksten wirkt sich die subjektive Gesundheit allerdings auf die Zufriedenheit mit Bildungs- und Freizeiteinrichtungen[20] aus. Beinahe jede dritte Person (30 %), die ihren Gesundheitszustand als mäßig oder schlechter[21] beschreibt, ist nicht zufrieden mit dem Bildungs- und Freizeitangebot in der Wohnumgebung. Bei Personen mit guter selbst-eingeschätzter Gesundheit ist die Gruppe jener, die diesbezüglich unzufrieden sind, nur etwa halb so groß (17 %). Ausschlaggebend dafür könnte die Tatsache sein, dass die Angebote von Bildungs- und Freizeiteinrichtungen nur persönlich in Anspruch genommen werden können. Während der Einkauf durch Verwandte, Bekannte oder professionelle Unterstützung erledigt werden kann und Gesundheitsdienste über mobile Serviceangebote verfügen, können Bildungsangebote oder Freizeitangebote wie „Pensionistenklubs" nur genutzt werden, wenn man dafür „fit" genug

---

20 r = 0,182, p < 0,001.
21 Zusammengefasste Kategorie aus mittelmäßigen und schlechtem subjektiven Gesundheitszustand.

ist, sich dafür „fit" genug fühlt. Ist man allerdings aufgrund eines als schlecht empfundenen persönlichen Gesundheitszustandes nicht in der Lage, Bildungs- und Freizeitangebote in Anspruch zu nehmen, wirkt sich dies auf die Zufriedenheit mit dem Angebot folglich besonders stark aus.

Eine Erklärung für eine geringe Zufriedenheit mit der Wohnumgebung bei schlechter Gesundheit ist die Erreichbarkeit dieser Einrichtungen. Untersucht man den Zusammenhang zwischen der subjektiven Gesundheit und der Erreichbarkeit, die mittels der geschätzten persönlich benötigten „Gehdauer" erhoben wurde, zeigt sich, dass nur jede siebte Person mit mäßiger/schlechter subjektiver Gesundheitseinschätzung von einer sehr guten Erreichbarkeit berichtet, während es bei den Befragten mit guter subjektiver Gesundheit jede vierte Person ist[22]. Berücksichtigt man zusätzlich noch den deutlich geringeren Anteil an Befragten mit mäßigem oder schlechtem Gesundheitszustand, der selbstständig mit dem Auto fährt (68 % gegenüber 85 % bei Personen mit guter Gesundheit[23]), erscheint der Zusammenhang zwischen der subjektiven Gesundheit und der Zufriedenheit mit unterschiedlichen Einrichtungen der Wohnumgebung verständlich. Funktionale Einschränkungen verkleinern den Aktionsraum und erschweren den Zugang zu Einrichtungen in der Wohnumgebung, da sich bspw. Wegzeiten verlängern. Eine Konsequenz ist die sich verschlechternde Zufriedenheit mit der Wohnumgebung, insbesondere dann, wenn es an entsprechenden Kompensationsmaßnahmen, wie etwa einem gut ausgebauten öffentlichen Verkehrsnetz, mangelt.

Personen mit bodengleichen Duschen sind mit ihrer Wohnsituation zufriedener

Die Barrierefreiheit der Wohnung ist ein bedeutsamer Einflussfaktor für die Zufriedenheit mit der eigenen Wohnung. Werden Treppen, Türen, Duschen oder zu enge Räume zum Hindernis, dann sinkt das Wohlbefinden in der eigenen Wohnung. Zusätzlich schränken Barrieren, wie bspw. zu hohe Kästen, die Selbstständigkeit von Betroffenen ein.

In der vorliegenden Stichprobe gibt nur ein geringer Teil der Befragten (16 %) an, in einer barrierefreien Wohnung zu leben[24], mehr als doppelt so viele Personen (37 %) wohnen in einer nicht barrierefreien Wohnung. Die übrigen Befragten (47 %) berichten von einem zumindest teilweise barrierefreien Zustand der eigenen Wohnung. Der Anteil an als nicht barrierefrei beschriebenen Wohnungen liegt auf ähnlichem Niveau, wie es in Untersuchungen in der Schweiz festgestellt wurde (vgl. Höpflinger & Wezemael, 2014, p. 115). In der vorliegenden Untersuchung konnte nur für das Vorhandensein einer bodengleichen Dusche ein signifikanter Einfluss auf die Wohnzufriedenheit gefunden werden.

---

22 Kendall-Tau-b = 0,079, p < 0,01.
23 Cramer-V = 0,220, p < 0,001.
24 Die Barrierefreiheit wurde anhand der folgenden Fragen erhoben: „Haben Sie eine bodengleiche Dusche in Ihrer Wohnung/Haus" und „Haben Sie Stufen in oder vor Ihrer Wohnung/Ihrem Haus, die Sie nicht umgehen können?"

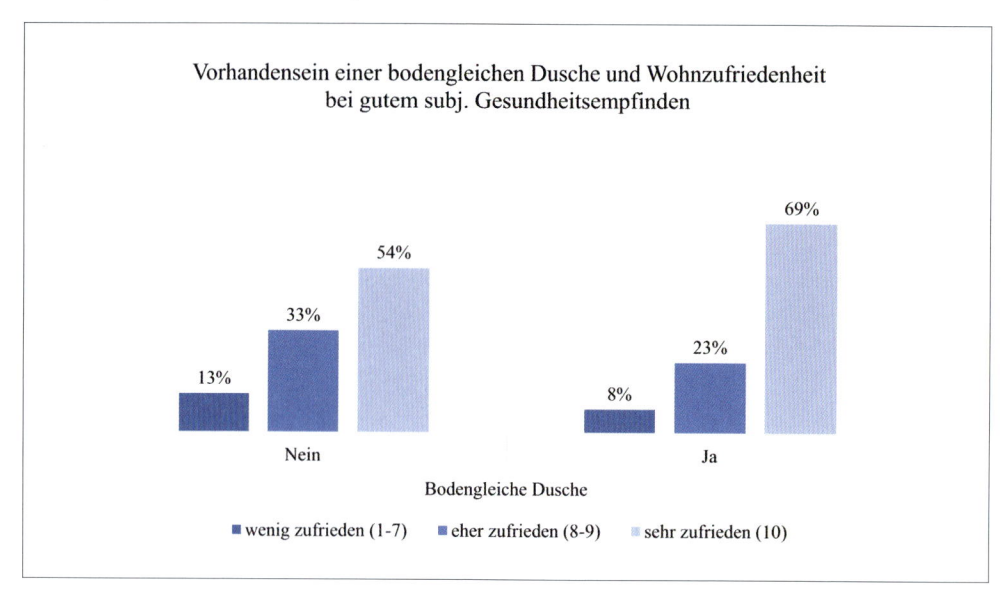

Abbildung 7: Vorhandensein einer bodengleichen Dusche nach der Wohnzufriedenheit bei gutem subjektiven Gesundheitsempfinden (n =998)

Vorhandensein einer bodengleichen Dusche und Wohnzufriedenheit bei gutem subj. Gesundheitsempfinden

Nein: 13%, 33%, 54%
Ja: 8%, 23%, 69%

Bodengleiche Dusche

■ wenig zufrieden (1-7)   ■ eher zufrieden (8-9)   ■ sehr zufrieden (10)

69 % der Befragten, die in einer Wohnung mit bodengleicher Dusche leben, geben eine sehr hohen Zufriedenheit mit der eigenen Wohnsituation an. Ältere Erwachsene, die nicht über eine bodengleiche Dusche verfügen, weisen im Vergleich einen signifikant[25] niedrigeren Wert auf (54 %). Betrachtet man die Unterschiede im Detail, so fällt allerdings auf, dass nur bei Personen mit guter subjektiver Gesundheit ein positiver Zusammenhang zwischen Barrierefreiheit – in Form der bodengleichen Dusche – und Wohnzufriedenheit besteht[26], jedoch nicht bei mäßiger subjektiver Gesundheit.

Auf Basis dieser Ergebnisse lassen sich zwei Thesen postulieren: Jene Personen, die eine günstige Lebensqualität aufweisen, investieren stärker in ihre Wohnung als jene, die einen größeren Bedarf aufweisen. Und: Jene, die wenig in ihre Wohnung investieren, sind nichtsdestoweniger mit ihrer Wohnsituation zufrieden. Es zeigt sich eine Art Wohnzufriedenheitsparadox, d. h. Zufriedenheit trotz ungünstiger Wohnverhältnisse. Personen, die also bei guter Gesundheit in einen Umbau der Wohnung investiert haben oder (schon in jüngeren Jahren) in eine barrierefreie Wohnung gezogen sind, zeigen sich auch zufriedener mit ihrer Wohnsituation. Barrierefreiheit im Alter kann damit nicht nur als Reaktion auf sich wandelnde Bedürfnisse infolge funktionaler Einschränkungen gesehen werden, sondern trägt auch bei guter Gesundheit zu einer höheren Zufriedenheit mit der Wohnsituation bei. Barrierefreiheit kann aus dieser Perspektive als präventive Maßnahme verstanden werden, die sich möglicweise auch positiv auf das subjektive Gesundheitsempfinden auswirkt.

---

25   Mann-Whitney-U-Test: $p < 0{,}001$.
26   Cramers-V = $0{,}152$, $p < 0{,}01$.

Die selbstständige Kfz-Nutzung erhöht die Wohnzufriedenheit der 60- bis 79-jährigen Männer

Neben sozialen Ressourcen sind aber auch die individuellen Kompetenzen, insbesondere jene, die zum Erhalt der Selbständigkeit beitragen, entscheidend, wie etwa die Fähigkeit, selbstständig mit dem Auto fahren zu können.

Abbildung 8: Autonome Kfz-Nutzung von Männern nach Wohnzufriedenheit (wenig zufrieden =1–7, sehr zufrieden=10, eher zufrieden wird nicht dargestellt, ergibt sich jedoch aus der Differenz) und nach Altersgruppen (n =435).

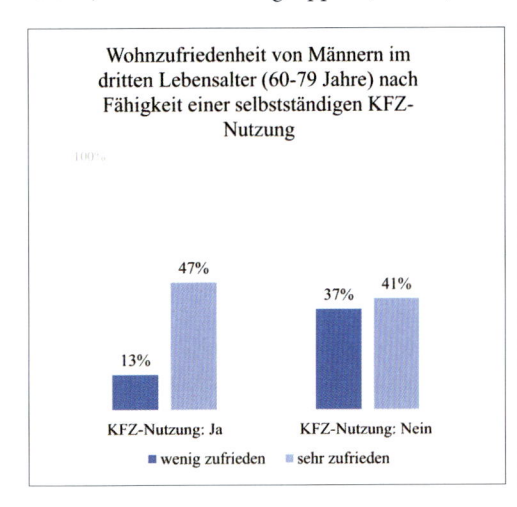

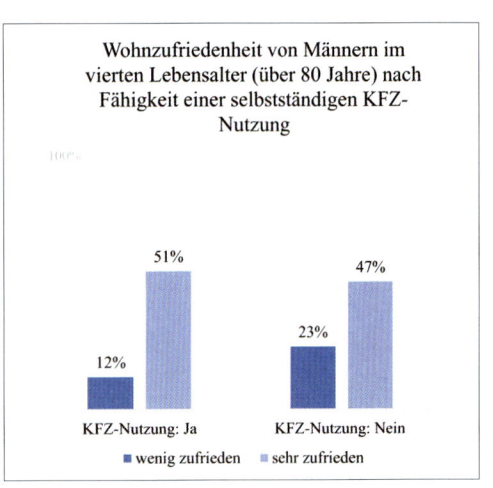

Wohnzufriedenheit von Männern im dritten Lebensalter (60-79 Jahre) nach Fähigkeit einer selbstständigen KFZ-Nutzung

KFZ-Nutzung	wenig zufrieden	sehr zufrieden
Ja	13%	47%
Nein	37%	41%

Wohnzufriedenheit von Männern im vierten Lebensalter (über 80 Jahre) nach Fähigkeit einer selbstständigen KFZ-Nutzung

KFZ-Nutzung	wenig zufrieden	sehr zufrieden
Ja	12%	51%
Nein	23%	47%

Die große Bedeutung des Autos für die Mobilität Älterer (Kaiser & Oswald, 2000, 131f.), insbesondere als Ausdruck von Selbstständigkeit und Freiheit, spiegelt sich im Zusammenhang zwischen der Lenkkompetenz und der Wahrnehmung des eigenen Alters wider. Die Bedeutung des Autos als Transportmittel ist dabei besonders für Männer im Alter zwischen 60 und 79 Jahren von Bedeutung. Jene Männer, die in diesem Alter nicht mehr in der Lage sind, selbstständig mit dem Auto zu fahren, sind häufiger weniger zufrieden mit ihrer Wohnsituation (37 %) als Männer, die selbstständig ein Auto lenken können (13 %). Für diese Altersgruppe besteht ein signifikanter Zusammenhang zwischen der Lenkkompetenz und der Wohnzufriedenheit[27]. Sowohl bei Männern über 80 Jahren als auch bei Frauen konnte kein solcher Zusammenhang nachgewiesen werden. Ebenso wenig konnte ein Zusammenhang zwischen der Zufriedenheit mit dem Wohnumfeld und der Fähigkeit, noch selbstständig ein Kfz lenken zu können, gefunden werden.

Zusammenfassend lassen sich die Effekte eines guten subjektiven Gesundheitsempfindens und verschiedener räumlicher Aspekte (Barrierefreiheit, Entfernung von bestimmten Einrichtungen) in ihrem Zusammenwirken als wesentlich für die Wohnzufriedenheit beschreiben. Eine negativere oder positivere Wahrnehmung der Wohnung und Wohnumgebung ist daher nicht nur von äußeren Faktoren bestimmt, sondern entsteht auch durch die aktive Auseinandersetzung und Gestaltung des eigenen Wohnumfeldes. Die Bedeutungen eines Ortes und

---

27 Cramers-V = 0,135, $p < 0,05$.

Zufriedenheit mit diesem Ort werden auch durch den Umgang mit Gegenständen und die Nutzung von Räumen immer wieder aufs Neue hergestellt (Lovatt, 2018). In dieser subjektiven Auseinandersetzung mit Wohnumgebungen spielen daher auch Bilder und Vorstellungen, die wir vom Alter haben, eine Rolle, weswegen positive Bilder über das Älterwerden dabei helfen können, einen aktiven Zugang zur Gestaltung der Wohnumgebung auch im Alter aufrechtzuerhalten.

Altersbilder: Vorstellungen über das eigene Älterwerden und Ältersein

In der vorliegenden Studie wurden den Befragten zur Erhebung der Vorstellung von und über das Alter und Älterwerden vier verschiedene Aussagen vorgelegt:

- Älterwerden bedeutet für mich, dass ich nicht mehr so belastbar bin.
- Älterwerden bedeutet für mich, dass ich weiterhin viele Pläne mache.
- Älterwerden bedeutet für mich, weniger vital und fit zu sein.
- Älterwerden bedeutet für mich, dass ich weiterhin in der Lage bin, neue Dinge zu lernen.

Die Befragten konnte diesen Aussagen entlang einer vier-stelligen Skala (von 1 „trifft sehr zu" bis 4 „trifft gar nicht zu") zustimmen. Für den weiteren Analyseverlauf wurden diese vier Aussagen zu zwei Skalen – einem positiven und einem negativen Altersbild – zusammengefasst. Sowohl das positive Altersbild[28] als auch das negative Altersbild[29] korrelieren signifikant mit dem Alter, d. h. mit dem ansteigenden Alter nimmt tendenziell die positive Einstellung gegenüber dem eigenen Älterwerden ab, während negative Bilder eher als zutreffend beschrieben werden.

Einkommens-, Bildungs- und Gesundheitsunterschiede gelten als wichtige Faktoren in Bezug auf Altersbilder, wobei grundsätzlich gilt, dass mit steigendem Einkommen, einem höheren formalen Bildungsabschluss und einer besseren Gesundheit ein positiveres Altersbild einhergeht (vgl. Köcher & Sommer, 2017, p. 21; Wurm & Huxhold, 2012).

---

28 $r = -0{,}341, p < 0{,}001$.
29 $r = 0{,}151, p < 0{,}001$.

Abbildung 9: Positives Altersbild nach ausgewählten Einflussfaktoren. Dargestellt ist der Anteil an Personen mit hoher Zustimmung zum positiven Altersbild (n= zwischen 797 und 988), d. h. hoher Zustimmung zu (1) „Älterwerden bedeutet für mich, dass ich weiterhin viele Pläne mache" und (2) „Älterwerden bedeutet für mich, dass ich weiterhin in der Lage bin, neue Dinge zu lernen".

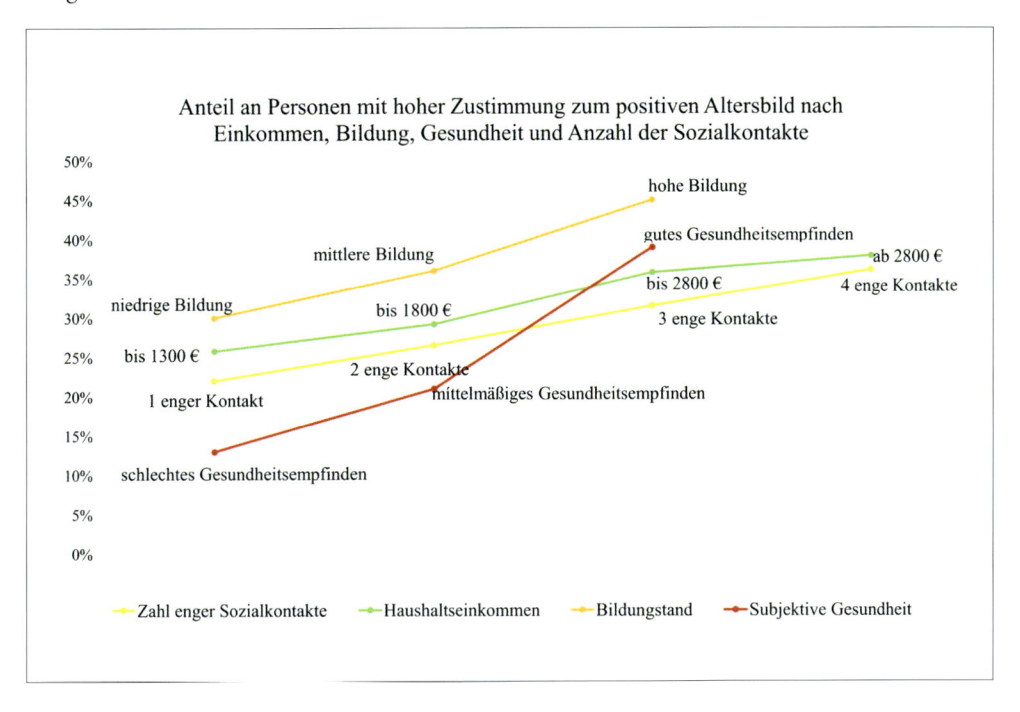

Anteil an Personen mit hoher Zustimmung zum positiven Altersbild nach Einkommen, Bildung, Gesundheit und Anzahl der Sozialkontakte

Auch in der vorliegenden Studie bestätigen sich die Auswirkungen von „vorteilhaften" Lebensumständen auf die Sicht des Alters. Von besonderer Bedeutung ist dabei die Gesundheit (vgl. Abb. 9). Von jenen Personen, die angeben, bei schlechter Gesundheit zu sein, stimmen nur 13 % den Aussagen über ein positives Altersbild zu, während in der Gruppe mit guter Gesundheit sich dreimal so viele Personen (39 %) mit dem positiven Altersbild identifizieren können. Eine gute subjektiv eingeschätzte Gesundheit trägt folglich maßgeblich zu einer positiveren Einstellung gegenüber dem eigenen Älterwerden bei.

Die Bildung steht vergleichsweise in einem schwachen Zusammenhang mit dem positiven Altersbild[30]. Unterschiede zwischen den formalen Bildungsniveaus bestehen nur zwischen Personen mit niedriger und Personen mit hoher formaler Bildung[31]. In den dargestellten Daten lässt sich dieser schwache Zusammenhang unter anderem daran erkennen, dass selbst innerhalb der Gruppe mit niedriger Bildung ein vergleichsweise hoher Anteil von 30 % ein positives Altersbild angibt. Personen mit höherer Bildung geben allerdings noch häufiger ein positives Altersbild an: In der Gruppe mit dem höchsten formalen Bildungsniveau identifiziert sich beinahe jede/jeder zweite Befragte (45 %) mit dem positiven Altersbild. Neben Bildung und

---
30 Kendall-Tau-b = 0,10, p < 0,01.
31 Kruskal-Wallis-Test = 0,01.

Teil III: Analysen

Gesundheit tragen auch noch ein höheres Einkommen und eine hohe Anzahl von sozialen Kontakten zu einem positiven Altersbild bei, wobei beide Zusammenhänge nur schwach ausgeprägt sind[32].

60- bis 79-jährige Personen mit positivem Altersbild sind zufriedener mit der Wohnsituation

Altersbilder stehen in einem Zusammenhang mit der Wohnzufriedenheit, allerdings nicht in jedem Alter. Befragte im dritten Lebensalter (60 – 79 Jahre), die über ein positives Altersbild verfügen, weisen eine höhere Wohnzufriedenheit auf – 57 % sind sehr zufrieden mit ihrer aktuellen Wohnsituation – als jene Befragten derselben Altersgruppe, die sich mit den positiven Altersbildern kaum identifizieren können[33]. Hier sind „nur" 50 % der Befragten mit ihrer momentanen Wohnsituation sehr zufrieden.

Abbildung 10: Positives Altersbild (trifft nicht zu =100%, trifft zu = 100%) nach Wohnzufriedenheit (wenig zufrieden =1-7, sehr zufrieden =10, eher zufrieden nicht dargestellt, ergibt sich aus der Differenz; n =989).

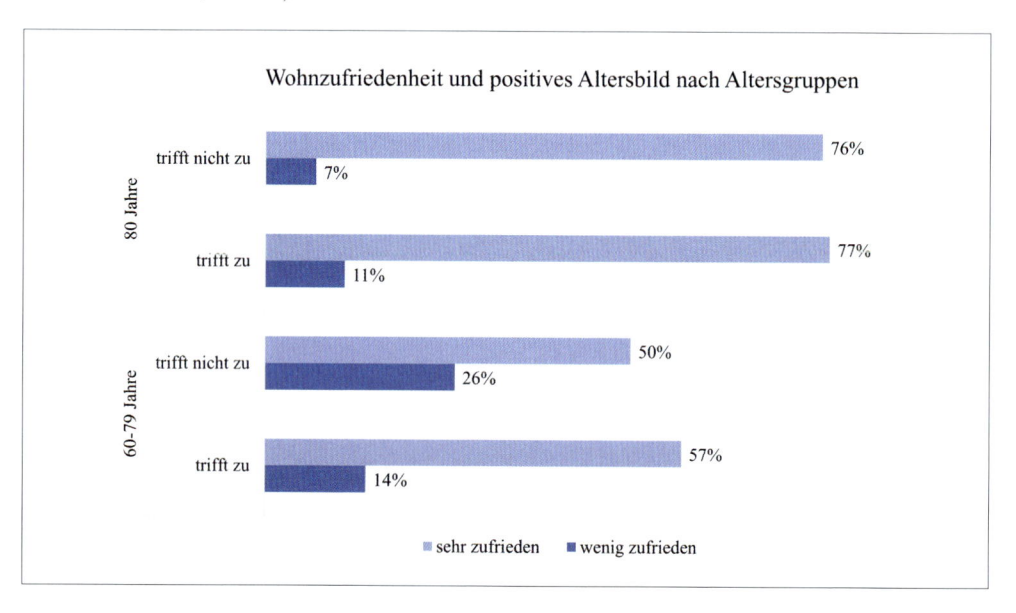

Wohnzufriedenheit und positives Altersbild nach Altersgruppen

80 Jahre
- trifft nicht zu: sehr zufrieden 76 %, wenig zufrieden 7 %
- trifft zu: sehr zufrieden 77 %, wenig zufrieden 11 %

60-79 Jahre
- trifft nicht zu: sehr zufrieden 50 %, wenig zufrieden 26 %
- trifft zu: sehr zufrieden 57 %, wenig zufrieden 14 %

Der fehlende Zusammenhang zwischen der Wohn- und Wohnumgebungszufriedenheit und den Altersbildern bei der Gruppe der über 80-Jährigen lässt sich mit der generell bei älteren Altersgruppen höheren Wohnzufriedenheit und Wohnverbundenheit mit der eigenen Wohnung (siehe Kapitel: Wohnsituation älterer Frauen und Männer in Österreich) erklären. So bleibt die hohe Wohnzufriedenheit etwa auch ungeachtet der objektiven Wohnverhältnisse stabil hoch (vgl. Iwarsson et al., 2007).

---

32 Zahl der Sozialkontakte: r = 0,095, p < 0,01; Einkommen: r = 0,093, p < 0,01.
33 r = 0,79, p < 0,05.

Soziale Teilhabe und die Zufriedenheit mit der Wohnumgebung

In diesem Kapitel interessiert uns im Zusammenhang mit Orten sozialer Teilhabe zunächst die Nachbarschaft. Diese stellt sicherlich nicht automatisch einen Ort dar, an dem aktive gesellschaftliche Partizipation stattfindet, sondern kann erst dann als ein solcher Ort bestimmt werden, wenn sie als Raum fungiert, der etwa zur Pflege der sozialen Kontakte genutzt wird.

Weniger enge soziale Kontakte verringern die Nachbarschafszufriedenheit

Zwischen der Anzahl der engen sozialen Kontakte[34] und der Zufriedenheit mit der Nachbarschaft besteht ein signifikanter Zusammenhang, wobei mit der Zahl der engen sozialen Kontakte[35] die Zufriedenheit mit der Nachbarschaft ansteigt. In diesen Zusammenhang zwischen der Zahl der engen sozialen Kontakte und der Zufriedenheit mit der Nachbarschaft spielt auch die Bewertung des eigenen Gesundheitszustandes mit hinein, denn ältere Erwachsene, die von einem guten subjektiven Gesundheitsempfinden berichten, haben auch mehr enge soziale Kontakte[36].

Abbildung 11: Links: Zufriedenheit mit der Nachbarschaft und Anzahl an engen sozialen Kontakten (n = 985); rechts: Anzahl an engen sozialen Kontakten und subjektives Gesundheitsempfinden (n = 994)

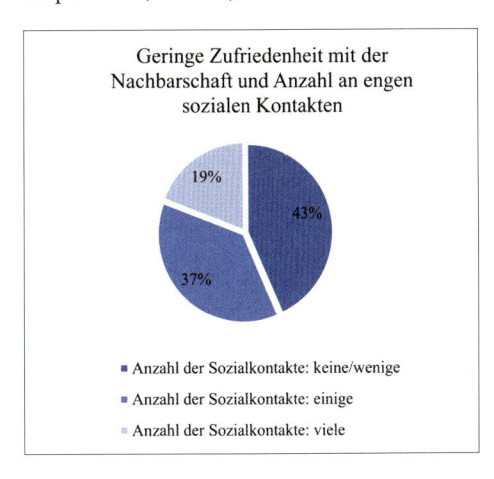

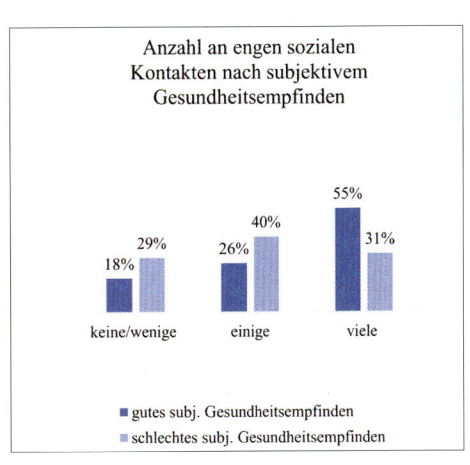

Ältere Personen mit einem nur kleinen sozialen Netzwerk und folglich einer schlechten sozialen Einbindung geraten im Hinblick auf ihre Wohnsituation damit auf zweifache Weise ins Hintertreffen. Zunächst erschweren gesundheitlichen Einschränkungen, insbesondere funk-

---

34 Summenindex: Haben Sie nahen und engen Kontakt zu (1) Ihren Kindern und Enkelkindern (2) anderen Angehörigen (3) Ihren Nachbarn und Nachbarinnen (4) Ihren Freunden und Freundinnen außerhalb der Nachbarschaft.
35 Lineare Regression $r^2 = 0{,}185$, ß = 0,27, $p < 0{,}001$. Neben der Zahl der sozialen Kontakte sind das Alter, das Einkommen, die Gesundheit, der formale Bildungsabschluss, die Zustimmung/Ablehnung zu positiven/negativen Altersbild enthalten.
36 ß = 0,199, $p < 0{,}01$.

tionaler Art, die gesellschaftliche Einbindung und soziale Teilhabe generell, aber eben auch in der Nachbarschaft.

Weniger Sozialkontakte verringern die Zufriedenheit mit der Wohnumgebung

Ein kleineres soziales Netzwerk wirkt sich allerdings nicht nur auf die Zufriedenheit mit der Nachbarschaft aus, sondern beeinflusst die Zufriedenheit mit ganz unterschiedlichen Aspekten des Aktionsraums.

Abbildung 12: Sozialkontakte und hohe Zufriedenheit mit verschiedenen Aspekten der Wohnumgebung (n = zwischen 923 und 997)

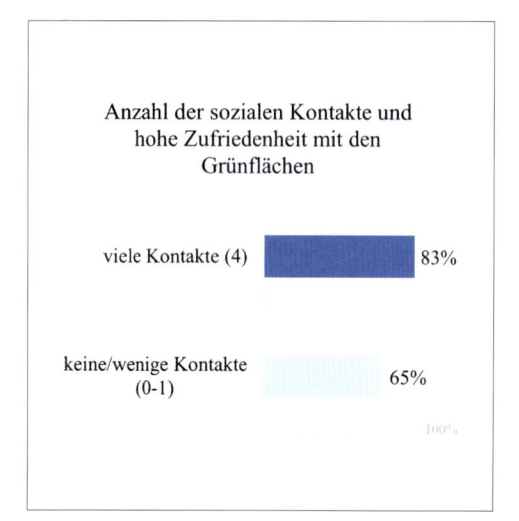

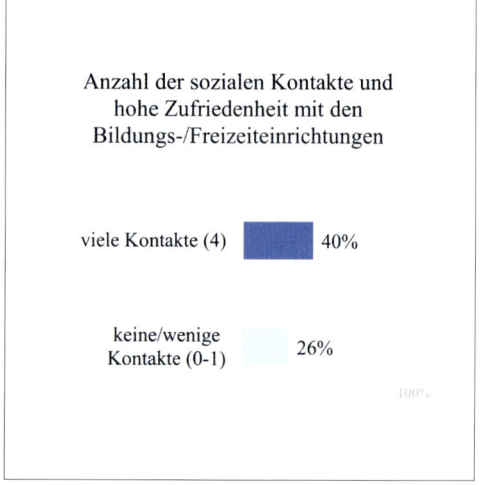

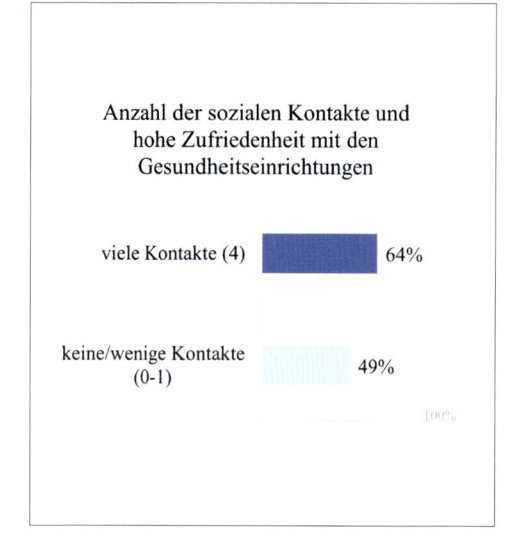

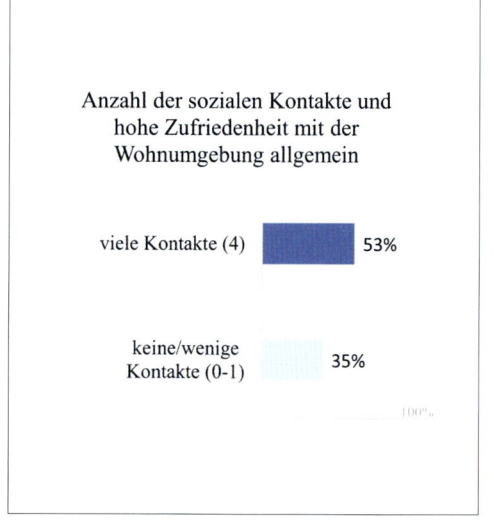

Anzahl der sozialen Kontakte und hohe Zufriedenheit mit den Grünflächen
- viele Kontakte (4): 83%
- keine/wenige Kontakte (0-1): 65%

Anzahl der sozialen Kontakte und hohe Zufriedenheit mit den Bildungs-/Freizeiteinrichtungen
- viele Kontakte (4): 40%
- keine/wenige Kontakte (0-1): 26%

Anzahl der sozialen Kontakte und hohe Zufriedenheit mit den Gesundheitseinrichtungen
- viele Kontakte (4): 64%
- keine/wenige Kontakte (0-1): 49%

Anzahl der sozialen Kontakte und hohe Zufriedenheit mit der Wohnumgebung allgemein
- viele Kontakte (4): 53%
- keine/wenige Kontakte (0-1): 35%

Ganz allgemein steigt die Zufriedenheit mit den Bedingungen in der Wohnumgebung mit der Zahl der sozialen Kontakte[37]. 53 % der Befragten, die über viele soziale Kontakte verfügen, geben an, mit der Wohnumgebung sehr zufrieden zu sein, während nur 35 % der Personen mit keinen/wenigen engen Kontakten mit ihrer Wohnumgebung sehr zufrieden sind. Dieses Verhältnis von Wohnumgebungszufriedenheit und der Größe des sozialen Netzwerks trifft nicht nur auf die Wohnumgebung insgesamt, sondern auch auf unterschiedliche Einrichtungen der Wohnumgebung zu. Sowohl für die Zufriedenheit mit Bildungs-/Freizeiteinrichtungen[38], Gesundheitseinrichtungen[39] als auch mit Grünflächen[40] spielt die Anzahl der engen sozialen Kontakte eine gewichtige Rolle. Der Zusammenhang zwischen der Zufriedenheit mit diesen Einrichtungen und der sozialen Teilhabe folgt dabei möglicherweise aus der Bedeutung, die diese infrastrukturellen Aspekte für das Knüpfen und Pflegen von Kontakten haben. Diesbezügliche Forschungen legen bspw. dar, dass (allgemein zugängliche) Grünflächen die soziale Integration Älterer stärken (vgl. Kweon et al., 1998), und ein solcher Effekt kann auch auf Freizeit- und Bildungseinrichtungen zutreffen.

Zusammenfassend zeigt sich, dass ältere Erwachsene mit ihrer aktuellen Wohnsituation insgesamt sehr zufrieden sind, diese Zufriedenheit allerdings, wenn auch stets auf einem relativ hohen Niveau, durch unterschiedliche Aspekte beeinflusst wird. Zunächst sind es verschiedene objektive Eigenschaften, die die Zufriedenheit mit der Wohnsituation beeinflussen. Ältere Erwachsene, die in einer größeren Wohnung und/oder in einer eher ruralen Gegend wohnen, sind mit ihrer Wohnung besonders häufig sehr zufrieden und auch ein höheres Einkommen und ein Wohneigentum wirken sich positiv aus. Neben diesen Eigenschaften des Wohnortes ist die, wenn man so möchte, „Wohnbeziehung" von besonderer Bedeutung für die Wohnzufriedenheit. Sowohl die Wohndauer als auch die Verbundenheit mit dem Wohnort heben die Wohnzufriedenheit und wirken teilweise stärker als manche objektive Wohnbedingungen.

Neben solchen unmittelbar mit dem Wohnen in einem Zusammenhang stehenden Faktoren sind für die Wohnzufrieden auch verschiedene „Eigenschaften" der Bewohner und Bewohnerinnen relevant. Besonders hervorzuheben gilt es das subjektive Gesundheitsempfinden. Ältere Erwachsene, die den eigenen Gesundheitszustand als schlecht befinden, sind weniger zufrieden mit der eigenen Wohnsituation und der Wohnumgebung. Ein nur mäßiges subjektives Gesundheitsempfinden wirkt sich allerdings nicht nur nachteilig auf die Wohnzufriedenheit aus, sondern schränkt auch die Zahl an engen sozialen Beziehungen ein und Personen mit einem kleineren Netzwerk wiederum sind häufiger unzufrieden mit der Wohnumgebung insgesamt sowie mit diversen Einrichtungen in der Wohnumgebung. Für diese Gruppe lässt sich daher von einer doppelten Benachteiligung sprechen, da die personale Ressource „schlechte Gesundheitseinschätzung" einen negativen Effekt auf die soziale Ressource „soziales Netzwerk" hat und diese beiden Ressourcen zusammen die Qualität der Wohnsituation und Wohnumgebung negativ beeinflussen. Zusätzlich wird die Zufriedenheit mit der Wohnsituation auch durch räumliche Aspekte, wie Barrieren in der eigenen Wohnung, negativ beeinflusst.

Abschließend sei noch auf die Bedeutung von positiven Altersbildern hingewiesen. Besonders ältere Erwachsene im dritten Lebensalter, die gegenüber dem eigenen Alter und dem

---

[37] $r = 0{,}120$; $p < 0{,}000$.
[38] $r = 0{,}155$; $p < 0{,}000$.
[39] $r = 0{,}103$; $p < 0{,}01$.
[40] $r = 0{,}186$; $p < 0{,}000$.

eigenen Älterwerden positiv eingestellt sind, sind mit ihrer Wohnsituation zufriedener. Im Zusammenhang mit der Wohnsituation können solche positiven Altersbilder durch die aktive Auseinandersetzung mit der Wohnumgebung, d. h. durch die Teilhabe im öffentlichen Raum gefördert werden. Darüber hinaus stärkt die Teilhabe nicht nur das eigene Altersbild, sondern lässt ältere Menschen auch als kompetente, dynamische, lernbereite und anpassungsfähige Akteure und Akteurinnen sichtbar werden, wodurch die gesellschaftliche Sicht auf ältere Menschen verbessert werden kann. Zur Gestaltung von Wohnangeboten für ältere Menschen ist es deswegen wichtig, Möglichkeiten zur aktiven (Mit-)Gestaltung von Wohnumgebungen zur Verfügung zu stellen.

Wohnsituation älterer Frauen und Männer in Österreich

Altern ist ein vielschichtiger Prozess und ältere Menschen sind eine höchst heterogene Gruppe. Die Diversifizierung des Alter(n)s ist dabei eine Entwicklung, die sich bereits seit über 20 Jahren beobachten lässt. So beschreibt Tews schon 1993 einen Strukturwandel des Alters. Diesen charakterisiert er anhand von fünf Konzepten: der Verjüngung des Alters, der Entberuflichung, der Feminisierung des Alters, der Singularisierung und der Hochaltrigkeit (Tews, 1993, p. 23ff.). Mit diesen Prozessen geht auch eine Ausdifferenzierung von Lebenslagen und Lebensbedingungen älterer Menschen einher.

Auch die objektiven und subjektiven Wohnbedingungen älterer Menschen haben sich im Zusammenhang mit dem Strukturwandel des Alter(n)s verändert. Wohnen stellt einen zentralen Aspekt der Lebenslage älterer Menschen dar, denn „Alltag im Alter heißt vor allem Wohnalltag" (Saup, 1993, p. 90). Wie zeigt sich dieser Strukturwandel des Alter(n)s in der Wohnsituation älterer Menschen (vgl. für Nachfolgendes Tews, 1993, p. 23ff.)?

Ein relevantes Faktum ist hier, dass ein großer Anteil der älteren Menschen alleine lebt. Diese Situation hängt vor allem mit dem Phänomen der Singularisierung, d. h. der „Institutionalisierung […] des Alleinlebens" (Rosenmayer, 1987, p. 474), im Alter zusammen. Der nach wie vor häufigste Grund für die Vereinzelung im Alter ist die Verwitwung, denn infolge der Verbreitung von Klein- und Kleinsthaushalten und des Rückganges der Mehrgenerationenfamilie im 20. und 21. Jahrhundert (vgl. Peuckert, 2012, p. 594) wird vor allem im Alter Wohnraum vorwiegenden mit dem Partner oder der Partnerin geteilt. Alleinleben im Alter kann allerdings nicht nur als defizitäre Lebensweise gesehen werden, sondern auch als eigener „Lebensstil mit den Komponenten Unabhängigkeit, Freizügigkeit und Ungebundenheit" (Clemens, 1993, p. 72).

Eine Folge dieser Veränderung in der Lebensform ist die „passive Wohnraumexpansion" (Krings-Heckemeier & Pfeifer, 1994, p. 143) im Alter. Aufgrund des Auszugs der Kinder und/oder der Verwitwung steht älteren Personen mehr Wohnraum zu Verfügung. Darüber hinaus wohnen ältere Personen im Vergleich zu jüngeren auch häufiger in Eigentumsverhältnissen[1], die im Vergleich zu Mietverhältnissen meist kostengünstiger sind[2]. Dies bedeutet allerdings nicht automatisch, dass ältere Menschen in Österreich günstiger wohnen als jüngere: Alleine aufgrund einer größeren Wohnung und geringerer Wohnkosten lässt sich nicht auf die tatsächliche finanzielle Belastung schließen, die mit dem Wohnen verbunden sein kann, da Miet- oder Betriebskosten keine Aussagen über den Zustand der Wohnung zulassen.

Ältere Menschen wohnen also häufiger alleine und häufig auch in überdurchschnittlich großen Wohnungen. Die Bevölkerungsgruppe, die von Singularisierung im Alter besonders betroffen ist, sind Frauen. Dies hat u. a. mit der Feminisierung des Alters zu tun, d. h. dem ungleichen Geschlechterverhältnis im Alter. So sind knapp 57 % der Österreicher und Österreicherinnen ab 65 Jahren Frauen. Ab einem Alter von 80 Jahren erhöht sich der Frauenanteil auf

---

1 Vgl. für die Schweiz: Höpflinger & Van Wezemael (2014, p. 68f.); für Deutschland: BBSR (2015, p. 54).
2 Vgl. Statistik Austria (2016, p. 44).

65 % (vgl. Statistik Austria, 2017a, eigene Berechnungen). Es sind also vor allem ältere Frauen, die die Konsequenzen der Singularisierung, wie etwa Isolation oder Vereinsamung, spüren. Ältere Frauen stellen damit eine besonders zu berücksichtigende Gruppe bei zukünftiger Wohnungs- und Wohnraumplanung dar.

Neben der Singularisierung und Feminisierung des Alters, ist ein weiteres Merkmal des Strukturwandels die Zunahme der Hochaltrigkeit. Der Anteil der Hochaltrigen, d. h. der Personen ab 80 Jahren und darüber, an der Gesamtbevölkerung steigt weiterhin, beträgt im Jahr 2017 ca. 5 % und hat sich damit gegenüber dem Jahr 2002 um rund ein Prozent erhöht (vgl. Statistik Austria, 2017a, eigene Berechnungen). Bis ins Jahr 2030 soll der Anteil an Erwachsenen, die 80 Jahre und älter sind, auf 7 % ansteigen (vgl. Statistik Austria, 2017b, eigene Berechnung). Von Bedeutung für die Frage des Wohnens sind hier vor allem die funktionellen Einschränkungen, die mit der Hochaltrigkeit assoziiert sind und die es in Zukunft stärker zu berücksichtigen gilt, denn momentan entspricht nur ein geringer Anteil der privaten Wohnungen der Anforderung der Barrierefreiheit.[3]

Es zeigt sich also, dass ältere Menschen häufiger alleine leben als jüngere und ein beachtlicher Teil der alleinlebenden Personen Frauen sind. Wohnen im Alter darf aber nicht nur als ein passiver, quasi den sich verändernden Lebensumständen unterworfener Prozess verstanden werden, denn gerade ältere Menschen haben einen starken Bezug zur eigenen Wohnung. Wohnraum wird also bis ins hohe Alter nach den eigenen Wünschen und Bedürfnissen gestaltet. Welche Wohnwünsche haben nun ältere Österreicher und Österreicherinnen? Die Mehrheit der älteren Person wohnt bis in hohe Alter in der Privatwohnung (vgl. Kruse & Wahl, 2010, p. 408) und wünscht sich das auch für die Zukunft (vgl. Kruse & Wahl, 2010, p. 415). Dieser Wunsch nach dem möglichst langen Verbleib in der eigenen Wohnung wird als „ageing in place" bezeichnet. Greenfield definiert „ageing in place" als „being able to remain in one's current residence even when faced with increasing need for support because of life changes, such as declining health, widowhood, or loss of income." (Greenfield, 2012, p. 1). Gründe für diesen Wunsch könnten u. a. die hohe Wohnzufriedenheit älterer Menschen und die hohe Verbundenheit mit der Wohnumgebung sein.

Gerade die Wohnzufriedenheit galt und gilt als entscheidender Maßstab für das Wohlbefinden Älterer in ihrer Wohnung und Wohnumgebung. Untersuchungen aus den 1990er Jahren zeigen allerdings, dass ältere Menschen relativ unabhängig von den tatsächlichen Wohnumständen generell hohe Werte bei der Zufriedenheit mit der Wohnsituation angeben (vgl. Iwarsson et al., 2007, p. 79). Dieses sogenannte „Zufriedenheitsparadox des Alters" kann durch Anpassungsprozesse der Wohnung oder des Verhaltens, durch eine Reduktion der Ansprüche (Motel, Künemund, & Bode, 2000), sowie durch Resignation erklärt werden (vgl. Höpflinger, 2009, p. 90).

Eng verbunden mit der Wohnzufriedenheit ist das ‚place attachment', d. h. die Verbundenheit mit der Wohnumgebung. Dieses kann als „feelings about a geographical location that emotionally binds a person to that place as a function of its role as a setting for experience" (Rubinstein & Parmelee, 1992, p. 139) definiert werden. Die wichtigsten Einflüsse auf das ‚place attachment' sind Wohndauer, soziale Unterstützung, Kontakte in der Nachbarschaft, die Wahrnehmung der Wohngegend und die Verfügbarkeit und räumliche Nähe von Dienstleistungs-

---

3   Vgl. für die Schweiz: Höpflinger & Van Wezemael (2014, p. 113f.); für Deutschland vgl. Nowossadeck & Engstler (2017, p. 287)

angeboten (Smith, 2009, p. 24). Diese Faktoren sind ebenfalls zentral für die Zufriedenheit mit der Nachbarschaft (Kruse Wahl, 2010, p. 422; Oswald et al., 2011). Von zentraler Bedeutung für das ‚place attachment' und die Zufriedenheit mit der Nachbarschaft ist außerdem die Wohndauer, da eine längere Wohndauer bewirkt, „dass sich Beziehungen in der Nachbarschaft entwickeln können, die Bindung an das Wohnumfeld stärker wird und damit der soziale Zusammenhalt in der Nachbarschaft wächst" (Nowossadeck & Mahne, 2017b, p. 317). Eine als positiv empfundene Nachbarschaft verbessert anschließend nicht nur die Verbundenheit mit dieser, sondern auch das generelle Wohnbefinden (vgl. Oswald et al., 2011, p. 247).

Vor dem Hintergrund eines allgemeinen Strukturwandels des Alter(n)s sind also auch die Lebens- und Wohnbedingungen älterer Menschen im Wandel begriffen und angesichts der enormen Bedeutung des Wohnens im Alter kann „Wohnen" zu den von Tews (1993) aufgezählten fünf Dimensionen des Strukturwandels als sechste Dimension hinzugefügt werden. Gekennzeichnet wird der Wandel des Wohnens im Alter einerseits durch die sich verändernden objektiven, gesamtgesellschaftlichen Rahmenbedingungen des Wohnens im Alter, wie eine erhöhte Wahrscheinlichkeit zur Verwitwung oder die passive Wohnraumexpansion. Andererseits ist das moderne Wohnen älterer Menschen durch Veränderungen in den subjektiven Wohnwünschen, der Wohnzufriedenheit und den Wohnvorstellungen gekennzeichnet.

Aus diesen Überlegungen können für die nachfolgende Darstellung der aktuellen Lage in Österreich folgende Fragen abgeleitet werden: Wie stellen sich die objektiven und subjektiven Wohnbedingungen älterer Menschen in Österreich dar? Inwiefern ist die objektive Wohnsituation für die subjektive Wohnsituation von Bedeutung? Und welche Bedeutung hat die Wohnumgebung für die Wohnzufriedenheit älterer Menschen?

Objektive Wohnsituation älterer Frauen und Männer in Österreich

Wohnverhältnisse und -kosten

Zwei Drittel der älteren Bevölkerung lebt in Eigentum

Betrachtet man die Wohnsituation der älteren Österreicher und Österreicherinnen zunächst nach den Rechtsverhältnissen[4], erkennt man, dass über die Hälfte in ihrem eigenen Haus (54 %) und weitere 14 % in einer Eigentumswohnung leben. Das heißt, dass zwei Drittel der über 60-jährigen Befragten ein Haus oder eine Wohnung besitzen. Das knappe Drittel an Personen, die nicht in Eigentum wohnen, lebt vorwiegend in einer Mietwohnung (16 %), in einer Genossenschaftswohnung (12 %) oder in einem gemieteten Haus (2 %). Diese Verteilung entspricht im Wesentlichen den Rechtsverhältnissen der über 60-Jährigen im Mikrozensus 2017[5]

---

4 Unter Rechtsverhältnis werden hier die unterschiedlichen Rechtsverhältnisse von Mieterinnen und Mietern sowie Eigentümern und Eigentümerinnen bezüglich der Verfügungsgewalt über eine Wohnung oder ein Haus verstanden.
5 Der sehr hohe Anteil an Eigentümern und Eigentümerinnen lässt sich dadurch erklären, dass Personen, die mietfrei oder unentgeltlich wohnen, nicht extra erhoben wurden, sondern zu den Eigentümerinnen und Eigentümern gezählt wurden (siehe Destatis, 2017, p. 9). So wohnen den Daten des Mikrozensus 2017 zufolge 54 % der über 60-Jährigen in einem Eigentumshaus oder -wohnung und weitere 6 % mietfrei und 11 % unentgeltlich (vgl. Sta-

Teil III: Analysen

(vgl. Statistik Austria, 2017, eigene Berechnung). Vergleicht man die Wohnverhältnisse älterer Personen in Österreich mit den Wohnverhältnissen der österreichischen Gesamtbevölkerung, erkennt man, dass etwas mehr über 60-Jährige in Eigentum leben (67 % in dieser Studie) als in der Gesamtbevölkerung (62 %) (Statistik Austria, 2017, eigene Berechnung).

Bezüglich der Rechtsverhältnisse gibt es klare Unterschiede zwischen Stadt und Land. Personen in kleineren Wohngemeinden leben eher in Eigentum als Personen in Städten (siehe Abb. 13). Dies liegt u. a. an einem wesentlich höheren Anteil an Hausbesitzerinnen und Hausbesitzern in kleineren Gemeinden[6]. Vor allem im Burgenland (86 %), in Niederösterreich (74 %) und in Vorarlberg (71 %) ist der Anteil an Personen mit eigenem Haus überdurchschnittlich hoch, dagegen überwiegt in Wien der Anteil an Personen, die in Miet- und Genossenschaftswohnungen wohnen (65 %). Die ist sogar etwas niedriger als die Verteilung der Rechtsverhältnisse[7] in der Mikrozensus-Erhebung 2017 (Statistik Austria, 2017, eigene Berechnung).

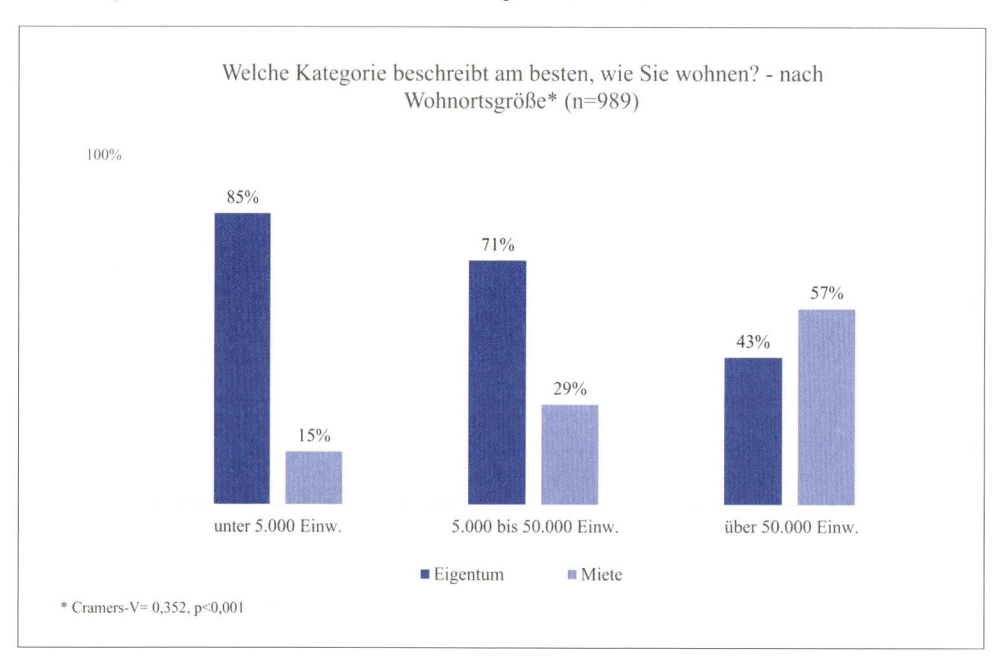

Abbildung 13: Rechtsverhältnis nach Wohnortsgröße (n=989)

Welche Kategorie beschreibt am besten, wie Sie wohnen? - nach Wohnortsgröße* (n=989)

Wohnortsgröße	Eigentum	Miete
unter 5.000 Einw.	85%	15%
5.000 bis 50.000 Einw.	71%	29%
über 50.000 Einw.	43%	57%

* Cramers-V= 0,352, p<0,001

---

tistik Austria 2017, eigene Berechnung). Zum mietfreien Wohnen zählt beispielsweise das Wohnen in einer Wohnung von Verwandten oder Bekannten, bei dem die Betriebskosten gezahlt werden müssen. So wohnen Personen, die ihr Haus an ihre Kinder überschrieben haben, im Eigentum ihrer Kinder. Beim unentgeltlichen Wohnen müssen die Bewohnerinnen und Bewohner weder Miete noch Betriebskosten zahlen, sind aber keine Eigentümerinnen oder Eigentümer.

6   Der Anteil der Personen mit eigenem Haus in <5.000 Einw.-Gemeinden liegt bei 78 %, in Gemeinden mit 5.000 bis 50.000 Einwohnerinnen und Einwohnern liegt der Anteil bei 55 % und in größeren Gemeinden bei 22 %. Cramers-V=0,352, p<0,001

7   Burgenland: 94 % Eigentum, Niederösterreich: 85 % Eigentum und Vorarlberg: 80 % Eigentum; Wien: 73 % Mietverhältnis (Statistik Austria, 2017, eigene Berechnung)

Über 80-Jährige haben durchschnittlich mehr Wohnfläche zur Verfügung als jüngere Altersgruppen

Durchschnittlich beträgt die Wohnfläche pro Person in Österreich derzeit etwa 45m^2 (Statistik Austria, 2018). Im Vergleich zur Gesamtbevölkerung leben die über 60-jährigen Befragten dieser Studie mit durchschnittlich 67m^2 pro im Haushalt lebender Person in geräumigen Wohnverhältnissen[8], aber auch im Mikrozensus 2017 liegt die durchschnittliche Wohnfläche dieser Altersgruppen bei 61m^2 (SD=32)(Statistik Austria, 2017, eigene Berechnung).

Die hohe Anzahl an Quadratmetern pro Person dürfte auf der einen Seite damit zusammenhängen, dass ein Großteil der älteren Österreicherinnen und Österreicher in Häusern lebt und auf der anderen Seite ein Auszug der Kinder aus dem gemeinsamen Haushalt zu einer Vergrößerung des Wohnraums pro Person führen kann (sog. ‚passive Wohnraumexpansion', Krings-Heckemeier & Pfeifer, 1994, p. 143). So wohnt ein Drittel der über 60-jährigen Befragten alleine und die Hälfte zu zweit mit ihrem Partner oder ihrer Partnerin zusammen. Der Anteil an Personen, die alleine leben, nimmt mit zunehmendem Alter zu und macht schließlich bei den über 80-Jährigen 57 % aus (sog. Singularisierung, Tews, 1993, siehe Tab. 1). Die starke Zunahme der Einpersonenhaushalte im höheren Lebensalter hat vor allem mit einer Zunahme an Verwitwungen zu tun, was aufgrund der höheren Lebenserwartung hauptsächlich Frauen betrifft (sog. Feminisierung des Alters, Tews, 1993). Ältere Frauen leben unter anderem deswegen doppelt so häufig alleine als ältere Männer. Alleine leben im höheren Lebensalter wird vielfach als Risiko für Depressionen und Einsamkeit beschrieben, vor allem in Verbindung mit dem Verlust von sozialen Kontakten. Studien zeigen allerdings, dass dies nur wenige Alleinlebende (30 %) betrifft (Zebhauser et al., 2015).

Die passive Wohnraumexpansion betrifft insbesondere jene älteren Menschen, die alleine leben. Einpersonenhaushalte verfügen mit durchschnittlich 92m^2 pro im Haushalt lebender Person[9] über deutlich mehr Wohnfläche als Mehrpersonenhaushalte mit 55m^2. Höpflinger und Van Wezemael (2014, p. 107f.) sprechen dabei von einem gegenläufigen Trend, bei dem die Haushalte in den letzten Jahrzehnten immer kleiner und die Wohnformen deutlich größer wurden. Kulturelle Normen intergenerationeller Nähe spielen hier eine wichtige Rolle. Während in den deutschsprachigen Ländern relativ wenige Menschen mit ihren Kindern in einem Haushalt leben (6 – 12 %), sind es in osteuropäischen Ländern, wie Slowenien und Polen, mehr als ein Viertel der älteren Menschen (siehe Kapitel: Zur Lebenslage älterer Menschen). Allgemein lässt sich ein Rückgang der Mehrgenerationenfamilie durch das ganze 20. und 21. Jahrhundert erkennen (vgl. Peuckert, 2012, p. 594). So leben in der vorliegenden Stichprobe 14 % der Befragten mit zumindest einem ihrer Kinder in einem Haushalt.

---

8   Wohnfläche ist der Wohnraum ohne Keller und Dachboden, Garagen, Waschküchen, Heizungs- und Trockenräume. Mittelwert (MW)=67,4, Standardabweichung (SD)=41,1
9   Einpersonenh.: MW=92m^2 SD=54; Mehrpersonenh.: MW=55m^2 SD= 26; U-Test: p<0,001 Interpretation: *U-Test*: H0= Die Verteilung der Wohnfläche ist über die Kategorien der Haushaltsgröße identisch. Bei p<0,05 wird H0 verworfen.

Tabelle 16: Haushaltskonstellation nach Altersgruppen und Geschlecht der Befragten (n=992)

		Haushaltskonstellation					
		nur mit dem/r Partner/in	alleine	mit Partner/in und Kind/er	ohne Partner/in, mit Kind/ern	mit anderen Personen	Gesamt (n=992)
Alter*	60–64	48 %	26 %	13 %	6 %	6 %	100 %
	65–69	54 %	16 %	16 %	5 %	9 %	100 %
	70–74	61 %	28 %	6 %	1 %	3 %	100 %
	75–79	52 %	40 %	4 %	3 %	1 %	100 %
	80+	30 %	57 %	3 %	8 %	3 %	100 %
Geschlecht**	weiblich	40 %	42 %	8 %	7 %	3 %	100 %
	männlich	59 %	22 %	10 %	2 %	6 %	100 %
Gesamt		49 %	33 %	9 %	5 %	5 %	100 %

*Cramers-V=0,187; p<0,001. ** Cramers-V=0,262; p<0,001.

Ältere Eigentümerinnen und Eigentümer haben im Vergleich zu Mieterinnen und Mietern geringere Wohnkosten und durchschnittlich mehr Einkommen zur Verfügung

Die verfügbare Wohnfläche unterscheidet sich auch im höheren Lebensalter nach dem Nettohaushaltseinkommen[10]. Personen mit höherem Einkommen können sich eine geräumigere Wohnform leisten als Personen mit niedrigerem Einkommen. Gleichzeitig sind wohlhabendere Haushalte auch eher Eigentümerinnen und Eigentümer als Mieterinnen und Mieter. 56 % der Eigentümerinnen und Eigentümer verfügen über mehr als 1.800€ monatliches Haushaltseinkommen im Vergleich zu 39 % der Mieterinnen und Mieter[11]. Zudem unterscheiden sich die Wohnkosten[12] signifikant zwischen Eigentümerinnen und Eigentümern sowie Mieterinnen und Mietern. Während zwei Drittel der Eigentümerinnen und Eigentümer weniger als 400€ im Monat für Wohnkosten ausgeben, zahlen von den Mieterinnen und Mietern etwas mehr als ein Drittel weniger als 400€[13].

---

10 Haushaltseinkommen = monatliche Netto-Einkünfte aller Haushaltsmitglieder (Erwerbseinkommen, Pensionen, Sozialleistungen wie zum Beispiel Familienbeihilfe, Pflegegeld, regelmäßige private Geldleistungen usw.) r=0,231; p<0,001 Interpr. Pearsons-r: -1 =perfekter negativer Zusammenhang; 0 =kein Zus.; 1=perfekter positiver Zus.
11 Cramers-V=0,175 p<0,001; Interpretation Cramer-V: 0= kein Zusammenhang, 1=perfekter Zus.
12 Unter monatlichen Wohnkosten wird hier Miete oder wohnungsbezogene Kreditrückzahlungen mit Betriebskosten, aber ohne Strom und Heizung verstanden.
13 Cramers-V=0,339 p<0,001

Tabelle 17: Rechtsverhältnis nach dem Haushaltseinkommen, den Wohnkosten und der Wohnfläche

		Rechtsverhältnis		Gesamt
		Eigentum	*Miete*	
monatliches Nettohaushaltseinkommen** (n=807)	bis 1.300€	24 %	39 %	29 %
	bis 1.800€	20 %	22 %	21 %
	bis 2.800€	32 %	23 %	29 %
	>2.800€	24 %	16 %	21 %
monatliche Wohnkosten** (n=747)	bis 300€	51 %	15 %	36 %
	bis 470€	19 %	32 %	24 %
	>470€	30 %	52 %	39 %
Wohnfläche ** (n=968)	15–70m²	7 %	51 %	22 %
	71–90m²	16 %	28 %	20 %
	91–130m²	39 %	16 %	31 %
	131m²+	37 %	5 %	26 %
**p<0,001		100 %	100 %	100 %

Oberflächlich betrachtet stellen die Mieterinnen und Mieter eine Gruppe dar, die im Alter größeren Problemen im Wohnen durch ihr niedrigeres Einkommen, ihre geringere Wohnfläche und die höhere finanzielle Belastung ausgesetzt ist. Allerdings greift das zu kurz, denn Eigentum bedeutet nicht notwendigerweise eine finanzielle Entlastung im Alter. Besonders großes und sehr altes Wohneigentum verursacht laufend Instandhaltungskosten und unter Umständen sind die Immobilienschulden bei der Erreichung des Rentenalters noch nicht getilgt, was zu ähnlich hohen Wohnkosten führt wie von Mietwohnungen. Zusätzlich ist die Möglichkeit eines gewinnbringenden Verkaufs gerade in strukturschwachen Regionen nicht immer gewährleistet (vgl. Nowossadeck & Engstler, 2017, p. 294ff.). Die meisten Häuser und Wohnungen sind im Alter auch dahingehend problematisch, als nur die wenigsten barrierefrei sind (16 %) und somit den Alltag bei funktionalen Einschränkungen erschweren können. Gerade Eigentumshäuser können daher auch eine Belastung darstellen.

Allgemein ist ein höheres Alter mit einer längeren Wohndauer[14] und daher auch weniger Wohnkosten verbunden[15]. Deshalb muss eine größere Wohnfläche nicht auch höhere Wohnkosten bedeuten, da die Wohndauer in der derzeitigen Wohnform den Preis entscheidend mitbestimmt, indem ein längerer Verbleib in einer Wohnform mit niedrigeren Kosten verbunden ist[16]. Langjährige Bewohnerinnen und Bewohner haben daher oftmals das Problem, dass ein möglicher Umzug in eine Neuwohnung – aufgrund gesundheitlicher Probleme oder aufgrund des Wunsches, näher bei der Familie leben zu wollen – zu einem Anstieg der Wohnkosten führen würde (vgl. Nowossadeck & Engstler, 2017, p. 299). Umzugsaktivitäten im Alter sind also auch durch ein entsprechendes Einkommen mitbestimmt.

---

14   r= 0,475; p<0,001
15   r= -0,190; p<0,001
16   r= -0,187; p<0,001

Über 60-jährige Frauen verfügen über ein geringeres Einkommen und haben somit weniger Möglichkeiten für einen Umbau oder Umzug

Einkommensunterschiede im Alter zeigen sich vor allem zwischen Männern und Frauen. 52 % der Frauen verfügen über weniger als 1.100€ monatliches Einkommen pro im Haushalt lebender Person, während dies nur auf 31 % der Männer zutrifft[17]. Die Geschlechterunterschiede bei den über 60-Jährigen lassen sich mit den brüchigen Erwerbsverläufen und niedrigen Einkommensniveaus von Frauen dieser Generation erklären (vgl. Groh-Samberg, 2009). Berücksichtigt man zusätzlich die Haushaltsgröße, verfügen alleinlebende Frauen und Männer über signifikant weniger Einkommen als Mehrpersonenhaushalte[18]. Nun nimmt die Anzahl an alleinlebenden Personen mit zunehmendem Alter zu und aufgrund der höheren Lebenserwartung leben doppelt so viele Frauen alleine wie Männer. Während ältere Frauen also häufiger alleine in großen Häusern und Wohnungen leben, sind sie gleichzeitig auch jene Gruppe, denen finanzielle Ressourcen für einen barrierefreien Umbau, aber auch einen Umzug im Alter fehlen.

Wohnumgebung und Erreichbarkeit von strukturellen Einrichtungen

Der Anstieg des allgemeinen Durchschnittsalters zeigt sich besonders in (strukturschwachen) ländlichen Regionen, wo der „anhaltende Abwanderungsdruck auf junge Bevölkerungsschichten" (Fidlschuster et al., 2016, p. 19) und die zunehmende Alterung teilweise gravierende Konsequenzen für die Lebensqualität der verbleibenden Bevölkerung nach sich ziehen. Ein solcher Bevölkerungsrückgang verändert nicht nur die Bedürfnisstruktur innerhalb der Kommune (bspw. ein geringer Bedarf an Kinderbetreuungsstätten und erhöhte Nachfrage nach Pflegeoptionen), sondern auch den finanziellen Spielraum der Kommunen, um diesen sich verändernden Bedürfnissen gerecht zu werden (vgl. Schipfer, 2005).

Eine Veränderung der Altersstruktur durch die Abwanderung jüngerer Altersgruppen lässt sich nicht nur in einigen ländlichen Regionen in Österreich (Fidlschuster et al., 2016), sondern auch in der Schweiz (vgl. Höpflinger & Van Wezemael, 2014, p. 46) beobachten. Im städtischen Raum ist demgegenüber die Infrastruktur tendenziell besser für ältere Menschen erreichbar, allerdings kann die urbane Dynamik (viel Verkehr, höhere Kriminalität, mehr unbekannte Nachbarn und Nachbarinnen, Verschmutzung usw.) auch zur sozialen Exklusion und einer schlechteren Lebensqualität beitragen, vor allem in ärmeren Stadtgebieten (vgl. Smith, 2009, p. 40ff.).

Nun hat Saup (1993, p. 90) formuliert: „Alltag im Alter heißt ‚Wohnalltag'". Denn auch wenn ältere Menschen keineswegs eine homogene Gruppe bilden, ist der Mehrheit doch gemein, dass die Wohnung und das direkte Wohnumfeld einen wichtigen sozial-räumlichen Kontext darstellen. Das Wohnquartier und seine konkrete Beschaffenheit beeinflussen dabei die Chancen und die konkrete Form der sozialen Teilhabe älterer Menschen am gesellschaftlichen Alltag (vgl. BMFSFJ, 2016, p. 65).

---

17 Cramers-V= 0,222; p<0,001
18 Median Einpersonenh. = 1.100€ Haushaltseink., Interquartilsabstand (IQR)=500€; Median Mehrpersonenh. = 2.100€ IQR=1.500€; U-Test: p<0,001 H_0= Die Verteilung des Haushaltseinkommens ist über die Kategorien der Haushaltsgröße identisch. Bei p<0,05 wird H0 verworfen.

Gehwege zu strukturellen Einrichtungen sind in der Stadt kürzer als in ländlichen Gemeinden

Ein großer Teil der Befragten (41 %) wohnt in ruralen Gemeinden mit weniger als 5.000 Einwohnerinnen und Einwohnern. Weitere 27 % wohnen in Gemeinden, die zwischen 5.000 und 50.000 Personen umfassen, und schließlich wohnen 32 % im urbanen Raum mit einer Einwohnerzahl von mehr als 50.000 Personen. Die Ortsgröße steht dabei in einem Zusammenhang mit der Erreichbarkeit struktureller Einrichtungen, wie Haltestellen des öffentlichen Verkehrs, Einkaufsmöglichkeiten, Ärztinnen und Ärzte oder Restaurants und Cafés. So leben ältere Menschen in kleineren Gemeinden wesentlich weiter von strukturellen Einrichtungen entfernt als ältere Menschen in Städten (siehe Abb. 14).

Abbildung 14: Mittlere Entfernung zu strukturellen Einrichtungen in Gehminuten nach Ortsgröße

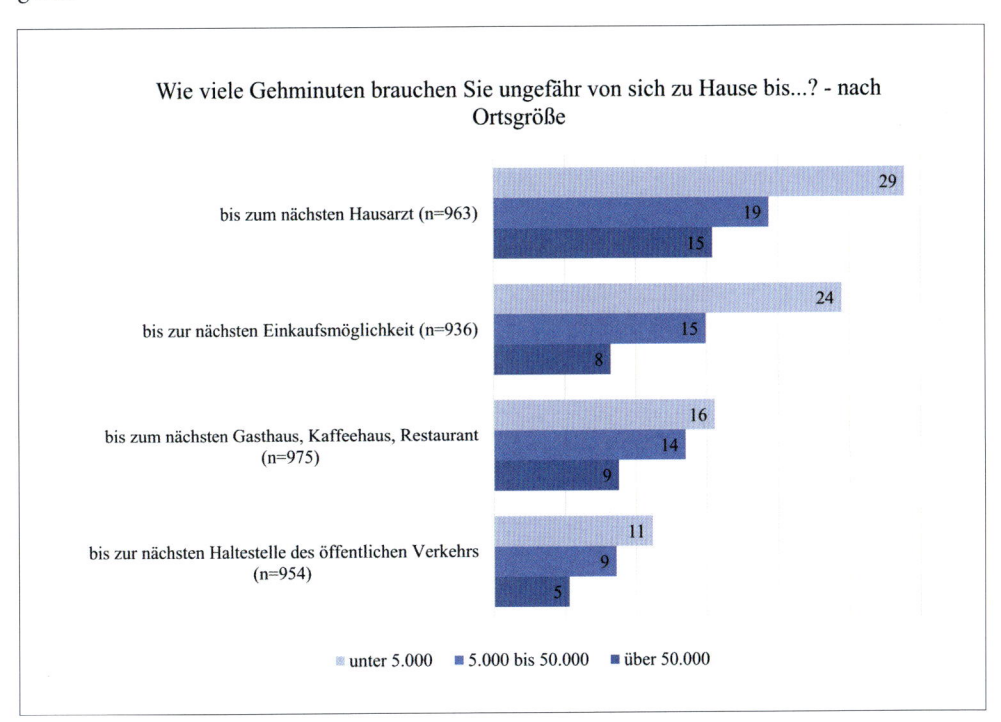

Einrichtung	unter 5.000	5.000 bis 50.000	über 50.000
bis zum nächsten Hausarzt (n=963)	29	19	15
bis zur nächsten Einkaufsmöglichkeit (n=936)	24	15	8
bis zum nächsten Gasthaus, Kaffeehaus, Restaurant (n=975)	16	14	9
bis zur nächsten Haltestelle des öffentlichen Verkehrs (n=954)	11	9	5

Mit einer Entfernung von acht Gehminuten zur nächsten Haltestelle des öffentlichen Verkehrs[19] geben ältere Menschen durchschnittlich eine gute Erreichbarkeit an. Die Anbindung an öffentliche Verkehrsmittel ist für ältere Menschen in Österreich deswegen wichtig, weil die Mobilität im Individualverkehr – vor allem für ältere Frauen – eine Herausforderung darstellen kann. So haben 16 % der älteren Frauen und 4 % der älteren Männer nie einen Führerschein besessen.

---

19 Standardabweichungen (SD) für die vier mittleren Distanzen: Haltestelle: SD=11,6 Einkaufsmöglichkeit: SD=27,3 Arzt/Ärztin: SD=31,6 Gasthaus: SD=14,3

Neben dem Anschluss an den öffentlichen Verkehr ist auch die Entfernung zu Einkaufsmöglichkeiten für den Bedarf an alltäglichen Gütern, wie Lebensmittel und Hygieneartikel, von Bedeutung für eine selbstbestimmte Lebensführung. Im Durchschnitt schätzen die Befragten die Entfernung zur nächsten Einkaufsmöglichkeit auf 17 Gehminuten. Diese Angaben unterscheiden sich nach Ortsgröße. So ist die durchschnittliche Minutenanzahl im ruralen Raum dreimal so hoch wie im urbanen Raum. In ländlichen Gemeinden geben ältere Menschen hier einen Fußweg von 24 Minuten zur nächsten Einkaufsmöglichkeit an. Dies verdeutlicht die große Bedeutung des Autos in ruralen Gegenden.

Hausärzte und Hausärztinnen befinden sich durchschnittlich in einer Entfernung von 22 Gehminuten zu den älteren Befragten. Während im urbanen Raum die Entfernung bei 15 Gehminuten liegt, ist sie im ruralen Raum im Schnitt doppelt so hoch. Eine geringere Entfernung spiegelt sich auch in einer höheren Zufriedenheit mit den Gesundheitseinrichtungen wider[20], wobei sich bei Männern eine höhere Entfernung weniger auf die Zufriedenheit mit den Gesundheitseinrichtungen auswirkt als bei Frauen[21]. Dies liegt unter anderem daran, dass Männer mit einer höheren Wahrscheinlichkeit Auto fahren (85 %) als Frauen (61 %)[22].

Die Entfernung zu Gasthäusern, Kaffeehäusern oder Restaurants schätzen die Befragten im Durchschnitt mit 13 Gehminuten dagegen vergleichsweise kurz ein. Die regionalen Unterschiede hierbei sind auch wesentlich geringer. Kaffeehäuser, Gasthäuser und Restaurants stellen einen wichtigen Aktionsraum für die lokale Teilhabe älterer Menschen gerade in ruralen Gegenden dar. Gasthäuser werden dabei vor allem von älteren Männern regelmäßig aufgesucht und stellen, unabhängig vom Einkommen, einen wichtigen Bereich sozialer Teilhabe dar (Baumgartner, Kolland, & Wanka, 2013).

Eine kleinere Ortsgröße korreliert nicht automatisch mit einer schlechteren Erreichbarkeit

Durch die subjektiv geschätzte Distanz zum Hausarzt oder zur Hausärztin, zur nächsten Einkaufsmöglichkeit, zu Gasthäusern und Kaffeehäusern und zu nächsten Haltestelle des öffentlichen Verkehrs wurde nun ein Gesamtindex der Erreichbarkeit berechnet. Die Erreichbarkeit der Infrastruktur im Wohnort der Befragten kann dadurch sehr gut, gut, schlecht oder sehr schlecht eingeschätzt werden[23]. Dieses Maß ermöglicht genauere Rückschlüsse auf die konkreten Umgebungsbedingungen als eine reine Berücksichtigung der Ortsgröße, da auch Personen in kleinen Gemeinden in einer Wohnlage mit sehr guter Erreichbarkeit wohnen können.

14 % der Befragten des ruralen Raums geben insgesamt eine sehr gute Erreichbarkeit an. Diese Befragten leben also bei allen Einrichtungen in einer Entfernung innerhalb des ersten Quartils und maximal bei einer Einrichtung in einer Entfernung des zweiten Quartils. Weitere

---

20 $T_c = -0{,}195$ p<0,001
21 Zusammenhang zwischen Zufriedenheit mit Gesundheitseinr. und Entfernung zum Hausarzt/zur Hausärztin: Männer $T_c = -0{,}156$ p<0,001. Frauen: $T_c = -0{,}232$ p<0,001
22 Cramers-V=0,268 p<0,001
23 Einteilung der vier Entfernungen in Quartile. Zusammenfügen zu: sehr gute Erreichbarkeit: max. eine Einrichtung gut erreichbar (2.Quartil), der Rest sehr gut erreichbar (1. Quartil). Gute Erreichbarkeit: max. eine Einrichtung schlecht (3. Quartil) oder sehr schlecht erreichbar (4. Quartil), der Rest sehr gut oder gut. Schlechte Erreichbarkeit: max. eine Einrichtung sehr schlecht erreichbar, min. zwei Einrichtungen schlecht erreichbar, der Rest sehr gut/gut erreichbar. Sehr schlechte Erreichbarkeit: min. zwei sehr schlecht erreichbar.

24 % der Befragten im ruralen Raum haben eine gute Erreichbarkeit angegeben. Dagegen geben 17 % der Befragten im urbanen Raum eine sehr schlechte Erreichbarkeit an. Das bedeutet, dass die Befragten bei zumindest zwei der gefragten Einrichtungen eine Antwort im Bereich des vierten Quartils der jeweiligen Entfernung angegeben haben.

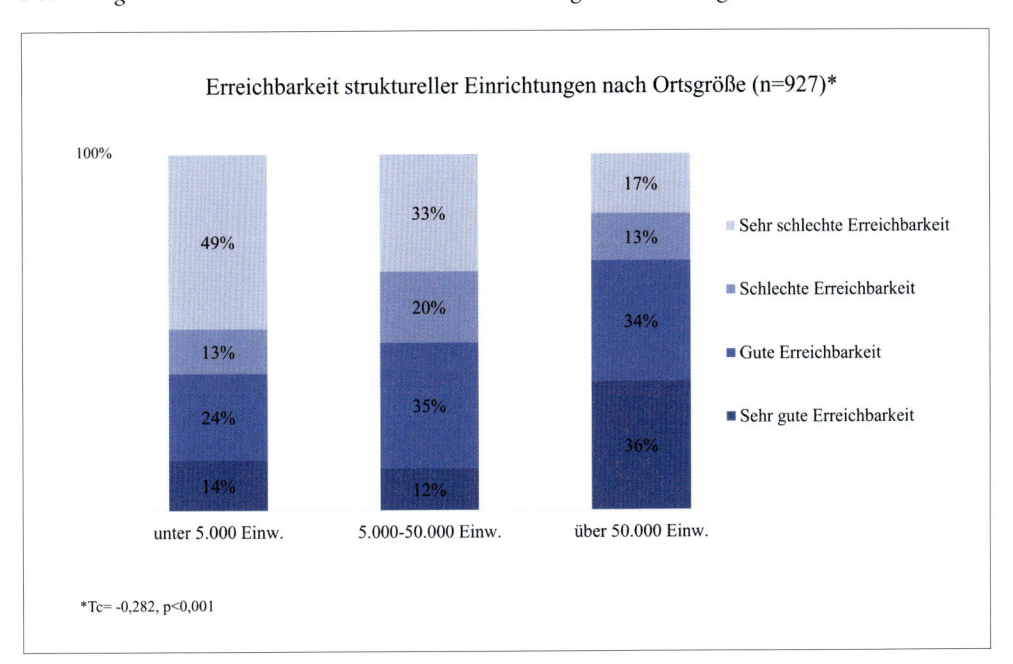

Abbildung 15: Erreichbarkeit struktureller Einrichtungen nach Ortsgröße (n=927)

Erreichbarkeit struktureller Einrichtungen nach Ortsgröße (n=927)*

Ortsgröße	Sehr schlechte	Schlechte	Gute	Sehr gute
unter 5.000 Einw.	49%	13%	24%	14%
5.000-50.000 Einw.	33%	20%	35%	12%
über 50.000 Einw.	17%	13%	34%	36%

*Tc= -0,282, p<0,001

Welche Risikogruppen lassen sich bei der objektiven Wohnsituation erkennen? Zu den Gruppen, die im Alter am stärksten mit Wohnproblemen, wie hohen Wohnkosten, geringen bautechnischen Anpassungsmöglichkeiten und generell wenig Platz, konfrontiert sind, zählen einerseits Mieterinnen und Mieter, die durchschnittlich über weniger Einkommen verfügen, aber höhere Wohnkosten zu tragen haben. Auch wenn besonders altes Eigentum mit Instandhaltungskosten und anderen Mängeln einhergeht, können Mietwohnungen weniger einfach den sich verändernden Bedürfnissen angepasst werden und ein Umzug in eine neuere Wohnung bedeutet beim aktuellen Markt auch noch höhere Wohnkosten. Andererseits zählen zu den Risikogruppen auch alleinlebende Frauen, die weniger Einkommen zu Verfügung haben und auch weniger häufig Autofahren als Männer. Beiden Gruppen ist gemeinsam, dass ein barrierefreier Umbau oder Umzug schwieriger realisierbar ist und somit auch Entfernungen zu strukturellen Einrichtungen von größerer Bedeutung sind.

Subjektive Wohnsituation älterer Menschen in Österreich

Wohnzufriedenheit

Der Großteil der älteren Menschen ist sehr zufrieden mit ihrer Wohnsituation

Allgemein geben ältere Österreicherinnen und Österreicher eine hohe Wohnzufriedenheit[24] an. Auf einer Skala von 1 bis 10 bewerten die Befragten ihre Wohnzufriedenheit durchschnittlich mit einem Wert von 8,9. Ähnlich hohe Zufriedenheitswerte finden sich in Deutschland (Mittelwert= 8,4; Köcher & Sommer, 2017, p. 16) und in der Schweiz. Je nach Altersgruppe[25] liegt der mittlere Zufriedenheitswert in der Schweiz zwischen 8.5 und 9 (vgl. Höpflinger & Van Wezemael, 2014, p. 111).

Eine hohe subjektive Wohnzufriedenheit ist allerdings nicht mit einer hohen objektiven Wohnqualität gleichzusetzen. Gerade im höheren Alter können funktionale Einschränkungen die Wohnqualität erheblich verschlechtern, indem zum Beispiel der Zugang zur Wohnung durch Stufen erschwert oder die Nutzung von Bad und Küche durch bauliche Barrieren eingeschränkt wird. Auch wenn Einschränkungen der funktionalen Gesundheit keineswegs alle Menschen über 80 Jahren betreffen, nimmt deren Auftreten im höheren Alter tendenziell zu (Wolff, Nowossadeck, & Spuling, 2017, p. 129f.).

Ältere Menschen geben allerdings relativ unabhängig von den tatsächlichen Wohnumständen generell hohe Werte bei der Zufriedenheit mit der Wohnsituation an (vgl. Iwarsson et al., 2007, p. 79). Auch in den aktuellen Daten lässt sich ein Anstieg der Wohnzufriedenheit bei höheren Altersgruppen erkennen (siehe Tabelle 18). Dieses sogenannte „Zufriedenheitsparadox des Alters" kann durch Anpassungsprozesse der Wohnung oder des Verhaltens (Motel, Künemund, & Bode, 2000) oder durch Resignation erklärt werden (Höpflinger, 2009). Eine hohe Wohnzufriedenheit bedeutet also noch nicht, dass es keine objektiven Wohnmängel gibt, sondern lediglich, dass subjektiv kein Handlungsbedarf gesehen wird.

Tabelle 18: Wohnzufriedenheit und Wohndauer nach Altersgruppen

		Altersgruppen					Gesamt
		60–64	65–69	70–74	75–79	80+	
Wohnzufriedenheit (n=1001)	MW*	8,4	8,7	9,0	9,1	9,3	8,9
	SD**	1,8	1,8	1,6	1,4	1,5	1,7
Wohndauer (n=986)	MW'	22	30	36	41	49	35
	SD"	15,5	18,8	17,0	17,7	18,7	20,0
Korrelation zwischen stetigem Alter und Wohnzufriedenheit r=0,161 p<0,001							
Korrelation zwischen stetigem Alter und Wohndauer r=0,475 p<0,001							
*Mittelwert der Wohnsituation 1=nicht zufrieden bis 10=sehr zufrieden; **SD=Standardabweichung							
'Mittelwert der Wohndauer 1 Jahr=Min. bis 92 Jahre=Max.; "SD=Standardabweichung							

---

24 Frage: Wenn Sie alles zusammenfassen, wie zufrieden sind Sie heute insgesamt mit Ihrer Wohnsituation? Bitte bewerten Sie Ihre Zufriedenheit auf einer Skala von 1 bis 10, wobei 1 gar nicht zufrieden und 10 sehr zufrieden bedeutet.

25 Fünf Gruppen: i. 60 – 64 Jahre; ii. 65 – 69 Jahre; iii. 70 – 74 Jahre; iv. 75 – 79 Jahre; v. 80 Jahre und älter.

Starke Verbundenheit mit der Wohnung führt zu hoher Wohnzufriedenheit im Alter

Eine hohe Wohnzufriedenheit spiegelt eine starke persönliche Bindung an die Wohnung und die Wohnumgebung wider.[26] So ist nicht nur die Wohnzufriedenheit im Durchschnitt sehr hoch, sondern auch die Verbundenheit mit der Wohnung oder dem Haus. 81 % der älteren Österreicherinnen und Österreicher fühlen sich sehr verbunden mit der Wohnung, nur 2,4 % fühlen sich eher bis gar nicht verbunden.

Zudem gilt: Je länger eine Person in ihrer derzeitigen Wohnform gelebt hat, desto zufriedener ist sie damit[27] und desto verbundener fühlt sie sich.[28] Gerade Personen über 80 Jahre leben im Durchschnitt seit fast 50 Jahren in ihrer Wohnung oder ihrem Haus, fühlen sich daher sehr verbunden mit ihrer Wohnung und sind u. a. deswegen, relativ unabhängig von der tatsächlichen Wohnqualität, sehr zufrieden mit ihrer Wohnsituation.

Wohnzufriedenheit steigt mit dem Einkommen und der Wohnfläche an

Neben dem Alter, der Verbundenheit und der Wohndauer variiert die Wohnzufriedenheit ebenfalls mit sozio-demografischen und wohnbezogenen Aspekten. Relevante Einflussfaktoren auf die Wohnzufriedenheit sind vor allem das monatliche Einkommen und die subjektive Gesundheit der befragten Person sowie die Barrierefreiheit, die Wohnfläche und das Rechtsverhältnis der Wohnung (siehe Tabelle 19).

Das monatliche Einkommen pro im Haushalt lebender Person beeinflusst die Wohnzufriedenheit, wobei eine bessere finanzielle Lage zu einer höheren Zufriedenheit mit der Wohnsituation führt. Dafür könnte es unterschiedliche Gründe geben: Ein hohes Einkommen ermöglicht einerseits einen guten Wohnstandard in einer barrierefreien Wohngegend. Andererseits sind Anpassungen der Wohnung mit einem höheren Einkommen leichter möglich. Das Einkommen beeinflusst also die Wohnbedingungen und den Spielraum, den eine Person in der Gestaltung des Wohnraums hat (vgl. Höpflinger, 2009, p. 92). Interessanterweise machen die Wohnkosten und auch der Anteil der Wohnkosten am Äquivalenzeinkommen keinen Unterschied für die Zufriedenheit aus. Das liegt wohl an der langen Wohndauer der meisten Befragten in ihrer Wohnform und damit einhergehend den generell relativ niedrigen Wohnkosten im Vergleich zum aktuellen Marktpreis.

Haus- und Wohnungseigentümerinnen und -eigentümer sind zufriedener mit ihrer Wohnsituation als Mieter und Mieterinnen. Dies lässt sich unter anderem dadurch erklären, dass Eigentümerinnen und Eigentümer im Durchschnitt zehn Jahre länger in ihrer Wohnform leben als Mieterinnen und Mieter[29]. Andererseits beziehen sich die Rechtsverhältnisse vorwiegend auf Häuser (80 %) und nicht auf Wohnungen, weshalb die Hauseigentümerinnen und -eigentümer mehr Wohnfläche pro Person zur Verfügung haben als Mieterinnen und Mieter[30].

---

26 Korrelation Wohnzufriedenheit mit Verbundenheit r=0,585 p<0,001
27 r=0,176 p<0,001
28 r=0,256 p<0,001
29 Eigentum: MW=38 Jahre SD=19; Miete: MW=29 Jahre SD=21 t-Test: p<0,001: t-Test: H0= Die Verteilung der Wohndauer ist über die Kategorien des Rechtsverhältnisses identisch. Bei p<0,05 wird H0 verworfen.
30 Eigentum: MW=74m² SD=41; Miete: MW=54m² SD=38 t-Test: p<0,001: t-Test: H0= Die Verteilung der Wohnfläche ist über die Kategorien des Rechtsverhältnisses identisch. Bei p<0,05 wird H0 verworfen.

Tabelle 19: Wohnzufriedenheit nach sozialen und wohnbezogenen Aspekten

	\multicolumn{5}{c}{*Wohnzufriedenheit (1=nicht zufrieden bis 10=sehr zufrieden)*}			
	MW	SD		MW	SD
monatl. Nettoäquivalenzeinkommen** (n=805)			Rechtsverhältnis* (n=1001)		
bis 1100 €	8,6	2	Eigentümer/in	9,1	1,4
bis 1800 €	9,0	1,4	Mieter/in	8,4	2
über 1800 €	9,1	1,2			

	MW	SD		MW	SD
Keine Stufen und bodengleiche Dusche vorhanden* (n=1001)			Wohnfläche pro Person* (n=965)		
nicht barrierefrei	8,7	1,8	11–40m²	8,4	1,9
teilweise barrierefrei	8,9	1,7	41–60m²	8,9	1,8
barrierefrei	9,3	1,2	61–80m²	9,0	1,4
			80m²+	9,3	1,2
Subjektive Gesundheit* (n=998)					
sehr gut	9,3	1,5			
gut	9,0	1,5			
mittelmäßig	8,7	1,6			
schlecht	7,5	2,5			

Differenzen zwischen den Gruppen *p<0,001, **p<0,05 (MW=Mittelwert, SD=Standardabweichung)

Mehr Wohnfläche pro Person steigert ebenfalls die Zufriedenheit mit der Wohnsituation. Das Rechtsverhältnis ist also nur indirekt von Bedeutung für die Wohnzufriedenheit.

Die subjektive Gesundheit kann, gerade im höheren Lebensalter, von zentraler Bedeutung für die Wohnzufriedenheit sein (siehe Kapitel: Zufriedenheit mit der Wohnung). Im höheren Alter können Eigenschaften der Wohnung, wie Stufen vor dem Eingang oder Badewannen mit hohem Rand, zu tagtäglichen Hindernissen werden. In der Befragung zeigt sich, dass Personen, die barrierefrei wohnen, zufriedener mit ihrer Wohnsituation sind als Personen, die nicht oder nur teilweise barrierefrei wohnen. Barrierefreiheit der Wohnform ist dabei allerdings kein Wert an sich, sondern wirkt sich bedarfsorientiert auf die Wohnzufriedenheit aus. Sie ist nur dann von Relevanz für die Wohnzufriedenheit, wenn sich die Gesundheit der befragten Person oder anderen Personen im Haushalt verschlechtert. Damit verbunden spielt auch die subjektive Gesundheit eine wichtige Rolle in der Bewertung der Wohnzufriedenheit: Je schlechter die Gesundheit wahrgenommen wird, desto weniger zufrieden sind die Personen mit ihrer Wohnsituation. Dies lässt sich vor allem darüber erklären, dass gesundheitliche Einschränkungen die Nutzung der Wohnumgebung beeinflussen können[31]: Personen mit schlechterer Gesundheit fällt die Nutzung der Wohnumgebung schwerer, was die Wohnzufriedenheit mindert.

---

31 Je schlechter die Gesundheit, desto unzufriedener ist die Person mit der Infrastruktur (r=0,164, p<0,001).

Obwohl also die Mehrheit der Befragten sehr zufrieden mit ihrer derzeitigen Wohnsituation ist, sind vor allem 60- bis 74-Jährige, Mieterinnen und Mieter, niedrigere Einkommensgruppen und Personen mit schlechterer Gesundheit weniger zufrieden mit ihrer Wohnsituation.

Zufriedenheit mit der Wohnumgebung

Die Zufriedenheit mit der Wohnumgebung kann gerade für Menschen, die nicht mehr am Erwerbsleben teilnehmen und/oder Personen, die aufgrund eingeschränkter physischer Funktionalität über einen verringerten Mobilitätsradius verfügen, ein entscheidender Faktor für die Lebensqualität sein. Wichtige Einflüsse auf die Zufriedenheit und Verbundenheit sind die Wohndauer, die Zufriedenheit mit der Nachbarschaft, die Wahrnehmung der Wohngegend, die Verfügbarkeit und räumliche Nähe von Dienstleistungsangeboten (vgl. Smith, 2009, p. 23f.). Von besonders entscheidender Bedeutung für die Verbundenheit und die Zufriedenheit mit der Nachbarschaft ist jedenfalls die Wohndauer, da eine längere Wohndauer bewirkt, „dass sich Beziehungen in der Nachbarschaft entwickeln können, die Bindung an das Wohnumfeld stärker wird und damit der soziale Zusammenhalt in der Nachbarschaft wächst" (Nowossadeck & Mahne, 2017b, p. 317). Zusätzlich verbessert eine als positiv empfundene Nachbarschaft nicht nur die Verbundenheit mit dieser, sondern generell das Wohnbefinden wesentlich (vgl. Oswald et al., 2011, p. 247).

Die Entfernung zu wichtigen Einrichtungen ist daher von Bedeutung für die Zufriedenheit mit dieser und somit auch für das Wohlbefinden. Allerdings ist die Entfernung nicht der einzige Einflussfaktor der Zufriedenheit mit der Wohnumgebung. So kann die nächste Einkaufsmöglichkeit zwar sehr nah sein, allerdings nicht alle Produkte umfassen, die sich der/die Befragte wünscht. Auch bei der Zufriedenheit mit der Wohnumgebung wurde daher um eine Einschätzung unterschiedlicher Aspekte gebeten.

Abbildung 16: Zufriedenheit mit der Wohnumgebung, Antwortkategorie „sehr zufrieden" nach Wohnortsgröße

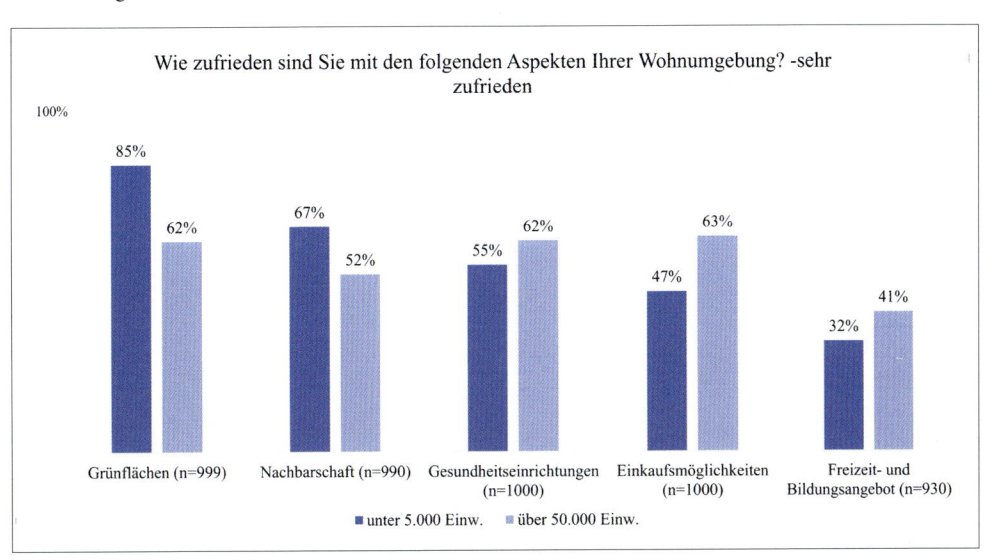

Die Zufriedenheit mit der Wohnumgebung variiert nach der Erreichbarkeit struktureller Einrichtungen und damit auch nach der Gesundheit

Generell lässt sich eine hohe Zufriedenheit bezüglich der unterschiedlichen Aspekte der Wohnumgebung erkennen. Die höchste Zufriedenheit äußern die Befragten gegenüber den Grünflächen in ihrer Wohnumgebung, wobei 75 % der Befragten sehr zufrieden und weitere 20 % eher zufrieden sind. Dieses hohe Zufriedenheitsniveau nimmt mit zunehmender Ortsgröße ab, doch selbst in urbanen Regionen ist die Zufriedenheit mit den Grünflächen immer noch hoch (siehe Abb. 16). Grünflächen sind allerdings für Personen mit gesundheitlichen Einschränkungen schwieriger zu erreichen und zu begehen. Dies zeigt sich auch in einer etwas niedrigeren Zufriedenheit der Personen, die ihre Gesundheit als mittelmäßig bis schlecht einschätzen (73 % sehr zufrieden), als von Personen mit subjektiv sehr guter Gesundheit (87 %)[32].

Eine gute Nachbarschaft ist für das Altern in der eigenen Wohnung von großer Bedeutung. Während eine gute Infrastruktur eine selbstständige Lebensführung trotz gesundheitlicher Probleme ermöglicht, bietet eine gute Nachbarschaft die Gelegenheit für soziale Teilhabe im höheren Lebensalter. Allgemein zeigt sich in der befragten Stichprobe eine hohe Zufriedenheit mit der Nachbarschaft: 60 % der Befragten sind sehr zufrieden mit ihrer Nachbarschaft und nur 11 % sind unzufrieden. Ebenfalls geben 72 % an, engen Kontakt zu ihren Nachbarinnen und Nachbarn zu haben.

Interessanterweise bestehen nur äußerst geringe Unterschiede nach der Wohnortsgröße[33], es gibt allerdings Altersunterschiede. Während 72 % der über 80-Jährigen sehr zufrieden mit ihrer Nachbarschaft sind, sind dies 52 % der 60- bis 69-Jährigen[34]. Das könnte zum einen daran liegen, dass über 80-Jährige ihrer Zeit noch häufiger in der Wohnumgebung verbringen als 60- bis 69-Jährige (vgl. Kruse & Wahl, 2010, p. 420f.). Zum anderen könnte es allerdings auch daran liegen, dass über 80-Jährige meist schon wesentlich länger in der Nachbarschaft leben als jüngere Altersgruppen[35] und sich ihr auch verbundener fühlen[36]. Dabei geben gerade jüngere Personen mit schlechterer subjektiver Gesundheit an, unzufriedener mit der Nachbarschaft zu sein als Gleichaltrige mit guter Gesundheit[37]. Die Gesundheit macht jedoch bei den über 80-Jährigen keinen Unterschied in der Zufriedenheit mit der Nachbarschaft aus. Dies liegt vor allem daran, dass jüngere Altersgruppen mit schlechter Gesundheit auch weniger Kontakt zu ihren Nachbarinnen und Nachbarn haben, wogegen die Gesundheit der über 80-Jährigen keinen Unterschied beim Kontakt zu der Nachbarschaft macht[38]. Während also höhere Altersgruppen stärker in ihre Nachbarschaft eingebunden sind, trifft dies vor allem auf jüngere Altersgruppen mit gesundheitlichen Problemen weniger zu.

---

32 Cramers-V=0,107 p<0,01
33 Cramers-V=0,096 p<0,01
34 Tc=0,146 p<0,001
35 Wohndauer: 60 – 69 Jahre: MW=26 SD=18; 70 – 79 Jahre: MW=39 SD=18; 80+ Jahre: MW=50 SD=19; KW-Test p<0,001
36 Verbundenheit – sehr verbunden: 60 – 69 Jahre: 74 %; 70 – 79 Jahre: 86 %; 80+ Jahre: 91 %; Tc=0,113 p<0,001
37 Zusammenhang subjektive Gesundheit mit Zufr. mit der Nachbarschaft: 60 – 69: Tc= -0,159 p<0,001; 70 – 79: Tc= -0,144 p<0,001; 80+: p>0,05
38 Enger Kontakt zu den Nachbarinnen und Nachbarn mit subj. Gesundheit: 60 – 69: Cramers-V=0,170 p<0,001; 70 – 79: V=0,190 p<0,001; 80+: p>0,05

Die Zufriedenheit mit den Gesundheitseinrichtungen und den Einkaufsmöglichkeiten ist ähnlich ausgeprägt. So geben 60 % der Befragten an, sehr zufrieden mit den beiden Einrichtungen in ihrer Wohnumgebung zu sein. 10 – 12 % der Befragten sind unzufrieden. Auch die Zufriedenheit mit den beiden Einrichtungen unterscheidet sich nach der Wohnlage, wobei Personen, die in sehr guter Erreichbarkeit von Einkaufsmöglichkeiten und Ärztinnen und Ärzten leben, wesentlich zufriedener mit diesen beiden Einrichtungen sind als Personen, die eine sehr schlechte Erreichbarkeit angeben[39]. Dabei zeigt sich, dass die Entfernung zu den Einkaufsmöglichkeiten bei Personen, die ihre Gesundheit als sehr gut einschätzen, keinen Einfluss auf die Zufriedenheit mit diesen hat. Allerdings führt eine größere Entfernung zu den Einkaufsmöglichkeiten bei Personen, die ihre Gesundheit als gut oder mittelmäßig/schlecht einschätzen, zu einer geringeren Zufriedenheit damit[40]. Das zeigt, dass unabhängig vom Alter einer Person die Entfernung zu Einkaufsmöglichkeiten wichtiger für das Wohlbefinden wird, je schlechter der Gesundheitszustand ist. Die Zufriedenheit mit den Gesundheitseinrichtungen hingegen ist unabhängig vom Gesundheitszustand.

Am wenigsten zufrieden sind die Befragten mit den Freizeit- und Bildungsangeboten in ihrer Wohnumgebung. Jede und jeder Fünfte gibt hier an, eher oder gar nicht zufrieden zu sein. Die Zufriedenheit mit den Angeboten unterscheidet sich dabei je nach Wohnlage. Je besser die Erreichbarkeit struktureller Einrichtungen ist, desto zufriedener ist die betreffende Person mit dem Freizeit- und Bildungsangebot[41]. Die Erreichbarkeit alleine ist allerdings nicht entscheidend für die Zufriedenheit mit den Angeboten, denn gerade bei Freizeit- und Bildungsangeboten muss grundsätzlich auch Interesse am dort Angebotenen bestehen. So geben die Befragten, die es für sehr wichtig erachten, ihre eigene Phantasie und Kreativität zu entwickeln, eine etwas höhere Zufriedenheit mit den Freizeit- und Bildungsangeboten an[42]. Allerdings spielen hier auch Teilnahmebarrieren eine Rolle: Personen, die ihre Gesundheit schlechter einschätzen, sind unzufriedener mit den Freizeit- und Bildungsangeboten[43].

Im internationalen Vergleich zeigt sich ein ähnliches Bild. Die Zufriedenheit mit der Wohnumgebung im Allgemeinen ist in der Schweiz sehr hoch. In kleineren Gemeinden und ländlichen Regionen zeigen sich allerdings Einschränkungen der Zufriedenheit im Hinblick auf nahe gelegene Einkaufsmöglichkeiten und auch die Anbindung an öffentliche Verkehrsmittel (vgl. Höpflinger & Van Wezemael, 2014, p. 89). Auch in Deutschland sind die Zufriedenheitswerte mit der Wohnumgebung und der vorhandenen Infrastruktur auf einem hohen Niveau, allerdings bewerten gerade Personen mit Mobilitätseinschränkung die Versorgungslage negativer (vgl. Nowossadeck & Mahne, 2017a, p. 305ff.).

Die Zufriedenheit mit der Wohnumgebung ist also, ebenso wie die tatsächliche Entfernung von strukturellen Einrichtungen, von großer Bedeutung für die Chance älterer Menschen, an ihrer sozialen und räumlichen Umwelt teilzuhaben und ein selbstbestimmtes Leben zu führen (vgl. Kruse & Wahl, 2010, p. 422). Dies betrifft jedoch vor allem ältere Menschen mit gesund-

---

39 Gesundheitseinrichtungen: r=0,253 p<0,001
    Einkaufsmöglichkeiten: r=0,332 p<0,001
40 Zufriedenheit mit den Einkaufsm. nach Entfernung zur nächsten Möglichkeit: sub. Ges. mittelmäßig/schlecht: Tb= -0,170 p<0,001; subj. Ges. gut: Tb= -0,374 p<0,001; subj. Ges. sehr gut: p>0,05: Interpr. Kendall Tau c: -1 perfekter negativer Zus.; 0=kein Zus.; 1=perf. positiver Zus.
41 Tb= -0,161 p<0,001
42 Tc=0,097 p<0,001
43 Tc=0,157 p<0,001

heitlichen Einschränkungen, denn das Alter alleine beeinflusst lediglich die Zufriedenheit und den Kontakt mit der Nachbarschaft.

Lebenslage „Wohnen"

Wodurch zeichnet sich das Wohnen im Alter heutzutage aus? Die Lebenslage „Wohnen" gliedert sich in die Fragen nach dem „Wie" und dem „Wo" des Wohnens älterer Menschen in Österreich. Widmet man sich zunächst dem „Wie", stellt man fest, dass ein Drittel der älteren Erwachsenen in Österreich alleine wohnt, wobei Frauen deutlich öfter in einem Einpersonenhaushalt leben als Männer. Älterer Erwachsene, die in einem Mehrpersonenhaushalt wohnen, leben häufig in Hauseigentum mit einer, im Vergleich zu anderen Altersgruppen, großen Wohnfläche und das meist schon für eine lange Zeit. Infolge ist die strake Verbundenheit und hohe Identifikation mit dem Wohnort ein Merkmal, das für weite Teile der älteren Bevölkerung charakteristisch ist. Ein großes Haus und eine hohe Verbundenheit mit dem Wohnort sind allerdings nicht immer ausschließlich positiv. Einerseits benötigt die Erhaltung eines großen Hauses oft mehr Zeit und Energie als die Pflege einer Mietwohnung. Andererseits steht eine starke Verbundenheit mit dem Wohnort zwar für eine hohe emotional-subjektive Wohnqualität, gleichzeitig wird dafür aber auch oft über einen sinkenden handlungspraktischen Wohnnutzen hinweggesehen. Jene älteren Befragten, die in einem Einpersonenhaushalt wohnen, verfügen häufig über eine Mietwohnung. Das Mietverhältnis zeichnet sich meist durch eine geringere Pro-Kopf-Wohnfläche, aber höhere Pro-Kopf-Wohnkosten aus.

Die Frage nach dem „Wo" bezieht sich sowohl auf den Wohnort als auch auf die Lage der Wohnung innerhalb des Wohnortes. 41 % der Befragten wohnen in einer Ortschaft mit weniger als 5.000 Einwohnerinnen und Einwohnern. Die Ortsgröße erweist sich als ein gewichtiger Faktor hinsichtlich der Erreichbarkeit struktureller Einrichtungen, wie Haltestellen des öffentlichen Verkehrs, Einkaufsmöglichkeiten, Ärztinnen und Ärzte oder Restaurants und Cafés. Ältere Menschen, die in kleineren Gemeinden leben, geben eine erhöhte Entfernung zu den lokalen Einrichtungen an. Dies beeinflusst vor allem bei schlechterer subjektiver Gesundheit die Zufriedenheit mit den strukturellen Einrichtungen. Gerade im höheren Alter ist jedoch die Zufriedenheit mit der Nachbarschaft, unbeeinflusst von der Gesundheit, sehr hoch.

Persönliche Hilfen und technische Unterstützung im privaten Wohnen

Unterstützung und professionelle Pflege im Alter sind eine zentrale gesundheits- und gesellschaftspolitische Materie. Mit dem generellen Anstieg des Durchschnittsalters und insbesondere der wachsenden Zahl an Personen, die ein sehr hohes Lebensalter (80+) erreichen, geht ein steigender Unterstützung- und Pflegebedarf einher. Eine wesentliche Frage in der Debatte darüber, wie dieser Unterstützungs- und Pflegebedarf organisiert werden kann, ist, von wem die notwendige Betreuungsarbeit übernommen werden kann. Pflegende Angehörige und professionelles Betreuungspersonal stellen hier zwei Ressourcen dar, die in der sozialpolitischen Diskussion häufig eine Rolle spielen, aber auch assistive Technologien sollen in Zukunft an Bedeutung für ein unterstütztes Wohnen im Alter gewinnen.

In einem engen Zusammenhang mit der Frage, von wem die Betreuung geleistet wird, steht auch die Frage, „wo" und in welchem Umfang die Betreuung stattfindet, d. h. ob zu Hause oder in einer entsprechenden Betreuungseinrichtung. Im folgenden Kapitel widmen wir uns nur der Betreuung und Unterstützung zu Hause. Dafür gibt es zwei Gründe: Erstens lebt der überwiegende Teil älterer Erwachsener in Österreich (60+) zu Hause und die Mehrheit will auch bei einer sich verschlechternden Gesundheit weiterhin zu Hause wohnen und dort entweder durch Angehörige oder professionelles Pflegepersonal unterstützt und betreut werden (Völkl, 2010). Zweitens erfolgt die Betreuung zu Hause im überwiegenden Maße durch Angehörige oder ein Zusammenspiel von informeller und professioneller Unterstützung (vgl. Nagl-Cupal et al., 2018).

Mit Betreuungs- und Hilfeleistungen ist ein weites Feld von Tätigkeiten bezeichnet. Keineswegs beschränken sich derartige Tätigkeiten auf die funktionelle Dimension, wie Hilfetätigkeiten in der Haushaltsführung. Auch der emotionale Austausch, die soziale Einbindung und Sicherheitsaspekte können als Elemente von Betreuungs- und Unterstützungsmaßnahmen verstanden werden.

Ein besonders wichtiger Aspekt im Rahmen der Personenbetreuung ist die Unterstützung der Selbstständigkeit und Autonomie der gepflegten Person. Der Erhalt einer möglichst weitreichenden Selbstständigkeit, insbesondere im alltäglichen Leben, reduziert nicht nur den Unterstützung- und Pflegebedarf, sondern stärkt betroffene Personen in ihrer körperlichen und geistigen Aktivität und reduziert dadurch sogar das Risiko einer Demenzerkrankung (vgl. Ackermann & Oswald, 2008, p. 129). Der Erhalt von Selbstständigkeit ist letztlich eng mit der Führung einer eigenen Wohnung verknüpft. Privates Wohnen verlangt eine bestimmte Selbstständigkeit und stärkt diese.

Zum Erhalt der Selbstständigkeit und Autonomie im Wohnalltag wird in den letzten Jahren vermehrt auf technische Innovation gesetzt, wobei hier vor allem der Ansatz des „Ambient bzw. Active Assisted Living" (AAL) sowohl die Forschung als auch die Alltagspraxis prägt. Assistive Technologien beziehen sich auf technische Mittel, um die Autonomie, Selbstständigkeit und Würde älterer Menschen auch bei zunehmenden gesundheitlichen Einschränkungen zu unterstützen (Wichert, 2012). Ältere Menschen sollen durch die Entwicklung technischer Neuerungen, die auf ihre Bedürfnisse zugeschnitten sind, in ihrer Autonomie gestärkt und der personelle Unterstützungsaufwand reduziert werden. Das Angebot an solchen unterstützenden Technologien reicht von Einzeltechniken, wie bspw. automatischen Lampen oder einem Notrufarmband, bis hin zu komplexen Assistenzsystemen, die dem Konzept einer „Smart Home"-Gebäudetechnik[1] entsprechen (vgl. Schelisch, 2016). Eine der größten Herausforderung bei der Umsetzung von AAL-Technologien ist die Frage, wie dadurch die neuen positiven Potenziale, die mit dem Alter einhergehen, bestärkt werden können und das Stereotyp, dass ältere Menschen sich nicht für neue Technologien interessierten und unselbstständig seien, abgebaut werden kann. Es sind oft gerade diese Stereotype, die dazu führen, dass ältere Menschen sich nicht trauen, neue Hilfsmittel auszuprobieren (vgl. Künemund & Fachinger, 2018, p. 9).

Aus dieser Perspektive stellt sich also die Frage, welche Unterstützungsformen sich ältere Menschen wünschen und wie diese in ihren Wohnalltag integriert werden können. Um dieser Frage nachzugehen, wurden den Befragten in der gegenständlichen Studie zwei Fragenblöcke vorgelegt. Diese bezogen sich einerseits auf personelle Unterstützung- und Pflegemaßnahmen, von der Betreuung durch Angehörige, Nachbarinnen und Nachbarn bis hin zur 24-Stunden-Betreuung, und andererseits auf die Unterstützung durch technische Hilfsmittel, wie Notrufarmbänder oder Bewegungssensoren mit Sturzmeldern. Die Befragten wurden gebeten anzugeben, ob sie sich vorstellen könnten, die aufgelisteten Unterstützungsmaßnahmen im Fall eines Pflegebedarfs in Anspruch zu nehmen.

Als theoretischer Bezugspunkt für die Beschreibung und Analyse von Betreuungs- und Unterstützungsleistungen wird die Lebenslaufperspektive herangezogen. Die Lebenslaufperspektive ist erstens ein geeigneter theoretischer Zugang, weil Unterstützung und Betreuung für die meisten Menschen Teil ihres Lebenslaufs, ihrer Biografie sind. In der hier vorliegenden Studie geht es um Betreuung und Unterstützung in der Lebensphase der Hochaltrigkeit. So stellt in Österreich mehr als jede zweite Person (58 %) über 80 Jahre einen Anspruch auf Pflegegeld, was auf eine erhöhte Notwendigkeit von Hilfe und Unterstützung hinweist. Zwischen 60 und 80 Jahren wird Pflegegeld von jeder zehnten Person beantragt (vgl. BMASK, 2016, p. 129). Zweitens sind die eigenen biografischen Erfahrungen mit Pflege und Technik mitbestimmend für die Einstellungen, wie man selbst (im Alter) betreut werden will und welche technischen Unterstützungsleistungen dafür vorstellbar sind. Drittens sind Hilfe und Unterstützung, wenn sie durch pflegende Angehörige geleistet werden, durch biografische Verflechtungen von betreuender und betreuter Person geprägt (vgl. Nagl-Cupal et al., 2018, p. 19).

Ob und inwiefern eine ältere Person im Falle der Pflegebedürftigkeit in der privaten Wohnung professionell unterstützt und betreut werden kann, ist dabei von verschiedenen Faktoren abhängig. Einerseits ist sicherlich der Gesundheitszustand der zu betreuenden Person von Bedeutung. Andererseits ist der Wunsch nach einem „ageing in place" entscheidend. Dabei sind ökonomische Ressourcen und die Verfügbarkeit eines sozialen Netzwerkes, gerade vor dem Hintergrund abnehmender familiärer Unterstützungspotenziale (Bleck et al., 2018, p. 1; Haberkern, 2009, p. 110), bedeutsam, wenn es um die Entscheidung für oder gegen professionelle Pflege zu Hause geht. Diese Bedingungen sind wiederum Resultat unterschiedlicher Lebensläufe und Lebenslagen. Der Wunsch nach einem „ageing in place" steigt mit der Wohndauer und der Verbundenheit mit der Wohnumgebung, ist also je nach Wohnbiografie

---

[1] Hierbei werden im Grunde verschiedene Einzelgeräte zu einem Gesamtsystem verbunden (vgl. Hunning, 2000, p. 115).

unterschiedlich. Auch die Verfügbarkeit materieller Ressourcen ist eng mit Entwicklungen und Veränderungen über den Lebenslauf verknüpft.

Die Lebenslaufperspektive vermag nicht nur den Stellenwert informeller und formeller personeller Betreuung zu fassen, sondern auch das Interesse an technischen Assistenzsystemen. Lange verhinderte die Vorstellung von mangelnder Technikakzeptanz die Entwicklung von neuen Technologien für ältere Menschen (vgl. Hunning, 2000, p. 138). Für die Einstellung gegenüber Technologien im Alter sind aber viel stärker Lebenslauffaktoren ausschlaggebend: Wer im Laufe seines Lebens kaum oder keinen Kontakt zu neuen Technologien hatte und/ oder in seinem oder ihrem Berufsleben kaum mit Technik in Berührung kam, hat ungünstigere Voraussetzungen dafür, moderne Technik zu nutzen. Techniknutzung ist damit ein soziales Phänomen, weil es in Kontexte von sozialen Beziehungen (etwa die Auseinandersetzung mit neuen Technologien gemeinsam mit (jüngeren) Angehörigen) oder in soziale Orte (wie dem Arbeitsplatz) eingebunden ist. Damit es zu verstärkter Techniknutzung im Alter kommt, braucht es also soziale Unterstützung. Diese braucht es sowohl für den Ankauf als auch für die Nutzung selbst. Das unmittelbare soziale Netzwerk ist hier ein wichtiger Verstärker im Zugang zu unterstützenden Techniken (Tsai et al., 2017).

Das vorliegende Kapitel interessiert sich demnach dafür, wie durch die Gestaltung von informellen, professionellen und technischen Unterstützungsbeziehungen der Verbleib in der eigenen Wohnung im Alter gelingen kann. Dabei stehen einerseits technische Unterstützungsleistungen im Sinne von AAL-Technologien, andererseits persönliche Unterstützungsleistungen durch Nachbarinnen und Nachbarn, Angehörige und professionelle Pflegekräfte im Fokus.

Informelle personelle Unterstützungsmaßnahmen

Welche personellen Unterstützungs- und Pflegemaßnahmen können sich ältere Österreicher und Österreicherinnen im Fall eines sich verschlechternden Gesundheitszustandes als Betreuungsform zu Hause vorstellen? Da sich diese Frage auf zukünftige und damit teils ungewisse Ereignisse bezieht, gilt es zu berücksichtigen, dass es sich um hypothetische Aussagen handelt. Nichtsdestoweniger braucht es einen solchen Blick in die Zukunft, um planen zu können.

Unterstützung durch Angehörige ist die am weitesten verbreitete Form an tatsächlich geleisteter Hilfe im Alter und wird zum überwiegenden Teil von den eigenen Kindern geleistet und hier meist von Frauen. Bei der Betreuung in der eigenen Wohnung spielt neben der Unterstützung durch Angehörige auch jene durch den Partner oder die Partnerin eine große Rolle (vgl. Nagl-Cupal et al., 2018, p. 8). Die Gründe für die hohe Akzeptanz von Angehörigenpflege sind vielfältig. Erstens ist die „Inanspruchnahme" von Angehörigen, insbesondere von Partnern und Partnerinnen sowie den eigenen Kindern, relativ niederschwellig, d. h. räumlich und sozial „nahe". Zweitens hat der Wunsch, von Angehörigen betreut zu werden, mit engen sozio-emotionalen Bindungen zu tun. Von Angehörigen wird erwartet, dass sie die Bedürfnisse der zu betreuenden Person kennen. Drittens kann der starke Wunsch in Richtung Betreuung durch Angehörige als Ausdruck familialer Solidarität verstanden werden. Diesbezüglich wollen wir auf das Konzept der intergenerationalen Solidarität verweisen, das in der Forschung zu innerfamiliären Beziehungen fest etabliert ist (vgl. Bengtson et al., 1990; Bengtson & Roberts, 1991). Studien, die auf Basis dieses Konzeptes familiäre Pflegesituationen untersuchen, kommen zum Ergebnis, dass vor allem die Kontakthäufigkeit (bezeichnet als assoziative Soli-

Teil III: Analysen

darität), die räumliche Nähe zwischen betreuenden Personen und betreuten Angehörigen (bezeichnet als strukturelle Solidarität) und das Verpflichtungsgefühl (bezeichnet als normative Solidarität) große Bedeutung für informelle Betreuungsleistungen haben (vgl. Nagl-Cupal et al., 2018, p. 19).

In der vorliegenden Untersuchung können sich zwei Drittel (65 %) der älteren Erwachsenen die Unterstützung durch Angehörige vorstellen. Für ein Drittel der Befragten ist diese Unterstützungsform hingegen nicht vorstellbar. Unterschiede in der Vorstellbarkeit finden sich vor allem nach dem Geschlecht in Kombination mit dem Alter, der Haushaltszusammensetzung und dem Wohnort.

Abbildung 17: Oben: Vorstellbarkeit von personellen Unterstützungsmaßnahmen durch Angehörige nach Alter, Geschlecht (n = 992), unten: Wohnortsgröße (n = 980) und Haushaltsgröße (n = 991).

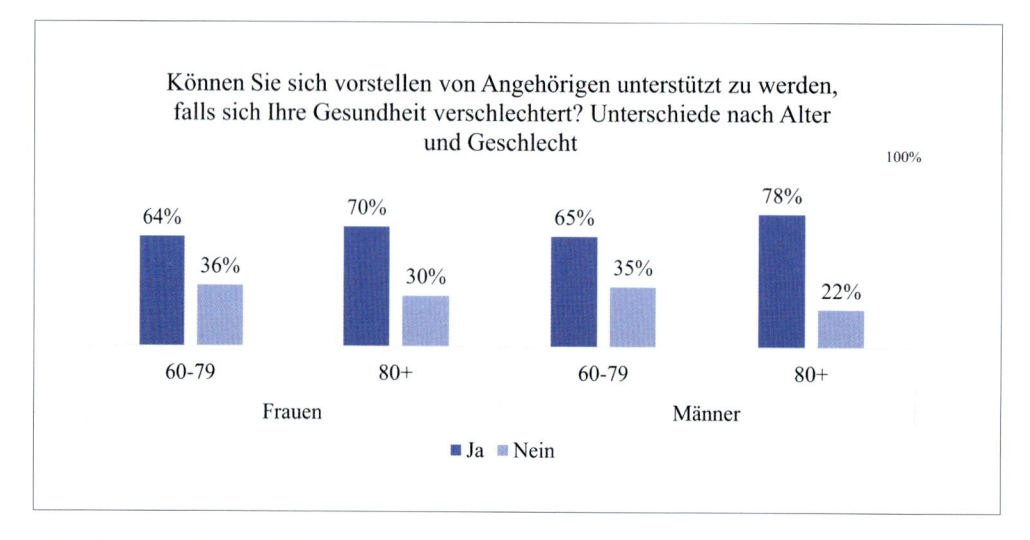

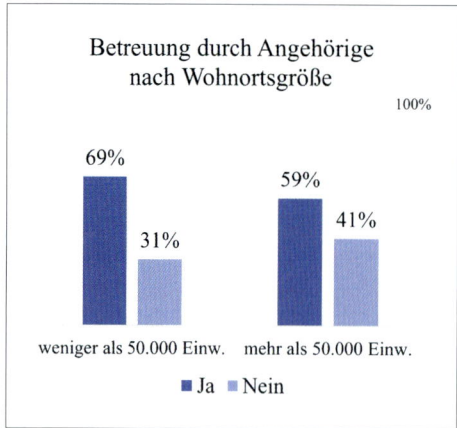

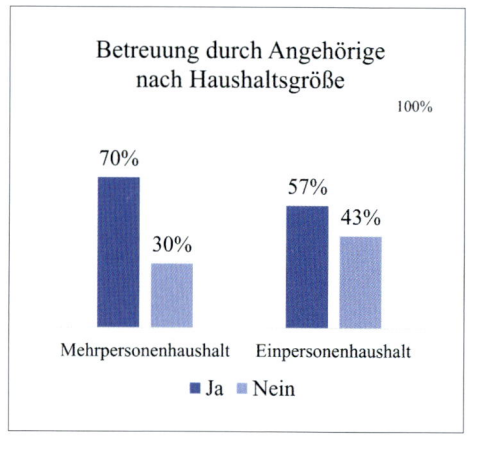

Ein signifikanter Zusammenhang zwischen dem Alter und der Vorstellung, durch Angehörige unterstützt zu werden, findet sich nur bei den Männern.[2] Der Anteil an männlichen Befragten über 80 Jahren, der sich vorstellen kann, Unterstützung durch Angehörige in Anspruch zu nehmen, ist mit 78 % deutlich höher als bei der Gruppe der 60- bis 79-jährigen Männer (65 %). Diese Unterschiede zwischen den Geschlechtern könnten womöglich in einer verringerten „Hemmschwelle", Betreuung durch Angehörige in Anspruch zu nehmen, liegen. Frauen erbringen deutlich häufiger als Männer selbst Unterstützungsleistungen. Durch diese Erfahrung mit Hilfeleistungen sind Frauen generell womöglich eher bereit, Unterstützung durch Angehörige in Anspruch zu nehmen als Männer, weswegen keine Unterschiede nach dem Alter bestehen. Im Unterschied dazu wird die Unterstützung durch Angehörige von den männlichen Befragten im sehr hohen Alter, womöglich aufgrund des erhöhten Bedarfes, auch signifikant häufiger als Betreuungsoption gesehen als bei jungen Männern, die diesbezüglich eher zurückhaltend sind.

Unterschiede bestehen auch zwischen Befragten in ruralen und urbanen Wohnorten.[3] Erstere können sich in Übereinstimmung mit Ergebnissen aus Deutschland (vgl. Dittmann, 2008) deutlich häufiger (69 %) die Betreuung durch Angehörige vorstellen als ältere Erwachsene, in deren Wohnort mehr als 50.000 Personen leben (59 %).

Wenig überraschend zeigen sich auch signifikante Unterschiede nach der Haushaltszusammensetzung. Während sich in Mehrpersonenhaushalten über zwei Drittel (70 %) der Befragten vorstellen können, sich von Angehörigem betreuen zu lassen, trifft dies nur auf etwas über die Hälfte (57 %) jener älteren Erwachsenen zu, die alleine wohnen. Diese Unterschiede lassen sich dabei vor allem auf die fehlende Möglichkeit der Unterstützung durch den Partner oder die Partnerin zurückführen.

Ein wichtiger Indikator, der sich auf beiden informellen Betreuungsoptionen – durch Angehörige und durch Nachbarinnen und Nachbarn – auswirkt, ist die Zahl der Sozialkontakte. Wer über eine Vielzahl an engen sozialen Kontakten verfügt, d. h. engen Kontakt zu Kindern und Enkelkindern, anderen nahen Angehörigen, aber auch zu Personen aus der Nachbarschaft, kann sich sowohl die Unterstützung durch Angehörige häufiger vorstellen als auch die Unterstützung durch Nachbarn und Nachbarinnen. Eine Vielzahl an engen Sozialkontakten wirkt sich dabei vor allem auf die Neigung zur Inanspruchnahme der Unterstützung durch Personen aus der Nachbarschaft aus. Schließlich erhöht sich der Anteil hier um mehr als das Doppelte von 16 auf 37 Prozent.

---

2   Cramer-V = 0,110, p < 0,05. Interpretation Cramer-V: 0= kein Zusammenhang, 1=perfekter Zus.
3   Cramer-V = 0,097, p < 0,01.

Abbildung 18: Links: Informelle Unterstützung und Sozialkontakte (n =989); rechts: Zufriedenheit mit der Nachbarschaft und Unterstützung durch Nachbarn und Nachbarinnen (n= 981), nicht dargestellt ist die Kategorie „eher zufrieden"

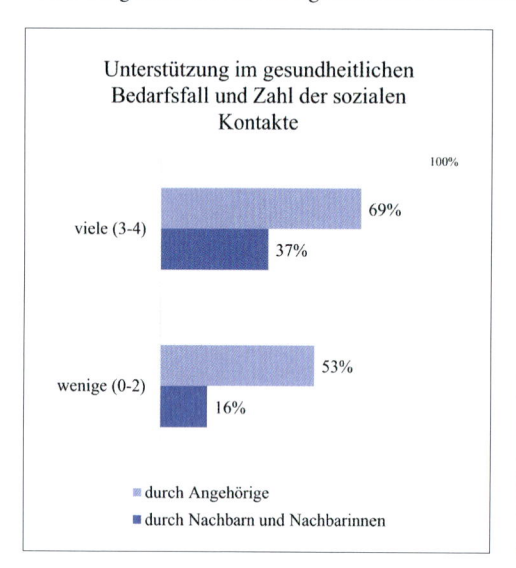

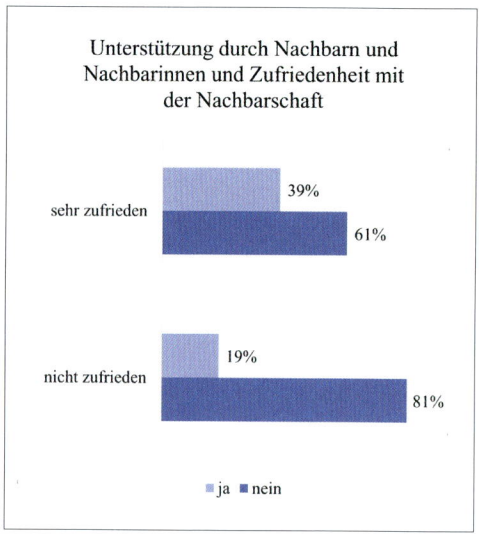

Unterstützung im gesundheitlichen Bedarfsfall und Zahl der sozialen Kontakte

	durch Angehörige	durch Nachbarn und Nachbarinnen
viele (3-4)	69%	37%
wenige (0-2)	53%	16%

Unterstützung durch Nachbarn und Nachbarinnen und Zufriedenheit mit der Nachbarschaft

	ja	nein
sehr zufrieden	39%	61%
nicht zufrieden	19%	81%

Im Vergleich zur Unterstützung durch Angehörige ist die Vorstellung, von Nachbarn und Nachbarinnen betreut zu werden, insgesamt deutlich schwächer. Nur etwa ein Drittel kann sich die Unterstützung durch Freundinnen, Freunde oder Bekannte aus der Nachbarschaft vorstellen; die Betreuung durch Angehörige halten zwei Drittel für vorstellbar. Damit kehrt sich das Verhältnis zwischen Personen, die sich die Unterstützung vorstellen können, und jenen, die es nicht können, um. Die vergleichsweise niedrige Vorstellbarkeit erklärt sich vor allem durch die relative Intimität, mit der Unterstützungsmaßnahmen aufgrund einer sich verschlechternden Gesundheit verbunden sind. Es bedarf wohl generell einer sehr guten und engen Beziehung, um Nicht-Angehörige um Unterstützungs- oder Pflegeleistungen zu bitten. Darüber hinaus ist für eine Vielzahl an konkreten Betreuungsleistungen eine enge emotionale und teilweise auch körperliche Beziehung Voraussetzung. Gleichzeitig darf die Unterstützung durch Nachbarn und Nachbarinnen in ihrer Bedeutung nicht unterschätzt werden, schließlich werden Nachbarschaftskontakte bei einem kleiner werdenden Aktionsradius, etwa aufgrund von Mobilitätseinschränkungen, im Alter wichtiger (Höpflinger & Hugentolber, 2005, p. 51).

Neben der bereits erwähnten Anzahl an sozialen Kontakten ist die Zufriedenheit mit der Nachbarschaft ausschlaggebend. Während sich unter jenen Befragten, die mit ihrer Nachbarschaft nicht zufrieden sind, nur in etwa jede fünfte Person (19 %) die Unterstützung durch Personen aus der Nachbarschaft vorstellen kann, wächst dieser Anteil bei jenen älteren Erwachsenen, die sehr zufrieden sind, auf über das Doppelte (39 %) an. Mit der Zufriedenheit mit der Nachbarschaft steigt folglich die Neigung, im Bedarfsfall auf Unterstützung durch Nachbarn und Nachbarinnen zurückzugreifen.[4]

---

[4] Cramers-V = 0,171, p < 0,001.

Abschließend wurden in einem multivariaten Modell zentrale Einflussfaktoren auf die Akzeptanz von Unterstützungsleistungen durch Angehörige sowie Nachbarinnen und Nachbarn untersucht.

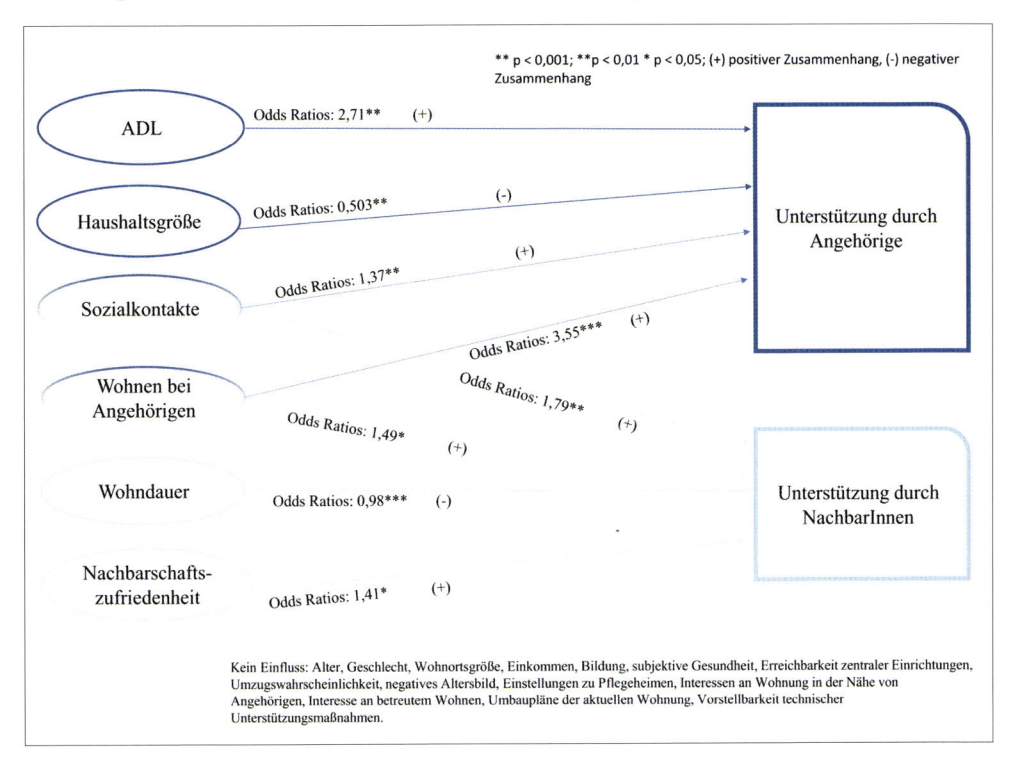

Abbildung 19: Einflussfaktoren auf informelle Unterstützungsmaßnahmen[5]

```
** p < 0,001; **p < 0,01 * p < 0,05; (+) positiver Zusammenhang, (-) negativer Zusammenhang
```

ADL → Odds Ratios: 2,71** (+) → Unterstützung durch Angehörige
Haushaltsgröße → Odds Ratios: 0,503** (-) → Unterstützung durch Angehörige
Sozialkontakte → Odds Ratios: 1,37** (+) → Unterstützung durch Angehörige
Sozialkontakte → Odds Ratios: 1,79** (+) → Unterstützung durch NachbarInnen
Wohnen bei Angehörigen → Odds Ratios: 3,55*** (+) → Unterstützung durch Angehörige
Wohnen bei Angehörigen → Odds Ratios: 1,49* (+) → Unterstützung durch NachbarInnen
Wohndauer → Odds Ratios: 0,98*** (-) → Unterstützung durch NachbarInnen
Nachbarschaftszufriedenheit → Odds Ratios: 1,41* (+) → Unterstützung durch NachbarInnen

Kein Einfluss: Alter, Geschlecht, Wohnortsgröße, Einkommen, Bildung, subjektive Gesundheit, Erreichbarkeit zentraler Einrichtungen, Umzugswahrscheinlichkeit, negatives Altersbild, Einstellungen zu Pflegeheimen, Interessen an Wohnung in der Nähe von Angehörigen, Interesse an betreutem Wohnen, Umbaupläne der aktuellen Wohnung, Vorstellbarkeit technischer Unterstützungsmaßnahmen.

Für beide Unterstützungsformen von Bedeutung sind einerseits die Summe der Sozialkontakte und andererseits das Interesse, mit Angehörigen in einer gemeinsamen Wohnung zu leben. So steigt mit der Zahl der Sozialkontakte, über die eine ältere Person verfügt, die Chance, sich Unterstützung durch Angehörige vorstellen zu können, um das 1,4-Fache und die Vorstellbarkeit einer Betreuung durch Nachbarn und Nachbarinnen um das 1,8-Fache. Umgekehrt folgt daraus, dass älterer Erwachsene mit weniger Sozialkontakten es sich im Vergleich weniger gut vorstellen können, Unterstützung von Angehörigen, Freundinnen und Freunden oder Bekannten aus der Nachbarschaft zu erhalten. Außerdem zeigt sich, dass Personen, die Interesse daran haben, gemeinsam mit ihren Angehörigen zu wohnen, auch eine um das 3,5-Fache höhere Chance haben, sich Unterstützung von ihren Angehörigen vorstellen zu können.

---

5   Binär logistische Regression: Unterstützung durch Angehörige: n=649, r²=0,228; Unterstützung durch Nachbarn und Nachbarinnen: n=647, r²=0,142. **Interpretation:** OR=1 = kein Zusammenhang; OR>1 => positiver Zus.; OR<1 => negativer Zus. Z. B. OR=2,5 => Bei einer Vergrößerung der Unabhängigen um eine Einheit und unter Konstanthaltung aller anderen Unabhängigen, ist die Chance (Odds), dass Y=1 eintritt, um das 2,5-Fache höher.

Auf die Akzeptanz der Angehörigenpflege haben neben der Zahl der Sozialkontakte und dem Interesse an einer gemeinsamen Wohnung mit Angehörigen noch die Haushaltsgröße, die Angewiesenheit auf Hilfe bei Erledigung alltäglicher Angelegenheiten und die – in Abb. 19 nicht dargestellte – Wahrscheinlichkeit eines Umzuges einen Einfluss. Wenig überraschend können sich Personen, die in einem Mehrpersonenhaushalt (in den meisten Fällen mit dem Partner oder der Partnerin) leben, die Unterstützung durch einen Angehörigen eher vorstellen als Personen, die alleine wohnen. Außerdem ist die Chance, Angehörigenpflege zu akzeptieren, um das 2,7-Fache höher, wenn gesundheitliche Einschränkungen, die eine selbstständige Haushaltsführung beeinträchtigen, vorhanden sind. Im Gegensatz dazu verringert eine höhere Umzugswahrscheinlichkeit die Akzeptanz (p < 0,05, Odds Ratios = 0,92).

Formelle personelle Unterstützungsmaßnahmen

Professionelle Betreuungsformen sind ein wichtiger Aspekt von Betreuung und Pflege zu Hause. Der starke Wunsch des Verbleibs in der eigenen Wohnung ist eng mit Erwartungen an formelle Betreuungsangebote verbunden. Die hier untersuchten Unterstützungsformen unterscheiden sich vor allem hinsichtlich der konkreten Unterstützungsleistungen und des Grades, indem in die Privatsphäre von Betroffenen eingegriffen wird: Heimhilfen unterstützen vor allem bei alltäglichen Angelegenheiten, wie der Hausarbeit, der Körperpflege oder Arztbesuchen. Im Vergleich zur ambulanten Pflege, die vor allem im Krankheitsfall oder aufgrund eines intensiveren Pflegebedarfs von diplomiertem Gesundheits- und Pflegepersonal durchgeführt wird, ist der Eingriff in die Privatsphäre durch die Heimhilfe geringer. Das hängt auch damit zusammen, dass Betroffene bis zu einem gewissen Grad das Ausmaß an Betreuung selbst bestimmen können. Die 24-Stunden-Betreuung ist die engste Unterstützungsform, die im Kontext dieser Befragung untersucht wurde.

Abbildung 20: Links: Einkommen und 24h-Betreuung (n =786); rechts: Ortsgröße und 24h-Betreuung (n = 963)

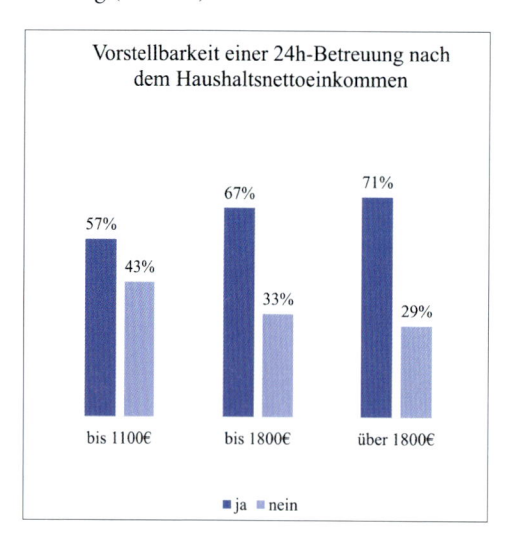

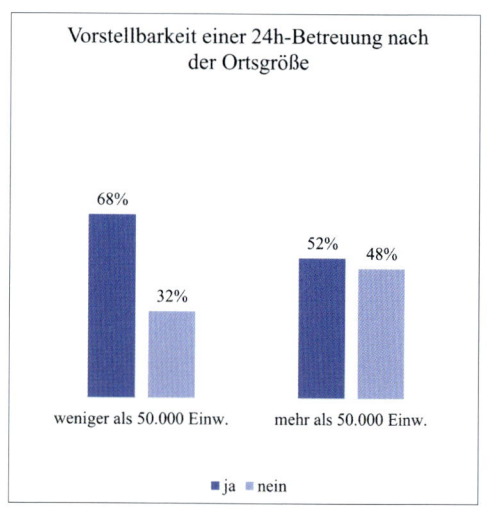

Die 24-Stunden-Betreuung unterscheidet sich allerdings nicht nur durch die Betreuungsintensität von den übrigen professionellen Unterstützungsformen.

Die Unterstützung in der eigenen Wohnung im Rahmen eine 24-Stunden-Betreuung ist die teuerste der erhobenen Betreuungsformen, weswegen besonders Personen mit geringem Einkommen sich vergleichsweise kaum vorstellen können, diese Form der Unterstützung in Anspruch zu nehmen. Wie in Abb. 20 ersichtlich steigt der Anteil an älteren Erwachsenen, die sich im Fall einer gesundheitlichen Verschlechterung eine 24-Stunden-Betreuung vorstellen können, in den höheren Einkommensklassen an.[6] Während sich „nur" 57 % der Befragten mit einem monatlichen Nettoeinkommen von bis zu 1100 Euro diese Unterstützungsform vorstellen können, sind es im obersten Einkommensbereich von über 1800 Euro bereits 71 %. Unterschiede finden sich auch nach der Ortsgröße. Ältere Erwachsene, die in ländlichen Regionen wohnen, können sich häufiger vorstellen, eine 24-Stunden-Betreuung in Anspruch zu nehmen, was möglicherweise mit der im Vergleich zu urbanen Regionen geringeren Verfügbarkeit anderer Dienste zu tun haben könnte.

Genau wie im Fall der informellen Betreuungsformen, wurde auch für die professionalen Unterstützungsangebote ein multivariates Modell gerechnet, um den Einfluss verschiedener Faktoren zu kontrollieren.

Abbildung 21: Einflussfaktoren auf professionelle Unterstützungsmaßnahmen[7]

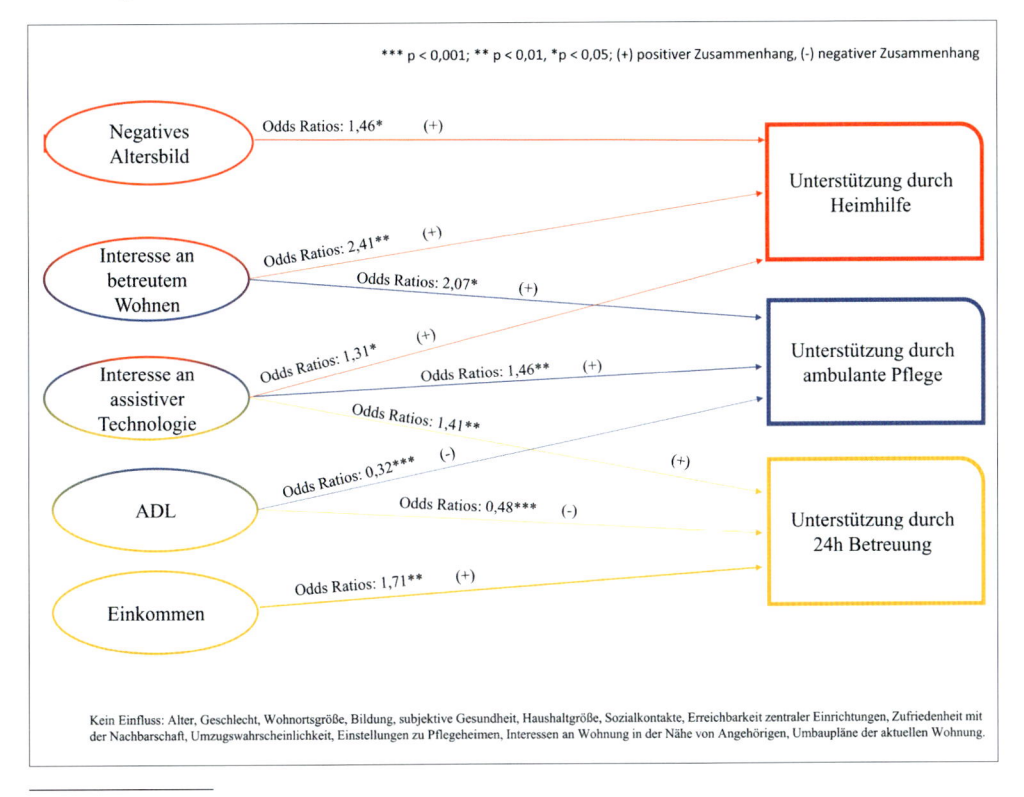

---

6 Cramers-V = 0,122, p < 0,01.
7 Unterstützung durch Heimhilfe: n = 645, Nagelkerkes r2 = 0, 179, p < 0,001; Unterstützung durch ambulanten

Der einzige Faktor, der alle drei Unterstützungsvarianten beeinflusst, ist das Interesse an assistiver Technologie. Ältere Erwachsene, die sich vorstellen können, technische Hilfsmittel, wie Notrufarmbänder, automatische Lampen oder Serviceroboter zu nutzen, können sich eher vorstellen, Unterstützung durch professionelle Betreuungsdienste in Anspruch zu nehmen, als Personen, die technischen Hilfsmitteln skeptisch gegenüberstehen. Ausschlaggebend für diese Korrelation könnte sein, dass ein großer Teil der befragten älteren Erwachsenen fast allen Unterstützungsmaßnahmen offen gegenübersteht, und Kombinationen technischer und personeller Unterstützung für die Befragten denkbar sind.

Variablen, die jeweils nur zwei der drei Betreuungsvarianten beeinflussen, sind einerseits das Interesse an einer betreuten Wohnform und andererseits der Unterstützungsbedarf bei der Bewältigung der alltäglichen Lebensführung (ADL). Wer Interesse an betreuten Wohnformen hat, weist eine um das 2,4-Fache gesteigerte Chance auf, auch Interesse an einer Heimhilfe zu haben und eine um das 2-Fache erhöhte Chance, sich die Inanspruchnahme eines ambulanten Dienstes vorstellen zu können. Wer sich also vorstellen kann, in eine betreute Wohnform umzuziehen, kann sich auch vorstellen, in der eigenen Wohnung durch Heimhilfe oder ambulante Pflege unterstützt zu werden. Die Wahrscheinlichkeit, im Bedarfsfall die Betreuung durch einen ambulanten Dienst zu nutzen, ist jedoch bei jenen älteren Erwachsenen um den Faktor 0,34 geringer, die Unterstützung bei der alltäglichen Lebensführung benötigen. Mit der Einschränkung der Selbständigkeit sinkt zusätzlich auch die Chance, dass Befragte eine 24-Stunden-Betreuung für vorstellbar halten. Die Akzeptanz von im Vergleich zur Heimhilfe betreuungsintensiveren Unterstützungsformen ist damit gerade bei jenen älteren Menschen weniger gegeben, die auf Unterstützung im Alltag angewiesen sind.

Neben der in Abb. 21 enthalten Identifikation mit dem negativen Altersbild beeinflusst auch die subjektive Gesundheitseinschätzung[8] die Chance, dass Befragte eine Heimhilfe im Bedarfsfall in Erwägung ziehen würden. Ebenfalls verringert sich diese Chance, je schlechter die Befragten ihre Gesundheit einschätzen[9].

Die Vorstellbarkeit, im Fall einer sich verschlechternden Gesundheit eine 24-Stunden-Betreuung zu beschäftigen, wird zusätzlich zu den bereits beschriebenen Faktoren auch von der Summe der Sozialkontakte[10], der Gemeindegröße[11] und der Wohndauer in Jahren[12] beeinflusst. Die Akzeptanz der 24-Stunden-Betreuung steigt mit der Anzahl der sozialen Kontakte der befragten Person: Personen, die engen Kontakt zu ihren Kindern und anderen nahen Angehörigen haben und damit über mehrere enge Kontakte verfügen, können bei der Finanzierung der 24-Stunden-Betreuung auf deren finanzielle Unterstützung bauen. Des Weiteren zeigt sich, dass Personen in kleinen Ortschaften, vor allem in mittelgroßen Regionen (5.000–50.000 Einw.), eine höhere Akzeptanz gegenüber der 24-Stunden-Betreuung als mögliche Unterstützungsleistung aufweisen als Personen in Städten. Zuletzt erhöht auch die Wohndauer die Akzeptanz der 24-Stunden-Betreuung. Dafür verantwortlich dürfte der mit der Wohndauer

---

    Dienst: n = 642, Nagelkerkes r2 = 0, 170, p < 0,001; Unterstützung durch 24h-Betreuung: n = 635, Nagelkerkes r2 = 0, 199, p < 0,001.
8   p < 0,05, Odds Ratios = 0,61 (-).
9   p < 0,05 Odd Ratio = 0,626 (-).
10   p < 0,001, Odds Ratios = 1,49 (+).
11   p < 0,05, Refgr. >50.000 Einw. Odds Ratios 5.000 – 50.000 Einw. = 1,70 (+).
12   p < 0,001, Odds Ratios = 1,02 (+).

ansteigende Wunsch nach einem „ageing in place" sein: Je höher die Bindung an den Wohnort, desto leichter wird es auch vorstellbar, dort Unterstützungsleistungen zu erhalten.

Zusammenfassend lässt sich feststellen, dass entgegen gängigen Vorstellungen und teilweise auch entgegen manchen empirischen Erkenntnissen (vgl. bspw. Dittmann, 2008; Haberkern, 2009, p. 44) sozio-ökonomische Faktoren wie Bildung oder Einkommen eine sehr untergeordnete Rolle spielen, wenn es um die Vorstellbarkeit von personalen Unterstützungsmaßnahmen geht. Auch das Alter und das Geschlecht haben in dem hier berechneten Modell keinen signifikanten Einfluss. Im Unterschied dazu ist der Gesundheitszustand (entweder in Form der ADL-Skala oder der subjektiven Gesundheit) hinsichtlich fast aller Betreuungsformen relevant.

Welchen Einfluss hat das Interesse an unterschiedlichen Betreuungsformen auf die (zukünftige) Wohnsituation und im Speziellen auf die Möglichkeit eines Verbleibs in der eigenen Wohnung? Grundsätzlich ist ein breites Interesse sicherlich förderlich für ein „ageing in place", da dadurch auf ein breiteres Angebot an Unterstützungsformen zurückgegriffen werden kann. Für eine möglichst hohe Wohnqualität dürfte vor allem eine Kombination aus informellen und professionellen Unterstützungsmaßnahmen erstrebenswert sein. Dies hängt einerseits damit zusammen, dass auf diese Weise private soziale Kontakte, die Betreuungsleistungen übernehmen, weniger Gefahr laufen verloren zu gehen, weil die Unterstützung vollständig durch professionelles Personal geleistet wird. Gleichzeitig müssen Angehörige dadurch aber auch nicht die volle Betreuungsleistung alleine übernehmen. Infolge könnte die Wohnung der betreuten Person von ihr selbst, aber auch von betreuenden Angehörigen stärker als Lebensraum wahrgenommen werden, und weniger als Ort, an dem die Betreuung und Hilfe im Vordergrund stehen. Anderseits wird von Betroffenen auf diese Weise der Eingriff in die Privat- und Wohnsphäre womöglich als geringer empfunden, da professionelle Dienste im Fall der Kombination mit einer informellen Betreuungsform weniger stark in Anspruch genommen werden müssen.

Assistive Technologien

Assistive Technologien, die den Wohnalltag erleichtern und das Wohlbefinden verbessern sollen, stellen im Kontext des Wohnens im Alter einen wachsenden Markt dar (Heinze et al., 2011). Mittlerweile findet sich eine Vielzahl an Kommunikations-, Informations-, Sicherheits- und Haushaltstechnologien, die älteren Erwachsenen ihren Wohnalltag erleichtern und/oder älteren Menschen den möglichst langen Verbleib in der eigenen Wohnung ermöglichen sollen. In diesem Zusammenhang findet sich die Förderung technischer Innovation und ihrer Implementierung in den Wohnalltag auch in politischen Agenden wieder, wobei der Beitrag neuer Technologie zur Verbesserung der Lebensqualität älterer Menschen in der wissenschaftlichen Diskussion nicht unumstritten ist (vgl. Heinze, 2018, p. 15). Was die Perspektive von älteren Menschen als Nutzer und Nutzerinnen und die Akzeptanz moderner technischer Assistenzsysteme anbelangt, zeigen sich widersprüchliche Forschungsergebnisse. Zwar sind ältere Menschen gegenüber neuen Wohntechnologien grundsätzlich positiv eingestellt (vgl. Demiris et al., 2009), allerdings muss hinsichtlich der tatsächlichen Nutzungsbereitschaft nach individuellen Merkmalen, bspw. ob die betreffende Person bereits einen Computer nutzt, differenziert werden (Grauel & Spellerberg, 2007).

In der vorliegenden Studie kann sich die Mehrheit der Befragten die Nutzung von unterstützenden Technologien vorstellen. Die höchste Nutzungsbereitschaft besteht beim Notrufarmband. Hier geben 88 % der Befragten an, sich vorstellen zu können, ein solches zu nutzen. In etwa gleichauf liegen automatische Lampen (78 %) und Bewegungssensoren zur Sturzkennung (75 %). Die geringste Zustimmung findet sich bei Servicerobotern, die bspw. zur Boden- oder Fensterreinigung eingesetzt werden könnten. 30 % der älteren Erwachsenen könnten sich vorstellen, eine solche technische Haushaltshilfe als Unterstützung zu nutzen.

Insgesamt zeigt sich ein leicht stärkeres Interesse der älteren Erwachsenen im dritten Lebensalter (60 – 79 Jahre). Diese Gruppe interessiert sich signifikant häufiger für automatische Lampen[13], Serviceroboter[14] und Bewegungssensoren[15] mit Sturzmeldern. Hinsichtlich des Interesses an einem Notrufarmband besteht zwar ebenfalls ein signifikanter Unterschied zwischen den Altersgruppen, allerdings ist dieser, wie auch die entsprechende Häufigkeitsverteilung erkennen lässt, nur äußerst schwach ausgeprägt. Folglich kann dieser Unterschied in seiner Bedeutung vernachlässigt werden.

Abbildung 22: Interesse an unterschiedlichen assistiven Technologien nach Alter (n = zwischen 982 und 996).

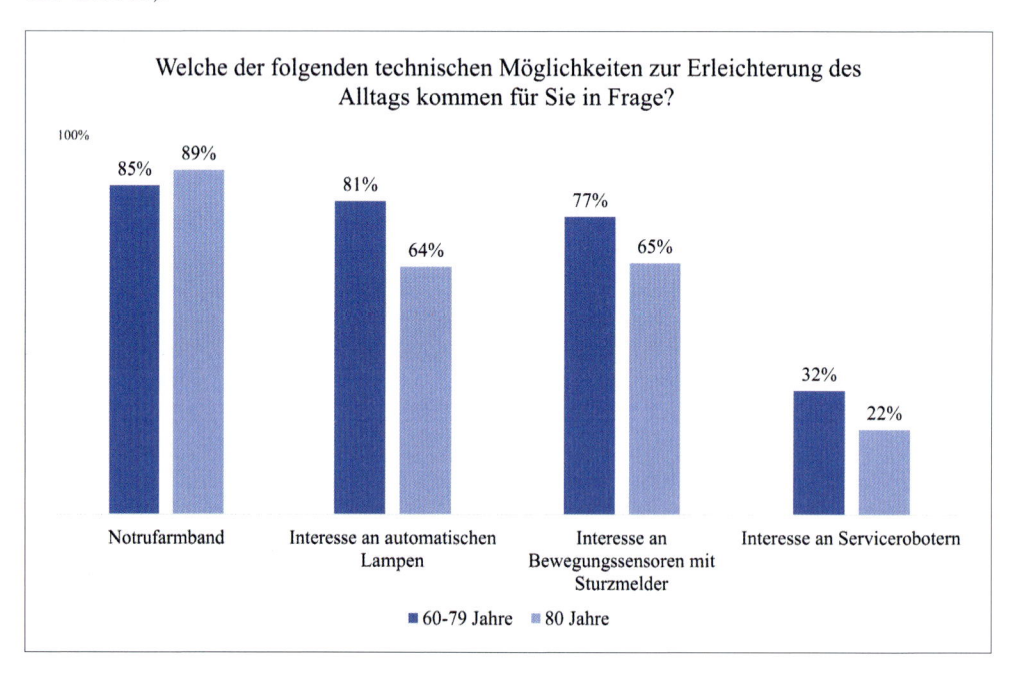

Ansonsten zeigen sich auf den ersten Blick kaum Unterschiede im Technikinteresse. Unterschiedliche Interessenslagen bestehen weder nach dem Geschlecht noch nach dem Einkommen oder der Bildung. Um zu testen, welche anderen Faktoren neben dem Alter für das Interesse an assistiven Technologien relevant sind, wurde infolge ebenfalls ein multivariates Modell erstellt.

---

13   Cramer-V = 0,168, p < 0,001.
14   Cramer-V = 0,090, p < 0,01.
15   Cramer-V = 0,114, p < 0,001.

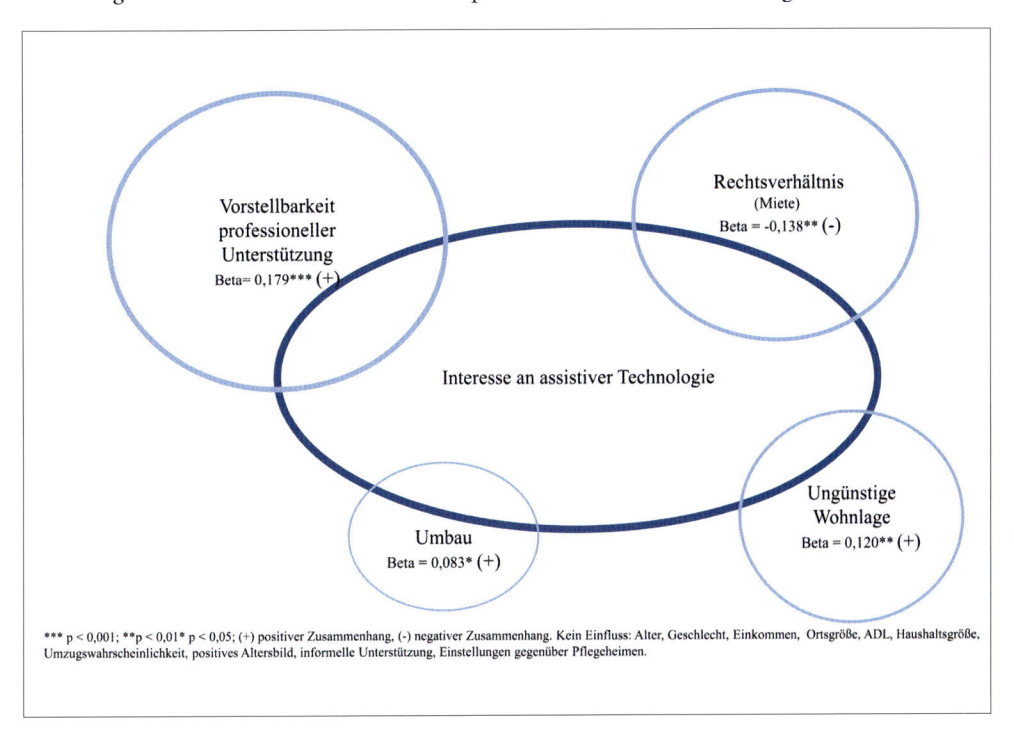

Abbildung 23: Einflussfaktoren auf die Akzeptanz von assistiven Technologien[16]

- Vorstellbarkeit professioneller Unterstützung: Beta = 0,179*** (+)
- Rechtsverhältnis (Miete): Beta = -0,138** (-)
- Umbau: Beta = 0,083* (+)
- Ungünstige Wohnlage: Beta = 0,120** (+)
- Interesse an assistiver Technologie

*** $p < 0,001$; ** $p < 0,01$; * $p < 0,05$; (+) positiver Zusammenhang, (-) negativer Zusammenhang. Kein Einfluss: Alter, Geschlecht, Einkommen, Ortsgröße, ADL, Haushaltsgröße, Umzugswahrscheinlichkeit, positives Altersbild, informelle Unterstützung, Einstellungen gegenüber Pflegeheimen.

Welche Faktoren beeinflussen die Akzeptanz von Wohntechnologien? In Übereinstimmung mit den Ergebnissen des multivariaten Modells zu professionellen Unterstützungsmaßnahmen (siehe Abb. 21) ist der größte Einflussfaktor die Akzeptanz von und das Interesse an professionellen Betreuungsformen. Dieses Ergebnis bestärkt die Schlussfolgerung, dass für den Großteil älterer Menschen die Kombination verschiedener Unterstützungsformen – persönlich und technisch – wünschenswert ist.

Ebenfalls einen starken Einfluss auf die Vorstellbarkeit der Nutzung technischer Assistenzsysteme haben eine schlechte Erreichbarkeit struktureller Einrichtungen in der Wohnumgebung und das Rechtsverhältnis der Wohnform. Personen in einer ungünstigen Wohnlage weisen im Vergleich zu Personen in einer sehr schlechten Wohnlage eine höhere Akzeptanz auf. Ältere Befragte, die in Mietverhältnissen leben, können sich im Vergleich zu Personen, die über Wohneigentum verfügen, weniger technische Unterstützungsmaßnahmen vorstellen. Der Grund dafür liegt in der Umsetzbarkeit einiger der erhobenen Wohntechnologien. Für Mieter und Mieterinnen ist es oft nicht oder nur sehr schwer möglich und/oder kostspielig, automatische Lampen oder Bewegungssensoren in der Wohnung zu installieren

Abschließend ist noch auf den Einfluss der Umbauplanung hinzuweisen. Ältere Befragte, die angeben, einen Umbau zu planen, geben eher an, sich die Nutzung technologischer Assistenzsysteme vorstellen zu können. Wenn ein Umbau im Alter geplant ist, so ist es hier also für die Befragten auch vorstellbar, assistive Technologien in diesen Umbau einzubinden.

---

16   $r^2 = 0,142$, $p < 0,001$.

Zusammenfassend lässt sich ein hohes Interesse an personellen und technischen Unterstützungsmaßnahmen feststellen. Ältere Erwachsene in Österreich sind also weitgehend bereit, Veränderungen und Anpassungen in ihrem Wohnalltag vorzunehmen, sei es indem sie sich Unterstützung durch Angehörige, Nachbarinnen, Nachbarn oder professionelles Betreuungspersonal suchen und/oder auf unterschiedliche assistive Technologien zurückgreifen. Die Herstellung des Wohnalltags und von Wohnnormalität folgt aus dieser Perspektive damit keineswegs dem Prinzip, alles so zu belassen, wie es ist. Vielmehr zeigen ältere Erwachsene durch ihr vielseitiges Interesse und durch ihre Aufgeschlossenheit gegenüber ganz unterschiedlichen Unterstützungsformen, dass sie ihren Wohnraum und Wohnalltag selbstbestimmt (mit)gestalten wollen. Dabei spielt das chronologische Alter eine untergeordnete Rolle. Vielmehr sind es die unterschiedlichen Lebenslagen, aus denen sich unterschiedliche Interessen und damit auch unterschiedliche Lösungswege zur Bewältigung des Wohnalltags, auch bei gesundheitlichen Einschränkungen, ergeben. Diese Lebenslagen sind wiederum die Konsequenz unterschiedlicher Lebensläufe. Bei der Unterstützung älterer Erwachsener bei der selbstbestimmten Gestaltung der aktuellen Wohnsituation müssen diese unterschiedlichen Lebenslagen berücksichtigt werden und unter anderem auch danach gefragt werden, wie sich unterschiedliche Interessen im Zusammenhang mit unterschiedlichen Erfahrungsräumen, bspw. verschiedener Generationen, herausbilden.

Umzugsbereitschaft und Umzugsgründe in der zweiten Lebenshälfte

Der Wechsel der Wohnung und/oder des Wohnorts ist Bestandteil moderner Lebensläufe und findet in allen Lebens- und Altersphasen statt. Den ersten Umzug stellt meist der Auszug aus dem elterlichen Haushalt dar, der in Österreich im Schnitt im Alter von 26 Jahren erfolgt (vgl. Eurostat, 2015, p. 46). Weitere Wohnungs- und Wohnortwechsel finden typischerweise im Zuge der Familiengründung oder aus beruflichen Gründen statt (Nisic & Abrahman, 2015, p. 689). Wohnungswechsel sind zumeist mit Übergängen und Neuorientierungen im Lebenslauf verbunden. Mit dem ansteigenden Lebensalter nehmen die Wahrscheinlichkeit und die Bereitschaft eines Umzugs deutlich ab, was vor allem mit dem verstärkten Wunsch nach einem „ageing in place", d. h. dem Wunsch, so lange wie möglich in der eigenen Wohnung und am gleichen Ort leben zu können, zu tun hat. Im hohen Alter steigt die Umzugswahrscheinlichkeit dann, wenn starke körperliche und kognitive Einschränkungen gegeben sind.

Für den Wunsch des „ageing in place" gibt es eine Vielzahl an Gründen, schließlich sind nicht nur Bewohnerinnen und Bewohner selbst an einem möglichst langen Verbleib in der eigenen Wohnung interessiert, sondern auch die Sozial- und Gesundheitspolitik darauf ausgelegt, älteren Menschen einen längeren Verbleib in der eigenen Wohnung zu ermöglichen (WHO, 2002). Für ältere Menschen selbst gründet dieser Wunsch u. a. in dem im Alter zunehmenden „place attachment", womit die affektiv-emotionale positive Bindung an die eigene Wohnung und die eigene Nachbarschaft gemeint ist (vgl. Wiles et al., 2017, p. 28): Im höheren Alter fühlen sich Menschen – so die Annahme – stärker mit der eigenen Wohnung und der eigenen Nachbarschaft verbunden. Positiv beeinflusst wird das „place attachment" vor allem durch die (lange) Wohndauer, die soziale Teilhabe oder die infrastrukturelle Ausstattung des Wohnorts (vgl. Smith, 2009, p. 24). Gleichzeitig geht ein höheres „place attachment" auch mit einem stärkeren Sicherheits-, Zugehörigkeits- und Familiaritätsgefühl einher (De Donder et al., 2012; Wiles et al. 2012). Aufgrund dieser Erkenntnisse gehen die meisten Studien heute davon aus, dass die Umzugsbereitschaft im höheren Lebensalter abnimmt: Wenn Umzüge im Alter dennoch stattfinden, dann entweder freiwillig und relativ rasch nach dem Pensionsantritt oder in Folge von gesundheitsbezogenen „Krisen", und damit eher unfreiwillig (vgl. Oswald & Rowles, 2007, p. 127).

In den letzten Jahren hat sich dieses Bild allerdings geändert, und der Umzug wird auch im höheren Erwachsenenalter „beliebter" (Oswald & Rowles, 2007, p. 127). Alles in allem kann der Wechsel des Wohnortes damit als typisches und wiederkehrendes Ereignis im Lebenslauf, ganz im Sinne des „life cycle model" (Rossi, 1955; Rossi, 1980) verstanden werden. Als Bestandteil moderner Lebensläufe ist der Wohnortwechsel im Alter zumeist mit dem Umzug in eine Pflegeeinrichtung assoziiert. Doch ist der Umzug in ein Pflegeheim, wenn überhaupt, nur für das sehr hohe Erwachsenenalter typisch, denn tatsächlich lebt nur ein sehr geringer Anteil an älteren Menschen in einer Pflegeeinrichtung (siehe Kapitel: Wohnen in Alten- und Pflegeheimen). Diese starke Assoziation von Umzug im Alter und Umzug in ein Pflegeheim ist verknüpft mit der Assoziation von Alter und Krankheit. Alter wird in diesem Sinne als defizitäre Lebensphase bewertet. Positive Gründe für einen Umzug im Alter finden sich stärker am Übergang vom

Erwerbsleben in die nachberufliche Lebensphase. Dieser Übergang wird oft als „späte Freiheit" erlebt. Ein Merkmal dieser späten Freiheit ist Wohnortfreiheit, d. h. für die Wahl der eigenen Wohnung ist nicht mehr die Entfernung der Wohnung zum Arbeitsplatz entscheidendes Kriterium. Das Wochenendhaus kann zum Hauptwohnsitz werden, die Stadtwohnung kann gegen ein Haus oder eine Wohnung im Grünen getauscht werden. Neben solchen Umzügen an einen attraktiveren Wohnort, finden Wohnortwechsel im Alter auch statt, um näher bei der Familie zu sein und/oder um schlechte Wohnbedingungen zu vermeiden (vgl. Friedrich, 1995; siehe ebenfalls Zimmerli, 2016).

Forschungen zu Umzügen im Lebenslauf gehen zumeist von einem einfachen theoretischen Modell aus. Umzüge werden als rationale Entscheidungen (=Rational Choice) erklärt, d. h. Kosten-Nutzen-Überlegungen bestimmen den Verbleib in der bestehenden Wohnung oder den Wechsel in eine andere Wohnung. Die zentrale Annahme ist hier, dass Push- und Pull- Faktoren einen Umzug begünstigen. Unter Push-Faktoren werden jene Eigenschaften des derzeitigen Wohnortes oder der eigenen Lebenssituation verstanden, die den Verbleib am aktuellen Wohnort erschweren, ihn unangenehm oder unliebsam werden lassen. Steigende Lärmbelastungen durch Verkehr, sich verändernde Nachbarschaftsbeziehungen oder fehlende Infrastruktur können als Push-Faktoren verstanden werden. Pull-Faktoren sind im Unterschied zu Push-Faktoren Charakteristika des zukünftigen Wohnortes, die einen Umzug an diesen Ort als wünschens- und erstrebenswert bzw. vorteilhaft erscheinen lassen. Erwartet wird ein besserer Wohnstandard, bessere soziale Beziehungen im Wohnumfeld oder günstigere Wohnkosten.

Umzüge können selbstverständlich auch eine Mischung aus Push- und Pull-Faktoren sein. Das kann etwa bei einem Umzug in ein Pflegeheim der Fall sein. Ist die eigene Wohnung nicht barrierefrei und kann sie auch nicht barrierefrei gestaltet werden, dann ist das ein starker Push-Faktor. Von der neuen Wohnsituation im Pflegeheim kann erwartet werden, dass diese Barrierefreiheit gegeben ist. Damit bekommt der potenzielle Wohnungswechsel sogar eine doppelte Begründung.

Die Idee hinter dem Push-und-Pull-Konzept ist, dass Menschen ihre Lebenslage und Wohnsituation nach bestimmen Kosten-Nutzen-Überlegungen, die allerdings keineswegs nur ökonomischer Natur sein müssen, analysieren und darauf aufbauend eine rationale Entscheidung treffen: Überwiegen also Push- und Pull-Faktoren jene Aspekte, die den Verbleib am aktuellen Wohnort als die bessere Option erscheinen lassen, steigt die Umzugswahrscheinlichkeit und umgekehrt.

Im Unterschied zum Push-und-Pull-Modell, das den Umzug vor allem als Resultat einer Kosten-Nutzen-Abwägung versteht, versuchen Konzepte wie das von Stephen Golant (2011) entwickelte Modell der residentiellen Normalität (= Residential Normalcy) Wohnen und Umzüge als dynamische Prozesse zu fassen. Dieses Modell setzt zunächst an der Frage an, ob ältere Personen in einer ihren Bedürfnissen angepassten Wohnung leben und die entscheidende Frage ist, wie residentielle Normalität erreicht werden kann. Dies ist nur dann der Fall, wenn zwei (emotionale) Erfahrungen, nämlich jene der Geborgenheit in der Wohnumwelt und jene der Kontrollmöglichkeit der Wohnsituation (vgl. Golant, 2012, p. 28f.), gegeben sind. Für den Verbleib an einem Wohnort müssen wir uns an diesem Ort geborgen fühlen und das Gefühl haben, dass wir Kontrolle an diesem ausüben können. Zu verstehen ist darunter, dass wir selbstständig und selbstbestimmt an diesem Wohnort leben können. Residentielle Normalität bedeutet aus dieser Perspektive:

„Places where older people experience overall pleasurable, hassle-free, and memorable feelings that have relevance to them; and where they feel both competent and in control—that is, they do not have to behave in personally objectionable ways or to unduly surrender mastery of their lives or environments to others." (Golant, 2011, p. 193)

Überwiegen negative Wohnerfahrungen und kann deswegen keine Wohnnormalität erreicht werden, verliert das Individuum das Komfort- oder Kontrollgefühl (Golant, 2011, p. 199). Die Folge ist, dass die aktuelle Wohnsituation verändert wird. Das reicht von der schlichten Verhaltensveränderung über das Umstellen und Entfernen von Möbeln bis hin zum Umbau der Wohnung oder zum Umzug. Im Unterschied dazu können aber auch die Ziele und die Erwartungen, die mit dem Wohnen verbunden sind, verändert werden, wie etwa, dass man sich mit gewissen Einschränkungen (etwa Barrieren in der eigenen Wohnung) abfindet (Golant, 2012, p. 201f.). Welche der Strategien gewählt wird, hängt laut diesem Modell vom vorhandenen Repertoire an Strategien ab, welches einer Person zur Verfügung steht. Das Handlungsrepertoire ist erstens abhängig von individuellen Charakteristika, wie das Selbstbewusstsein oder Persönlichkeitseigenschaften. Beeinflusst wird das Handeln zur Herstellung residentieller Normalität zweitens von vorhandenen materiellen und sozialen Ressourcen. Und drittens wird das Anpassungsrepertoire vom vorhandenen Angebot an alternativen Wohnformen bestimmt (Golant, 2015). Gerade in letzterer Hinsicht zeigen sich in den letzten Jahren deutliche Veränderungen, d. h. das Angebot an Wohnformen mit und ohne Pflege hat sich deutlich verbreitert. Es reicht vom betreuten Wohnen über Mehrgenerationenwohnen bis zu Wohngemeinschaften und Pflegewohnen.

Soziale Bedingungen und Bereitschaft für einen Wohnungswechsel

Im dritten Lebensalter ist eine höhere Umzugswahrscheinlichkeit gegeben

Die vorliegende Analyse interessiert sich für die Umzugswahrscheinlichkeit, d. h. für die Selbsteinschätzung der Befragten, wie wahrscheinlich für sie selbst ein Wohnungswechsel ist. Bei der Interpretation der Umzugswahrscheinlichkeit als Indikator des Wohnungswechsels ist zu beachten, dass es sich um eine in die Zukunft gerichtete Fragestellung handelt, weswegen auf diese Weise eine aus der gegenwärtigen Lebenssituation heraus abgeleitete Umzugsneigung erhoben wird. Die Grundlage dieser Bewertung bilden dabei für die Zukunft antizipierte Vorstellungen über den weiteren Lebenslauf, und damit kontingente Ereignisse. So können Personen, die zum Zeitpunkt der Erhebung einen Umzug für sehr wahrscheinlich halten, später bspw. aufgrund gesundheitlicher oder finanzieller Probleme von einem Wohnortwechsel absehen. Genauso gut ist die umgekehrte Variante vorstellbar. Personen, die in der Befragung einen Wohnungswechsel für unwahrscheinlich halten, wechseln, etwa aufgrund der Trennung oder des Verlusts der Partnerin oder des Partners, entgegen der eigenen Einschätzung später doch den Wohnort.[1] Neben etwaigen Push- und Pull-Faktoren sind für die Umzugswahrscheinlich-

---
1 Die Umzugswahrscheinlichkeit wurde mittels einer Skala erhoben, die von „1" für „sehr unwahrscheinlich" bis zu „10" für „sehr wahrscheinlich" reichte. Für die Auswertung wurde diese Skala in drei Kategorien unterteilt: Umzug

keit auch Erwartungen und emotionale Bindungen bedeutsam, so wie sie von Stephen Golant (2011) formuliert worden sind. Beeinflusst werden Einstellungen zum Wohnungswechsel von Einschätzungen der Lebensphase Alter. Wird die Lebensphase Alter als eine Phase der Abhängigkeit und Hilfsbedürftigkeit gesehen, dann wird eher Stabilität in der Wohnsituation gesucht, um zusätzlichen Stress zu vermeiden.

Angelehnt an die Aufteilung der Lebensphase Alter in ein „drittes" (das demografisch die Jahre zwischen dem 60. und 80. Lebensjahr umfasst) und „viertes" Lebensalter (das die Lebensphase ab dem 80. Lebensjahr bezeichnet), zeigen die „jüngeren Alten" eine höhere Umzugswahrscheinlichkeit als Personen im hohen Lebensalter. Angesichts der Verschiedenheit dieser beiden Lebensphasen – während das dritte Lebensalter bspw. durch eine vergleichsweise gute Gesundheit und eine sehr hohe Lebenszufriedenheit gekennzeichnet ist, sind für das vierte Lebensalter stärker körperliche Gebrechlichkeit und der Verlust an Selbstständigkeit kennzeichnend (vgl. Baltes & Smith, 2003) – verwundern diese Unterschiede nicht.

Über den Push-Pull-Ansatz haben wir folgende Erklärungsmöglichkeiten: Einerseits findet sich im dritten Alter jener Umzug, der rasch nach dem Pensionsantritt erfolgt und auf ganz bestimmten Wünschen und Vorstellung über die zukünftige Wohnsituation basiert. Andererseits finden sich im dritten Alter auch jene Umzüge, die an einen „place of origin", also den Herkunftsort oder sogar das Elternhaus, zurückführen. Demgegenüber ist der Wohnwechsel im vierten Lebensalter (80+) tendenziell der Umzug in eine Pflegeeinrichtung oder Seniorenresidenz und damit oftmals unfreiwillig (vgl. Oswald & Rowles, 2007, p. 134). Die geringere Umzugsbereitschaft im höheren Alter kann mit der Unterschiedlichkeit der Umzugsbedingungen erklärt werden.

Abbildung 24: Links: Umzugswahrscheinlichkeit insgesamt (n = 969); rechts: Umzugswahrscheinlichkeit nach Altersgruppen (n = 969)

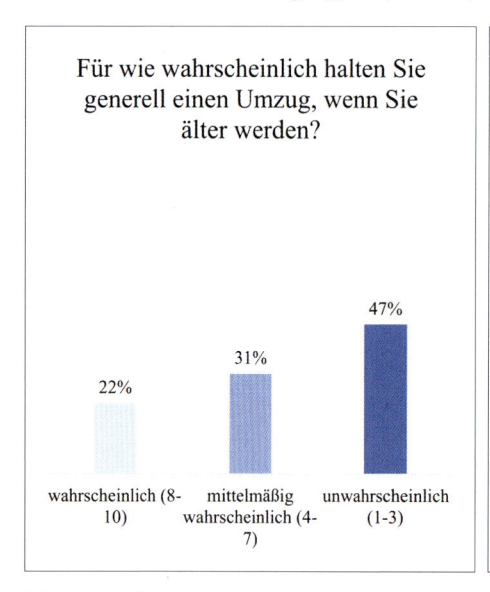

„unwahrscheinlich" (Skalenwerte 1 – 3), „mittelmäßig wahrscheinlich" (Skalenwerte 4 – 7) und „wahrscheinlich" (Skalenwerte 8 – 10).

Generell ist die Umzugswahrscheinlichkeit eher gering (MW = 4,4, SD = 3,2). Insgesamt gibt etwas mehr als ein Fünftel (22 %) an, der Wechsel des Wohnortes wäre wahrscheinlich. Demgegenüber hält beinahe jede/jeder zweite Befragte (47 %) einen Umzug für unwahrscheinlich und in etwa ein Drittel (31 %) zeigt sich unentschlossen. Diese Ergebnisse stimmen mit dem allgemeinen Grundtenor der gerontologischen Forschung überein: das Alter zeichnet sich hinsichtlich der Wohnverhältnisse vor allem durch Wohn(ort)stabilität aus.

Das kalendarische Alter und die Umzugswahrscheinlichkeit stehen in einem signifikanten Zusammenhang. Während in der Altersgruppe der 60- bis 64-Jährigen der Anteil an Personen, die einen Umzug für wahrscheinlich (29 %), mittelmäßig wahrscheinlich (35 %) oder unwahrscheinlich halten (36 %), noch relativ ausgewogen ist, vergrößert sich mit zunehmendem Alter der Abstand in Prozentpunkten zwischen jenen Personen, die einen Umzug für wahrscheinlich halten, und jenen, die ihn für unwahrscheinlich halten, deutlich. In der Gruppe der 60- bis 64-Jährigen liegt die Differenz zwischen Personen, die einen Umzug für wahrscheinlich halten und jenen, die den Wohnortswechsel als unwahrscheinlich beschreiben, bei sieben Prozentpunkten. Bereits in der Altersgruppe der 65- bis 69-Jährigen wächst dieser Unterschied auf knapp das Doppelte an. Im sehr hohen Lebensalter (85+) vergrößert sich diese Differenz in Prozentpunkten auf das Elffache. Aufgrund dieser Ergebnisse kann bereits die Bedeutung des Alters für die Umzugswahrscheinlichkeit erahnt werden. Da sich Unterschiede vor allem zwischen jenen Gruppen zeigen, die in Lebensjahren weiter auseinander liegen, ist es vorrangig nicht das kalendarische Alter, sondern es sind sich verändernde Lebenslagen und Lebenssituationen, die die Umzugsbereitschaft erhöhen oder hemmen.

Frauen halten einen Umzug für wahrscheinlicher als Männer

In Übereinstimmung mit bisherigen Studien (vgl. Teti et al., 2012) zeigen sich Unterschiede zwischen den Geschlechtern in Hinsicht auf die Umzugsbereitschaft.[2] Zwar unterscheidet sich der Anteil an Männern und Frauen, die einen Umzug für wahrscheinlich halten, kaum, doch gibt eine deutlich größere Anzahl an Frauen an, einen Umzug zumindest für mittelmäßig wahrscheinlich zu halten. Diese Unterschiede zwischen den Geschlechtern lassen sich aus den unterschiedlichen Lebensumständen von Männern und Frauen im Alter erklären. Während nur ein vergleichsweise geringer Teil der befragten Männer (22 %) in einem Einpersonenhaushalt lebt, trifft dies auf 42 % der Frauen zu. Einpersonenhaushalte im Alter entstehen vor allem als Folge von Verwitwung oder später Trennung. Die Wohnung könnte im Anschluss daran zu teuer (insbesondere vor dem Hintergrund der meist niedrigen Pensionsbezüge älterer Frauen), zu groß oder zu aufwendig in Erhaltung und Pflege sein, weswegen der Umzug wahrscheinlicher wird. Zusätzlich könnte als Resultat einer Verwitwung oder Trennung der Umzug in die Nähe der Familie, typischerweise der eigenen Kinder, oder ein Wechsel in eine gemeinschaftliche Wohnform eine Alternative darstellen.

---

2 Mann-Whitney-U-Test: p = 0,040. Frauen: MW = 4,6, SD = 3,2; Männer: MW = 4,2, SD = 3,1. Interpretation: U-Test: H0= Die Verteilung der Umzugsbereitschaft ist über die Kategorien des Geschlechts identisch. Bei p<0,05 wird H0 verworfen.

Teil III: Analysen

Abbildung 25: Umzugswahrscheinlichkeit nach Geschlecht und Alter; „mittelmäßig wahrscheinlich" bei den beiden unteren Grafiken nicht dargestellt (n = 970)

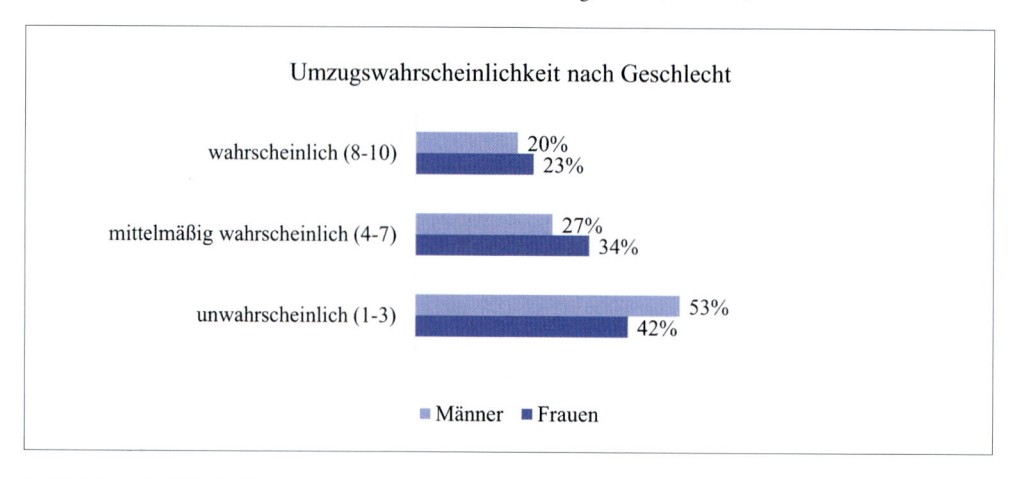

Umzugswahrscheinlichkeit nach Geschlecht

- wahrscheinlich (8-10): Männer 20%, Frauen 23%
- mittelmäßig wahrscheinlich (4-7): Männer 27%, Frauen 34%
- unwahrscheinlich (1-3): Männer 53%, Frauen 42%

Umzugswahrscheinlichkeit im dritten Lebensalter (60-79) nach Geschlecht

- Frauen: unwahrscheinlich 36%, wahrscheinlich 25%
- Männer: unwahrscheinlich 48%, wahrscheinlich 22%

Umzugswahrscheinlichkeit im vierten Lebensalter (80+) nach Geschlecht

- Frauen: unwahrscheinlich 66%, wahrscheinlich 17%
- Männer: unwahrscheinlich 73%, wahrscheinlich 11%

Die Unterschiede in der Umzugswahrscheinlichkeit nach Geschlecht lösen sich mit dem Alter auf.[3] Während also in der jüngeren Altersgruppe (60 – 79) ein signifikanter Unterschied zwischen Männern und Frauen besteht,[4] trifft dies auf die ältere Gruppe (80+) nicht mehr zu, was als Folge der generell niedrigeren Umzugswahrscheinlichkeit im höheren Lebensalter interpretiert werden kann.

Einkommen und Bildung haben keinen Einfluss auf die Umzugswahrscheinlichkeit

In der vorliegenden Stichprobe konnte kein signifikanter Zusammenhang zwischen dem Ein-

---

3   Mann-Whitney-U-Test: p = 0,828.
4   Mann-Whitney-U-Test: p = 0,014. Frauen: MW = 4,9, SD = 3,1; Männer: MW = 4,5, SD = 3,1.

kommen und der Umzugswahrscheinlichkeit gefunden werden und auch unterschiedliche formale Bildungsabschlüsse spielen keine Rolle. Dies verlangt nach einer differenzierten Betrachtung des Zusammenhangs von Haushaltseinkommen und Umzugsbereitschaft: Hansen und Gottschalk wiesen bspw. nach, dass die Umzugsbereitschaft nicht von der Höhe des Haushaltseinkommens abhängig ist, sondern von dessen Stabilität. Personen, die einen Einkommensrückgang oder einen Einkommensanstieg erfahren, haben eine höhere Umzugsneigung als Personen mit stabilen Einkommensverhältnissen (Hansen & Gottschalk, 2006, p. 42).

In der gegenständlichen Studie zeigt der Blick ins Detail, dass zwar bei der Gruppe der über 80-Jährigen ein signifikanter, negativer Zusammenhang zwischen dem Einkommen und der Umzugswahrscheinlichkeit besteht. Personen, die über ein geringes Einkommen verfügen, geben eine höhere Umzugswahrscheinlichkeit an als jene Befragten, die sich in einer besseren finanziellen Situation befinden. Vor dem Hintergrund des Anstiegs der Pflegebedürftigkeit mit dem sehr hohen Alter verweist dieser Zusammenhang auf die Leistbarkeit von professionellen Pflegeleistungen am Wohnort. Während Personen mit höherem Einkommen auf professionelle Unterstützung zu Hause zurückgreifen können, bietet der Umzug in ein Pflegeheim in niedrigeren Einkommensschichten eine Alternative, bei der nicht nur die Betreuungskosten, sondern auch allen übrigen Aufwendungen, wie Wohn- und Lebensmittelkosten, inkludiert sind (vgl. OECD, 2017, p. 243).

Geringe Wohnbindung und kurze Wohndauer korrelieren positiv mit der Umzugswahrscheinlichkeit

Umzüge finden typischerweise zu bestimmten Zeitpunkten im Lebenslauf statt und werden mit dem ansteigenden Alter tendenziell seltener. Infolge steigt mit dem Alter die Wohndauer, d. h. jene Zeit, die Menschen an ein und demselben Ort wohnhaft sind. Mit der Wohndauer, und hier besteht in der sozio-gerontologischen Forschung weitgehend Einigkeit, steigt grundsätzlich die Verbundenheit mit dem Wohnort. Je länger jemand an einem Ort wohnt, umso mehr identifiziert sich diese Person mit dem Ort, fühlt sich diesem Ort zugehörig und an diesem Ort zu Hause. Ein solches starkes Verbundenheitsgefühl lässt sich dabei meist nicht mit der Vorstellung eines Umzugs vereinbaren.

Abbildung 26: Links: Wohndauer in Jahren und Umzugswahrscheinlichkeit (n = 955); Rechts: Verbundenheit mit der Wohnung und Umzugswahrscheinlichkeit (n = 970). „mittelmäßig wahrscheinlich" wird nicht dargestellt.

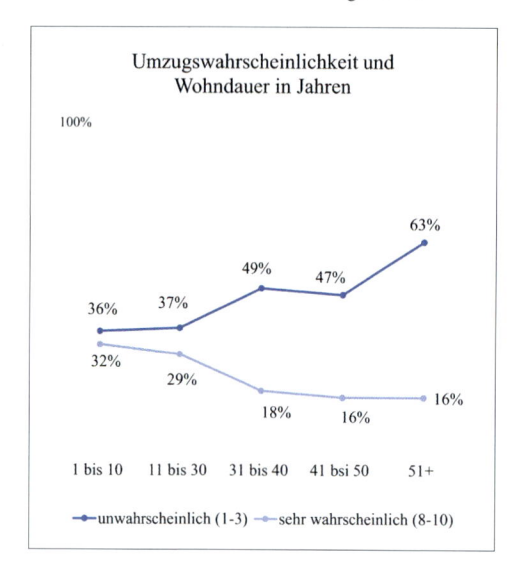

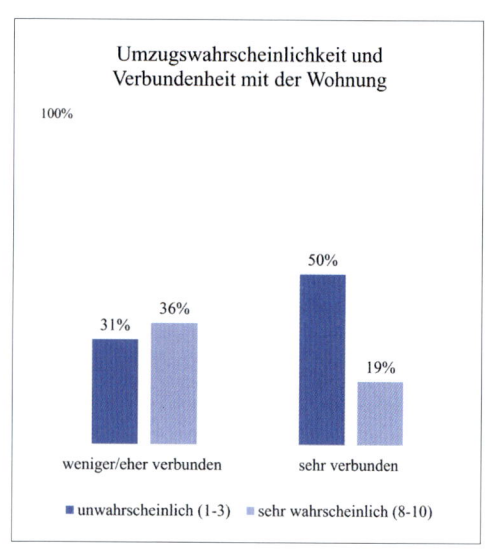

Auch in der vorliegenden Untersuchung stehen die Wohndauer[5] und die Verbundenheit mit der Wohnung[6] in einem Zusammenhang mit der Umzugswahrscheinlichkeit (siehe Abb. 26). Während fast ein Drittel der Personen (32 %), die erst seit kurzer Zeit (1 bis 10 Jahre) am Wohnort wohnen, einen Umzug für wahrscheinlich hält, sinkt dieser Anteil nach weiteren 30 Wohnjahren um die Hälfte auf 16 %. Gleichzeitig steigt die Zahl an Personen, die einen Umzug für unwahrscheinlich halten, von 36 % auf 63 % bei jenen Befragten, die schon seit über 50 in der gleichen Wohnung wohnen.

Wie zu erwarten verringert sich die Umzugsneigung auch mit einer steigenden Verbundenheit mit der Wohnung. Während Personen, die sich nur in einem geringen Maß mit ihrer Wohnung verbunden fühlen, einen Umzug für sehr wahrscheinlich halten, trifft dies nur auf ein Fünftel jener Personen zu, die angeben, sich sehr verbunden zu fühlen. Welche Gründe gibt es dafür, dass die Wohndauer und die Wohnverbundenheit in einem so starken Zusammenhang stehen? Wohnt eine Person lange an ein und demselben Ort, gewinnt dieser eine hohe emotionale Bedeutung. Dies liegt vor allem an der großen Bedeutung, die die Wohnung oder das Haus bspw. für das familiäre Leben hat. Die Verbundenheit mit dem Wohnort und die Wohndauer wirken sich also negativ auf die Umzugsneigung aus und stellen somit im Zusammenhang zwischen aktueller Wohnsituation und Umzugsneigung hemmende Faktoren dar.

---

5 $r = 0{,}212$, $p < 0{,}001$. Interpr. Pearsons-r: -1 =perfekter negativer Zusammenhang; 0 =kein Zus.; 1=perfekter positiver Zus.
6 $r = 0{,}190$, $p < 0{,}001$.

Wer zur Miete wohnt, zieht eher um

Während die Verbundenheit mit dem Wohnort ein stark ideeller Faktor ist, können sich auch vergleichsweise „handfeste" Aspekte, insbesondere die Eigenschaften der gegenwärtigen Wohnsituation, wie etwa das Rechtsverhältnis (Miete oder Eigentum, siehe Abb. 27), auf die Umzugswahrscheinlichkeit auswirken.

Abbildung 27: Rechtsverhältnis und Umzugsbereitschaft (n=968)

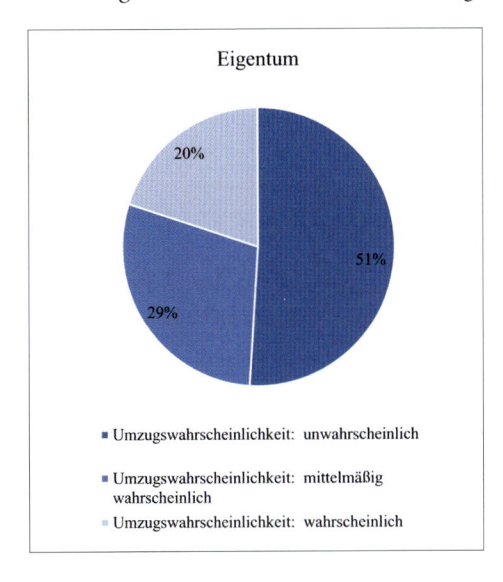

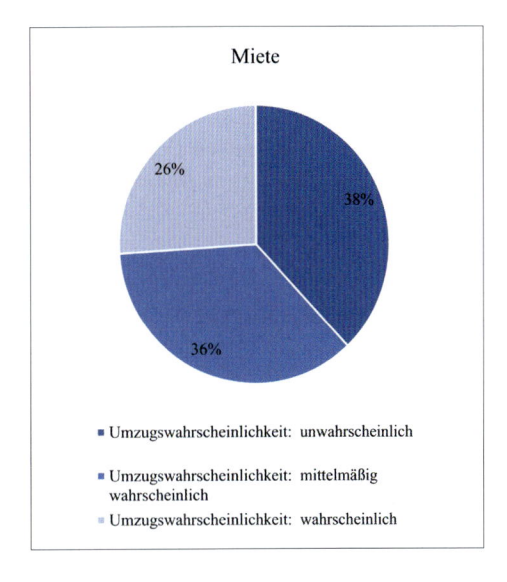

Eigentum
- Umzugswahrscheinlichkeit: unwahrscheinlich – 51%
- Umzugswahrscheinlichkeit: mittelmäßig wahrscheinlich – 29%
- Umzugswahrscheinlichkeit: wahrscheinlich – 20%

Miete
- Umzugswahrscheinlichkeit: unwahrscheinlich – 38%
- Umzugswahrscheinlichkeit: mittelmäßig wahrscheinlich – 36%
- Umzugswahrscheinlichkeit: wahrscheinlich – 26%

Befragte in Mietwohnungen geben eine höhere Umzugsbereitschaft an als Befragte, die im Eigentum wohnen[7]. Die höhere Umzugsneigung von Personen mit einem Mietvertrag lässt sich durch die vergleichsweise kürzere Wohndauer und die damit verknüpfte geringere Wohnbindung erklären. Allerdings erschwert das Mietverhältnis auch die Anpassungsmöglichkeiten der Wohnung an die eigenen Bedürfnisse. Wenn der Zustand der Wohnung nicht mehr den Anforderungen und individuellen Wohnbedürfnissen entspricht, ein (großer) Umbau allerdings aufgrund des Mietverhältnisses ausgeschlossen ist, wirkt sich das negativ auf die Wohnzufriedenheit aus. Mit einer sinkenden Wohnzufriedenheit infolge eines negativen Kosten-Nutzen-Verhältnisses steigt das Bedürfnis nach einer besseren Wohnsituation und damit die Wahrscheinlichkeit für einen Umzug.

Personen mit negativem Altersbild haben eine höhere Umzugswahrscheinlichkeit

Einen der häufigsten Push-Faktoren für einen Umzug im Alter stellt die Gesundheit dar (Bekhet et al., 2009; Löfqvist et al., 2013). Mit zunehmenden Einschränkungen der funktionalen

---

7 T-Test: $p < 0{,}001$; Eigentum: MW = 4,2, SD = 3,1; Miete: MW = 4,9, SD = 3,1.

Teil III: Analysen

oder kognitiven Fähigkeiten und einer verstärkten Angewiesenheit auf Unterstützung und Pflege wird der Umzug in eine betreute Einrichtung wahrscheinlicher. Dieser meist unfreiwillige Umzug ist vor allem für das sehr hohe Lebensalter (80+) typisch. Im Hinblick auf freiwillige Umzüge wiederum, kann sich ein schlechter Gesundheitszustand hemmend auf die Umzugswahrscheinlichkeit auswirken, denn der Wohnortswechsel ist mit Belastungen verbunden. Entgegen dem wiederholt festgestellten Einfluss der Gesundheit auf den konkreten Umzug (vgl. Hansen & Gottschalk, 2006; Pope & Kang, 2010) konnte in der gegenständlichen Studie kein Zusammenhang zwischen der subjektiv eingeschätzten Gesundheit und der Bereitschaft, im höheren Alter umzuziehen, gefunden werden. Dies lässt sich damit erklären, dass die Gesundheit zwar für den schlussendlichen Umzug von großer Bedeutung ist, allerdings nicht für die Planung eines Umzugs. So ist die Erwartung an das höhere Alter wesentlich wichtiger. Personen, die negative Erwartungen an ihr Älterwerden, vor allem im Bereich physischer Einschränkungen haben, geben eine höhere Umzugsbereitschaft an[8]. Diese Erwartungen beeinflussen vor allem die Umzugsbereitschaft von Personen im dritten Lebensalter[9]. Im Gegensatz dazu beeinflusst ein positives Altersbild die Umzugswahrscheinlichkeit nicht.

Abbildung 28: Negatives Altersbild nach der Umzugswahrscheinlichkeit; „mittelmäßig wahrscheinlich" wird nicht dargestellt (n= 956)

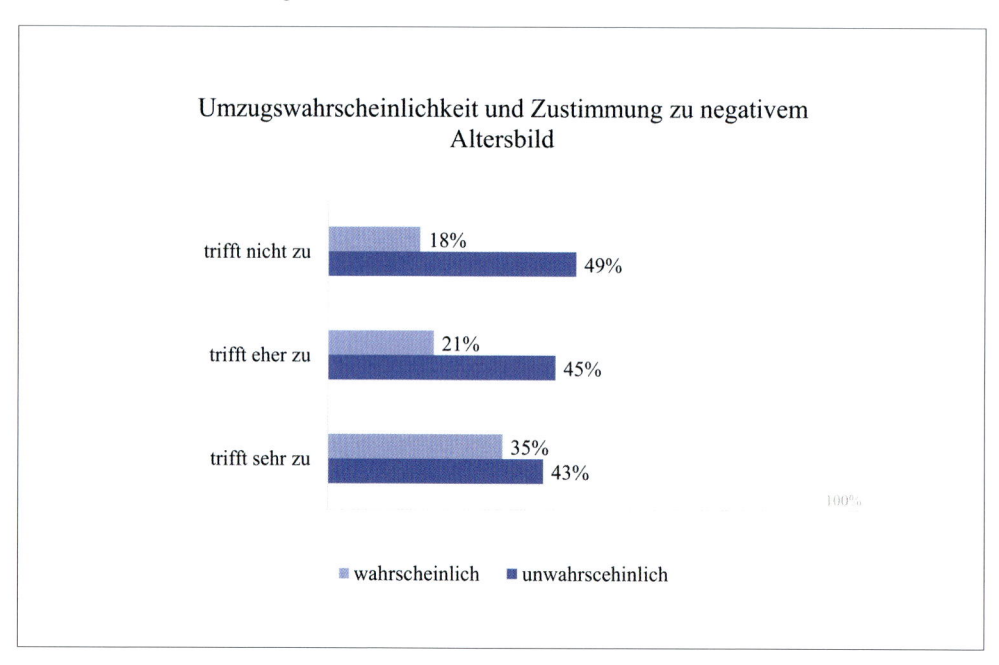

Umzugswahrscheinlichkeit und Zustimmung zu negativem Altersbild

	wahrscheinlich	unwahrscheinlich
trifft nicht zu	18%	49%
trifft eher zu	21%	45%
trifft sehr zu	35%	43%

---

8   r = 0,097, p < 0,01.
9   60 – 69: r=0,173 p<0,001; 70 – 79: r<0,150 p<0,01; 80+: p>0,05

Attraktive Wohnformen im Falle eines Umzugs

Eine positive Einstellung gegenüber Pflegeheimen erhöht die Umzugswahrscheinlichkeit

Neben den Wohnbedingungen am aktuellen Wohnort sind es vor allem die Eigenschaften der möglichen neuen Wohnung, die maßgebliche Pull-Faktoren darstellen, d. h. die Umzugsbereitschaft erhöhen. Dabei gilt für jede neue Wohnform grundsätzlich dasselbe: Seine Beschaffenheit und seine Eigenschaften sind teilweise bekannt und teilweise unbekannt. Die neue Wohnung in der Stadt mag bei der ersten Besichtigung allen Vorstellungen entsprechen, nach einiger Zeit wird der Straßenlärm oder die Wohnungstemperatur im Sommer aber doch zur Belastung. Ebenso kann das Haus im Grünen seinen idyllischen Charakter verlieren, wenn sich die Pflege und Erhaltung als aufwendiger als erwartet herausstellen. Solche Bilder und Vorstellungen über den zukünftigen Wohnort bestimmen daher die Neigung umzuziehen maßgeblich mit. Das gilt auch für den möglichen Umzug in eine betreute Einrichtung.

Abbildung 29: Einstellung gegenüber Pflegeheimen nach der Umzugswahrscheinlichkeit; „mittelmäßig wahrscheinlich" wird nicht dargestellt (n = 942).

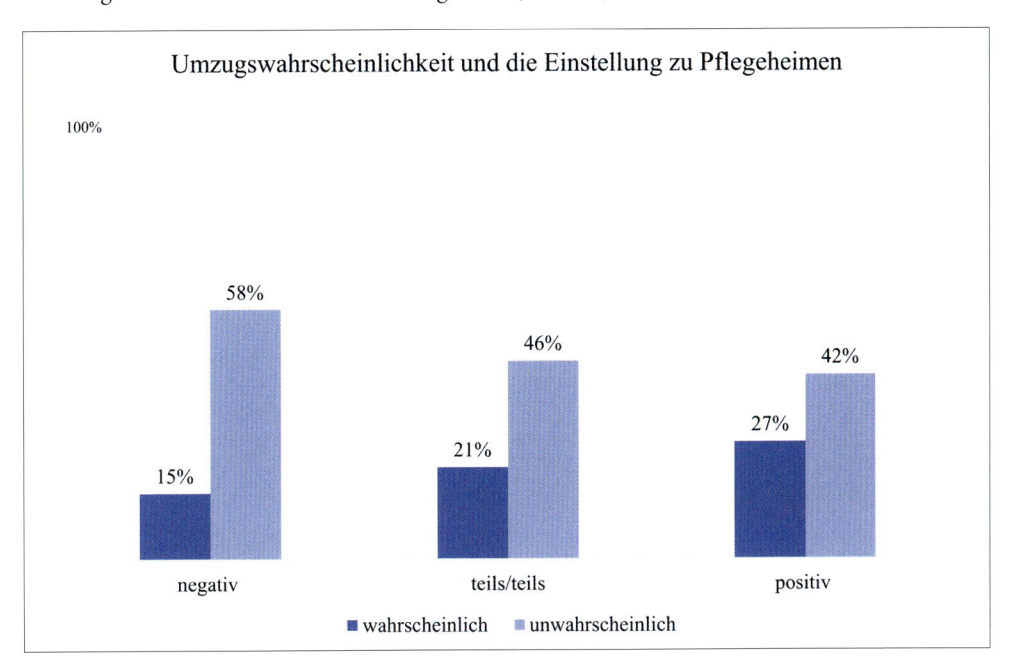

Umzugswahrscheinlichkeit und die Einstellung zu Pflegeheimen

Einstellung	wahrscheinlich	unwahrscheinlich
negativ	15%	58%
teils/teils	21%	46%
positiv	27%	42%

Personen, die ein positives Bild von Pflegeheimen haben, halten einen Umzug deutlich häufiger (27 %) für wahrscheinlich als Befragte mit einer negativen Einstellung (15 %). Zunächst informiert der Zusammenhang darüber, dass das Pflegeheim als potenzielle „letzte Destination" im Alter durchaus präsent ist, d. h. erwartbarer Bestandteil des Wohnlebenslaufes ist. Schließlich kann die Einstellung gegenüber Pflegeheimen logischerweise nur dann eine Auswirkung auf die Umzugswahrscheinlichkeit haben, wenn die Befragten annehmen, früher oder später womöglich in einem Pflegeheim zu wohnen. Der die Umzugsneigung hemmende Effekt einer negativen Einstellung gegenüber Pflegeheimen erklärt sich aus den Charakteristika, mit denen Heime häufig verbunden werden. So werden Pflegeeinrichtungen häufig mit persönlicher Abhängigkeit und sozialer Isoliertheit assoziiert (Wahl & Reichert, 1994), haben also eine die persönliche Freiheit beschränkende Konnotation. Folglich halten Personen, die über ein solches Bild von Pflegeheimen verfügen, Umzüge für weit weniger wahrscheinlich als Personen, die solchen Einrichtungen gegenüber eine positivere Haltung haben. Daher scheint es sehr wahrscheinlich, dass viele der älteren Befragten Umzüge im Alter vor allem mit einem Umzug in ein Pflegeheim assoziieren und auf diesem Weg die innerhalb einer Gesellschaft bestehenden Bilder von Pflegeheimen und Alter die Wahrscheinlichkeit eines Umzugs mitbestimmen.

Die Einstellungen gegenüber Alten- und Pflegeheimen variieren einerseits zwischen Stadt und Land, andererseits mit dem Alter und dem sozio-ökonomischen Status. Ältere Menschen am Land haben gegenüber jenen in Städten eine positivere Einstellung zu Pflegeheimen und in den jüngeren Altersgruppen (60 – 64 Jahre) ist eine skeptische Haltung häufiger anzutreffen als bei Befragten im sehr hohen Alter (80+). Darüber hinaus verfügen Personen mit geringerer Bildung und weniger Einkommen über ein positiveres Bild von Pflegeheimen als Befragte mit sehr hohem Einkommen und einem hohen formalen Bildungsabschluss (siehe Kapitel: Alten- und Pflegeheime).

Wer sich für betreutes Wohnen interessiert, hält einen Umzug für wahrscheinlicher

Pflegeheime sind keineswegs die einzige Wohnform, die mit der Umzugswahrscheinlichkeit in einem Zusammenhang steht, denn mittlerweile findet sich neben klassischen Umzugsdestinationen, wie einem Haus am Land oder der Stadtwohnung, ein breites Angebot an alternativen Wohnformen, die an Attraktivität gewinnen.

Abbildung 30: Hohe Umzugswahrscheinlichkeit und Interesse an verschiedenen Wohnformen (n = zwischen 949 und 970)

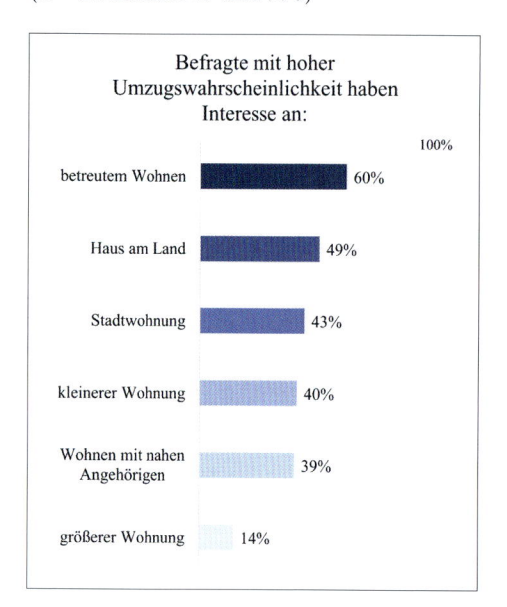

Befragte mit hoher Umzugswahrscheinlichkeit haben Interesse an:

- betreutem Wohnen: 60%
- Haus am Land: 49%
- Stadtwohnung: 43%
- kleinerer Wohnung: 40%
- Wohnen mit nahen Angehörigen: 39%
- größerer Wohnung: 14%

Befragte mit hoher Umzugswahrscheinlichkeit haben Interesse an:

- Wohndorf: 49%
- Mehrgenerationenhaus: 46%
- Alters-WG: 16%

Besonders interessiert sind Befragte, die einen Umzug für wahrscheinlich halten, an einem Haus am Land. Deutlich hinzuweisen gilt es auf das große Interesse an modernen innovativen Wohnformen wie dem Wohndorf und dem Mehrgenerationenhaus. 49 % bzw. 46 % der älteren Erwachsenen, die einen Umzug für wahrscheinlich halten, zeigen ein Interesse an diesen Wohnformen. Damit liegen zwei der drei erhobenen innovativen Wohnformen in etwa gleichauf mit vergleichsweise klassischen Umzugswünschen, wie dem betreuten Wohnen (60 %) und dem Haus am Land (49 %). Lediglich die Alters-Wohngemeinschaft stößt kaum auf Interesse. Gründe dafür könnten der Mangel an Privatsphäre, die Reduktion des Wohnkomforts und die großen Umstellungen gegenüber den bisherigen Wohngewohnheiten sein, schließlich müssen sich Küche, Wohnzimmer und Bad geteilt werden.

Unterschiede im Interesse an diesen Wohnformen, etwa nach dem Geschlecht, dem Einkommen oder der Bildung gibt es kaum, allerdings bestehen Altersunterschiede. Ältere Erwachsene im sehr hohen Lebensalter zeigen ein geringeres Interesse an allen drei alternativen Wohnformen. Erklären lassen sich diese Altersunterschiede unter anderem mit der subjektiven Gesundheit, den Unterstützungsvorstellungen, aber auch unterschiedlichen generationsspezifischen Sozialisationserfahrungen (siehe Kapitel: Wohnwünsche und -formen).

Abschließend wurden in einem multivariaten Modell eine Vielzahl von Faktoren auf ihre Bedeutung für die Umzugsneigung hin untersucht. Als bedeutende Prädiktoren für die Umzugswahrscheinlichkeit erwiesen sich neben dem Alter und dem Geschlecht vor allem die Wohndauer und die Wohnortsverbundenheit. Von den zuvor untersuchten Push-Faktoren, der Lage der Wohnung, der Barrierefreiheit und der Zufriedenheit mit der Wohnsituation, erwies sich nur die Barrierefreiheit als signifikant. Von besonderer Bedeutung waren allerdings verschiedene Einstellungsvariablen, wie etwa die Einstellung gegenüber Pflegeheimen und das Interesse an unterschiedlichen Wohnformen, wie einer kleinen Wohnung, einem Haus am Land oder einer betreuten Wohneinrichtung. Ebenfalls von Bedeutung für die Umzugsneigung der Befragten war die Identifikation mit dem negativen Altersbild.

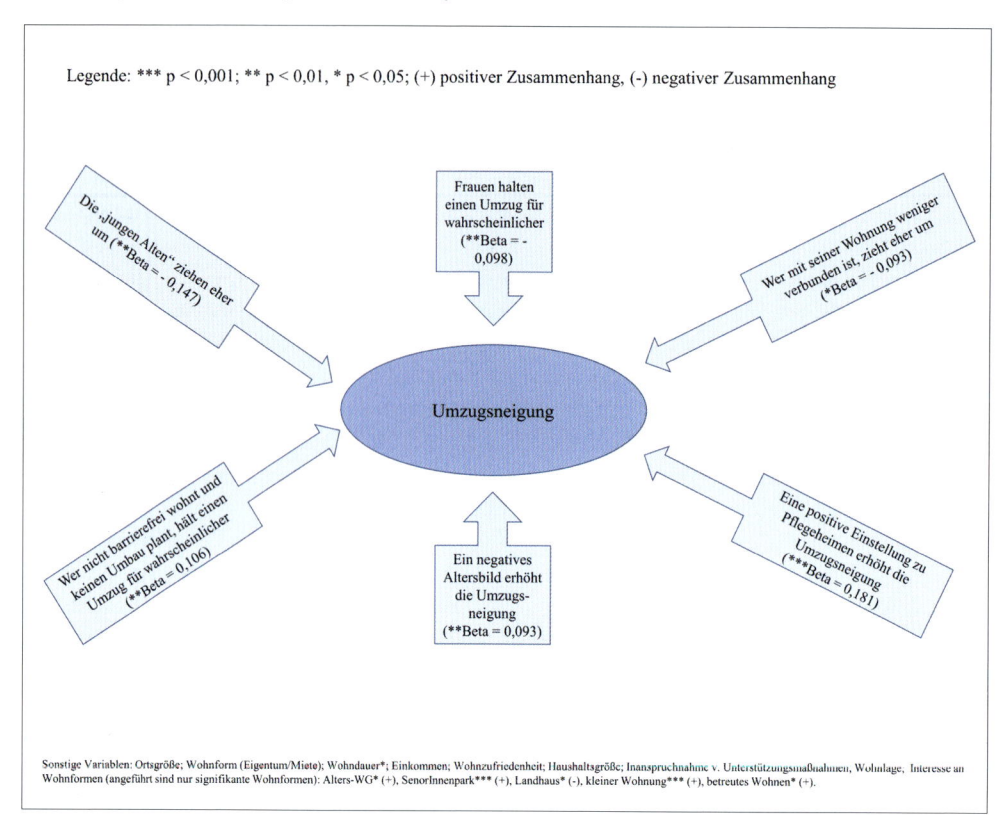

Abbildung 31: Lineare Regression: Umzugswahrscheinlichkeit[10]

Legende: *** p < 0,001; ** p < 0,01, * p < 0,05; (+) positiver Zusammenhang, (-) negativer Zusammenhang

Die „jungen Alten" ziehen eher um (**Beta = - 0,147)

Frauen halten einen Umzug für wahrscheinlicher (**Beta = - 0,098)

Wer mit seiner Wohnung weniger verbunden ist, zieht eher um (*Beta = - 0,093)

Umzugsneigung

Wer nicht barrierefrei wohnt und keinen Umbau plant, hält einen Umzug für wahrscheinlicher (**Beta = 0,106)

Ein negatives Altersbild erhöht die Umzugsneigung (**Beta = 0,093)

Eine positive Einstellung zu Pflegeheimen erhöht die Umzugsneigung (***Beta = 0,181)

Sonstige Variablen: Ortsgröße; Wohnform (Eigentum/Miete); Wohndauer*; Einkommen; Wohnzufriedenheit; Haushaltsgröße; Inanspruchnahme v. Unterstützungsmaßnahmen, Wohnlage, Interesse an Wohnformen (angeführt sind nur signifikante Wohnformen): Alters-WG* (+), SenorInnenpark*** (+), Landhaus* (-), kleiner Wohnung*** (+), betreutes Wohnen* (+).

Sozio-demografische und sozio-ökonomische Faktoren

Alter und Geschlecht bleiben auch unter Berücksichtigung einer Vielzahl anderer Variablen signifikante Prädiktoren für die Umzugswahrscheinlichkeit. Frauen halten einen Umzug für wahrscheinlicher als Männer und jüngere Befragte sind eher geneigt umzuziehen als ältere Personen. Für andere Einflussvariablen konnte kein Zusammenhang festgestellt werden. Weder die Kosten, noch die Wohnfläche pro Kopf haben einen signifikanten Einfluss auf die Umzugswahrscheinlichkeit. Wie lässt sich das erklären? Ein Grund liegt im sog. „Zufriedenheitsparadoxon", das für die Erforschung der Lebensqualität im Alter formuliert wurde (Voges, 2002) und sich auf das Wohnen im Alter übertragen lässt. Die Zufriedenheit mit der eigenen Wohnsituation steigt mit dem Alter, und das bis zu einem bestimmten Grad ganz unabhängig von „objektiven" Qualitätskriterien, sondern allein aufgrund der Wohndauer und der damit einhergehenden stärkeren Verbundenheit.

---

10   $r^2 = 0,316$, $p < 0,001$.

Wohndauer, Verbundenheit mit der Wohnung

Besonders interessant ist der starke Effekt der Wohndauer und der Verbundenheit. Dieses Ergebnis unterstreicht die große Bedeutung der emotional-subjektiven Dimension des Wohnens. Die im Lauf des Lebens angesammelten Erinnerungen und Erfahrungen sowie das angeeignete Wissen und die Gefühle, die damit einhergehen, stehen in einem sozial-räumlichen Kontext. Die Eigentumswohnung, die man sich erarbeitet hat und in der ein wesentlicher Teil des Familienlebens stattgefunden hat, das dazugehörige „Grätzel", in dem man Nachbarn und Nachbarinnen sowie Geschäftsbesitzer und Geschäftsbesitzerinnen kennt oder das Haus das Eltern, in dem man später selbst wieder gewohnt hat, sind vor allem emotionale Bezugspunkte. Solche Bezugspunkte sind die Grundlage einer starken Wohnortsverbundenheit, und lassen sich nicht mittels klassischer Rational-Choice- und Push- und Pull-Effekte erklären. Ganz im Gegenteil können solche emotionalen Bindungen an einen Ort die Wohnzufriedenheit und den Wunsch nach einem „ageing in place" unabhängig von „objektiven" Kriterien, wie Wohnkosten, Lage oder verfügbarem Wohnraum stärken und die Umzugsneigung mindern.

Barrierefreiheit und Umbau der Wohnung

Doch nicht nur die emotionale Bindung an den Wohnort stellt sich im Gesamtmodell als signifikant heraus, sondern auch der Zustand der Wohnung. Jene Personen, die in einer Wohnung leben, die nicht barrierefrei ist und die keinen Umbau hin zu einer barrierefreien Wohnung planen, haben eine höhere Umzugsbereitschaft als Personen, die einen Umbau planen. Die ungehinderte und uneingeschränkte Nutzbarkeit der eigenen Wohnung, die im höheren Erwachsenalter zunehmend an Bedeutung gewinnt, ist ein entscheidender Indikator für die Wohnqualität in der aktuellen Wohnung. Entspricht die Wohnung diesen Anforderungen nicht mehr, so wird ganz im Sinne des Rational-Choice-Modells eine klassische Abwägung getroffen. Ist ein Umbau möglich, so wird diese Variante dem Umzug vorgezogen. Sollte eine Anpassung der Wohnung an die veränderten Bedürfnisse allerdings nicht möglich sein, etwa weil man in einer Mietwohnung lebt, oder ein Umbau zu kostspielig wäre, wird der Umzug wahrscheinlicher.

Persönliche Einstellungen

Neben dem Push-Effekt, den eine nicht barrierefreie Wohnung ausübt, wirken sich auch die Vorstellungen über das Älterwerden, in Form der Identifikation mit negativen Altersbildern, fördernd auf die Umzugswahrscheinlichkeit aus. Jene Befragten, die der Ansicht sind, ein höheres Alter würde zukünftig mit einer schlechteren körperlichen und/oder kognitiven Verfassung einhergehen, bspw. weil man weniger fit und nicht mehr so belastbar ist, geben eine höhere Umzugswahrscheinlichkeit an als Befragte, die sich mit diesem negativen Altersbild nicht identifizieren können. Das höhere Alter wird als Zustand gesehen, der spezielle Wohnbedürfnisse mit sich bringt und es deswegen wahrscheinlich nicht erlaubt, auch in Zukunft noch in der aktuellen Wohnung zu leben.

Teil III: Analysen

Interesse an innovativen Wohnformen

Das Interesse an einer Alters-WG oder an einem Wohndorf hat einen positiven Einfluss auf die Umzugsneigung und auch, wer sich für ein betreutes Wohnen interessiert, hält einen Umzug für wahrscheinlicher. Wenn daher das Interesse an diesen Wohnformen geweckt und gestärkt wird, erhöht sich dadurch die Umzugswahrscheinlichkeit. Seitens der klassischen Wohnformen beeinflusst nur das Interesse an einer kleineren Wohnung die Umzugswahrscheinlichkeit, was sich wohl darauf zurückführen lässt, dass eine große Wohnung im Alter eben nicht nur Vorteile mit sich bringt, sondern auch zur Belastung werden kann. Auch das Interesse an einem Haus am Land steht in einem Zusammenhang mit der Umzugswahrscheinlichkeit, allerdings in einem negativen, d. h. es verringert sich dadurch die Umzugsneigung. Der Grund hierfür dürfte vor allem in einer spezifischen Umzugsbereitschaft liegen. Personen, die sich ein Haus am Land für einen zukünftigen Umzug vorstellen könnten, weisen eine sehr geringere Umzugsbereitschaft auf und der Umzug in ein Haus am Land wäre wenn, dann die noch vorstellbarste Option.

Umzugsgründe

Aus welchen Gründen ist nun ein Umzug mehr oder weniger vorstellbar? Um solche potenziell Umzugsgründe in der Befragung zu ermitteln, wurde den Befragten eine Liste mit drei verschiedenen Szenarien[11] vorgelegt, die entweder als Grund für einen Umzug bejaht oder verneint werden konnten.

Abbildung 32: Beweggründe für einen Umzug nach Altersgruppen; „keiner dieser Gründe" wird nicht dargestellt und ergibt sich aus der Differenz (n = 946)

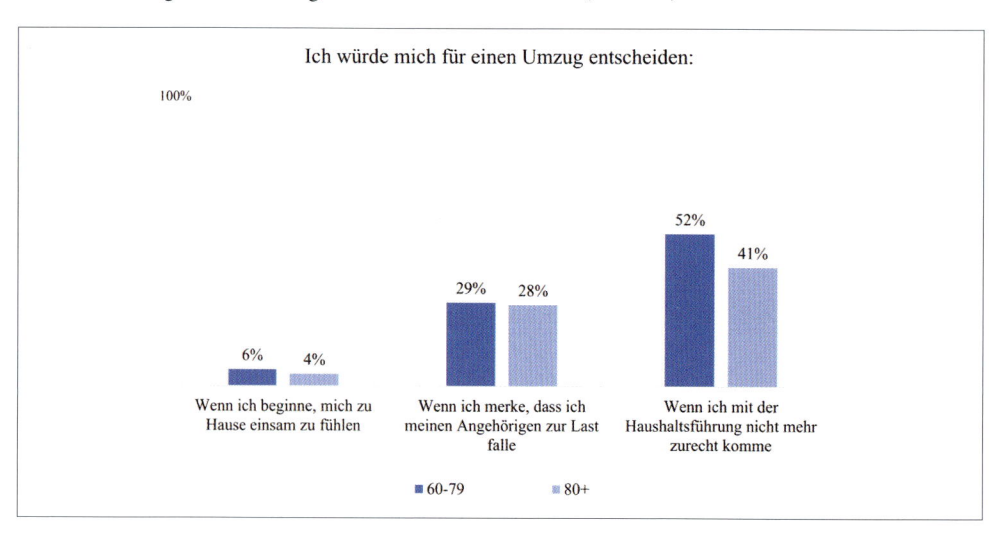

Ich würde mich für einen Umzug entscheiden:

Grund	60–79	80+
Wenn ich beginne, mich zu Hause einsam zu fühlen	6%	4%
Wenn ich merke, dass ich meinen Angehörigen zur Last falle	29%	28%
Wenn ich mit der Haushaltsführung nicht mehr zurecht komme	52%	41%

---

11 „Ich würde mich für einen Umzug entscheiden: (1) Wenn ich merke, dass ich meinen Angehörigen zur Last falle; (2) wenn ich beginne, mich zu Hause einsam zu fühlen; (3) wenn ich mit der Haushaltsführung nicht mehr zurechtkommen.

Für die Mehrheit der Befragten (47 %) stellen Einschränkungen in der Selbstständigkeit und Autonomie der Haushaltsführung Umzugsgründe dar. Für etwa jede vierte Person wäre ein Grund für einen Umzug, wenn er oder sie den eigenen Angehörigen zur Lasten fallen würde, und 5 % geben an, dass sie einen Umzug erwägen würden, sobald sie beginnen würden, sich in ihrer Wohnung einsam zu fühlen. Für knapp ein Sechstel der Befragten (16 %) stellt keiner der angeführten Gründe einen Umzugsgrund dar.

Diese Beweggründe unterscheiden sich nach Altersgruppen[12]. Während 27 % der über 80-Jährigen angeben, dass für sie keiner der angeführten Gründe einen Umzugsgrund darstellt, wird diese Antwort nur von rund 14 % der 65- bis 79-Jährigen gegeben. Innerhalb der unterschiedlichen Gründe ist der Anteil der jüngeren Befragten, die den jeweiligen Grund als potenziellen Anlass für einen Umzug angegeben, stets größer als jener der hochaltrigen Personen, auch wenn die Unterschiede bei zwei Gründen sehr gering sind.

Unterschiede nach dem Geschlecht lassen sich genauso wenig feststellen wie nach dem Einkommen oder der Bildung. Allerdings lässt sich ein Zusammenhang zwischen der Nennung von Umzugsgründen und der Wahrscheinlichkeit eines Umzugs feststellen[13]. Befragte, die keinen der genannten Gründe als Anlass für einen möglichen Umzug angeben, halten einen Umzug mit deutlicher Mehrheit (77 %) für unwahrscheinlich. Bei den älteren Erwachsenen, die zumindest eines der genannten Szenarien als Umzugsgrund angeben, beträgt dieser Anteil nur 40 %. Von jenen Personen, die einen Umzugsgrund nennen, hält die Mehrheit einen Umzug für zumindest etwas wahrscheinlich, wobei innerhalb dieser Gruppe 58 % einen Umzug für mittelmäßig wahrscheinlich halten und 42 % meinen, ein Umzug sei sehr wahrscheinlich.

Zusammenfassung

Der Umzug im Alter wird durch unterschiedliche Faktoren bedingt und es bedarf einer differenzierten theoretischen Herangehensweise, um ihn als Teil des Prozesses „Wohnen" zu fassen. Zunächst können verschiedene Eigenschaften des aktuellen Wohnortes, die einen Umzug wahrscheinlicher werden lassen und in diesem Sinne als Push-Faktoren wirken, identifiziert werden. Entspricht die eigene Wohnung mangels Barrierefreiheit nicht mehr den aktuellen Wohnbedürfnissen und besteht keine Möglichkeit eines Umbaus, etwa weil die betroffene Person in einer Mietwohnung wohnt, verliert die Wohnung an „Wohnnutzen". Mit einem sich verschlechternden Kosten-Nutzen-Verhältnis verringert sich die Zufriedenheit mit der Wohnsituation und der Umzug wird wahrscheinlicher. Betrachtet man Umzüge im Alter allein aus dieser Perspektive der „rationalen Wahl", so scheint dem Umzug im Alter kaum etwas Spezifisches anzuhaften.

Wie die Datenanalyse aber deutlich macht, sind solche „rationalen" Push-Faktoren nicht alleinig ausschlaggebend für einen Umzug. Viel eher scheint der Umzug bzw. die individuell eingeschätzte Wahrscheinlichkeit eines Umzugs im Alter gerade nicht (alleinig) mit Modellen der rationalen Wahl fassbar. Im Unterschied zum Wohnort (Stadt oder Land), der Wohnungsgröße, den Wohnkosten, oder der Lage der Wohnung, die sich allesamt als nicht bedeutsam für

---

12 Mann-Whitney-U: $p < 0{,}001$.
13 Cramer-V = $0{,}292$, $p < 0{,}001$. Interpretation Cramer-V: 0= kein Zusammenhang, 1=perfekter Zus.

die Umzugsüberlegungen erwiesen haben, sind es gerade emotional-subjektive Aspekte und unterschiedliche Einstellungen, die sich hemmend oder fördernd auf den Umzug auswirken.

Sowohl die Wohndauer als auch die damit zusammenhängende Verbundenheit mit dem Wohnort bestimmen die Umzugswahrscheinlichkeit maßgeblich mit. Wer schon lange an ein und demselben Ort lebt, entwickelt eine starke emotionale Bindung zu diesem Ort, der als zentraler sozial-räumlicher Bezugspunkt maßgeblicher Bestandteil der eigenen Biografie ist. Diese quasi biografische Bindung an einen Ort hängt von der Wohndauer ab, die wiederum mit dem steigenden Alter (und nur damit) zusammenhängt, und wirkt sich hemmend auf die Umzugswahrscheinlichkeit aus. Um beide dieser Aspekte zu fassen, bedarf es eines komplexeren theoretischen Modells als dem der rationalen Wahl. Unseres Erachtens scheint das von Golant (2011) entwickelte Modell der Wohnnormalität dafür geeignet. Für die Herstellung von Wohnnormalität ist demnach im Alter einerseits die Kontrolle über die Wohnumwelt, die in der materiellen Anpassung ihren Ausdruck findet, andererseits Geborgenheit in der Wohnumwelt, in Form eines Verbundenheitsgefühls entscheidend. Letzteres ist im Alter wesentlich für die Herstellung der Wohnnormalität, da mit dem Alter die subjektiv-emotionale Bindung gegenüber dem praktischen Wohnnutzen an Bedeutung gewinnt (vgl. Wahl & Lang, 2006).

Zuletzt sind es aber nicht nur mit dem aktuellen Wohnort in Beziehung stehende Faktoren, die einen Einfluss auf die Umzugswahrscheinlichkeit haben, sondern auch subjektive Einstellungen und Vorstellungen gegenüber dem Alter, die Sicht auf Pflegeheime und das Interesse an bestimmten alternativen Wohnformen.

Wohnen in Alten- und Pflegeheimen

Im Falle eines Pflegebedarfs empfindet es nur ein kleiner Teil älterer Menschen im deutschsprachigen Raum als wünschenswert, in ein Pflegeheim[1] zu ziehen (Höpflinger & Van Wezemael, 2014; Spangenberg, et.al., 2013; Völkl, 2010). Die überwiegende Mehrheit der über 60-jährigen Österreicher und Österreicherinnen wünscht sich, im derzeitigen Zuhause wohnen zu bleiben, wobei eine Betreuung durch Angehörige als am wünschenswertesten gilt (vgl. Völkl, 2010, p. 49f.).

Dieser Wunsch spiegelt sich auch im tatsächlichen Wohnverhalten ältere Österreicherinnen und Österreicher wider, so lebte die Mehrheit der über 65-Jährigen im Jahr 2011 in Privathaushalten (95,8 %) und nur ein kleiner Anteil von 58.218 Personen (3,9 %) in Heil-, Pflegeanstalten sowie Pensionisten- und Altenheimen. Der Anteil an Personen, die in Heimen leben, steigt mit zunehmendem Alter an: 13 % der 85- bis 89-Jährigen und 41 % der über 100-Jährigen leben in Heimen (STATcube-Statistische Datenbank der Statistik Austria, 2015).

Tabelle 20: Anzahl und Anteil unterschiedlicher Altersgruppen in Pflegeanstalten und Altersheimen (Registerzählung 2011)

	Heil-, Pflegeanstalten sowie Pensionisten- bzw. Altersheime		Gesamtanzahl
	Anzahl	Prozent	
85–89	18.221	13 %	141.772
90–94	10.288	22 %	46.362
95–99	3.264	35 %	9.388
100 +	455	41 %	1.112
- 65	6.594	0,1 %	6.909.827
65 +	58.218	4 %	1.492.113
STATcube-Statistische Datenbank der Statistik Austria, 2015			

Aktuellere Zahlen zu den Bewohnern und Bewohnerinnen von stationären Einrichtungen finden sich im österreichischen Pflegevorsorgebericht 2016. Laut diesem lebten am Stichtag des 31.12.2016 rund 55.700 Personen in stationären Einrichtungen, die Jahressumme beträgt rund 75.000 Personen. Dabei ist zu beachten, dass die Zahl der Pflegeheimbewohnerinnen und Pflegeheimbewohner je nach Quelle variiert. Dies liegt an Unterschieden im Messzeitpunkt (Betrachtung eines Stichtages oder des Jahresdurchschnitts) and an unterschiedlichen Zugängen, welche Einrichtungen berücksichtigt werden. Werden Personen in teilstationären Einrichtungen und in der Kurzzeitpflege berücksichtigt, erhöhen sich die Zahlen für den Stichtag auf 63.000 Personen und für die Jahressumme auf rund 91.500 Personen (BMASK, 2017).

---

1 Unter Alten- und Pflegeheimen werden stationäre Wohn- und Pflegeplätze verstanden, wobei Wohnplätze gesetzlich die Erbringung von Hotelleistungen (bis zur Pflegestufe 3) umfassen und Pflegeplätze ebenfalls Pflege- und Betreuungsleistungen miteinschließen (ab Pflegestufe 3) (BMASK, 2018).

Prinzipiell ist die Präferenz, bei Pflegebedarf in einem Alten- oder Pflegeheim zu wohnen, bei Personen im höheren Alter oder bei schlechter Gesundheit stärker ausgeprägt. Bei funktionalen Einschränkungen, die zu starken Belastungen im Alltag führen, ist das Pflegeheim eine denkbare Wohnform. Auch bei Personen mit niedrigerem Einkommen ist das Interesse für diese Wohnoption höher (Höpflinger & Van Wezemael, 2014). Dies liegt vor allem daran, dass Alten- und Pflegeheime barrierefrei sind und eine gute Infrastruktur anbieten. Darüber hinaus sind Pflegeheime eine kostengünstigere Alternative zur 24-Stunden-Betreuung, da nicht nur Betreuungsleistungen, sondern auch andere Kosten inbegriffen sind (vgl. OECD, 2017, S. 243).

Die sozialwissenschaftliche Auseinandersetzung mit Pflegeheimen findet auf unterschiedlichen Themengebieten statt. Neben zahlreichen Studien, die sich mit den konkreten Gründen für und Auswirkungen von einem Umzug ins Heim beschäftigen (Bekhet, Zauszniewski, & Nakhla, 2009; Hansen & Gottschalk, 2006; Löfqvist et al., 2013), gibt es auch viele Studien, die sich mit den Einstellungen gegenüber Pflegeheimen auseinandersetzten (Seifert & Schelling, 2011, 2017). Das vorliegende Kapitel beschäftigt sich mit den Sichtweisen auf das Pflegeheim und Wünsche an die Wohnform aus der Perspektive von Personen, die in Privathaushalten leben. Die Literatur zeigt hier, dass diverse und differenzierte Bilder vom Leben und der Lebensqualität in Heimen existieren (Amann, Ehgartner, & Felder, 2010). Die Wohnform Pflegeheim nur als letzte Option zu verstehen, greift zu kurz.

Eine zentrale Frage in den Sichtweisen auf und Einstellungen gegenüber Pflegeheimen stellen Annahmen darüber dar, wie sich die Lebensqualität älterer Menschen durch den Umzug ins Pflegeheim verändert. Lebensqualität im Allgemeinen ist ein multidimensionales Konstrukt, von dem es zahlreiche Definitionen gibt. Die meisten Definitionen gehen davon aus, dass eine gute Lebensqualität einerseits auf sogenannten objektiven Lebensbedingungen, wie der ökonomischen Lage, dem Familienstand oder der Gesundheit, beruht, andererseits auf der subjektiven Zufriedenheit mit den objektiven Bedingungen. Diese Zufriedenheit basiert zum einen auf persönlichen Wertorientierungen und Präferenzen, zum anderen auch auf Vergleichen mit anderen Personen (Felce & Perry, 1995). Determinanten der Lebensqualität im höheren Alter sind nun vor allem der physische und psychische Gesundheitszustand, welcher sehr stark vom sozio-ökonomischen Status beeinflusst wird, aber auch soziale und räumliche Lebensumstände, wie etwa der Verlust von Freunden, Freundinnen und Verwandten, der Gewinn an Wohnfläche nach dem Auszug der Kinder oder, in Bezug auf das Leben in Heimen, auch das Gefühl von Akzeptanz, Privatheit, Sicherheit, Autonomie und Empathie (Estermann, 2008).

In der Vorstellung vieler Menschen waren und sind Alten- und Pflegeheime mit einem ungünstigen Image – und damit mit problematischen Effekten auf die Lebensqualität – verbunden. Sie wurden lange Zeit mit kranken, hilfsbedürftigen alten Menschen, die passiv, abhängig und sozial isoliert sind, assoziiert (Wahl & Reichert, 1994). So wird auch heute vielfach mit dem Leben in einem Pflegeheim der Verlust der Selbstständigkeit und Privatheit und Unterordnung des kompletten Tagesablaufs unter unveränderbare Regeln verbunden (Seifert & Schelling, 2013). In diesem Zusammenhang werden Pflegeheime als abgeschwächte Form einer totalen Institution (Goffman 1961) beschrieben und verstanden. Als typisch für eine totale Institution gilt, dass alle Angelegenheiten des Lebens an ein und derselben Stelle unter derselben Autorität stattfinden und dabei einem exakten Plan und strengen Regeln folgen. Die Bewohner und Bewohnerinnen von totalen Institutionen – beschrieben anhand psychiatrischer Einrichtungen in den späten 1950er Jahren - haben keine Kontrolle über ihr Leben und auch keine Privatsphäre, sowie nur beschränkten Kontakt zur Außenwelt (vgl. Goffman, 2014/1961, S. 17f).

Das Bild vom Leben und Wohnen in Pflegeheimen wird größtenteils von der medialen Berichterstattung geprägt. Da die meisten Menschen keine persönlichen Erfahrungen mit Pflegeheimen haben, orientieren sie sich an den Medien und deren vorwiegend negativer Berichterstattung, die sich auf Pflegeskandale ausrichtet (Isfort, 2013). Studien aus Deutschland zeigen, dass die Berichterstattung über das Gesundheitssystem und seine Akteure und Akteurinnen überwiegend negativ ist (Grünberg, 2013). Weitgehend unberücksichtigt bleibt, dass sich die sozio-demografische Struktur der älteren Menschen in Pflegeheimen stark verändert hat, die sich vor allem in einer Verschiebung der Alterszusammensetzung zeigt. Das Eintrittsalter in Pflegeheime hat sich deutlich erhöht. Damit im Zusammenhang steht eine höhere Multimorbidität und eine größere Zahl von Menschen mit Demenz. Schließlich werden Veränderungen in den institutionellen Rahmenbedingungen ausgeblendet. Dazu gehören sowohl neue Wohn- und Pflegekonzepte als auch steigende Kompetenzen des Pflegepersonals. Jedenfalls sind in den letzten Jahrzehnten zahlreiche Veränderungen beobachtbar, und zwar nicht nur im Bereich der Heimführung und der Angebotsstruktur, sondern auch in der Bauweise und räumlichen Gestaltung. Alle diese Veränderungen haben das Ziel, die Lebensqualität älterer Menschen in Heimen zu verbessern (siehe Kapitel: Der Mensch im Raum). Die Auswirkungen zeigen sich in aktuellen Studien. So konnten Seifert und Schelling in ihrer Langzeitstudie bei den älteren Befragten, die vor und nach dem Eintritt in Züricher Heime interviewt wurden, keine durch die Erfahrungen der Institutionalisierung auftretenden Unterschiede bei der wahrgenommenen Selbstständigkeit, subjektiven Gesundheit und Freude feststellen. Ebenfalls blieben die größtenteils positiven Einstellungen gegenüber Alten- und Pflegeheimen auch nach dem Heimeintritt unverändert. Personen mit anfangs negativen Einstellungen bewerteten ihr Heim nach dem Eintritt sogar signifikant positiver (Seifert & Schelling, 2017). Generell wird ein Umzug in eine stationäre Einrichtung von älteren Menschen auch mit Erleichterung, Sicherheit, guter pflegerischer Versorgung, neuen Sozialkontakten und der Nutzung von vielfältigen Aktivierungsangeboten verbunden (Seifert & Schelling, 2011).

Vorstellungen über das Leben in einem Alten- und Pflegeheim hängen aber nicht nur von medialer Information ab, sondern auch davon, welche Vorstellungen eine Person vom Alter und dem Älterwerden generell hat. Vorstellungen über das eigene Älterwerden bilden sich im Prozess des Alterns heraus und sind einerseits durch Fremdbilder, d. h. gesellschaftliche Bilder vom Alter und Erwartungen an ältere Menschen geprägt, sowie andererseits durch Selbstbildern, d. h. individuellen Erfahrungen und der Lebenslage einer Person, etwa ihrem Bildungsniveau oder Gesundheitszustand (Wurm & Huxhold, 2012). Neuere Studien zeigen nun, dass die Erwartungen einer Person an ihr höheres Lebensalter die Wohnpräferenzen beeinflussen und somit Personen mit positiven Altersbildern, die also von einem selbstständigen, aktiven Alter ausgehen, institutionelles Wohnen eher ablehnen. Im Gegensatz dazu bevorzugen Personen, die eine defizitäre Sichtweise in Bezug auf die Gesundheit und soziale Kontakte im Alter haben, eher institutionelle Wohnformen (Spangenberg et.al., 2013).

Aus diesen Überlegungen können für die nachfolgende Darstellung der Einstellung zu Alten- und Pflegeheimen der österreichischen Bevölkerung folgende Fragen abgeleitet werden: Wie schätzen ältere Österreicherinnen und Österreicher Pflegeheime allgemein ein? Welches Image haben Pflegeheime? Welche sozio-demografischen Unterschiede lassen sich in der Einschätzung von Pflegemeinen feststellen? Welche Bedeutung haben die subjektive Gesundheit und haben die Altersbilder der Befragten für die Wahrnehmung von Pflegeheimen? Wie wirkt das Zusammenspiel von objektiven und subjektiven Faktoren auf die Einstellung zu Pflegeheimen?

Das Image von Alten- und Pflegeheimen

Mehr als die Hälfte der Befragten ist positiv gegenüber Pflegeheimen eingestellt

In einem ersten Schritt wurde die allgemeine Einstellung der Befragten zu Pflegeheimen auf einer Skala von 1 „sehr negativ" bis 10 „sehr positiv" abgefragt. Die Antwortkategorie 5 kann dabei als eine unentschlossene Haltung identifiziert werden und wurde von 23 % der Befragten gewählt. 54 % der Befragten gaben Werte zwischen 6 und 10 an, haben also ein eher bis sehr positives Bild von Alten- und Pflegeheimen im Allgemeinen. Davon haben alleine schon 17 % den höchsten Wert 10 gewählt. Ein knappes Viertel gab Werte zwischen 1 und 4 an und hat somit eine eher bis sehr negative Einstellung dazu. Diese allgemein positive Einstellung kann als Ergebnis der Entwicklungen in den letzten 20 Jahren gedeutet werden und findet sich auch in der Züricher Stichprobe wieder, bei der 52 % eine positive Haltung angegeben haben (vgl. Seifert & Schelling, 2013, S. 27).

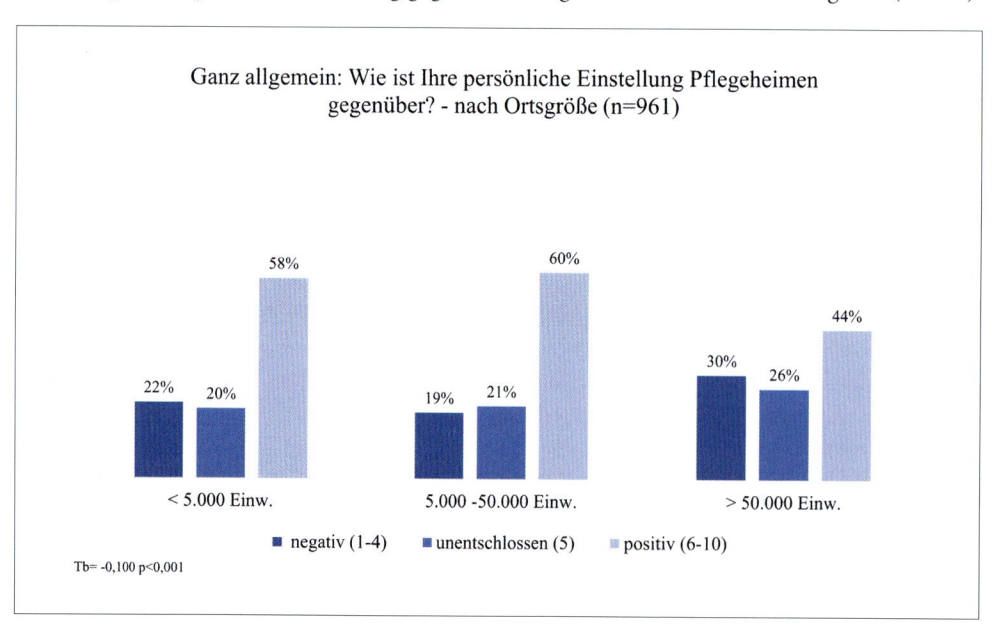

Abbildung 33: Allgemeine Einstellung gegenüber Pflegeheimen nach Wohnortsgröße (n=961)

Die Einstellungen gegenüber Alten- und Pflegeheimen variieren einerseits zwischen Stadt und Land, andererseits mit dem Alter und dem sozio-ökonomischen Status. Die Einstellung zu Pflegeheimen im ruralen und semi-ruralen Raum ist positiver (58 % - 60 %) als in Städten (44 %) (siehe Abb. 33). Das könnte einerseits an einer höheren Vertrautheit mit dem Heim vor Ort liegen. So ist die These, dass, aufgrund einer generell hohen Einbindung älterer Menschen in ländliche Gemeinden[2], auch Bewohner und Bewohnerinnen von Pflegeheimen stärker in

---

2   Enger Kontakt mit Nachbarn -Ja: <5.000 Einw. = 75 %; 5.000-50.000 Einw. = 77 %; >50.000 Einw.=66 % Cramers-V=0,102 p<0,001. Interpretation Cramer-V: 0= kein Zusammenhang, 1=perfekter Zus.

den Gemeindealltag inkludiert sind, wodurch Erfahrungen ausgetauscht werden können. Dies müsste allerdings noch empirisch nachgewiesen werden. In ländlichen Gemeinden ist die Einstellung gegenüber Pflegeheimen möglicherweise auch deshalb günstiger, weil diese im Vergleich etwa zu einem bäuerlichen Haushalt bessere Wohnbedingungen (z. B. Barrierefreiheit) aufweisen.

Darüber hinaus sind Unterschiede in der Einstellung nach dem Alter gegeben. So ist die positive Einstellung im höheren Alter stärker ausgeprägt als bei den jüngeren Altersgruppen, und zwar geben 59 % der über 80-Jährigen Werte zwischen 6 und 10 an im Vergleich zu 51 % der 60- bis 69-Jährigen[3]. Diese Unterschiede sind aber weniger durch das Lebensalter selbst zu erklären als durch Faktoren, die mit dem Alter einhergehen, nämlich unterschiedliche Bildungs- und Einkommensniveaus. Es bestehen signifikante Unterschiede zwischen Personen mit niedriger und hoher Bildung, sowie geringem und hohem Einkommen. Personen mit niedrigem sozio-ökonomischen Status (geringeres Einkommen, geringere Schulbildung), die häufiger in höheren Altersgruppen anzutreffen sind haben eine positivere Einstellung gegenüber Pflegeheimen als ältere Menschen mit hohem sozio-ökonomischen Status[4]. Eine mögliche Erklärung für die Unterschiede sind Push-Faktoren, von denen Personen mit niedrigem sozio-ökonomischen Status stärker beeinflusst sind. Während Personen mit höherem Einkommen sich leichter professionelle Hilfe für zu Hause holen können, bietet der Umzug in ein Alten- und Pflegeheim für Personen mit niedrigerem Einkommen eine Alternative, bei der nicht nur die Betreuung, sondern andere Kosten inkludiert sind (vgl. OECD, 2017, S. 243).

Soziale Kontakte und Pflegequalität sind besser gewährleistet als Privatsphäre und selbstbestimmte Lebensführung

Zusätzlich zu einer Beurteilung der allgemeinen Einstellung zu Alten- und Pflegeheimen wurden die Befragten gebeten, Einschätzungen zu bestimmten Aspekten der Lebensqualität in Pflegeheimen zu geben. Sie sollten dabei einschätzen, wie gut diese Aspekte ihrer Meinung nach in Pflegeheimen gewährleistet sind (siehe Abb. 34). Fast die Hälfte der Befragten sieht die sozialen Kontakte und die Qualität der Pflege als gut gewährleistet und weniger als zehn Prozent sehen diese Aspekte als schlecht gewährleistet. Ein ähnliches Bild zeigt sich bezüglich der Einschätzung des Wohnkomforts.

Ungünstiger ist die Einschätzung der Privatsphäre und der selbstbestimmten Lebensführung. 28 % der Befragten schätzen die Privatsphäre und die selbstbestimmte Lebensführung in Alten- und Pflegeheimen als schlecht ein. Fast die Hälfte ist hier unentschlossen (teils/teils). Dies spricht dafür, dass Alten- und Pflegeheime von der Mehrheit der älteren Bevölkerung Österreichs zwar allgemein positiv gesehen werden, aber spezifische Aspekte wie Privatsphäre und selbstbestimmten Lebensführung kritisch bewertet werden. Dieses Ergebnis ist doch

---

3   r=0,140 p<0,001 Interpr. Pearsons-r: -1 =perfekter negativer Zusammenhang; 0 =kein Zus.; 1=perfekter positiver Zus.
4   <u>Höchste abgeschlossene Bildung</u>: Niedrige Bildung: Median=6 Interquartilsabstand (IQR)=3; hohe Bildung: Median=5 IQR=4. KW-Test: p<0,001 001 Interpretation: *KW-Test:* H0= Die Verteilung der Einstellung zu Pflegeheimen ist über die Kategorien der Bildung identisch. Bei p<0,05 wird H0 verworfen.
    <u>Monatliches Nettoäquivalenzeinkommen</u>: weniger als 1100€: Median=6 IQR=3; über 1800€: Median=5 IQR=4. KW-Test: p=0,019

überraschend, da in den letzten Jahrzehnten erhebliche Anstrengungen unternommen worden sind, in Pflegeheimen mehrheitlich Einzelzimmer anzubieten und Wohnkonzepte zu verfolgen, die dem personen-zentrierten Ansatz von Tom Kitwood folgen (Kitwood, 2008).

Abbildung 34: Beurteilung spezifischer Aspekte von Alten- und Pflegeheimen

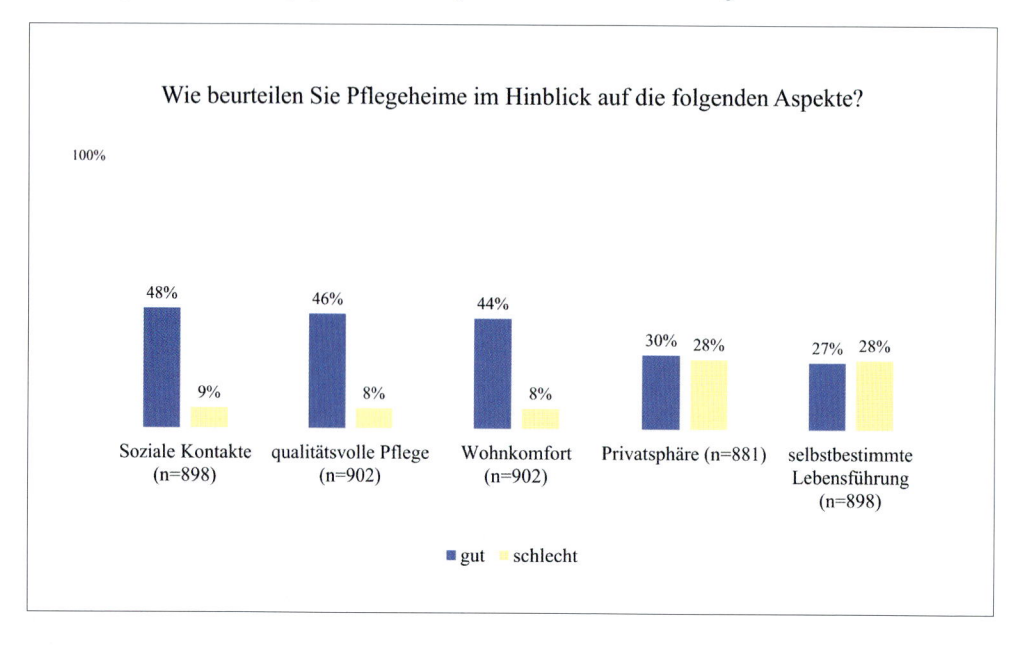

Wie beurteilen Sie Pflegeheime im Hinblick auf die folgenden Aspekte?

Aspekt	gut	schlecht
Soziale Kontakte (n=898)	48%	9%
qualitätsvolle Pflege (n=902)	46%	8%
Wohnkomfort (n=902)	44%	8%
Privatsphäre (n=881)	30%	28%
selbstbestimmte Lebensführung (n=898)	27%	28%

Zwischen 42 % und 48 % der Befragten geben bei den fünf Aspekten die Antwort „teils/teils" an, was darauf schließen lässt, dass sie ambivalente Vorstellungen zum Wohnen im Heim haben.

Da die Lebensqualität davon abhängt, mit welcher Werte- und Präferenzorientierung man die objektiven Lebensbedingungen bewertet, aber auch mit wem man die Lebensbedingungen vergleicht (z. B. mit Gleichaltrigen oder Jüngeren), variiert die Einschätzung der Lebensqualität in Heimen u. a. nach dem Alter und dem sozio-ökonomischen Status. Entsprechend der allgemeinen Einstellung zu Heimen schätzen Personen über 80 Jahren alle gelisteten Aspekte signifikant positiver ein als die jüngeren Altersgruppen, wobei vor allem die Privatsphäre[5], die selbstbestimmte Lebensführung[6] und der Wohnkomfort[7] von den über 80-Jährigen positiver eingeschätzt werden.

---

5 T_c=0,274 p<0,001 Interpr. Tau-c: -1 =perfekter negativer Zusammenhang; 0 =kein Zus.; 1=perfekter positiver Zus.
6 T_c=0,263 p<0,001
7 T_c=0,229 p<0,001

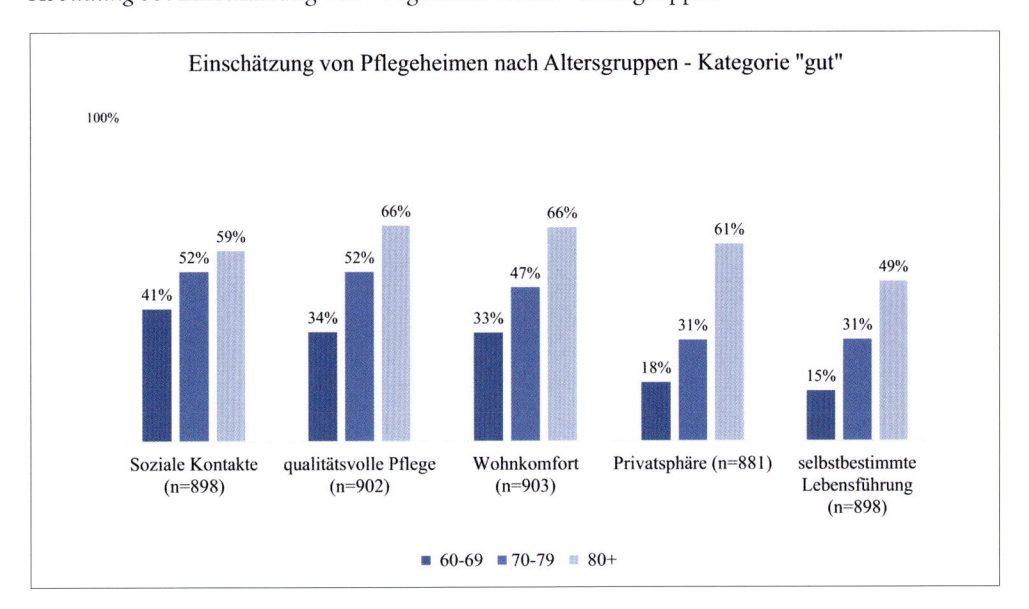

Abbildung 35: Einschätzung von Pflegeheimen nach Altersgruppen

Einschätzung von Pflegeheimen nach Altersgruppen - Kategorie "gut"

	60-69	70-79	80+
Soziale Kontakte (n=898)	41%	52%	59%
qualitätsvolle Pflege (n=902)	34%	52%	66%
Wohnkomfort (n=903)	33%	47%	66%
Privatsphäre (n=881)	18%	31%	61%
selbstbestimmte Lebensführung (n=898)	15%	31%	49%

Das Einkommen beeinflusst die Einschätzung bezüglich der selbstbestimmten Lebensführung und dem Wohnkomfort. Personen mit einem höheren monatlichen Nettoäquivalenzeinkommen gehen davon aus, dass diese beiden Aspekte in Alten- und Pflegeheimen weniger gegeben sind als Personen mit geringerem Einkommen[8]. Der Einfluss der Bildung auf die Beurteilung der selbstbestimmten Lebensführung, Privatsphäre und Wohnkomfort ist etwas weniger stark ausgeprägt. Personen mit höherem Bildungsabschluss sehen diese drei Aspekte in Heimen schlechter gegeben[9] als Personen mit niedrigerer Bildung. Schließlich schätzen Personen in Städten alle Aspekte der Lebensqualität in Pflegeheimen schlechter ein als Personen in ländlicheren Gebieten[10], bis auf die Sozialkontakte. Diese werden unabhängig vom Wohnort überwiegend als gut bewertet.

Erwartungen an das Ausstattungs- und Aktivitätsangebot in Pflegeheimen

42 % der Über-75-Jährigen und 83 % der 60- bis 74-Jährigen wünschen sich Internet im Pflegeheim

Welche Vorstellungen und Erwartungen haben ältere Menschen in Hinsicht auf Ausstattungs- und Aktivitätsangebote in Pflegeheimen? Gefragt wurde: Was soll Ihrer Meinung nach ein modernes Pflegeheim bieten? Am häufigsten genannt wurden Freizeitaktivitäten, ein Schlaf-

---

8 Selbstbestimmung T_b= -0,124; Wohnkomfort T_b= -0,135 p<0,001
9 Selbstbestimmung T_b= -0,104; Privatsphäre T_b= -0,117; Wohnkomfort T_b= -0,100 p<0,01
10 Selbstbestimmte Lebensführung T_b= -0,139; Pflegequalität T_b= -0,143; Privatsphäre T_b= -0,102; Wohnkomfort T_b= -0,154

und Wohnzimmer und die Möglichkeit, Aufgaben und Verantwortung im Heimalltag zu übernehmen (siehe Abb. 36). Weniger interessiert sind ältere Menschen am Vorhandensein der neuesten Technologien (z. B. einem sprachgesteuerten Fernsehapparat), wobei auch hier 45 % der Befragten nicht abgeneigt sind.

Jüngere Altersgruppen haben höhere Ansprüche an moderne Pflegeheime in beinahe allen Punkten, lediglich beim Interesse an kleinen Wohngruppen unterscheiden sich die Altersgruppen nicht voneinander. Dies liegt einerseits daran, dass die gelisteten Angebote eher die jüngere Altersgruppe ansprechen, hier also generationelle Interessensunterschiede bestehen. Andererseits sind auch gesundheitliche Einschränkungen, die im höheren Alter häufiger vorkommen[11], für den Altersunterschied relevant. Die Altersunterschiede liegen also nicht primär am Lebensalter.

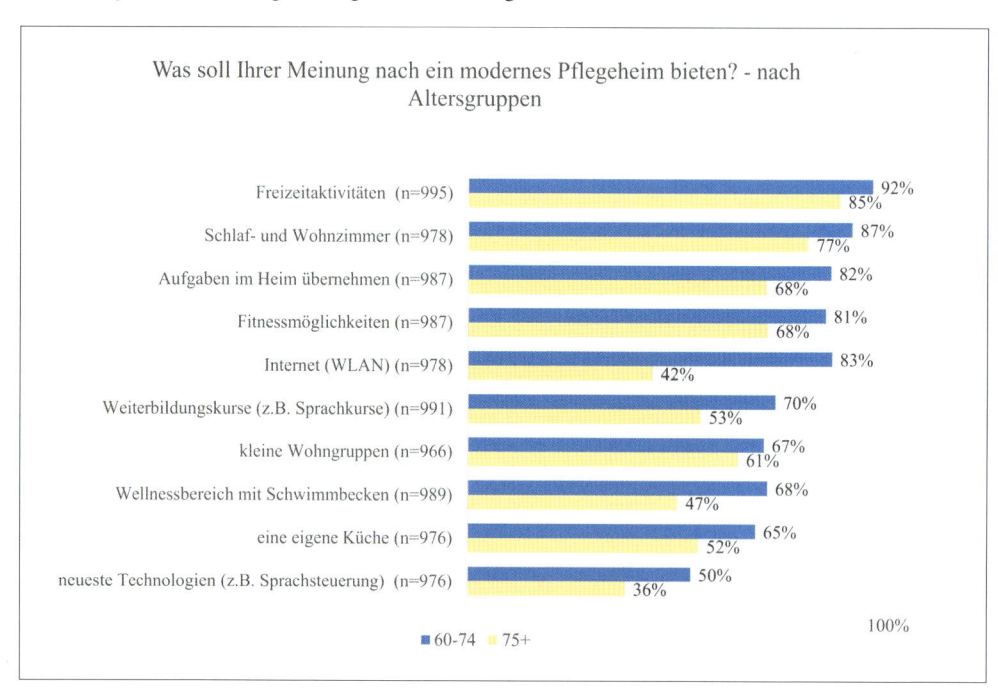

Abbildung 36: Einstellung zu Angeboten in Pflegeheimen nach Alter

Personen mit gesundheitlichen Einschränkungen zeigen eine geringere Nachfrage nach Fitnessmöglichkeiten, nach der Möglichkeit, Aufgaben und Verantwortung im Heimalltag zu übernehmen[12] und nach Wellnessangeboten. Letztere Unterschiede haben weniger mit dem Gesundheitszustand zu tun als mit der Generationszugehörigkeit. Die Generation der Baby Boomer, d. h. der 60–74-Jährigen hat einen anderen Zugang zu Gesundheitsangeboten, die als Wohlfühlangebote ausgerichtet sind, als die Generation der Pre-Boomer, d. h. der 75-Jährigen

---
11 $T_c=0{,}144$ $p<0{,}001$
12 Subj. Gesundheit und Wellnessbereich: Cramers-V=0,100 p<0,01; Fitnessmöglichkeit: V=0,144 p<0,001; Verantwortung: V=0,124 p<0,001; Interpretation Cramer-V: 0= kein Zusammenhang, 1=perfekter Zus.

und Älteren. Gesundheit wurde den Pre-Boomern primär über ein bio-medizinisches Verständnis vermittelt und weniger über einen psycho-sozialen Zugang. Außerdem ist das Wellness-Konzept ein relativ junger Ansatz, der in den 1970er Jahren von den Gesundheitswissenschaften eingeführt wurde.

Sozio-ökonomische Unterschiede bestehen in der Nachfrage nach Internet bzw. WLAN. Personen mit höherem Einkommen und höherer Bildung geben eher an, Internet in einem modernen Pflegeheim zu wollen[13]. Ebenfalls geben mehr ältere Männer an (76 %), Internet in einem Heim haben zu wollen als ältere Frauen (62 %)[14]. Im Gegensatz dazu wollen Frauen (70 %) eher Weiterbildungskurse (z. B. Sprach- oder Handwerkskurse) als Männer (56 %)[15].

Gesundheit und Altersbilder in ihrer Wirkung auf die Einschätzung von Pflegeheimen

Einer der meist genannten Push-Faktoren für einen Umzug im Alter stellt die Gesundheit dar (siehe Kapitel: Umzugsbereitschaft und Umzugsgründe). So ziehen ältere Menschen eher als Reaktion auf gesundheitliche Probleme oder andere lebensverändernde Ereignisse um, als einen Umzug proaktiv zu planen (Pope & Kang, 2010). Daher ist davon auszugehen, dass höhere Altersgruppen und Personen mit schlechterer Gesundheit das Alten- oder Pflegeheim bei Pflegebedarf stärker präferieren (Höpflinger & Van Wezemael, 2014).

Während höhere Altersgruppen Pflegeheime positiver einschätzen als jüngere, wirken sich in dieser Stichprobe die subjektive Gesundheit und der funktionelle Gesundheitsstatus[16] nicht auf die Einstellung aus. Personen mit einem ungünstigen subjektiven Gesundheitsempfinden haben damit eine ähnliche Einstellung zu Pflegeheimen wie Personen mit einem positiven subjektiven Gesundheitsempfinden. Dafür könnte die niedrige Anzahl an Personen mit schlechter, subjektiver Gesundheit verantwortlich sein (5 %), wobei dieses Ergebnis auch in der Gesundheitsbefragung 2014 der Statistik Austria erzielt wurde (Statistik Austria, 2015). Naheliegender ist hier, dass die Einstellung zu Pflegeheimen stärker von den Erwartungen ans eigene Älterwerden beeinflusst wird als vom tatsächlichen Alter oder dem Gesundheitsempfinden.

Wie sieht nun der Einfluss der Erwartungen an das Älterwerden, auf die Wohnpräferenzen aus. So zeigt eine jüngere Studie, dass Personen, die das Alter als Ballast und Zumutung begreifen, eher die Wohnoption Pflegeheim für ihr höheres Lebensalter bejahten (Spangenberg et. al., 2013). Je mehr eine Person also von einem selbstständigen, aktiven Altern ausgeht, desto weniger sieht sie Alten- und Pflegeheime als eine Option für das höhere Lebensalter.

In dieser Studie sollten die Befragten eine Einschätzung geben, inwiefern positive und negative Aussagen über das Älterwerden auf ihre eigenen Erfahrungen zutreffen[17]. Während nun das negative Altersbild die allgemeine Einstellung zu Pflegeheimen kaum beeinflusst, ist das positive Bild auch nach der Kontrolle auf andere Zusammenhänge für die Erklärung der Einstellung relevant.

---

13 Bildung: Cramers-V=0,321 p<0,001; Einkommen: V=0,155 p<0,001
14 Phi=0,151 p<0,001 Interpr. Phi: -1 =perfekter negativer Zusammenhang; 0 =kein Zus.; 1=perfekter positiver Zus.
15 Phi= -0,140 p<0,001
16 Activities of Daily Living
17 Wie erleben Sie Ihr eigenes Älterwerden? Treffen die folgenden Aussagen für Sie persönlich sehr/eher/eher nicht/gar nicht zu? Älterwerden bedeutet für mich, (1) dass ich weiterhin viele Pläne mache (2) dass ich weiterhin in der Lage bin, neue Dinge zu lernen.

Abbildung 37: Multiple Regressionsanalysen der Zusammenhänge des Alters, der Gesundheit und des positiven Altersbildes mit der Einstellung zu Pflegeheimen

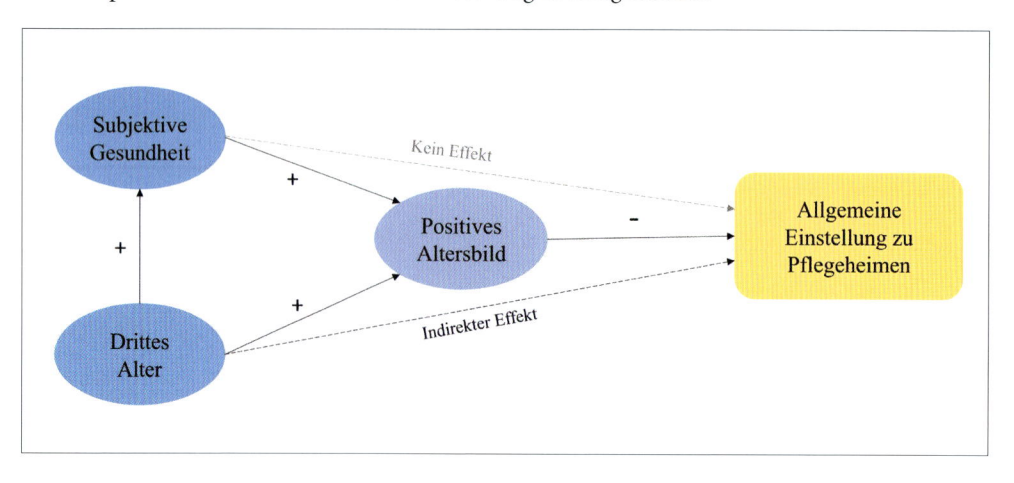

Das Alter wirkt sich auf die allgemeine Einstellung gegenüber Pflegeheimen indirekt aus, indem es das Altersbild beeinflusst, das wiederum die Einstellung gegenüber Pflegeheimen beeinflusst. So empfinden Personen im dritten Lebensalter ihr eigenes Älterwerden positiver als dies diejenigen im vierten Lebensalter tun[18] und je positiver eine Person ihr eigenes Älterwerden empfindet, desto zurückhaltender ist sie Alten- und Pflegeheimen gegenüber eingestellt[19]. Zusätzlich gilt: Je besser die eigene Gesundheit wahrgenommen wird, desto mehr stimmt die Person einem positiven Altersbild zu[20]. Das bedeutet im Wesentlichen, dass für die Einstellung zu Pflegeheimen das Alter nicht direkt und die Gesundheit überhaupt nicht relevant sind, sondern die damit verbundenen Erwartungen ans höhere Lebensalter.

Personen, die sich älter fühlen, schätzen Pflegeheime positiver ein

Welche Rolle spielt das gefühlte Alter für die Einschätzung der Wohnform Pflegeheim? Gefragt wurde in dieser Studie: Wie alt fühlen Sie sich? Welches Alter würden Sie nennen (in Jahren)? Wie alt man sich fühlt, hängt mit unterschiedlichen Aspekten zusammen; mit dem Gesundheitszustand, dem gesellschaftlichen Status, aber auch mit dem in der Gesellschaft vorherrschenden Bild des Alters und älterer Menschen (Tews, 1993). Daher kann, ähnlich wie bei den Erwartungen ans Älterwerden, davon ausgegangen werden, dass Personen, die sich jung fühlen, eine ungünstigere Einstellung zu Pflegeheimen haben als Personen, die sich alt fühlen.

---

18 39 % der 60- bis 74-Jährigen und 21 % der über 75-Jährigen empfinden ihr eigenes Älterwerden als sehr positiv. ($r=-0{,}337$ $p<0{,}001$)
19 $r= -0{,}141$ $p<0{,}001$
20 $r= 0{,}266$ $p<0{,}001$

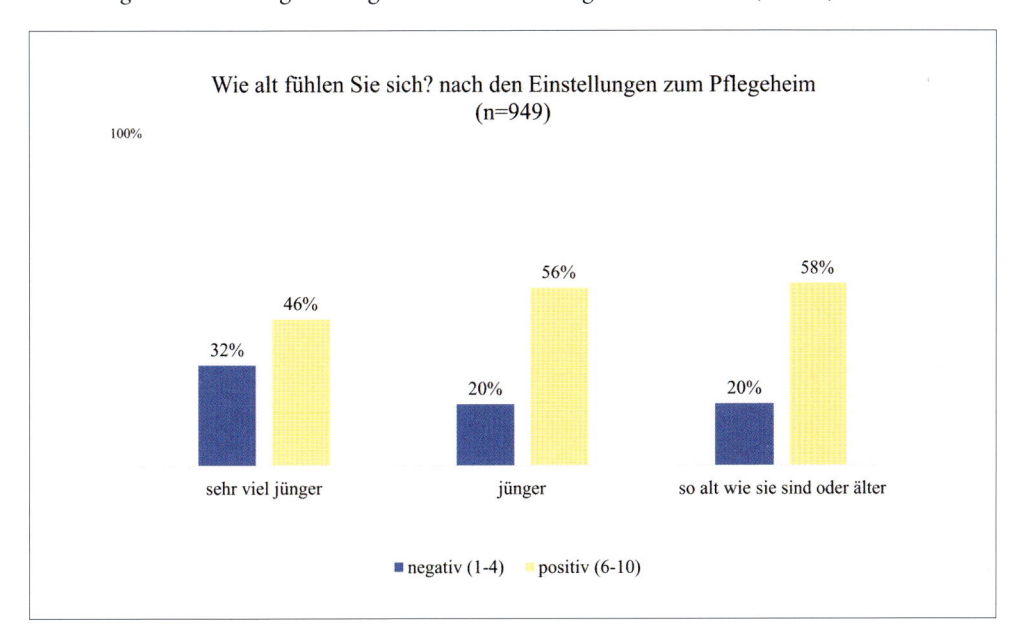

Abbildung 38: Einstellung zu Pflegeheimen nach dem gefühltem Alter (n=949)

Wie alt fühlen Sie sich? nach den Einstellungen zum Pflegeheim (n=949)

- sehr viel jünger: negativ 32%, positiv 46%
- jünger: negativ 20%, positiv 56%
- so alt wie sie sind oder älter: negativ 20%, positiv 58%

■ negativ (1-4) ■ positiv (6-10)

Diese These kann mit den vorliegenden Daten bestätigt werden. Ein Drittel der Befragten, die sich sehr viel jünger fühlen als sie tatsächlich sind[21], gibt auf der 10er-Skala Werte zwischen 1 und 4 an und hat damit ein ungünstiges Bild von Pflegeheimen. Dagegen gibt ein Fünftel der Personen, die sich jünger fühlen oder so alt, wie sie sind und älter, eine negative Einstellung an.

Eine mögliche Erklärung dafür ist, dass Personen mit einer schlechteren subjektiven Gesundheit sich tendenziell älter fühlen, als sie tatsächlich sind. 45 % der Befragten, die sich älter fühlen, haben einen mittelmäßigen bis sehr schlechten Gesundheitszustand angegeben im Vergleich zu 25 – 27 % der Personen, die sich jünger fühlen[22]. Auch hier beeinflusst der Gesundheitszustand die Wahrnehmung des Alters und die Wahrnehmung als „alt" führt wiederum zu einer negativen Einstellung zu Pflegeheimen.

Betrachtet man den Einfluss der individuellen Altersbilder auf die speziellen Erwartungen an ein modernes Pflegeheim lässt sich erkennen (siehe Abb. 39): Je stärker positiven Einstellungen zum Älterwerden zugestimmt wird, desto höher sind die Erwartungen an die Aktivitätsvielfalt und neue Technologien in Pflegeheimen. Während vier Fünftel der Befragten, die das eigene Älterwerden positiv sehen, sich digitale Vernetzung wünschen, ist es bei jenen, die das eigene Älterwerden eher belastend sehen nur jede zehnte Person. Dieser Effekt bleibt auch nach Kontrolle des Faktors Lebensalter und sozioökonomischer Status erhalten[23].

---

21 Fühlen sich 15+ Jahre jünger als sie tatsächlich sind
22 $T_b = 0{,}217$ $p<0{,}001$
23 Logistische Regression: Koeffizient Altersbild: $p<0{,}001$

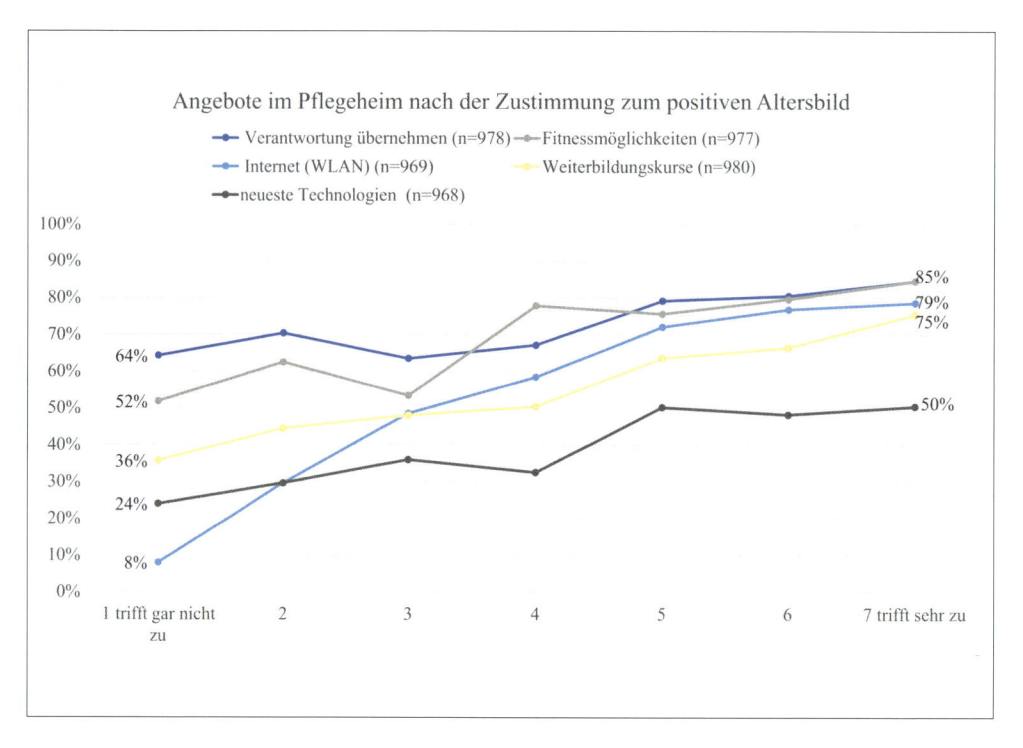

Abbildung 39: Zustimmung zu Aktivitäts- und Ausstattungsangeboten nach dem positiven Altersbild

Angebote im Pflegeheim nach der Zustimmung zum positiven Altersbild

- Verantwortung übernehmen (n=978)
- Fitnessmöglichkeiten (n=977)
- Internet (WLAN) (n=969)
- Weiterbildungskurse (n=980)
- neueste Technologien (n=968)

Lesebsp.: Das positive Altersbild wurde aus der Kombination der beiden Fragen „Älterwerden bedeutet für mich, (1) dass ich weiterhin viele Pläne mache, (2) dass ich weiterhin in der Lage bin, neue Dinge zu lernen" gebildet, wobei die Befragten von „trifft gar nicht zu" bis „trifft sehr zu" antworten konnten. D. h., 50 % der Befragten, die den beiden Aussagen sehr zustimmen, haben Interesse an den neuesten Technologien geäußert.

Zusammenfassend kann also festgehalten werden, dass das subjektive Gesundheitsempfinden keinen Einfluss und das Alter keinen direkten Einfluss auf die allgemeine Haltung gegenüber Pflegeheimen hat. Das Alter wirkt nur indirekt über die Einstellung zum eigenen Älterwerden, d. h. Personen im dritten Alter haben positivere Erwartungen an das eigene Älterwerden und diese Einstellung wirkt sich dann eher zurückhaltend gegenüber der Wohnform Pflegeheim aus. Insgesamt ein nachvollziehbares Einstellungsmuster, wenn das Pflegeheim primär als Versorgungseinrichtung für stark pflegebedürftige Menschen ausgerichtet ist. Von daher ist dann auch nicht überraschend, dass jene Menschen, die ihr eigenes Älterwerden positiv sehen, auch mehr Ansprüche an ein Pflegewohnen im Alter haben.

Das Pflegeheim im Spiegel objektiver und subjektiver Wirkfaktoren

In den ersten Abschnitten dieses Kapitels wurden zuerst objektive Faktoren in ihrem Einfluss auf die Einstellung gegenüber Pflegeheimen geprüft und danach subjektive Einflüsse. Zum Abschluss dieses Teils sollen alle bisherigen Faktoren und weitere Bedingungen in einem multivariaten Modell zusammengeführt werden. Dabei wird zunächst ein Modell für die allgemeine Einschätzung der Pflegeheime vorgestellt und anschließend Modelle für die einzelnen Aspekte von Pflegeheimen.

Abbildung 40 zeigt die vier stärksten Effekte (BETA) auf die allgemeine Einstellung zu Pflegeheimen sowie die Effektrichtung der anderen unabhängigen Variablen (+/-). Die höchste abgeschlossene Bildung beeinflusst auch im Gesamtmodell die Einstellung zu Pflegeheimen signifikant, insofern, als Personen mit einem Hochschulabschluss eine negativere Haltung zu Pflegeheimen äußern als Personen mit einem mittleren oder niedrigen Abschluss. Im Gegensatz dazu beeinflusst das Alter nach der Kontrolle auf andere Erklärungsansätze die Einstellung zu Pflegeheimen nicht mehr signifikant, da die Altersunterschiede durch die anderen Variablen erklärt werden können.

Abbildung 40: Direkte und indirekte Einflussfaktoren auf die allgemeine Einstellung zu Pflegeheimen[24]

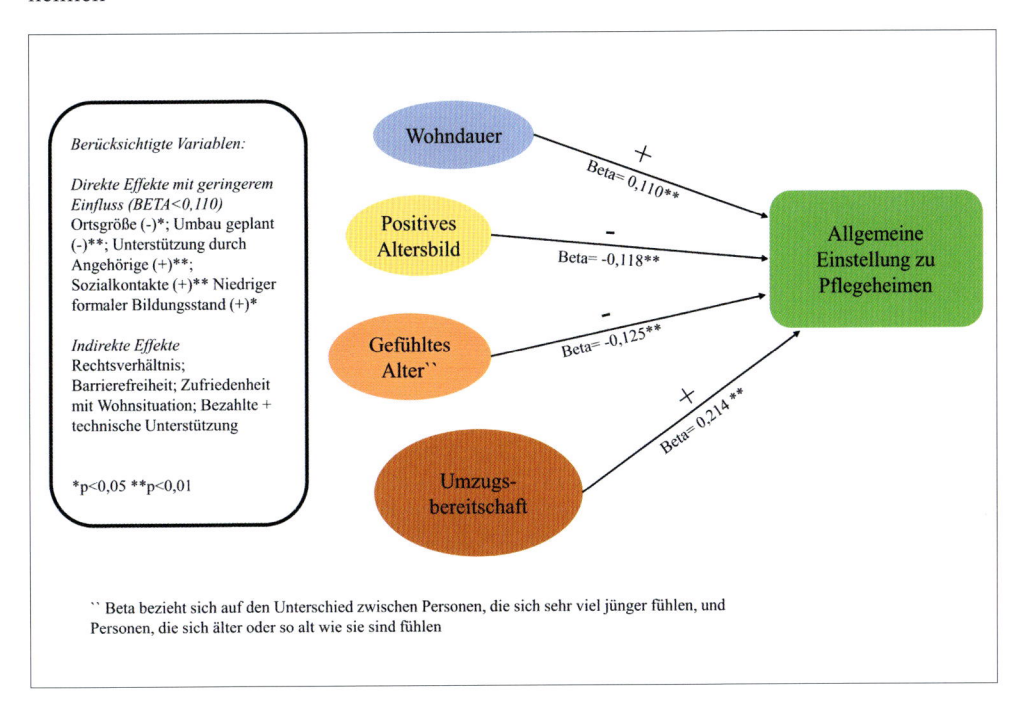

[24] $r^2 = 0,182$ n=840/ Das r^2 bedeutet, dass von der Varianz bzw. Streuung der abhängigen Variable 18 % mit dem vorliegenden Modell erklärt werden konnten. Dies ist für ein sozialwissenschaftliches Modell aufgrund der Komplexität der sozialen Welt in einem normalen Rahmen.

Wohnverhältnisse und Umbau

Die momentanen Wohnverhältnisse der Befragten beeinflussen die Einstellung zu Pflegeheimen nur indirekt. Das Rechtsverhältnis (Miete/ Eigentum), die Barrierefreiheit und die Wohnzufriedenheit haben im Gesamtmodell keinen signifikanten Effekt mehr. Die Wohndauer allerdings beeinflusst die Einstellung zu Pflegeheimen auch im Gesamtmodell. Je länger eine Person in einer Wohnung oder einem Haus lebt, desto positiver schätzt sie Pflegeheime ein. Eine Erklärung für diesen Zusammenhang, der trotz der Berücksichtigung des Alters[25] besteht, ist, dass eine lange Wohndauer vor allem im Eigentum mit einer Zunahme an baulichen Mängeln verbunden ist und gerade alte Mietswohnhäuser weniger barrierefrei sind. Während in Mietswohnhäusern generell Umbauplanungen für die Einzelne oder den Einzelnen schwierig sind, wollen oder können auch drei Viertel der Befragten in Eigentum keinen Umbau finanzieren. Daher betrachten Personen, die seit langer Zeit in ihrem Haus wohnen, auch wenn sie an sich nicht umziehen wollen[26], die Alternative eines Alten- und Pflegeheims positiver als Personen mit einer kürzeren Wohndauer.

Dementsprechend wird ein Umbau der Wohnung eher von der jüngeren Altersgruppe (28 %) geplant als von über 75-Jährigen (17 %)[27]. Personen, die einen Umbau planen, sind generell für Veränderungen offen und haben sich bereits Gedanken über das Wohnen im höheren Lebensalter gemacht. So betrachten sie gleichzeitig einen Umzug im Alter als wahrscheinlicher[28]. Allerdings haben sie eine eher ablehnende Einstellung zu Pflegeheimen als jene, die keinen Umbau planen. Dies spricht für eine Personengruppe, die bereit für Veränderungen ist, und zwar wahrscheinlich gerade um einen Einzug in ein Pflegeheim zu verhindern. So planen sie nicht nur einen Umbau, sie können sich auch die Verwendung von assistiver Technologie eher vorstellen[29] und sie sehen Mehrgenerationenhäuser etwas positiver[30].

Sozialkontakte, Unterstützungsmaßnahmen und Wohnort

Während die Haushaltsgröße die Einstellung zu Pflegeheimen nicht beeinflusst, stellen die vorhandenen Sozialkontakte und die vorstellbaren Unterstützungsmaßnahmen im Pflegefall wichtige Einflussfaktoren für die Erklärung der Einstellung gegenüber Heimen dar. So haben Personen, die angaben, engen Kontakt[31] zu ihrer Nachbarschaft, sowie zu Freundinnen und Freunden außerhalb der Nachbarschaft zu haben, ein positiveres Bild von Alten- und Pflegeheimen als Personen, die keinen engen Kontakt zu diesen Personengruppen haben. Die Personen mit engem Kontakt schätzen dabei alle Aspekte und insbesondere den Sozialkontakt in

---

25 Das Alter hängt stark mit der Wohndauer zusammen: r=0,475 p<0,001
26 r= -0,212 p<0,001/ 1 – 20 Jahre: MW=5,4 SD=3,2; 41+ Jahre: MW=3,8 SD=3,1 (1=Umzug sehr unwahrscheinlich – 10 sehr wahrscheinlich)
27 Phi= -0,128 p<0,001
28 Umbau geplant: MW= 5,3 SD=3,1; Umbau nicht geplant: MW=4,3 SD=3,1 p<0,001
29 Umbau geplant: MW= 3,0 SD=1,0; Umbau nicht geplant: MW=2,7 SD=1,1 p<0,001 (0=keine Technik – 4=alle vier Technologien vorstellbar)
30 Umbau geplant: MW= 6,2 SD=3,1; Umbau nicht geplant: MW=5,6 SD=3,0 p<0,01 (1=nicht gerne – 10=sehr gerne)
31 Haben Sie nahen und engen Kontakt zu …?

Pflegeheimen besser ein[32]. Dies spricht dafür, dass das Alten- und Pflegeheim als sozialer Ort aufgefasst wird, der auch im Pflegebedarf soziale Inklusion gewährleistet.

Die vorstellbaren Unterstützungsmaßnahmen für zu Hause bei sich verschlechternder Gesundheit[33] beeinflussen sowohl indirekt als auch direkt die Einstellung zu Pflegeheimen. Die Unterstützung durch bezahlte Hilfe, wie Heimhilfe, ambulante Pflegedienste und eine 24h-Betreuung, sowie die Verwendung von assistiver Technologie beeinflussen die Haltung gegenüber Pflegeheimen nur indirekt. Dagegen haben Personen, die sich eine Unterstützung durch ihre Angehörigen vorstellen könnten, auch im multivariaten Modell eine positivere Haltung gegenüber Alten- und Pflegeheimen[34]. Dies liegt daran, dass diese Personen sich einen Umzug eher vorstellen können, wenn sie ihren Angehörigen zur Last fallen (32 %), als Personen, die sich nicht durch ihre Angehörigen unterstützen lassen wollen (22 %)[35]. Das heißt, sie können sich vorstellen, dass sie bis zu einem gewissen Grad von ihren Angehörigen unterstützt werden, sollte es allerdings zu einer zu großen Belastung für ihre Angehörigen werden, stellt ein Pflegeheim auch eine gute Option dar.

Dabei ist die Ortsgröße von Bedeutung, denn Personen in kleineren Gemeinden können sich eher eine Unterstützung durch ihre Angehörigen vorstellen (71 %) als Personen in größeren Gemeinden (59 %)[36]. Die Ortsgröße ist für die Einstellung zu Pflegeheimen insgesamt relevant. So haben Personen in kleineren Gemeinden ein positiveres Bild von Alten- und Pflegeheimen (58 % Werte zwischen 6 und 10) als Personen in größeren Gemeinden (44 %, 6 – 10)[37]. Das könnte einerseits an fehlenden Alternativen in kleinen Gemeinden (<5.000 Einw.) liegen, andererseits aber auch an einer höheren Vertrautheit mit dem Heim vor Ort. So können beispielsweise das Pflegepersonal und dessen Familien zum Bekanntenkreis gehören oder die Bewohner und Bewohnerinnen sind auch weiterhin im Gemeindealltag inkludiert, wodurch Erfahrungen ausgetauscht werden können.

Umzugsbereitschaft

Der stärkste Wirkfaktor in der Einschätzung von Pflegeheimen ist die Bereitschaft zum Wohnungswechsel im Alter. Je höher die Umzugsbereitschaft einer Person ist, desto positiver ist sie Alten- und Pflegeheimen gegenüber eingestellt. Im multivariaten Modell hat die Umzugsbereitschaft den stärksten Effekt auf die Einstellung, was bedeutet, dass sie ausschlaggebend für die Erklärung ist. Neben dem Bildungs- und Gesundheitsstatus, den Wohnverhältnissen und all den anderen Einstellungen zum Älterwerden und zur Unterstützung im Alter ist die allgemeine Bereitschaft, das Zuhause im höheren Alter zu verlassen, von größter Bedeutung. Das könnte daran liegen, dass das Pflegeheim für diejenigen, die zu Hause alt werden wollen,

---

32 Zusammenhang mit Sozialkontakten in Pflegeheimen: enger Kontakt zu Nachbarn: Cramers-V= 0,132 p<0,001/ Enger Kontakt zu Freunden außerhalb: V= 0,112 p<0,01
33 Frage 24: Stellen Sie sich vor, Ihre Gesundheit verschlechtert sich. Welche Unterstützungsmaßnahmen könnten Sie sich bei sich zu Hause vorstellen bzw. nehmen Sie bereits in Anspruch? (Ja/Nein)
34 Bivariater Zusammenhang: keine Unterstützung von Angehörigen: MW=5,7 SD= 2,9/ Unterstützung durch Angehörige: MW=6,4 SD=2,7 (1=sehr negativ – 10= sehr positiv)
35 Cramers-V=0,103 p<0,01
36 Cramers-V=0,103 p<0,01
37 T_c= 0,118 p<0,001

Teil III: Analysen

eine Art Bedrohung der Selbstständigkeit und Selbstbestimmung darstellt, die mit einer sich verschlechternden Gesundheit immer größer wird. Im Gegensatz dazu betrachten Personen, die einem Umzug prinzipiell offener gegenüberstehen, auch die bestehenden Möglichkeiten anders.

Abschließend werden nun die einzelnen Aspekte von Pflegeheimen in multivariaten Modellen betrachtet. Dabei zeigt sich, dass manche Einflussfaktoren, wie das generelle Interesse an betreuten Wohnformen, für alle untersuchten Aspekte (Selbstbestimmung, Pflegequalität, Privatsphäre, Sozialkontakte, Wohnkomfort) eine Rolle spielen. Andere Einflussfaktoren (wie das Alter) spielen nur für spezifische Aspekte des Wohnens im Pflegeheim eine Rolle.

Tabelle 21: Multinominale Regressionsanalyse der fünf Aspekte von Pflegeheimen: Vergleich schlechte Einschätzung mit guter Einschätzung

	Schlechte Einschätzung der Aspekte von Pflegeheimen im Vergleich zu guter Einschätzung				
	Selbstbestimmte Lebensführung	Pflegequalität	Privatsphäre	Sozialkontakte	Wohnkomfort
	OR	OR	OR	OR	OR
Alter	0,94**		0,94**		0,92**
Monatl. Nettoäquivalenzeinkommen					
(Refgr. > 1.600€)					
< 1.100€	0,43**		0,44*		0,27**
< 1.600€					
Bildung (Refgr. Hochschule)					
- (keine) Pflichtschule			0,25**		
- Lehre					
- AHS/BHS					
Haushaltsgröße (1=Einpersonenhh)		0,38*			
Wohnortsgröße (Refgr. >50.000 Einw.)					
- <5.000 Einw.	0,50*	0,31**			
- <50.000 Einw.	0,47*				
Enger Kontakt zur Nachbarschaft (1=Ja)	0,44**	0,47*	0,44**	0,32**	0,34**
Interesse an betreuen Wohnformen (1=Ja)	0,39**	0,38**	0,49**	0,43**	0,36**
Unterstützung durch Angehörige (1=Ja)		0,43*		0,50*	
** p<0,01 *p<0,05; Indirekter Einfluss: Rechtsverhältnis, ADL, Geschlecht, positives Altersbild, Wohnzufriedenheit					
Lesebsp.: Die Chance von Personen mit weniger als 1.100 € die Selbstbestimmung als schlecht anstatt als gut einzuschätzen, ist um den Faktor 0,43 niedriger als von Personen mit mehr als 1.600 €.					

Selbstbestimmte Lebensführung

Es zeigt sich, dass die selbstbestimmte Lebensführung, auch nach der Kontrolle auf andere Einflussfaktoren, von jüngeren Altersgruppen schlechter eingeschätzt wird als von über 80-Jährigen. Zusätzlich sehen niedrigere Einkommensgruppen (<1.100€) die Selbstbestimmung als besser umgesetzt an als höhere Einkommensgruppen (>1.600€). Es zeigen sich auch hier Unterschiede zwischen urbanen und ländlichen Gemeinden. Dies weist darauf hin, dass sich die allgemein positivere Einschätzung von Pflegeheimen in ländlicheren Regionen vor allem durch eine positivere Einschätzung der Selbstbestimmung und der Pflegequalität in ruralen Gemeinden erklären lässt.

Unabhängig von der Gemeindegröße führt auch ein engerer Kontakt zu den Nachbarn und Nachbarinnen zu einer besseren Einschätzung der Selbstbestimmung. Der positive Effekt der Nachbarschaft ist für alle untersuchten Pflegeheimaspekte relevant. Dies verdeutlicht die Bedeutung der sozialen Einbindung in der Wohnumgebung für die Einstellung gegenüber Pflegeheimen.

Schließlich zeigt sich, dass Personen, die Interesse an betreuten Wohnformen äußern, ebenfalls ein positiveres Bild von Pflegeheimen bezüglich aller gelisteten Aspekte angeben. Dies spricht dafür, dass Personen, die generell Interesse an einer Wohnform mit pflegerischen Dienstleistungen haben, auch das Pflegeheime als eine mögliche Wohnform einschätzen.

Pflegequalität

Bei der Einschätzung der Pflegequalität von Heimen spielen die Ortsgröße und der Kontakt zur Nachbarschaft eine große Rolle. Personen in ruralen Gebieten mit engem Kontakt zu den Nachbarn und Nachbarinnen zeigen eine positivere Einschätzung der Pflegequalität. Hier wirkt sich allerdings auch die erwartete Unterstützung durch Angehörige aus. Ähnlich wie bei der allgemeinen Einstellung zu Pflegeheimen zeigt sich, dass gerade Personen, die sich eine Unterstützung im Bedarfsfall von ihren Angehörigen vorstellen können, die Pflegequalität in Heimen besser einschätzen. Positiver wahrgenommen wird die Pflegequalität außerdem von Personen, die in Einpersonenhaushalten leben.

Privatsphäre

Die Privatsphäre in Pflegeheimen wird von jüngeren Altersgruppen schlechter eingeschätzt als von Über-80-Jährigen. Die Privatsphäre wird allerdings, unabhängig vom Alter, von niedrigeren Einkommensgruppen und Personen mit niedriger formaler Bildung positiver eingeschätzt als von höheren Einkommensgruppen und Personen mit Hochschulabschluss.

Sozialkontakte

Die Sozialkontakte in Pflegeheimen werden einerseits von Personen mit engem Kontakt zur Nachbarschaft und andererseits von Personen, die sich eine Unterstützung durch ihre Angehörigen vorstellen können, positiver eingeschätzt. Dies spricht dafür, dass Personen, die Betreuung und Pflege im privaten Bereichen rund um soziale Beziehungen organisieren, Aspekte der Beziehungsqualität in Pflegeheimen auch besser umgesetzt sehen.

Wohnkomfort

Die Bewertung des Wohnkomforts in Pflegeheimen ist wiederum vom Alter beeinflusst. Personen zwischen 60 und 69 Jahren sehen diesen in Pflegeheimen schlechter umgesetzt als Über-80-Jährige. Auch hier zeigt sich, dass niedrige Einkommensgruppen ein positiveres Bild vom Wohnkomfort in Pflegeheimen haben als höhere Einkommensgruppen. Dies dürfte vor allem damit zusammenhängen, dass niedrigere Einkommensgruppen in weniger günstigen Wohnbedingungen leben als höhere Einkommensgruppen und daher ein Pflegeheim einen vergleichsweise hohen Wohnstandard bieten kann.

Allgemein wird das Pflegeheim von der älteren Bevölkerung Österreichs positiv eingeschätzt, wobei vor allem die sozialen Kontakte und die Pflegequalität im Pflegeheim als gut eingeschätzt werden. Weniger gut im Heimalltag umgesetzt sehen die Befragten die Aspekte Selbstbestimmung und die Privatsphäre. Eine positive Meinung von Pflegeheimen haben Personen, die gut in ihre Nachbarschaft integriert sind und eher in kleineren Gemeinden leben. Zusätzlich sehen Personen mit einem niedrigeren sozio - ökonomischen Status Alten- und Pflegeheime positiver als Personen mit einem hohen sozio-ökonomischen Status. Die Daten zeigen auch, dass das Pflegeheim als Wohnform vor allem für jene Personen interessant ist, die keinen Umbau der eigenen Wohnung in Richtung Barrierefreiheit planen und die angeben, ihren Angehörigen nicht zur Last fallen zu wollen.

Eine eher negative Einschätzung von Pflegeheimen haben jene Personen, die positive Erwartungen an ihr höheres Alter hegen und so ein überwiegend positives Altersbild in der Befragung angeben. Gründe für die negative Einstellung gegenüber Pflegeheimen für diese Gruppe sind vor allem, dass sie die Aspekte Selbstbestimmung und Privatsphäre im Pflegealltag (noch) als zu wenig umgesetzt wahrnehmen. Diese Gruppen plant eher einen Umbau der Wohnung in Richtung Barrierefreiheit und hat dafür auch mehr finanzielle Ressourcen zur Verfügung.

Wohnwünsche und -formen

Die wachsende Heterogenität höherer Altersgruppen führt in den letzten Jahren auch zu einer wachsenden Diversität von Wohnungsangeboten und -konzepten für ältere Menschen. Das steigende Angebot ist einerseits bedingt durch die demografische Alterung der europäischen Gesellschaften, die neue Pflege- und Wohnkonzepte erforderlich macht. Andererseits haben sich die Wohnbedürfnisse älterer Menschen ebenfalls verändert und diversifiziert.

Die Pluralisierung der Wohnbedürfnisse liegt zum einen daran, dass nun neue Generationen zu der Gruppe älterer Menschen gezählt werden. Generationen bezeichnen dabei eine Art zeitlich-historisch verortetes Milieu mit spezifischen Einstellungen und Lebensbedingungen, wobei nicht nur das Heranwachsen in derselben historischen Periode, sondern auch die Entwicklung eines generationalen Bewusstseins bzw. einer „generationalen Kultur" die Wohnpräferenzen und Wohnbedürfnisse beeinflussen. Die Generationen der „jungen Alten" wuchs etwa als Folge der 68er-Bewegung in heterogenen Familien und Lebensformen auf und bringen diese Erfahrungen auch in das Wohnen im Alter mit.

Zum anderen differieren Wohnpräferenzen innerhalb der höheren Altersgruppen durch unterschiedliche Lebenslagen. So unterscheiden sich beispielsweise jünger Altersgruppen stärker in ihren Bildungsabschlüssen voneinander als ältere Altersgruppen, die weitgehend niedrige Bildungsabschlüsse aufweisen. Des Weiteren sind vor allem alleinlebende Frauen und ältere Menschen in ruralen Gebieten von Altersarmut betroffen (Angel & Kolland, 2011). Die Wohnpräferenzen, so die These, sind einerseits von den jeweiligen generationalen Sozialisationserfahrungen beeinflusst, andererseits aber auch von der aktuellen Lebenslage und dem sozialen Status einer Person.

Drittens können Wohnungswünsche und Wohnpräferenzen älterer Menschen von dem sozialen Netzwerk beeinflusst werden, in dem wir uns ein Leben lang bewegen. In der sozialwissenschaftlichen Forschung werden diese sozialen Beziehungen meist unter dem Begriff des „Social Convoy" (Antonucci, Ajrouch, & Birditt, 2014) zusammengefasst. Der soziale Konvoi meint dabei meist soziale Beziehungen zu Verwandten, Freundinnen und Freunden, die Individuen über den gesamten Lebenslauf hinweg quasi durch das Leben begleiten. Diese sozialen Beziehungen unterscheiden sich nach ihrer Funktion (z. B. Hilfestellungen, Austausch), Struktur (z. B. Größe, Kontakthäufigkeit) und Qualität (z. B. positiv, negativ). Sie bilden ein Netzwerk aus Personen, die dem älteren Menschen nahe bis sehr nahe stehen können (Antonucci, Ajrouch, & Birditt, 2014). Welche sozialen Beziehungen älteren Menschen zur Verfügung stehen und welche Ressourcen diese im Falle eines Umzugs darstellen können – ob es zum Beispiel möglich ist, im Alter mit einer guten Freundin zusammenzuziehen –, beeinflusst demnach auch Wohnpräferenzen und Wohnwünsche im Alter.

Langzeitstudien zeigen hier, dass sich der soziale Konvoi mit dem Älterwerden verändert. Neben dem Verlust des Partners oder der Partnerin, von Freundschaften und anderen Angehörigen führt auch ein physischer und kognitiver Abbau zu Veränderungen des sozialen Netzwerkes im Alter. So wird der Kontakt mit Freunden und Freundinnen sowie Personen aus der Nachbarschaft in vielen Fällen nicht mehr aufrechterhalten. Dies wird allerdings meist mit einem stärkeren Fokus auf die Familie kompensiert (Aartsen, et al., 2004; van Tilburg, 1998). Die sozialen Netzwerke älterer Menschen sind nun für die potenziellen Unterstützungsmaßnahmen bei gesundheitlichen Einschränkungen und damit für Wohnentscheidungen von großer Bedeutung. Denn obwohl Angehörige auch in Zukunft einen Großteil der pflegerischen Versorgung leisten werden (Höpflinger, 2005), ist aufgrund der hohen Frauenerwerbstätigkeit und der sinkenden Geburtenraten von einem erhöhten Bedarf an professionellen Pflegeleistungen auszugehen (Brandt, 2009; Walker, 1996). Es zeigt sich allerdings, dass Personen mit guter Beziehung zum Partner oder der Partnerin und zum gesamten Netzwerk (Kinder, Freundinnen und Freunde etc.) wesentlich weniger häufig in ein Pflegeheim ziehen (Giles et.al., 2007).

Besonders bei den nachfolgenden Generationen der „jungen Alten" wird erwartet, dass diese aufgrund einer steigenden Anzahl kinderloser Menschen in loseren familiären Bindungen leben. Ersetzt werden können diese familiären Beziehungen durch andere soziale Kontakte in der Nachbarschaft und Freundschaften. Es muss allerdings berücksichtigt werden, dass für außerfamiliäre Hilfe- und Unterstützungsleistungen viel stärker das Reziprozitätsprinzip gilt als für familiäre Leistungen. Während langjährige Freundschaften trotz der Einseitigkeit von Unterstützungsleistungen noch länger bestehen bleiben können, sind Nachbarschaftsbeziehungen bei fehlender Gegenseitigkeit schneller beendet (Tesch-Römer, 2010).

Mit der Diversifizierung des Alters und den veränderten sozialen Netzwerken wird es in Zukunft wichtig werden, für heterogene Zielgruppen älterer Menschen Wohnangebote für das höhere Alter zu schaffen. Vor diesem Hintergrund hat sich in den letzten Jahren eine Vielzahl alternativer Wohnformen entwickelt, für die es viele unterschiedliche Bezeichnungen gibt. Grundsätzlich lässt sich zwischen Formen des betreuten Wohnens und gemeinschaftlichen Wohnformen unterscheiden. Unter betreutem Wohnen wird eine Vielzahl unterschiedlicher Miet- oder Eigentumswohnungen mit Unterstützungsangeboten verstanden (Feuerstein, 2008). Üblicherweise gehören zu den Unterstützungsangeboten Grundleistungen, wie Beratungsleistungen und eine Notrufsicherung, die für einen Aufpreis um Wahlleistungen, wie Mahlzeiten, Reinigungs- und Pflegeleistungen, erweitert werden können (Kremer-Preiß & Stolarz, 2003). Ein Sonderbeispiel eines betreuten Wohnens stellt das Wohndorf, auch SeniorInnendorf genannt, dar. Hier werden auf einem separaten Areal unterschiedliche Unterstützungs- und Pflegewohnmöglichkeiten geboten und auch das Wohnumfeld und die Freizeitangebote werden an die Bedürfnisse älterer Menschen angepasst (Kremer-Preiß & Stolarz, 2003).

Gemeinschaftliche Wohnformen sind für ältere Menschen gedacht, die weitgehend selbstständig ihren Alltag meistern und gerne in einer Gemeinschaft mit engem persönlichen Kontakt zur Nachbarschaft oder den Mitbewohnern und Mitbewohnerinnen leben. So soll nicht nur Freizeitaktivitäten zusammen nachgegangen werden, sondern auch gegenseitige Unterstützung im Alltag geboten werden (Kremer-Preiß, 2014). Gemeinschaftliche Wohnformen können dabei entweder altershomogen oder altersheterogen sein. Sie können entweder selbstorganisiert sein oder auch von Organisationen betreut werden (Feuerstein, 2008; Feuerstein & Leeb, 2015).

Zu diesen Wohnformen zählen auch Mehrgenerationenhäuser, in denen unterschiedliche Generationen in einem Wohnhaus oder in einer Siedlung gemeinsam leben und sich Gemeinschaftsräume teilen und meist auch eine Verpflichtung zur Übernahme gewisser Nachbarschaftsaufgaben eingehen (Feuerstein, 2008; Jansen, Schneiders, & Bölting, 2008). Konkrete Beispiele der Umsetzung solcher Wohnhäuser finden sich u. a. in Deutschland beim Netzwerk: „Soziales neu gestalten" (DStGB/Netzwerk SONG/ KDA, 2012), aber auch in Wien gibt es einige Projekte, wie z. B. die Wohngruppe für „Fortgeschrittene 50+" im 16. Bezirk oder OASE22 in Aspern Seestadt (siehe Brandl & Gruber, 2014). Neben Mehrgenerationenhäusern ist eine weitere Form des gemeinschaftlichen Wohnens die Alters-WG, bei der sich ältere Menschen eine Wohnung oder ein Haus teilen, wobei jede Person über ein Privatzimmer, in seltenen Fällen auch über mehrere Privatzimmer verfügt und die restlichen Räume gemeinsam genutzt werden (Brandl & Gruber, 2014).

Während das betreute Wohnen bereits seit den späten 1990ern etabliert und weitgehend bekannt ist, existieren alternative Wohnformen noch in keiner nennenswerten Größenordnung (Schneiders, 2011). Konkrete Zahlen dazu, wie viele Personen in alternativen Wohnformen leben, gibt es keine, allerdings lassen sich diese Wohnformen aufgrund der wenigen eher als Nischenmarkt beschreiben (BMASK, 2016; Kremer-Preiß, 2014). Dies d anderem daran liegen, dass gemeinschaftliches Wohnen nur für eine bestimmte interessant zu sein scheint. So werden existierende Projekte überdurchschnittlich oft von höher gebildeten Personen und auch Personen mit höherem Einkommen bewohnt. Zusätzlich scheinen solche gemeinschaftlichen Wohnprojekte eher in Städten umgesetzt zu werden als in kleineren Gemeinden (Jansen et.al., 2008).

Da ein Umzug im Alter allerdings nicht nur in neue Wohnprojekte oder Alten- und Pflegeheime geschehen muss, sondern auch in traditionelle Wohnalternativen, wie etwa einem Haus am Land, einer Stadtwohnung oder generell einer kleineren Wohnung, umgezogen wird, werden diese Wohnwünsche in dem vorliegenden Kapitel ebenfalls analysiert und dargestellt. So wurden in einer Umfrage aus Deutschland aus dem Jahr 2006 30 % als Personen, die nach dem 50. Lebensjahr umziehen, identifiziert, während die anderen umbauen oder passiv diesem Thema gegenüberstehen. Von diesen 30 % an „Umzüglern" können sich nun 61 % eine Wohnform ohne Dienstleistungen vorstellen, 17 % eine Wohnform mit Dienstleistungen (betreutes Wohnen), 13 % eine Seniorenresidenz und 9 % ein Alten- und Pflegeheim (Krings-Heckemeier, Braun, Schmidt, & Schwedt, 2006). All diesen Wohnformen ist gemeinsam, dass ein frühzeitiger Umzug erforderlich ist und sie somit nur von Interesse für Personen sind, die umziehen wollen.

Einstellungen zu Umzügen in traditionelle Wohnalternativen: Größere und kleinere Wohnungen in der Stadt und am Land

Personen, die an einen Umzug im Alter denken, haben eine breite Auswahl an Wohnalternativen zur Verfügung. Zunächst soll das Interesse der Befragten an traditionellen Wohnalternativen näher beleuchtet werden, worunter hier Wohnformen wie etwa ein Haus am Land, eine kleinere Wohnung oder eine Stadtwohnung fallen. Anschließend wird das Interesse an neueren Wohnalternativen des betreuten und gemeinschaftlichen Wohnens behandelt.

Um nun die Nachfrage nach traditionellen Wohnalternativen zu testen, sollten die Befragten angeben, ob sie bei einem zukünftigen Wechsel ihrer Wohnform die folgenden Wohnalternativen interessant finden (Ja/Nein): ein Haus am Land, eine Stadtwohnung, eine kleinere oder größere Wohnung und ein Wohnen mit nahen Angehörigen. Das größte Interesse besteht unter den Befragten an einem Haus am Land (60 %). 43 % der Befragten könnten sich vorstellen, mit nahen Angehörigen zu wohnen und ein Drittel könnte sich vorstellen, in eine Stadtwohnung (35 %) oder eine kleinere Wohnung zu ziehen (31 %). Nur jeder und jede Zehnte gab an, Interesse an einer größeren Wohnung zu haben.

Höhere Einkommensgruppen haben ein stärkeres Interesse an einer Stadtwohnung

In der Nachfrage bestehen sozio-demografische, aber auch wohnbezogene Unterschiede[1]. Altersunterschiede zeigen sich dabei vor allem im Interesse an einer Stadtwohnung und im Wohnen mit Angehörigen. Es zeigt sich, dass über 80-Jährige eher Interesse an einem Umzug in eine Stadtwohnung und einem Wohnen mit nahen Angehörigen haben als jüngere Altersgruppen[2]. Dabei scheinen die beiden Wohntypen das Interesse von unterschiedlichen Gruppen zu wecken.

Während eine Stadtwohnung eher von Interesse für das höhere Einkommensdrittel und für Personen, die eine Unterstützung durch Angehörige ablehnen[3], ist, wird das Zusammenziehen mit nahen Angehörigen von Personen mit niedrigerem und mittlerem Einkommen stärker nachgefragt[4]. Ebenfalls können sich Personen, die sich eine Unterstützung durch Angehörige bei gesundheitlichen Einschränkungen erwarten, ein Wohnen bei den Angehörigen eher vorstellen[5]. Sie geben auch an, ein engeres Verhältnis zu ihren Kindern und Enkelkindern zu haben als Personen, die sich kein Wohnen bei ihren Angehörigen vorstellen können[6]. Das Interesse, mit nahen Angehörigen zu wohnen, ist allerdings die einzige der fünf „klassischen" Wohnformen, die sich nicht nach der aktuellen Wohnkategorie unterscheidet. Wie Abbildung 41 zeigt, unterscheiden sich die Interessen danach, ob man aktuell in einem Haus oder in einer Wohnung lebt.

---

1   Alle folgenden Variablen wurden in binär-logistischen Regressionen (0=kein Interesse an der jeweiligen Wohnform) berücksichtigt. Haus am Land: Nagelkerkes r^2= 0,30 n=681; Stadtwohnung: Nagelkerkes r^2= 0,33 n=686; Kleinere Wohnung: Nagelkerkes r^2= 0,18 n=688; Größere Wohnung: Nagelkerkes r^2= 0,23 n=689; Wohnen bei Angehörigen: Nagelkerkes r^2= 0,22 n=686; betreutes Wohnen: Nagelkerkes r^2= 0,19 n=677.
2   Interpretation: OR=1 → kein Zusammenhang; OR>1 → positiver Zus.; OR<1 → negativer Zus. Z. B. OR=2,427 → Bei einer Vergrößerung der Unabhängigen um eine Einheit und unter Konstanthaltung aller anderen Unabhängigen, ist die Chance (Odds), dass Y=1 eintritt, um das 2,5-Fache höher.
    Stadtw.: 60 – 69: OR=0,40 SE=0,29 p<0,01; 70 – 79; OR=0,44 SE=0,29 p<0,01; Referenzgruppe: 80+
    Wohnen mit Ang.: 60 – 69: OR=0,44 SE=0,26 p<0,01; 70 – 79; OR=0,49 SE=0,26 p<0,01
3   Monat. Nettoäquivalenzeinkommen: <1.100€: OR=0,48 SE=0,26 p<0,01; Referenzgruppe: >1.600€
    Unterstützung durch Ang. (Ja=1, Nein=0): OR=0,60 SE=0,21 p<0,05
4   Monat. Nettoäquivalenzeinkommen: <1.100€: OR=2,19 SE=0,23 p<0,01; 1.100 – 1.600€: OR=1,98 SE=0,22 p<0,01 Referenzgruppe: >1.600€
5   Unterstützung durch Ang. (Ja=1, Nein=0): OR=2,79 SE=0,21 p<0,01
6   Enger Kontakt zu (Enkel-)Kindern (Ja=1, Nein=0): OR=2,89 SE=0,32 p<0,01

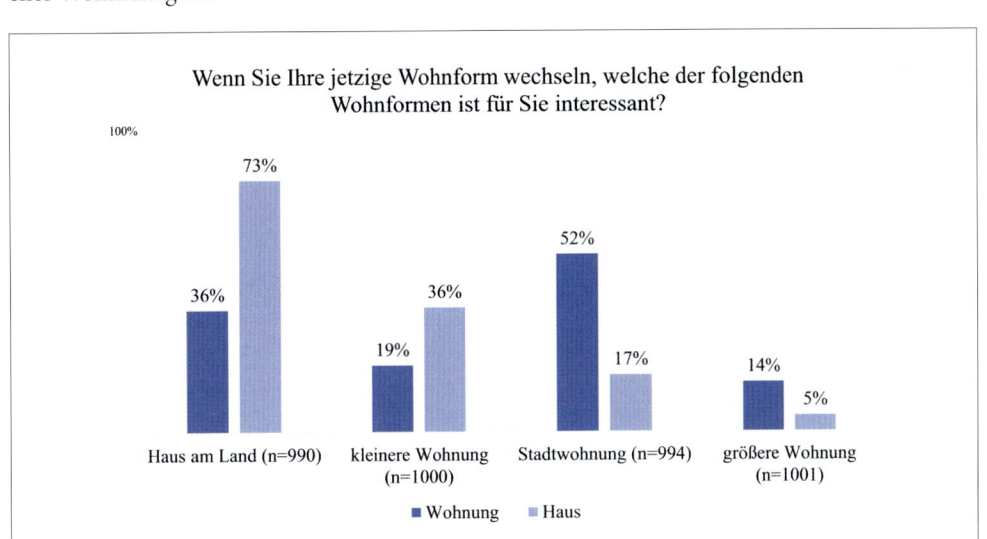

Abbildung 41: Bivariate Unterschiede beim Interesse an traditionellen Wohnformen nach aktueller Wohnkategorie

Wenn Sie Ihre jetzige Wohnform wechseln, welche der folgenden Wohnformen ist für Sie interessant?

Wohnkategorie	Wohnung	Haus
Haus am Land (n=990)	36%	73%
kleinere Wohnung (n=1000)	19%	36%
Stadtwohnung (n=994)	52%	17%
größere Wohnung (n=1001)	14%	5%

Der Großteil der Personen, die bereits in einem Haus leben, könnten sich, unabhängig von ihrem Alter und der Wohnortsgröße, einen Umzug in ein Haus am Land eher vorstellen als Personen, die in einer Wohnung leben[7]. Auch ein Umzug in eine kleinere Wohnung wird eher von Hausbewohnerinnen und -bewohnern als Option betrachtet als von Personen in Wohnungen[8]. Der Unterschied hierbei dürfte vor allem in der unterschiedlichen Umzugsbereitschaft liegen. So weisen Personen, die sich ein Haus am Land für einen zukünftigen Umzug vorstellen könnten, eine geringere Umzugsbereitschaft auf als die Personen, die kein Interesse an dieser Wohnform haben[9]. Dagegen gaben die Interessenten und Interessentinnen einer kleineren Wohnung eine höhere Umzugsbereitschaft an als Personen, die kein Interesse an einer kleineren Wohnung haben[10]. Der Umzug in ein Haus am Land wäre also die noch vorstellbare Option von den Befragten, die nicht umziehen wollen, während ein Umzug in eine kleinere Wohnung von Umzugswilligen bevorzugt wird. Auch für eine Stadtwohnung interessieren sich eher die Befragten, die einen Umzug im Alter für wahrscheinlich halten, allerdings vermehrt Personen, die bereits in einer Wohnung leben[11].

---

7   Wohnkategorie (1=Haus, 0=Wohnung): OR=2,78 SE=0,20 p<0,01
8   Wohnkategorie (1=Haus, 0=Wohnung): OR=2,67 SE=0,22 p<0,01
9   Umzugsbereitschaft: OR=0,93 SE=0,03 p<0,05
10 Umzugsbereitschaft: OR=1,19 SE=0,03 p<0,01
11 Umzugsbereitschaft: OR=1,12 SE=0,03 p<0,01
    Wohnkategorie (1=Haus, 0=Wohnung): OR=0,38 SE=0,22 p<0,01

Personen mit engem Kontakt zu ihren (Enkel-)Kindern haben weniger Interesse an einer größeren Wohnung

Das Interesse an einer größeren Wohnung ist generell gering. Allerdings ist es bei den Befragten, die in einer Wohnung leben, etwas höher als bei Befragten, die in einem Haus leben. Es zeigt sich ebenfalls, dass Personen mit sehr guter subjektiver Gesundheit mehr Interesse an einer größeren Wohnung haben als Personen mit mittelmäßiger bis schlechter Gesundheit[12]. Das spricht dafür, dass Personen, die gesundheitliche Einschränkungen wahrnehmen, im Fall eines Umzuges eher betreute Wohnformen anstreben, während Personen bei guter Gesundheit in Privathaushalte umziehen möchten.

Schließlich zeigen Personen mit engem Kontakt zu Kindern und Enkelkindern weniger Interesse an einem Umzug in eine größere Wohnung[13]. Dies liegt vor allem daran, dass sich diese Personen eher die Unterstützung von ihren Angehörigen erwarten[14] und somit eine größere Wohnung – etwa, um Platz für eine 24h-Betreuung oder assistive Technologie zu gewinnen – weniger notwendig scheint. Personen mit engem Kontakt zu (Enkel-)Kindern gehen demnach auch stärker davon aus, dass sie einmal bei ihren Angehörigen wohnen werden.

Tabelle 22: Interesse an einer größeren Wohnung nach der Wohnform, den Sozialkontakten und der subjektiven Gesundheit

	Interesse an einer größeren Wohnung	N
Wohnform		1001
-Wohnung	14 %	
- Haus	5 %	
Enger Kontakt zu (Enkel-)Kindern		1000
- Nein	20 %	
- Ja	7 %	
Subjektive Gesundheit		997
- sehr gut	14 %	
- gut	8 %	
- mittelmäßig/schlecht	7 %	
Gesamt	9 %	

Neben der Wohnform unterscheidet sich das Interesse an Umzügen in andere Privathaushalte auch nach der Wohnortsgröße. So interessieren sich die Befragten aus Gemeinden mit maximal 5.000 Einwohnerinnen und Einwohnern stärker für ein Haus am Land als die Befragten,

---

12 Wohnkategorie (1=Haus, 0=Wohnung): OR=0,31 SE=0,34 p<0,01
    Subjektive Gesundheit: sehr gut: OR=4,47 SE=0,36 p<0,01 Referenzgruppe: mittelmäßig/schlecht
13 Enger Kontakt zu (Enkel-)Kindern (Ja=1, Nein=0): OR=0,39 SE=0,33 p<0,01
14 Phi=0,225 p<0,001 Interpretation Phi: -1=perfekter negativer Zusammenhang 0=kein Zus. 1=perfekter positiver Zus.

die in Gemeinden mit mehr als 50.000 Einwohnerinnen und Einwohnern leben. Dementsprechend ist das Interesse an einer Stadtwohnung von Personen in kleineren Gemeinden auch niedriger als von den Befragten in Gemeinden mit mehr als 50.000 Einwohnerinnen und Einwohnern[15]. Mit anderen Worten bevorzugt die Stadtbevölkerung auch in Zukunft die Stadt und die Landbevölkerung auch in Zukunft ländliche Regionen.

Abbildung 42: Interesse an einem Haus am Land (n=976) und einer Stadtwohnung (n=981) nach Wohnortsgröße

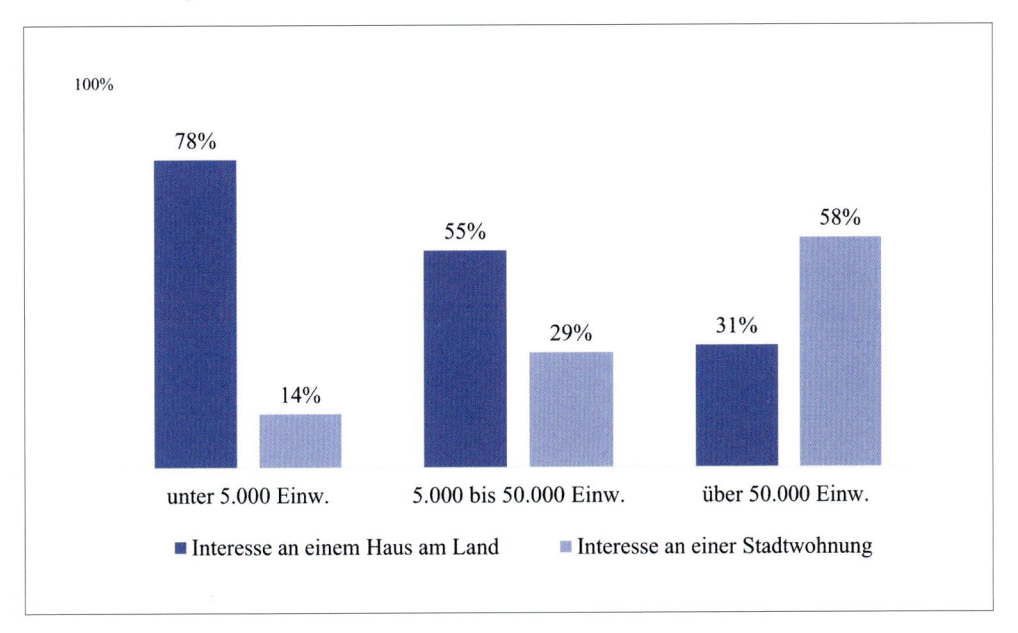

[Balkendiagramm:
- unter 5.000 Einw.: Interesse an einem Haus am Land 78%, Interesse an einer Stadtwohnung 14%
- 5.000 bis 50.000 Einw.: 55%, 29%
- über 50.000 Einw.: 31%, 58%]

Interesse an einem Umzug in betreute Wohnformen

Das Interesse an betreuten Wohnformen wurde aufgrund der Bekanntheit des Wohnkonzepts mit derselben Frage wie die traditionellen Wohnalternativen erhoben und nicht in einer Kurzbeschreibung erläutert. So wurden die Befragten gefragt, ob sie bei einem zukünftigen Wechsel ihrer Wohnform ein betreutes Wohnen interessant finden.

Die Hälfte der Befragten gibt an, bei einem zukünftigen Umzug Interesse an betreutem Wohnen zu haben. Das Interesse ist bei höheren Altersgruppen stärker ausgeprägt, wobei die 70- bis 79-Jährigen das größte Interesse äußern. Der leichte Rückgang des Interesses bei den über 80-Jährigen liegt einerseits an der geringeren Umzugsbereitschaft[16] und andererseits am

---

15 Haus am Land: Wohnortsgröße: <5.000 Einw.: OR=3,20 SE=0,24 p<0,01; Refgr. >50.000 Einw.
Stadtwohnung: Wohnortsgröße: <5.000 Einw.: OR=0,23 SE=0,26 p<0,01; 5.000-50.000 Einw. OR=0,48 SE=0,24 p<0,01; Refgr. >50.000 Einw.
16 Alter und Umzugsbereitschaft: r= -0,243 p<0,001 Interpr. Pearsons-r: -1 =perfekter negativer Zusammenhang; 0 =kein Zus.; 1=perfekter positiver Zus.

positiveren Bild von Pflegeheimen[17]. Daraus lässt sich schlussfolgern, dass über 80-Jährige, wenn überhaupt, dann mit einem Umzug ins Pflegeheim rechnen. Jene über 80-Jährige, die einen Umzug im Alter als wahrscheinlich betrachten, haben allerdings hohes Interesse (80 %) an betreutem Wohnen. Es konnten keine Stadt-Land-Unterschiede festgestellt werden und auch zwischen den Bundesländern sind die Unterschiede gering, wobei die Befragten aus Kärnten mit 39 % am wenigsten an betreuten Wohnformen interessiert sind.

Tabelle 23: Interesse am betreuten Wohnen nach Alter (n=978) und subjektiver Gesundheit (n=974)

		Interesse an betreutem Wohnen
Alter	60–69	41 %
	70–79	57 %
	80+	50 %
subjektive Gesundheit	sehr gut	44 %
	gut	43 %
	mittelmäßig/schlecht	58 %
	Gesamt	49 %

Beim Interesse an betreuten Wohnformen ist einerseits der subjektive Gesundheitszustand von Bedeutung und andererseits auch die vorstellbaren Unterstützungsmaßnahmen bei sich verschlechternder Gesundheit. Personen, die ihre Gesundheit als mittelmäßig oder schlecht einschätzen, geben – unabhängig ihres Alters – ein höheres Interesse am betreuten Wohnen an[18]. Gleichzeitig zeigen Personen mit Interesse an betreutem Wohnen auch ein vergleichsweise höheres Interesse an Unterstützungsleistungen von bezahlten Dienstleistungen: Sie wollen bei sich verschlechternder Gesundheit weniger durch Angehörige und eher durch ambulante Pflegedienste oder die Heimhilfe betreut werden als Personen, die kein Interesse an dieser Wohnform haben.

---

17 Alter und Einstellung zu Pflegeheimen: r= 0,140 p<0,001
18 Cramers-V=0,135 p<0,001 Interpretation Cramer-V: 0= kein Zusammenhang, 1=perfekter Zus.

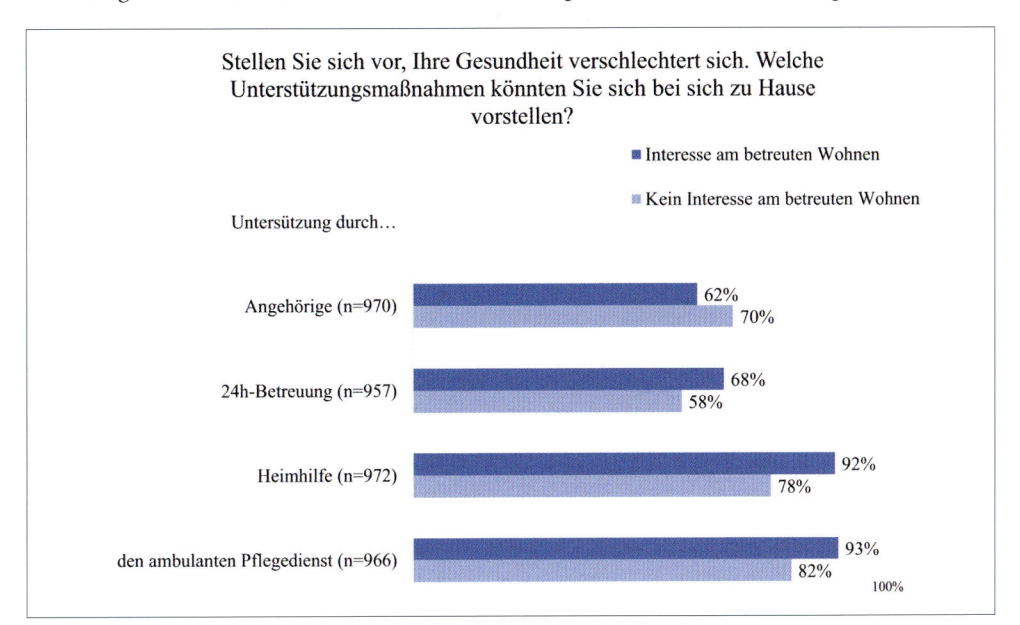

Abbildung 43: Interesse am betreuten Wohnen nach potenzieller Unterstützungsmaßnahme[19]

Stellen Sie sich vor, Ihre Gesundheit verschlechtert sich. Welche Unterstützungsmaßnahmen könnten Sie sich bei sich zu Hause vorstellen?

■ Interesse am betreuten Wohnen
■ Kein Interesse am betreuten Wohnen

Untersützung durch…

- Angehörige (n=970): 62% / 70%
- 24h-Betreuung (n=957): 68% / 58%
- Heimhilfe (n=972): 92% / 78%
- den ambulanten Pflegedienst (n=966): 93% / 82%

Einstellungen zu neuen Wohnalternativen

Um die Einstellung zu neuen Wohnalternativen zu testen, wurden die Befragten gebeten, die folgenden Wohnszenarien dahingehend zu bewerten, wie gerne sie dort wohnen wollen, und zwar auf einer Skala von 1 „überhaupt nicht" bis 10 „sehr gerne":

1) *Mehrgenerationenhaus:* Beim ersten Projekt handelt es sich um ein Wohnhaus, in dem ältere und jüngere Personen selbstständig in ihrer eigenen Wohnung leben. Die Bewohnerinnen und Bewohner sollen an gemeinsamen Aktivitäten teilnehmen und Nachbarschaftshilfe leisten.
2) *Alters-WG:* Beim zweiten Projekt handelt es sich um eine Wohnung, die sich mehrere ältere Personen teilen. Jeder verfügt über ein eigenes Schlafzimmer. Küche, Bad und Wohnzimmer werden gemeinsam genutzt.
3) *Wohndorf:* Beim dritten Wohnprojekt handelt es sich um ein abgegrenztes Gelände, in dem ausschließlich ältere Personen in eingeschossigen Häusern wohnen. Neben zahlreichen Einkaufsmöglichkeiten gibt es zusätzlich eine Pflegeeinrichtung.

Die Frageform wurde gewählt, um weniger bekannte Wohnformen wie „Mehrgenerationenhäuser" oder „Wohndorf" für die Befragten im Rahmen der Befragung zu definieren. In der Interpretation der Daten ist deswegen zu berücksichtigen, dass solche Fragen in höherem Maße

---

19 Angehörige: Phi= -0,082 p<0,01; Heimhilfe: Phi= 0,199 p<0,001; am. Pflegedienst: Phi= 0,159 p<0,001; 24h-Betreuung: Phi= 0,096 p<0,001

als geschlossene Fragen der Interpretation der Befragten unterliegen. Die Auswertung der folgenden Fragen lässt also nur insofern Aussagen über das Interesse an neuen Wohnalternativen zu, als damit das durch die Erhebung beschriebene Wohnszenario gemeint ist.

Wie hoch ist nun die Nachfrage nach neueren Wohnalternativen? Generell gibt ein Fünftel der Befragten an, sehr gerne (9 – 10) in einem Mehrgenerationenhaus oder einem Wohndorf wohnen zu wollen. Weitere 30 % würden eher gerne (6 – 8) in einer der beiden Wohnformen wohnen. Dagegen werden diese von etwas weniger als einem Drittel abgelehnt. Im Gegensatz dazu können sich insgesamt 15 % der Befragten ein Wohnen in einer Alters-WG vorstellen, wovon nur 3 % sehr gerne (9 – 10) dort wohnen würden. Fast drei Viertel der Befragten lehnt eine Alters-WG ab und mehr als die Hälfte (54 %) gab dabei den Wert 1 „überhaupt nicht gerne" an. Es gibt kaum Unterschiede nach Bundesland, wobei vor allem die Befragten aus Salzburg und Vorarlberg ein höheres Interesse an Alters-WGs geäußert haben (21 %).

Dies ist vergleichbar mit den Ergebnissen einer Studie aus der Schweiz, bei der 23 % eine Hausgemeinschaft als potenzielle Wohnform bejahen und 35 % ablehnen. 17 % der älteren Schweizer und Schweizerinnen könnten sich eine Alters-WG vorstellen und 54 % lehnen diese Wohnform ab (Höpflinger & Van Wezemael, 2014, p. 131).

60- bis 69-Jährige können sich alle drei innovativen Wohnformen eher vorstellen als über 80-Jährige

Bei der Einstellung zu innovativen Wohnformen gibt es kaum Differenzen nach Geschlecht, formalem Bildungsstand oder Einkommen der Befragten, jedoch bestehen Altersunterschiede. So unterscheiden sich vor allem die 60- bis 69-Jährigen von den über 80-Jährigen, wobei die höhere Altersgruppe weniger gerne in allen drei alternativen Wohnformen wohnen will[20]. Diese Altersunterschiede haben unter anderem etwas mit der subjektiven Gesundheit, den Unterstützungsvorstellungen, aber auch den unterschiedlichen generationalen Sozialisationserfahrungen zu tun.

Tabelle 24: Einstellung zu innovativen Wohnformen nach Alter

		Alter			Gesamt
		60–69	70–79	80+	
Mehrgenerationenhaus (n=987)	Nicht gerne (1 – 4)	24 %	27 %	38 %	28 %
	Unentschieden (5)	21 %	20 %	19 %	20 %
	Gerne (6 – 10)	54 %	53 %	43 %	52 %
Wohndorf (n=988)	Nicht gerne (1 – 4)	30 %	31 %	41 %	32 %
	Unentschieden (5)	19 %	19 %	17 %	19 %
	Gerne (6 – 10)	51 %	50 %	42 %	49 %
Alters-WG (n=994)	Nicht gerne (1 – 4)	67 %	75 %	79 %	72 %
	Unentschieden (5)	13 %	14 %	11 %	13 %
	Gerne (6 – 10)	20 %	12 %	10 %	15 %

---

20 Alters-WG: r= -0,142 p<0,001; Mehrgenerationenh.: r= -0,085 p<0,01; Wohndorf: -0,084 p<0,01

Interesse an gemeinschaftlichen Mehrgenerationenhäusern

Die Altersunterschiede beim Interesse an Mehrgenerationenhäusern können zum Teil durch vermehrte gesundheitliche Einschränkungen im höheren Alter erklärt werden. Generell ist das Interesse an dieser Wohnform bei Personen, die keine Unterstützung bei der Verrichtung alltäglicher Aufgaben, wie einkaufen gehen oder kochen (ADL), brauchen, höher als bei Personen, die Hilfe benötigen[21]. Auch wenn der Großteil der über 80-Jährigen nicht auf Hilfe im Alltag angewiesen ist, gibt doch ein Drittel an, bei zumindest einer alltäglichen Tätigkeit Hilfe zu benötigen. Gerade über 80-Jährige mit gesundheitlichen Einschränkungen lehnen ein Mehrgenerationenhaus stärker ab als Gleichaltrige ohne Einschränkungen[22]. Im Gegensatz dazu geben 9 % der 60- bis 69-Jährigen an, auf Hilfe im Alltag angewiesen zu sein. Diese Personengruppe unterscheidet sich allerdings nicht in ihrem Interesse an Mehrgenerationenhäusern von den 60- bis 69-Jährigen, die keine Hilfe benötigen.

Das Zusammenleben in einem gemeinschaftlichen Wohnhaus mit Familien, die nicht zur eigenen Familie gehören, hängt deswegen nicht nur davon ab, ob man Unterstützung im Alltag braucht, sondern auch, von wem diese erwartet wird. So geben Personen, die sich bei sich verschlechternder Gesundheit Unterstützung von Nachbarinnen und Nachbarn sowie durch bezahlte Dienstleistungen (Ambulanter Pflegedienst, 24h-Betreuung etc.) vorstellen könnten, eher an, in einem Mehrgenerationenhaus wohnen zu wollen. Diese Personen haben auch engere Kontakte zur Nachbarschaft und Freunden und Freundinnen außerhalb der Nachbarschaft[23]. Interesse am Mehrgenerationenhaus wird also vor allem von jenen, die ambulant im privaten Wohnen gepflegt werden wollen, geäußert, die allerdings damit rechnen, dass für die Realisierung dieses Vorhabens ein Umzug vonnöten ist. Dies zeigt sich auch am höheren Interesse an einer kleineren Wohnung und an einem betreuten Wohnen als von Personen, die nicht gerne in Mehrgenerationenhäusern wohnen wollen. Jedoch gilt: Während das Mehrgenerationenhaus eher jüngere Befragte anspricht, die Interesse an einem frühzeitigen Umzug haben und dann dort bei Bedarf Unterstützung holen, weckt das betreute Wohnen eher das Interesse älterer Befragter, die dieses Ziel verfolgen.

Inwiefern das Interesse an Mehrgenerationenhäusern mit einer Destabilisierung der sozialen Beziehungen zusammenhängt (Reimer, 2013) lässt sich schwer sagen. Es lassen sich jedenfalls keine Unterschiede in diesem Datensatz zwischen Befragten mit und ohne Kinder erkennen. Des Weiteren bestehen auch keine Unterschiede beim Interesse an Mehrgenerationenhäusern zwischen Personen, die sich Unterstützung durch Angehörige vorstellen können oder nicht können.

---

21 ADL selbstständig: MW=5,9 SD=3,0; ADL Hilfe benötigt: MW=5,2 SD=3,4 p=0,018
22 50 % der über 80-Jährigen, die Hilfe benötigen, gaben Werte zwischen 1 und 4 (nicht gerne) an und weitere 19 % sind unentschieden (5). Dagegen gaben 31 % der über 80-Jährigen, die keine Hilfe benötigen, Werte zwischen 1 und 4 an (+19 % unentschieden). Cramers-V= 0,191 p<0,01
23 Enger Kontakt zu Nachbarinnen und Nachbarn: Nein: MW= 5,2 SD=3,1; Ja: MW=6,0 SD=3,1. T-Test: p<0,001
    Interpretation: *T-Test:* H0= Die Verteilung des Interesses an Mehrgenerationenhäusern ist über die Kategorien des Kontaktes zur Nachbarschaft identisch. Bei p<0,05 wird H0 verworfen.
    Enger Kontakt zu Freundinnen und Freunden: Nein: MW= 4,8 SD=3,1; Ja: MW=5,9 SD=3,1. T-Test: p<0,001

Teil III: Analysen

Abbildung 44: Interesse an Mehrgenerationenhäusern nach den potenziellen Unterstützungsmaßnahmen bei schlechterer Gesundheit[24]

Stellen Sie sich vor, Ihre Gesundheit verschlechtert sich. Welche Unterstützungsmaßnahmen könnten Sie sich bei sich zu Hause vorstellen?

Interesse an Mehrgenerationenhäusern
- nicht gerne (1-4)
- gerne (6-10)

Unterstützung durch...

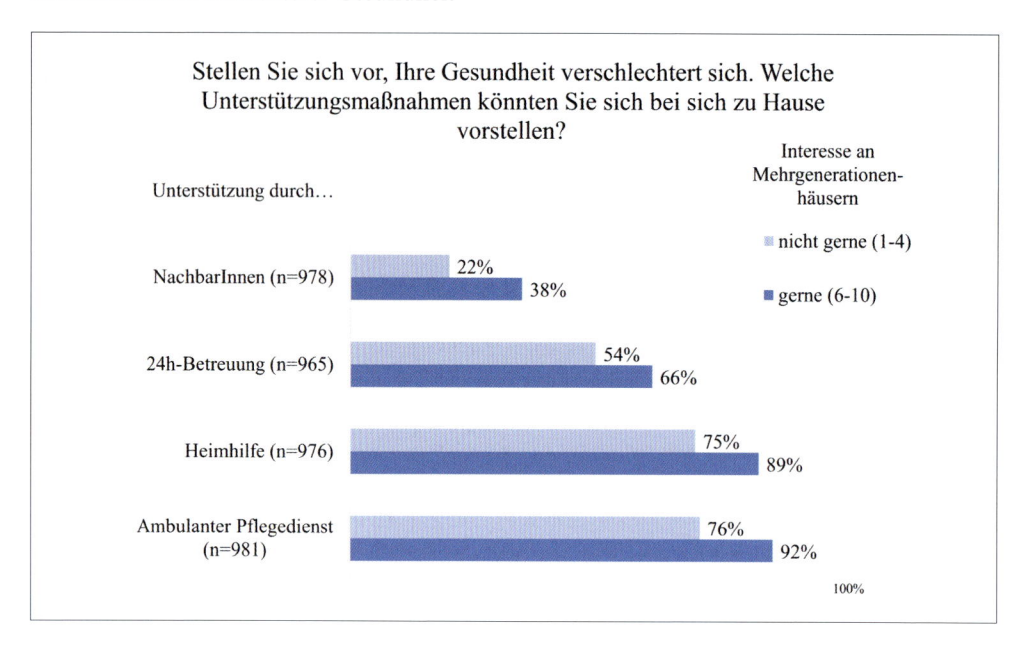

- NachbarInnen (n=978): 22% / 38%
- 24h-Betreuung (n=965): 54% / 66%
- Heimhilfe (n=976): 75% / 89%
- Ambulanter Pflegedienst (n=981): 76% / 92%

Tabelle 25: Interesse an Mehrgenerationenhäusern nach dem Interesse an einer kleineren Wohnung und einem betreuten Wohnen sowie der Umzugsbereitschaft[25]

	Interesse an Mehrgenerationenhäusern			Gesamt	N
	nicht gerne (1 – 4)	unentschlossen (5)	Gerne (6 – 10)		
Interesse an …					
einer kleineren Wohnung	12 %	33 %	36 %	29 %	987
an einem betreuten Wohnen	29 %	46 %	60 %	49 %	964
	100 %	100 %	100 %	100 %	

---

24 Zusammenhang der potenziellen Unterstützung durch Nachbarn und Nachbarinnen (Cramers-V=0,147, p<0,001) durch eine Heimhilfe (V=0,173, p<0,001), durch einen ambulanten Pflegedienst (V=0,215, p<0,001) und durch eine 24h-Betreuung (V=0,115, p<0,001)

25 Kleinere Wohnung: Nein: MW=5,3 SD=3,2 Ja: MW=6,8 SD=2,6 U-Test: p<0,001
Betreutes Wohnen: Nein: MW=5,0 SD=3,1 Ja: MW=6,6 SD=2,9 U-Test: p<0,001

Interesse an einer Alters-WG

Während das Interesse an Alters-WGs generell nicht sehr hoch ist (15 %), ist es unter höheren Altersgruppen vergleichsweise niedriger als unter jüngeren Befragten[26]. Dies ist durch generationale Unterschiede in den Lebensstilen bedingt, die sich durch unterschiedliche Wertehaltungen und Wohnbedürfnisse äußern (siehe Kapitel: Zielgruppen). So hat vor allem die Generation der „jungen Alten" Interesse an Alters-WGs, die sich nicht mit Werten des traditionellen Pflichtbewusstseins[27] identifizieren. Insgesamt haben 53 % der 60- bis 69-Jährigen, die Werte des traditionellen Pflichtbewusstseins als nicht wichtig erachten, Interesse an Alters-WGs geäußert, im Vergleich zu 20 % der Gleichaltrigen, die Pflichtwerte als sehr wichtig ansehen[28]. Diese Gruppe der „jungen Alten" lässt sich deswegen als Zielgruppe für alternative Wohnformen bezeichnen.

Es zeigt sich allerdings, dass die Personen, die sich eine Alters-WG vorstellen könnten, auch Nachfrage nach Mehrgenerationenhäusern, Wohndörfern oder betreuten Wohnformen äußern[29]. Es lässt sich also davon ausgehen, dass es sich bei den Befürwortern und Befürworterinnen einer altershomogenen Wohngemeinschaft um Personen handelt, die generell mit dem Gedanken einer neuen Wohnalternative spielen, allerdings noch unentschieden sind, um welche es sich tatsächlich handeln wird.

Interesse an einem Wohndorf

Beim Interesse an einem Wohndorf liegen zwei entscheidende Unterschiede zu den beiden gemeinschaftlichen Wohnformen vor: Einerseits wollen eher Personen mit einer schlechteren subjektiven Gesundheit in ein solches Dorf ziehen, andererseits besteht bei Personen mit mittleren finanziellen Mitteln größeres Interesse daran[30]. Das Potenzial von Wohndörfern, auch bei sich verschlechternder Gesundheit die notwendige Versorgung zu bieten, welche in gemeinschaftlichen Wohnformen nicht gegeben sein muss, spricht vor allem Personen unterschiedlicher Altersgruppen mit gesundheitlichen Einschränkungen an. Während jedoch wohlhabendere Personen eher die Möglichkeit haben, sich ein Altern in ihrem Privathaushalt zu ermöglichen, scheint vor allem die mittlere Einkommensgruppe Nachfrage nach dem Wohnen in Wohndörfern zu äußern. Dabei zeigt sich auch, dass Personen, die in einem Wohndorf wohnen wollen, vor allem technische Unterstützung erwarten. Interessierte an Wohndörfern wünschen sich also Unterstützungsformen, die nicht auf Reziprozität basieren und daher keine Gegenleistung erwartet wird[31].

---

26 $r = -0{,}142$ $p<0{,}001$
27 Wie wichtig sind Ihnen persönlich die folgenden Dinge? (1) Gesetz und Ordnung zu respektieren (2) nach Sicherheit zu streben
28 $r = -0{,}149$ $p<0{,}001$
29 Mehrgenerationenhaus: $r=0{,}303$ $p<0{,}001$; Wohndorf: $r=0{,}283$ $p<0{,}001$; betreutes Wohnen: Cramers-V=0,143 $p<0{,}001$
30 <1.100€ monat. Nettoäquivalenzeinkommen: MW=5,6 SD=3,1; 1.100 – 1.600: MW=5,8 SD=3,2; >1.600: MW=5,0 SD=3,1. Unterschied mittleres und hohes Einkommen T-Test: $p<0{,}001$
31 $r=0{,}174$ $p<0{,}001$

Teil III: Analysen

Abbildung 45: Interesse an Wohndörfern nach der subjektiven Gesundheitseinschätzung (n=985; Tc=0,099 p<0,001)

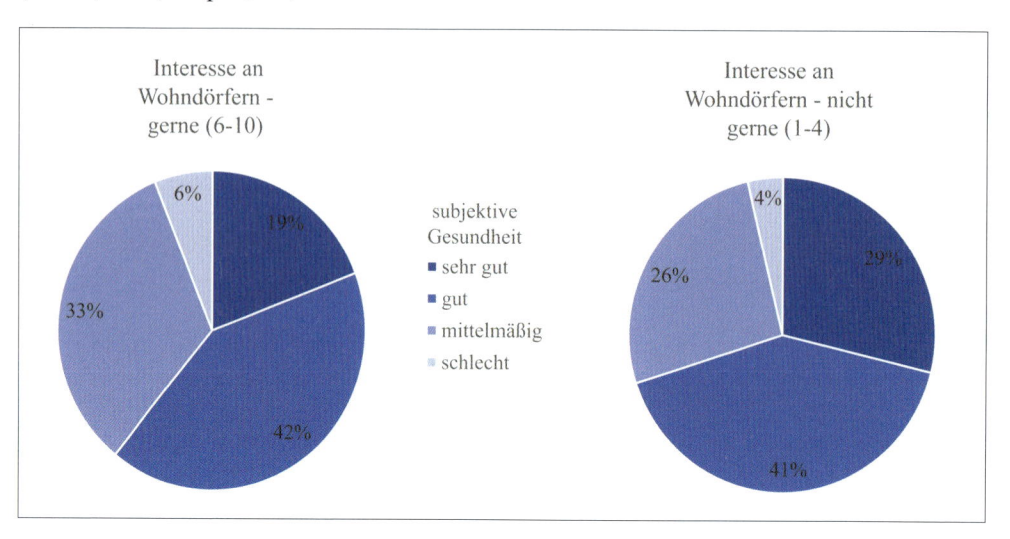

Abbildung 46: Interesse an Wohndörfern nach dem Interesse an assistiver Technologie[32]

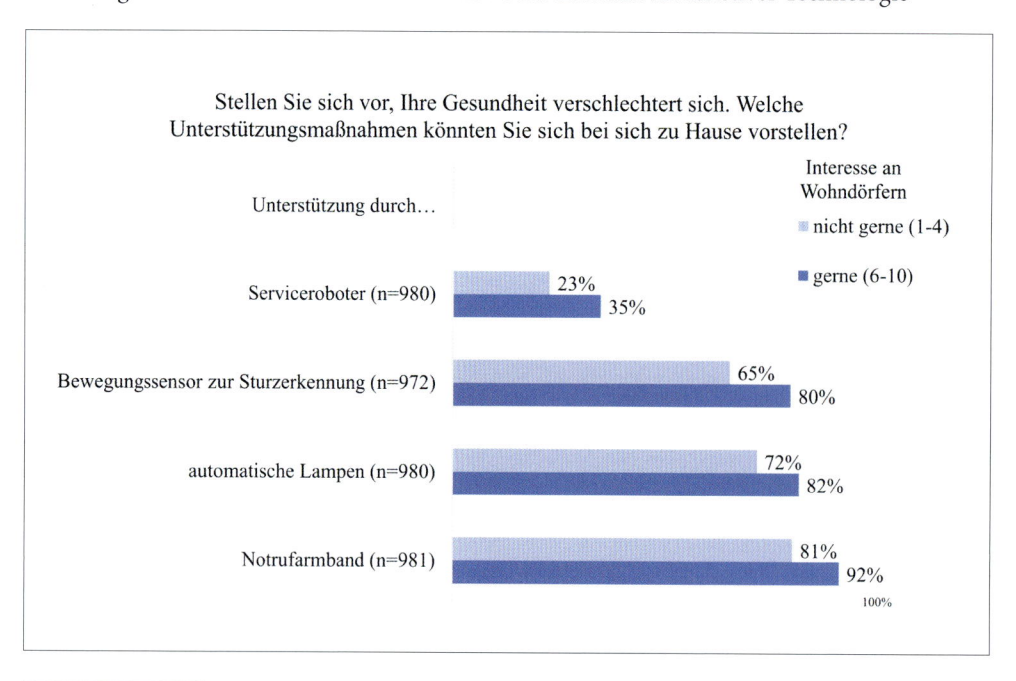

---

32 Frage: Ich möchte Ihnen nun verschiedene technische Möglichkeiten vorlesen, die das Leben im Alter sicherer und leichter machen. Was davon kommt für Sie in Frage?
Zusammenhang der potenziellen Unterstützung durch ein Notrufarmband (Cramers-V=0,154, p<0,001) durch automatische Lampen (V=0,108, p<0,01), durch einen Bewegungssensor (V=0,147, p<0,001) und durch einen Serviceroboter (V=0,116, p<0,001)

Zusammenfassung

Welche Nachfrage besteht nun nach traditionellen und neuen Wohnalternativen? Welche Gruppe älterer Menschen fragt welche Wohnform nach?

Generell zeigen die Daten ein großes Interesse an neuen Wohnalternativen mit eigenem Wohnbereich. Personen ohne gesundheitliche Einschränkungen haben eher Interesse an Mehrgenerationenhäusern, während sich Personen mit Einschränkungen stärker für betreute Wohnformen interessieren. Diese Interessenunterschiede sind allerdings vom kalendarischen Alter unabhängig und werden stärker über gesundheitliche Einschränkungen bedingt. Die Alters-WG, als eine Form des gemeinschaftlichen Wohnens mit nur einem Privatzimmer, ist für die Mehrheit der Befragten nicht vorstellbar.

Auch an traditionellen Wohnformen zeigen ältere Menschen in Österreich Interesse, auch, wenn mit diesem Interesse weniger Umzugsbereitschaft verbunden ist. So besteht zwar großes Interesse an einem Haus am Land, allerdings äußern diesen Wunsch vor allem Befragte, die einen Umzug im höheren Alter für wenig wahrscheinlich ansehen. Dies stellt also eher einen abstrakten Wunsch als einen tatsächlichen Plan dar. Im Gegensatz dazu interessieren sich Umzugsbereite stärker für eine kleinere Wohnung und eine Stadtwohnung. Dieses Ergebnis verdeutlicht einen Bedarf an möglichst zentrumsnahen Wohnungen, die leicht zu pflegen sind.

Ältere Menschen mit engen Kontakten zu ihren Kindern und Enkelkindern, die sich bei Pflegebedarf Unterstützung von ihren Angehörigen erwarten, haben auch ein höheres Interesse daran, bei ihren Angehörigen zu wohnen. Der soziale Konvoi – die sozialen Beziehungen über den Lebenslauf – beeinflussen damit auch die Wohnpräferenzen und Wohnwünsche im höheren Alter. Hier besteht Bedarf nach Wohnformen, die soziale Beziehungen älterer Menschen unterstützen – etwa durch gemeinschaftliches Wohnen oder Wohnen mit nachbarschaftlicher Unterstützung.

Schließlich interessieren sich Personen mit sehr guter subjektiver Gesundheit, die derzeit in einer Wohnung mit weniger Wohnfläche leben, für eine größere Wohnform. Hier zeigen die Daten, dass ein Segment von jüngeren und häufig gesunden Alten durchaus Interesse daran hat, ihre Wohnfläche zu vergrößern und im Alter neu zu gestalten. Aus dieser Perspektive besteht auch Nachfrage nach größeren, exklusiveren Wohnformen im Alter.

Teil IV: Verdichtungen

Zielgruppen älterer Menschen – Wohnstile im Alter

Wohnbedürfnisse und Wohnpräferenzen sind stark durch Diversität gekennzeichnet: Wie wir leben und wohnen wollen, ist neben materiellen Aspekten auch eine Frage von Werten und Einstellungen. Theoretisch gibt es unterschiedliche Ansätze, um die Diversität im Alter beschreiben und analysieren zu können. Dazu zählen Lebenslauf-, Generationen- und Lebensstilansätze. Diese Ansätze bilden den Hintergrund für die Entwicklung von Zielgruppen. Damit wird in dieser Studie über ältere Zielgruppenkonzepte hinausgegangen, die Zielgruppen allein über sozio-demografische Merkmale beschrieben haben.

Zu den Lebensstilansätzen gehört die Unterscheidung zwischen dem dritten und vierten Lebensalter (Laslett, 1995). Während das dritte Lebensalter meist zwischen 60 und 80 Jahren festgesetzt wird, bezieht sich das vierte Lebensalter auf Personen über dem 80. Lebensjahr. Das vierte Alter wird dabei nicht nur als Hochaltrigkeit verstanden, sondern als Lebensphase, in der es stärker zu Funktionseinschränkungen kommt, wie z. B. in der Mobilität, der persönlichen Pflege, der Haushaltsführung. Das dritte Alter wird stärker mit Aktivität, Gesundheit und Autonomie sowie neuer Freiheit durch die Pensionierung verbunden. Für das Wohnen im Alter bedeutet das, dass in den unterschiedlichen Phasen des Alters unterschiedliche Wohnbedürfnisse gegeben sind: Im dritten Alter braucht es Wohnformen, die Aktivität, Gemeinschaft und individuelle Gestaltung zulassen, während im vierten Alter das unterstützte Wohnen relevanter wird.

Generationenansätze sind eine weitere Möglichkeit, die Diversität des Alters zu beschreiben und zu verstehen. Generationen bezeichnen eine Art zeitlich-historisch verortetes Milieu mit spezifischen Einstellungen und Lebensbedingungen, wobei nicht nur das Heranwachsen in derselben historischen Periode, sondern auch ein generationales Bewusstsein bzw. eine „generationale Kultur" Wohnpräferenzen und Wohneinstellungen beeinflussen. Ein sehr prägnantes Beispiel für eine Generation sind etwa die sog. „68er", d. h. Angehörige der Studentenbewegung in den späten 1960er und 1970er Jahren. Ein etwas anderes Beispiel ist die Baby-Boom-Generation, die weniger durch eine eigene generationale Kultur gekennzeichnet ist, aber durch ihre Größe spezifische Lebensbedingungen vorgefunden hat. Das Wohnverhalten, so die These, ist von den jeweiligen generationalen Sozialisationserfahrungen beeinflusst: Ein Leben in alternativen Wohnformen während der Studienzeit könnte hier dazu beitragen, dass diese auch im Alter nachgefragt werden.

Lebensstilansätze gehen schließlich davon aus, dass es durch den gesellschaftlichen Trend zur Individualisierung zu einer Erhöhung der Wahlmöglichkeiten bei der Lebensführung und Lebensgestaltung gekommen ist (Beck, 1983). Lebensstile sind „symbolische, sichtbare Darstellungen von sozialer Lage, sozialen Erfahrungen und individuellen Orientierungen"(Spellerberg, 1996, p. 11). Die Arten sich zu kleiden, die Freizeit zu gestalten oder die Wohnung einzurichten können als Elemente und Ausdruck eines bestimmten Lebensstils verstanden werden. Sie dienen der sozialen Zuordnung zu einem sozialen Milieu und Abgrenzung von anderen (Spellerberg, 1996): Ob und welche Bilder ich zum Beispiel in meiner Wohnung aufhänge, sagt auch etwas darüber aus, welcher Gruppe ich mich sozial zugehörig fühle.

In den Sozialwissenschaften werden Gruppen, zu denen sich Menschen durch ihren Lebensstil zugehörig fühlen, meist als „Milieu" (Vester, 2010) bezeichnet. Soziale Milieus bezeichnen also eine Gruppe von Menschen, die sich in ihrem Lebensstil und ihrer Lebensführung ähneln und in gewisser Weise Einheiten innerhalb der Gesellschaft bilden. Das Wohnen und die Einstellungen zum Wohnen können als Ausdruck von sozialen Milieus verstanden werden. Wohnen ist einerseits Ausdruck persönlicher Einstellungen und des persönlichen Geschmacks: Wohnen ist in den meisten Fällen höchst individuell und lässt einen großen, persönlichen Spielraum in der Gestaltung der Wohnräume zu. Andererseits ist das Wohnen in hohem Maße durch gesellschaftliche Bedingungen, etwa die ökonomische Lage oder die Geschlechter- und Generationenverhältnisse (Harth & Scheller, 2012), bestimmt. So achten beispielsweise Personen, die häufig Gäste erwarten, eher auf einen repräsentativen Einrichtungsstil, familiäre Personen dagegen achten eher auf Gemütlichkeit (Schneider & Spellerberg, 1999). Studien zum Wohnen beschäftigen sich also mit Einrichtungsstilen und Wohnverhalten und versuchen damit Unterschiede im Wohnen zu erklären (Harth & Scheller, 2012).

Die vorgestellten theoretischen Ansätze bilden die Grundlage für die nachfolgend dargestellten Zielgruppen des Wohnens im Alter. Das Zielgruppenkonzept wird deshalb verwendet, um der Vielfalt des Wohnens im Alter und der Diversität älterer Menschen in Österreich gerecht zu werden. Was ist mit Zielgruppen gemeint? Unter Zielgruppen wird die Konstruktion von homogenen Gruppen nach verschiedenen Merkmalen, wie Alter, Bildung, Wohnlage oder Wertehaltung verstanden (Von Hippel, Tippelt, & Gebrande, 2018). Über den Zielgruppenansatz bekommen Personen, die Wohnungen planen oder anbieten, ein besseres Verständnis für ihre Kunden und Kundinnen. Es geht um ein besseres Verstehen der Wohnbedürfnisse im Alter, die sowohl individuell als auch sozial bestimmt sind. Das Wissen um Interessen und Verhalten kann helfen, Angebote zielgruppenorientiert zu gestalten.

Bei der Interpretation der Zielgruppen ist zu berücksichtigen, dass sich diese nicht erschöpfend aufzählen und die Individuen auch nicht eindeutig zuordnen lassen: So können Personen nicht nur einer, sondern auch mehreren Zielgruppen zugeordnet werden und sich in der sozialen Wirklichkeit Mischformen der identifizierten Typen herausbilden. Es geht weniger um die präzise Beschreibung einzelner Zielgruppen, sondern eher um Überzeichnungen bestimmter Aspekte der Gruppenzugehörigkeit. Zusätzlich ist der Zusammenhang zwischen Lebensstilen und Wohnpräferenzen komplex, weil physische Aspekte, z. B. des Gebäudes, psychologische Aspekte, wie der Identität, und soziale Aspekte, beispielsweise der Nachbarschaft, eine Rolle spielen.

In der vorliegenden Untersuchung wurden zur Erfassung der wohnbezogenen Zielgruppen einerseits persönliche Einrichtungsorientierungen und Bedeutungen der Wohnung, sowie andererseits allgemeine Wertehaltungen herangezogen (in Anlehnung an Harth & Scheller, 2012; Poddig, 2006; Schneider & Spellerberg, 1999; Silbermann, 1991). Die Auswahl dieser Merkmale erfolgt in Anlehnung an den oben beschriebenen Generationen- und Lebensstilansatz. Für die differenzierte Beschreibung der Zielgruppen wurden sozio-demografische Merkmale (Alter, Geschlecht, Bildung, Einkommen) herangezogen. Damit folgt diese Studie einem neuen Trend in der Sozialforschung. Dieser neue Trend besteht darin, Zielgruppen nicht allein über sozio-demografische Merkmale zu beschreiben, sondern relevante Lebensstilmerkmale bzw. Einstellungsmuster mit einzubeziehen. Dadurch soll erreicht werden, dass Zielgruppen weniger schablonenhaft beschrieben werden und ein gezielteres Marketing möglich ist.

Die Gruppierung der Personen erfolgte mittels statistischer Clusteranalyse, mit der die Befragten auf Basis von Ähnlichkeiten ihrer Antworten bei den um den Mittelwert zentrierten Variablen in Gruppen geteilt werden.

Es konnten die folgenden vier Zielgruppen unterschieden werden[1]:

die Zweckorientierten,
die Verwurzelten,
die Alternativen,
die Individualitätsorientierten.

Die vier Zielgruppen wurden entsprechend der Beantwortung der Fragen in Tabelle 26 charakterisiert. Die einzelnen Zahlenwerte stellen die mittlere Abweichung des Zielgruppenmittelwerts vom Gesamtmittelwert dar (MW +/- Wert).

Tabelle 26: Zielgruppen des Wohnens im Alter

	Mittelwert	Zielgruppen			
		Zweckorientierten	Verwurzelten	Alternativen	Individualitätsorientierten
Wie wichtig sind Ihnen persönlich die folgenden Aspekte beim Wohnen? (1 nicht wichtig – 4 sehr wichtig)					
pflegeleicht und praktisch	3,66	**0,22**	**0,56**	**-0,67**	**-0,83**
preiswert	3	**0,21**	**0,49**	**-0,51**	**-0,81**
Persönlichkeit zum Ausdruck bringt	3,44	**-1,04**	**0,51**	**-0,32**	0,09
kunstvoll	2,21	**-0,5**	0,19	0,01	0,1
familiär (Ort voller Erinnerungen/für Freundinnen, Freunde und Verwandte etc.)	3,56	**-0,82**	**0,55**	**-0,57**	-0,04
Wie wichtig sind Ihnen persönlich die folgenden Dinge? (1 nicht wichtig – 6 sehr wichtig)					
sozial Benachteiligten und gesell. Randgruppen zu helfen	4,87	**-0,5**	**0,38**	**-0,39**	-0,04
eigene Phantasie und Kreativität zu entwickeln	5,16	**-0,71**	**0,33**	**-0,49**	0,32
Materialismus/Hedonismus (das Leben in vollen Zügen genießen/ hohen Lebensstandard haben)	4,55	-0,24	0,03	**-0,55**	**0,5**
Pflichtbewusstsein (Gesetz und Ordnung achten/nach Sicherheit streben)	5,5	-0,02	**0,43**	**-1,87**	**0,24**
n	1001	186	411	103	229

Legende: Die fett markierten Werte bezeichnen einen signifikanten Unterschied zum Gesamtmittelwert (p<0,001)
Lesebsp.: Den Verwurzelten ist es überdurchschnittlich wichtig, dass ihre Wohnung pflegeleicht und praktisch ist (MW+0,56).

---

1 Als Distanzmaß wurde die quadrierte euklidische Distanz gewählt und als Clustermethode das K-Means-Verfahren. Die mittels hierarchischen (Ward) und nicht hierarchischen Methoden (K-Means) gezogenen Cluster setzen sich zum größten Teil aus denselben Fällen zusammen und weisen ähnliche Clusterzentren auf, das spricht für die Stabilität der hierarchischen Gruppen (Wiedenbeck & Züll, 2001). Auch inhaltlich erweisen sich die Cluster als valide, da sie den theoretischen Vorannahmen entsprechen.

Teil IV: Verdichtungen

In einem zweiten Schritt werden die über Einstellungsmuster gefundenen Zielgruppen im sozialen Raum verortet. Abbildung 47 gibt die Einkommens- und Bildungsunterschiede der Zielgruppen wieder. Die Differenzen der Zielgruppen in Bezug auf ihre soziale Lage und deren Auswirkung auf die Wohnbedürfnisse und Wohnpräferenzen werden im folgenden Abschnitt näher erläutert.

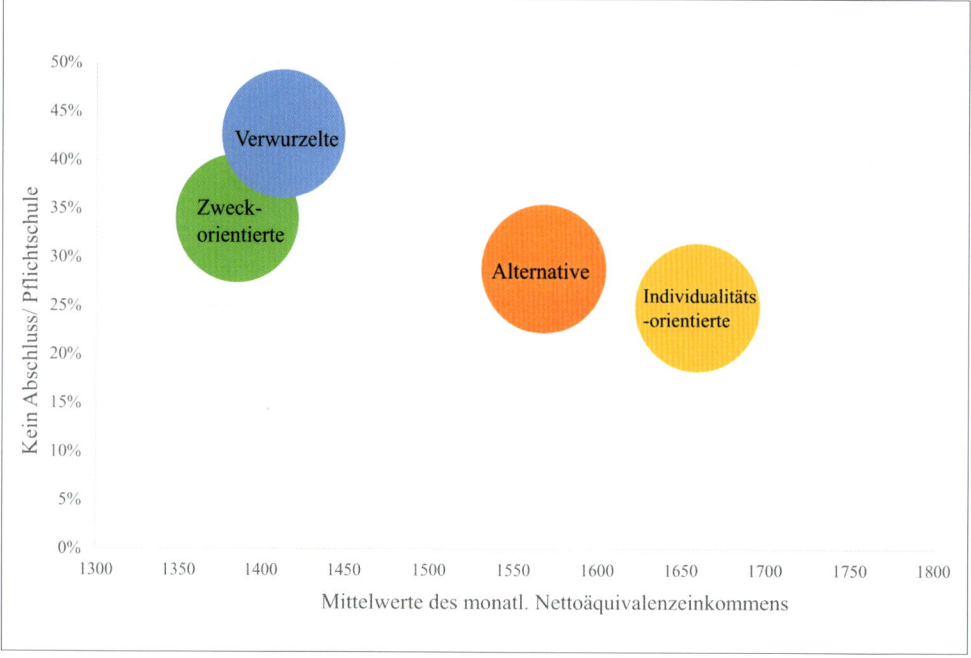

Abbildung 47: Zielgruppen des Wohnens im Alter nach sozio-ökonomischem Status

Tabelle 27: Durchschnittliches Nettoeinkommen und Verteilung auf Bildungsabschlüsse innerhalb der Zielgruppen

	Mittelwert monatl. Nettoäquivalenzeinkommen	*(Keine) Pflichtschule*
Zweckorientierten	1385	34 %
Verwurzelten	1413	43 %
Alternativen	1568	29 %
Individualitätsorientierten	1659	25 %

Die Zweckorientierten

Die Gruppe der Zweckorientierten besteht aus 20 % der Befragten. Diese Zielgruppe zeichnet sich vor allem dadurch aus, dass die Wohnung meist pflegeleicht, praktisch und preiswert eingerichtet werden sollte. Im Vergleich zum Mittelwert gibt diese Gruppe hier eine erhöhte Wichtigkeit dieser Bereiche an, auch wenn die Unterschiede nicht signifikant sind (siehe Abb. 48). Weniger wichtig als dem Gesamtdurchschnitt ist den Zweckorientierten hingegen, dass ihre Wohnung ihre Persönlichkeit zum Ausdruck bringt, kunstvoll eingerichtet ist oder Wärme und Gemütlichkeit ausstrahlt bzw. ein Ort für Freundinnen, Freunde und Verwandte ist.

Bezüglich der Werteeinstellungen sind den Zweckorientierten Werte des Pflichtbewusstseins (Gesetz und Ordnung respektieren und nach Sicherheit streben) sehr wichtig, sie entsprechen damit allerdings dem Durchschnitt der Stichprobe. Weniger wichtig ist es ihnen, sich sozial zu engagieren oder künstlerisch weiterzuentwickeln.

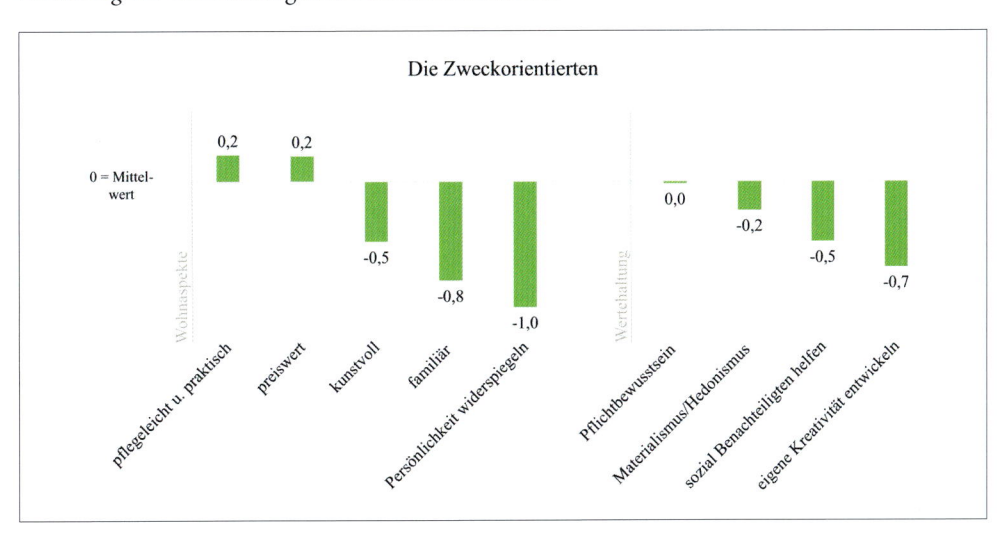

Abbildung 48: Werthaltungen der Zweckorientierten

Legende: Zahlenwerte entsprechen den mittleren Abweichungen vom Gesamtmittelwert = 0 (n=186)

Die Zweckorientierten sind eher älter und männlich. Sie verfügen über ein durchschnittliches Einkommen (59 % weniger als 1.400€) und weisen vorwiegend einen Lehr- oder Pflichtschulabschluss auf (siehe Abb. 49). Betrachtet man die subjektive Gesundheitseinschätzung, haben die Zweckorientierten den schlechtesten Gesundheitszustand von den vier Zielgruppen angegeben. So schätzen nur 12 % ihre Gesundheit als sehr gut ein und 41 % als mittelmäßig bis schlecht[2]. Ein wenig mehr als ein Fünftel der Zweckorientierten benötigt Hilfe bei der Erledigung alltäglicher Aufgaben (ADL), was ein etwas höherer Anteil ist als bei den anderen Grup-

---

[2] Gesundheit – mittel/schlecht: Zw: 41 %; Verw: 37 %; Altern: 35 %; Ind: 24 %; Cramers-V=0,123 p<0,001; Interpretation Cramer-V: 0= kein Zusammenhang, 1=perfekter Zus.

Teil IV: Verdichtungen

pen.³ Dementsprechend haben die Zweckorientierten auch ein weniger positives Bild vom Älterwerden, wobei nicht einmal ein Fünftel (18 %) ihr eigenes Älterwerden als sehr positiv wahrnimmt.⁴

Abbildung 49: Sozio-demografische Merkmale der Zweckorientierten (n=186)

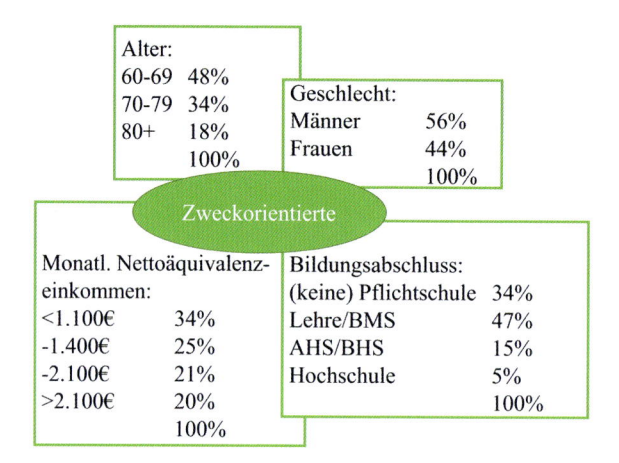

Alter:		Geschlecht:	
60-69	48%	Männer	56%
70-79	34%	Frauen	44%
80+	18%		100%
	100%		

Zweckorientierte

Monatl. Nettoäquivalenzeinkommen:		Bildungsabschluss:	
<1.100€	34%	(keine) Pflichtschule	34%
-1.400€	25%	Lehre/BMS	47%
-2.100€	21%	AHS/BHS	15%
>2.100€	20%	Hochschule	5%
	100%		100%

Wohnsituation

Die Zweckorientierten leben in sehr unterschiedlichen Wohnverhältnissen. Die Hälfte lebt in Häusern mit durchschnittlich 72m² Wohnfläche pro Person, die andere Hälfte in Wohnungen mit im Schnitt 49m² Wohnfläche⁵. Die Zweckorientierten, die in Häusern leben, wohnen dort meist auch schon wesentlich länger als die, die in Wohnungen leben⁶. Dies zeigt sich auch in einer unterschiedlichen Zufriedenheit mit der Wohnsituation. So ist der Großteil der Zweckorientierten mit ihrer Wohnsituation eher bis sehr zufrieden (76 %) und fühlt sich mit ihrer Wohnform sehr verbunden (67 %), allerdings zeichnen sie sich durch eine niedrigere Zufriedenheit mit ihrer Wohnsituation im Allgemeinen⁷ sowie mit ihrer Nachbarschaft⁸ im Vergleich zu den Verwurzelten und den Individualitätsorientierten aus. Sie geben ebenfalls eine niedrigere Verbundenheit mit ihrer Wohnform an⁹. Gerade bei den Freizeit- und Bildungseinrichtungen in der Wohnumgebung weisen die Zweckorientierten die geringste Zufriedenheit der vier Zielgruppen auf¹⁰. Zusätzlich hat fast die Hälfte der Zweckorientierten Stufen in oder vor

---

3   ADL – Hilfe benötigt: Zw: 22 %; Verw: 17 %; Altern: 18 %; Ind: 11 %; V=0,098 p<0,05
4   Positives Altersbild – trifft sehr zu: Zw: 18 %; Verw: 32 %; Altern: 32 %; Ind: 48 %; V=0,159 p<0,001
5   Haus: MW=72m² SD=38m²; Wohnung: MW=49m² SD=19m² T-Test: p<0,001
6   Haus: MW=39 Jahre SD=18 Jahre; Wohnung: MW=22 Jahre SD=18 Jahre T-Test: p<0,001
7   Wohnzufriedenheit – sehr zufrieden (10): Zw: 41 %; Verw: 70 %; Altern: 32 %; Ind: 51 %; V=0,220 p<0,001
8   Nachbarschaft – sehr zufrieden: Zw: 45 %; Verw: 73 %; Altern: 39 %; Ind: 54 %; V=0,197 p<0,001
9   Verbundenheit – sehr verbunden: Zw: 67 %; Verw: 90 %; Altern: 59 %; Ind: 86 %; V=0,179 p<0,001
10 Bildungsangebot – sehr zufrieden: Zw: 21 %; Verw: 44 %; Altern: 33 %; Ind: 34 %; V=0,139 p<0,001

ihrer Wohnform und keine bodengleiche Dusche[11]. Die höhere Unzufriedenheit mit der aktuellen Wohnsituation liegt, unabhängig vom Alter, an dem schlechteren Gesundheitszustand der Zweckorientierten, wodurch die vermehrt vorhandenen Barrieren in und vor der Wohnform zu einer alltäglichen Belastung werden.

Wohnpräferenzen im höheren Lebensalter

Trotz dieser Belastungen unterscheiden sich die Zweckorientierten in ihrer Umzugsbereitschaft nicht signifikant von der Gesamtstichprobe. So hält die Hälfte der Zweckorientierten einen Umzug im Alter für unwahrscheinlich, 12 % sind unentschlossen und 37 % halten einen Umzug für eher bis sehr wahrscheinlich. Dabei geben die Umzugsbereiten dieser Zielgruppe als Umzugsgrund eher Probleme mit der Haushaltsführung (65 %) an als diejenigen, die in ihrem Privathaushalt verbleiben möchten (45 %)[12]. Die Zielgruppen untereinander unterscheiden sich allerdings nicht bezüglich der vorstellbaren Umzugsgründe.

Bei den Unterstützungsmaßnahmen für zu Hause gibt es ebenfalls kaum Differenzen zwischen den vier Gruppen. Der Großteil aller Befragten kann sich einen ambulanten Pflegedienst oder eine Heimhilfe als Unterstützung für zu Hause vorstellen (85 % – 88 %), wogegen nur ein Drittel sich Unterstützung durch die Nachbarschaft und zwei Drittel durch Angehörige vorstellen kann. Lediglich bei der 24h-Betreuung scheinen unterschiedliche Haltungen zu bestehen. So kommt zwar bei mehr als der Hälfte der vier Zielgruppen eine 24h-Betreuung infrage, allerdings empfinden die Zweckorientierten diese Option als am wenigsten attraktiv (54 %)[13].

Die vier Zielgruppen unterscheiden sich auch bei ihren Einstellungen zu potenziellen Wohnformen im Alter. Betrachtet man zunächst die Einstellung zu traditionellen Wohnalternativen, unterscheiden sich die Zielgruppen nur kaum voneinander. Lediglich bezüglich des Wunsches, mit nahen Angehörigen zu wohnen, bestehen eindeutige Differenzen. So kann sich dies, ähnlich wie bei den Alternativen und den Individualitätsorientierten, nur ein Drittel der Zweckorientierten vorstellen. Im Gegensatz dazu gibt die Hälfte der Verwurzelten an, gerne bei ihren Angehörigen im höheren Alter wohnen zu wollen[14]. Die höchsten Zustimmungswerte haben die Zweckorientierten beim Pflegeheim (53 %) und beim betreuten Wohnen (51 %). Das geringste Interesse äußert diese Gruppe an einer größeren Wohnung (7 %) und einer Alters-WG (16 %).

Während das Interesse an Alters-WGs generell sehr niedrig ist, ist die Mehrheit der Befragten gegenüber Mehrgenerationenhäusern und Wohndörfern nicht abgeneigt, und so geben zwischen 50 % und 52 % aller Befragten Werte zwischen 6 und 10 auf einer Skala von 1 bis 10 bei der Beurteilung dieser beiden Wohnformen an. Die Differenzen zwischen den Zielgruppen beim Interesse an alternativen Wohnformen sind allerdings sehr gering, wobei die Zweckorientierten von den Zielgruppen das geringste Interesse (6 – 10) an einem Mehrgenerationenwohnen (45 %) und einem Wohndorf (47 %) äußern[15].

---

11 Nicht barrierefrei: Zw: 47 %; Verw: 37 %; Altern: 37 %; Ind: 32 %; V=0,102 p<0,01
12 Cramers-V=0,222 p<0,05
13 24h-Betreuung – vorstellbar: Zw: 54 %; Verw: 70 %; Altern: 56 %; Ind: 62 %; V=0,141 p<0,001
14 Mit nahen Angehörigen wohnen: Zw: 35 %; Verw: 50 %; Altern: 35 %; Ind: 31 %; V=0,171 p<0,001
15 Mehrgenerationenhaus: Zw: 45 %; Verw: 57 %; Altern: 51 %; Ind: 51 %; KW-Test: Zw. (MW=5,3 SD=3,0) zu Verw. (MW=6,2 SD=3,2) p<0,001 Interpretation: *KW-Test:* H0= Die Verteilung des Interesses an Mehrgenerationenhäu-

Teil IV: Verdichtungen

Die Zweckorientierten sind also am ehesten für Pflegeheime oder betreutes Wohnen zu begeistern. Dabei schätzen sie vor allem die Sozialkontakte, aber auch die Pflegequalität in Heimen als gut ein (siehe Abb. 50). Im Vergleich zu den anderen Zielgruppen bewegen sie sich mit ihrer Einschätzung der fünf Aspekte von Pflegeheimen im Mittelfeld. Die Liste an Aktivitäts- und Ausstattungsangeboten in Pflegeheimen erfährt generell von allen Befragten eine hohe Befürwortung, entsprechend ihrer Haltung zum Wohnen im Allgemeinen stellen die Zweckorientierten allerdings die Gruppe dar, die sich am wenigsten Angebote in Pflegeheimen wünscht. Vor allem Weiterbildungskurse (51 %), eine eigene Küche (53 %) und Fitnessangebote (67 %) werden von den Zweckorientierten im Vergleich zu den anderen Gruppen weniger häufig angegeben[16].

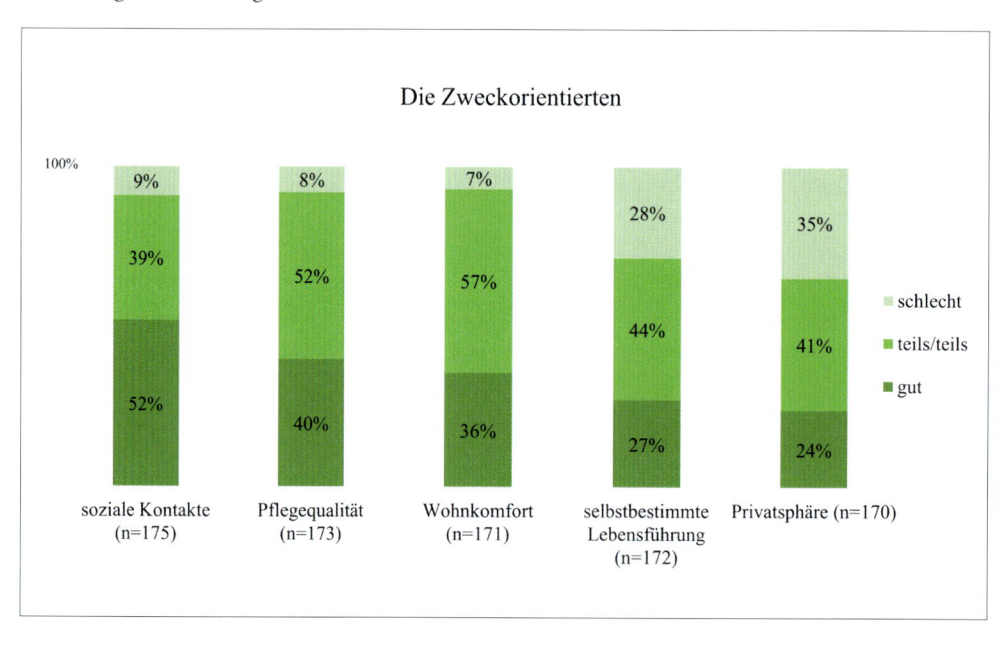

Abbildung 50: Das Pflegeheim aus der Sicht der Zweckorientierten

Zusammenfassend sind die Zweckorientierten zwar mit ihrer Wohnform sehr verbunden und der Großteil ist einem Umzug abgeneigt, allerdings sehen sie auch eher Grenzen in der Unterstützung für zu Hause als die anderen Zielgruppen, was vor allem die 24h-Betreuung betrifft. Sie ziehen also um, wenn es dem Zweck einer guten Pflegequalität und mehr Sozialkontakten dient, weshalb sie am ehesten in ein Pflegeheim oder betreutes Wohnen ziehen würden.

---

sern ist über die Kategorien der Zielgruppen identisch. Bei p<0,05 wird H0 verworfen.
Wohndorf: Zw: 47 %; Verw: 50 %; Altern: 53 %; Ind: 50 %; p>0,05

16 Weiterbildungskurse: Zw: 51 %; Verw: 69 %; Altern: 59 %; Ind: 71 %; V=0,159 p<0,001
Eigene Küche: Zw: 53 %; Verw: 61 %; Altern: 64 %; Ind: 70 %; V=0,117 p<0,01
Fitnessangebote: Zw: 67 %; Verw: 81 %; Altern: 74 %; Ind: 82 %; V=0,137 p<0,001

Die Verwurzelten

Mit 411 Befragten (44 %) stellen die Verwurzelten die größte Gruppe dar. Diese Zielgruppe zeichnet sich durch eine höhere Wichtigkeit von individuellen und familiären Wohnstilen aus. So ist es ihnen im Durchschnitt sehr wichtig, dass die Wohnung pflegeleicht, praktisch und preiswert ist sowie ihre Persönlichkeit zum Ausdruck bringt. Die Wohnung ist für diese Zielgruppe ein Ort von Erinnerungen, der Wärme und Gemütlichkeit ausstrahlt und ein Treffpunkt für Familie, Freunde und Freundinnen darstellt. In ihren Werteeinstellungen zeichnet sich diese Gruppe durch ein erhöhtes Pflichtbewusstsein aus, im Gegensatz dazu unterscheiden sie sich bei hedonistischen und materialistischen Werten, wie z. B. das Leben in vollen Zügen genießen, und auch einer kunstvollen Einrichtung nicht vom Gesamtmittelwert der Stichprobe.

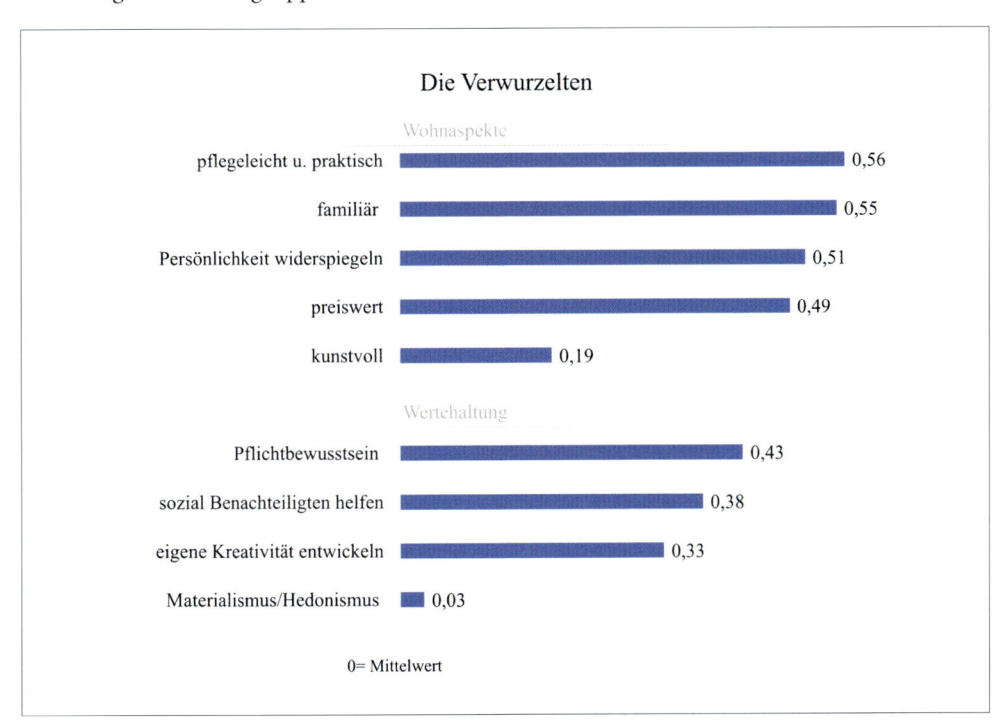

Abbildung 51: Die Zielgruppe der Verwurzelten

Die Verwurzelten

Wohnaspekte
- pflegeleicht u. praktisch: 0,56
- familiär: 0,55
- Persönlichkeit widerspiegeln: 0,51
- preiswert: 0,49
- kunstvoll: 0,19

Wertehaltung
- Pflichtbewusstsein: 0,43
- sozial Benachteiligten helfen: 0,38
- eigene Kreativität entwickeln: 0,33
- Materialismus/Hedonismus: 0,03

0= Mittelwert

Legende: Zahlenwerte entsprechen den mittleren Abweichungen vom Gesamtmittelwert = 0 (n=411)

Das soziale Milieu, in dem die Verwurzelten zu finden sind, ist eher ländlich, weiblich und älter. Mehr als zwei Drittel der Verwurzelten sind Frauen und 63 % sind über 70 Jahre alt. Ebenfalls lebt fast die Hälfte in Gemeinden mit weniger als 5.000 Einwohnerinnen und Einwohnern. Die Verwurzelten weisen auch einen vergleichsweise niedrigen sozio-ökonomischen Status auf. So haben 43 % keinen Schulabschluss oder einen Pflichtschulabschluss und weitere 45 % einen Lehr- oder BMS-Abschluss. Fast zwei Drittel haben weniger als 1.400€ im Monat pro Haushaltsmitglied zur Verfügung.

Betrachtet man die subjektive Gesundheitseinschätzung, geben die Verwurzelten den zweitschlechtesten Gesundheitszustand aller Zielgruppen an. So schätzen 22 % ihre Gesundheit als sehr gut ein und 37 % als mittelmäßig bis schlecht[17]. Etwas weniger als ein Fünftel der Verwurzelten benötigt Hilfe bei der Erledigung alltäglicher Aufgaben (ADL)[18]. Die Verwurzelten haben allerdings ein positiveres Bild vom eigenen Älterwerden als die Zweckorientierten: So nimmt fast ein Drittel der Verwurzelten ihr eigenes Älterwerden als sehr positiv wahr[19].

Abbildung 52: Sozio-demografische Merkmale der Verwurzelten (n=411)

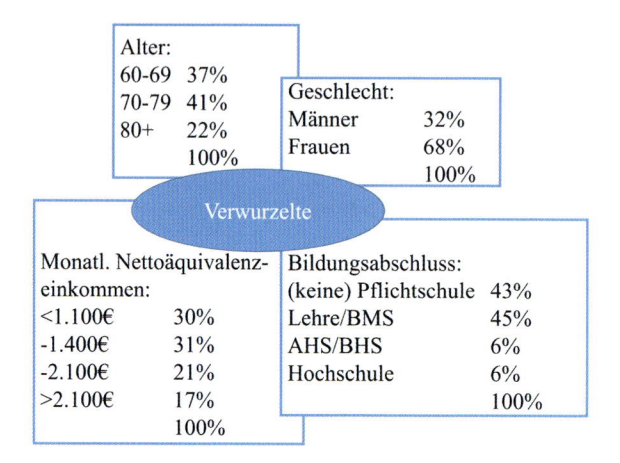

Alter:	Geschlecht:
60-69 37%	Männer 32%
70-79 41%	Frauen 68%
80+ 22%	100%
100%	

Verwurzelte

Monatl. Nettoäquivalenzeinkommen:	Bildungsabschluss:
<1.100€ 30%	(keine) Pflichtschule 43%
-1.400€ 31%	Lehre/BMS 45%
-2.100€ 21%	AHS/BHS 6%
>2.100€ 17%	Hochschule 6%
100%	100%

Wohnsituation

Die Verwurzelten leben mit Abstand am längsten in ihrer derzeitigen Wohnform, nämlich durchschnittlich seit 39 Jahren[20]. Dementsprechend fühlt sich diese Zielgruppe stark mit ihrer Wohnform verbunden[21] und gibt auch die höchste Wohnzufriedenheit an[22]. Der überwiegende Teil (61 %) der Verwurzelten lebt in Häusern mit durchschnittlich 80m² Wohnfläche pro Person, 39 % leben in Wohnungen mit im Schnitt 58m² Wohnfläche[23]. Die hohe Zufriedenheit dieser Gruppe mit ihrer allgemeinen Wohnsituation zeigt sich auch in ihrer Zufriedenheit mit der Wohnumgebung: Im Vergleich zu den anderen Gruppen sind die Verwurzelten wesentlich zufriedener mit der Nachbarschaft (73 % sehr zufrieden)[24], den Freizeit- und Bildungsangebo-

---

17 Gesundheit – mittel/schlecht: Zw: 41 %; Verw: 37 %; Altern: 35 %; Ind: 24 %; Cramers-V=0,123 p<0,001
18 ADL – Hilfe benötigt: Zw: 22 %; Verw: 17 %; Altern: 18 %; Ind: 11 %; V=0,098 p<0,05
19 Positives Altersbild – trifft sehr zu: Zw: 18 %; Verw: 32 %; Altern: 32 %; Ind: 48 %; V=0,159 p<0,001
20 Wohndauer: Zw: (MW=31 Jahre SD=20); Verw: (MW=39 Jahre SD=19); Altern: (MW=28 Jahre SD=19); Ind: (MW=32 Jahre SD=16); KW-Test: Verw. zu den drei anderen Gruppen p<0,001
21 Verbundenheit – sehr verbunden: Zw: 67 %; Verw: 90 %; Altern: 59 %; Ind: 86 %; V=0,179 p<0,001
22 Wohnzufriedenheit – sehr zufrieden (10): Zw: 41 %; Verw: 70 %; Altern: 32 %; Ind: 51 %; V=0,220 p<0,001
23 Haus: MW=80m² SD=48m²; Wohnung: MW=58m² SD=27m² T-Test: p<0,001
24 Nachbarschaft – sehr zufrieden: Zw: 45 %; Verw: 73 %; Altern: 39 %; Ind: 54 %; V=0,197 p<0,001

ten (44 %)[25], den Gesundheitseinrichtungen (68 %)[26] und den Grünflächen in ihrer Wohnumgebung (82 %)[27]. Dies liegt unter anderem auch an dem engeren Kontakt der Verwurzelten zu ihren Nachbarn und Nachbarinnen (81 %)[28].

Wohnpräferenzen im höheren Lebensalter

Ähnlich wie die Zweckorientierten unterscheiden sich die Verwurzelten in ihrer Umzugsbereitschaft kaum von der Gesamtstichprobe. So hält die Hälfte der Verwurzelten einen Umzug im Alter für unwahrscheinlich, 19 % sind unentschlossen und 31 % halten einen Umzug für eher bis sehr wahrscheinlich. Dabei geben die Umzugsbereiten dieser Zielgruppe als Umzugsgrund ebenfalls eher Probleme mit der Haushaltsführung (53 %) an als diejenigen, die in ihrem Privathaushalt verbleiben möchten (36 %)[29]. Diese niedrigere Umzugsbereitschaft zeigt sich auch bei den potenziellen Unterstützungsmaßnahmen für zu Hause, denn 70 % der Verwurzelten könnten sich eine 24h-Betreuung vorstellen, was einem wesentlich höheren Anteil als bei den anderen Zielgruppen entspricht[30].

Betrachtet man die Einstellung der Verwurzelten zu alternativen Wohnformen im Alter, fällt auf, dass die Verwurzelten das höchste Interesse von den vier Zielgruppen an Mehrgenerationenhäusern äußern (57 % eher bis sehr gerne) und sich damit vor allem von den Zweckorientierten unterscheiden[31]. Dieses höhere Interesse liegt u. a. daran, dass die Verwurzelten nicht nur engeren Kontakt zu ihrer Nachbarschaft haben als die Zweckorientierten, sondern auch zu ihren Angehörigen sowie Freundinnen und Freunden außerhalb der Nachbarschaft[32]. Eine gemeinschaftliche, mehrgenerationelle Wohnform stößt daher bei den Verwurzelten nicht unbedingt auf taube Ohren. Diese Einstellung unterscheidet sich auch nicht zwischen den Verwurzelten mit guter und schlechterer Gesundheit. Das Interesse an Wohndörfern und Alters-WGs unterscheidet sich nicht signifikant von den anderen Zielgruppen.

Bezüglich der traditionellen Wohnalternativen äußern die Verwurzelten von den vier Gruppen das höchste Interesse an einem Wohnen mit nahen Angehörigen[33]. Als Personen, die vor allem das Familiäre im Wohnen für wichtig erachten, ist ein Zusammenziehen mit Angehörigen im höheren Alter für zumindest die Hälfte dieser Zielgruppe eine Umzugsoption. Neben dieser Option haben die Verwurzelten auch Interesse an einem Haus am Land (66 %) und einem betreuten Wohnen (51 %). Das geringste Interesse äußert diese Gruppe, wie auch die anderen Zielgruppen, an einer größeren Wohnung (8 %) und einer Alters-WG (16 %).

---

25 Bildungsangebot – sehr zufrieden: Zw: 21 %; Verw: 44 %; Altern: 33 %; Ind: 34 %; V=0,139 p<0,001
26 Gesundheitseinrichtung – sehr zufrieden: Zw: 55 %; Verw: 68 %; Altern: 47 %; Ind: 53 %; V=0,124 p<0,001
27 Grünflächen – sehr zufrieden: Zw: 65 %; Verw: 82 %; Altern: 61 %; Ind: 75 %; V=0,146 p<0,001
28 Enger Kontakt zu Nachbarinnen und Nachbarn: Zw: 67 %; Verw: 81 %; Altern: 58 %; Ind: 70 %; V=0,178 p<0,001
29 Cramers-V=0,201 p<0,001
30 24h-Betreuung – vorstellbar: Zw: 54 %; Verw: 70 %; Altern: 56 %; Ind: 62 %; V=0,141 p<0,001
31 Mehrgenerationenhaus: Zw: 45 %; Verw: 57 %; Altern: 51 %; Ind: 51 %; KW-Test: Zw. (MW=5,3 SD=3,0) zu Verw. (MW=6,2 SD=3,2) p<0,001
32 Enger Kontakt zu Angehörigen: Zw: 70 %; Verw: 84 %; Altern: 77 %; Ind: 80 %; V=0,131 p<0,001
    Enger Kontakt zu Freundinnen und Freunden außerhalb: Zw: 80 %; Verw: 91 %; Altern: 79 %; Ind: 90 %; V=0,160 p<0,001
33 Mit nahen Angehörigen wohnen: Zw: 35 %; Verw: 50 %; Altern: 35 %; Ind: 31 %; V=0,171 p<0,001

Die Verwurzelten betrachten, ähnlich wie die Zweckorientierten, Pflegeheime größtenteils als positiv (55 % eher bis sehr positiv). Dabei schätzen sie vor allem die Pflegequalität, den Wohnkomfort und die Sozialkontakte in Heimen als gut ein (siehe Abb. 53). Im Vergleich zu den anderen Zielgruppen schätzen sie die selbstbestimmte Lebensführung, die Pflegequalität und die Privatsphäre positiver ein[34]. Die Liste an Aktivitäts- und Ausstattungsangeboten in Pflegeheimen erfährt generell von allen Befragten eine hohe Befürwortung. Entsprechend ihrem starken Pflichtbewusstsein wünschen sich die Verwurzelten im Vergleich zu den anderen Gruppen wesentlich häufiger Möglichkeiten, Aufgaben und Verantwortung im Heim zu übernehmen (84 %)[35]. Gerade im Vergleich zu den Zweckorientierten wünschen die Verwurzelten sich häufiger Fitnessmöglichkeiten (81 %) und Weiterbildungskurse (69 %)[36].

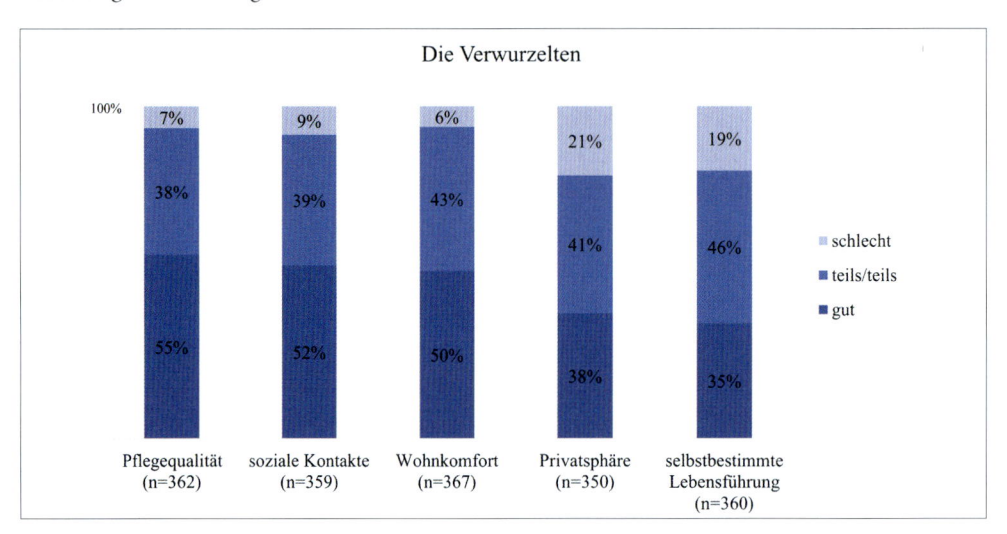

Abbildung 53: Das Pflegeheim aus Sicht der Verwurzelten

Die Verwurzelten sind also noch stärker als die Zweckorientierten eher gegen einen Umzug im Alter. Sollten sie allerdings doch im höheren Alter umziehen, dann würden sie am ehesten Interesse an einem gemeinschaftlichen Wohnen entweder in der eigenen Familie, einem Mehrgenerationenhaus oder einem Pflegeheim haben.

---

34 Selbstbestimmte Lebensführung – gut: Zw: 27 %; Verw: 35 %; Altern: 15 %; Ind: 17 %; V=0,159 p<0,001
   Pflegequalität – gut: Zw: 40 %; Verw: 55 %; Altern: 29 %; Ind: 40 %; V=0,134 p<0,001
   Privatsphäre – gut: Zw: 24 %; Verw: 38 %; Altern: 14 %; Ind: 25 %; V=0,142 p<0,001
35 Aufgaben im Heim übernehmen: Zw: 72 %; Verw: 84 %; Altern: 70 %; Ind: 77 %; V=0,136 p<0,001
36 Weiterbildungskurse: Zw: 51 %; Verw: 69 %; Altern: 59 %; Ind: 71 %; V=0,159 p<0,001
   Fitnessangebote: Zw: 67 %; Verw: 81 %; Altern: 74 %; Ind: 82 %; V=0,137 p<0,001

Die Alternativen

Die Alternativen stellen die kleinste der untersuchten Zielgruppen dar (11 %). Sie zeichnen sich vor allem durch ihr geringeres Alter aus: Charakteristisch für diese Gruppe ist es, dass 63 % der Alternativen zwischen 60 und 69 Jahren alt sind, weshalb man sie als einen Teil der jüngeren Baby-Boomer-Generation bezeichnen könnte.

Werte des Pflichtbewusstseins und materialistische Werte, wie einen hohen Lebensstandard haben, lehnt die Gruppe der Alternativen eher ab. Sie empfinden es ebenfalls als nicht so wichtig, dass die Einrichtung pflegeleicht, praktisch und preiswert ist und ihre Wohnung muss auch weniger familiär sein. Die Alternativen finden sich eher im städtischen Milieu bei den jüngeren, höher Gebildeten. Sie könnte man der Gruppe der Old Kids zuordnen (Poddig, 2006), die durch die Verweigerung von Konventionen und Verhaltenserwartungen gekennzeichnet sind und nach dem neuen Erlebnis streben.

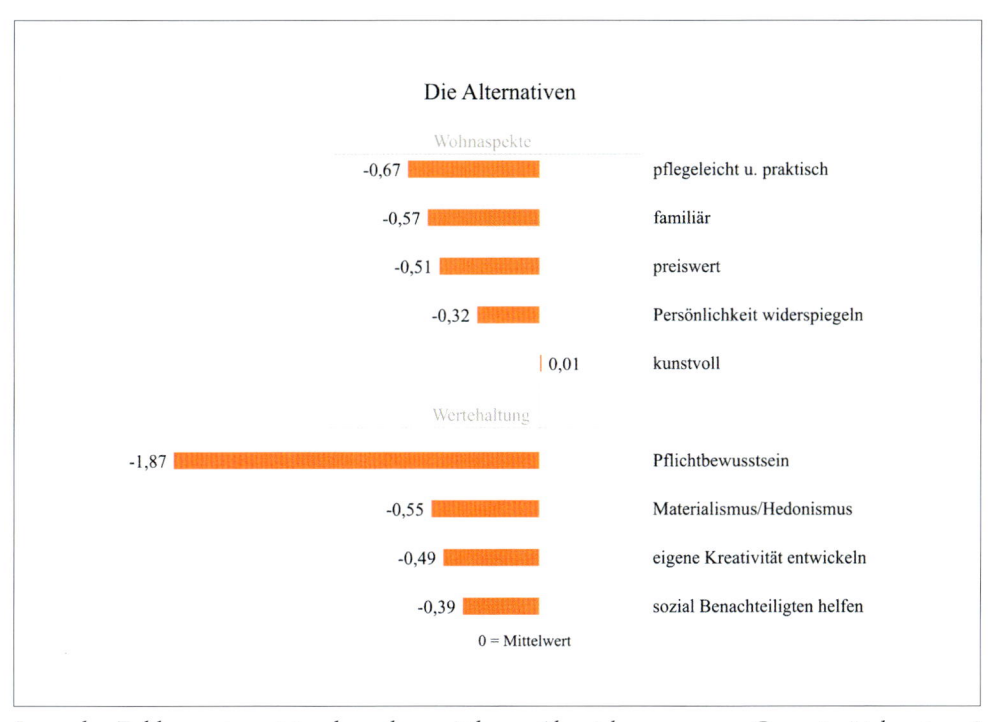

Abbildung 54: Werthaltungen der Alternativen

Die Alternativen

Wohnaspekte

Wert	Merkmal
-0,67	pflegeleicht u. praktisch
-0,57	familiär
-0,51	preiswert
-0,32	Persönlichkeit widerspiegeln
0,01	kunstvoll

Wertehaltung

Wert	Merkmal
-1,87	Pflichtbewusstsein
-0,55	Materialismus/Hedonismus
-0,49	eigene Kreativität entwickeln
-0,39	sozial Benachteiligten helfen

0 = Mittelwert

Legende: Zahlenwerte entsprechen den mittleren Abweichungen vom Gesamtmittelwert = 0 (n=103)

Während das Geschlechterverhältnis in dieser Gruppe ausgeglichen ist, sind lediglich 12 % über 80 Jahre alt. Im Vergleich zu den anderen Zielgruppen ist der Anteil an Personen mit höherer Bildung wesentlich ausgeprägter. Jeder oder jede Fünfte hat einen Hochschulabschluss und 12 % die Matura. Dies spiegelt sich allerdings nicht im Einkommen wieder, so haben auch hier 58 % weniger als 1.400€ pro Haushaltsmitglied zur Verfügung.

Teil IV: Verdichtungen

Bei der Einschätzung der subjektiven Gesundheit und auch der ADL weisen die Alternativen, trotz des Altersunterschieds, nur geringfügige Unterschiede zu den Verwurzelten auf. So schätzen 25 % ihre Gesundheit als sehr gut ein und 35 % als mittelmäßig bis schlecht[37]. Etwas weniger als ein Fünftel der Alternativen benötigt Hilfe bei der Erledigung alltäglicher Aufgaben (ADL)[38]. Auch bei der Einstellung zum eigenen Älterwerden gibt fast ein Drittel der Alternativen an, ihr Älterwerden als sehr positiv wahrzunehmen[39].

Abbildung 55: Sozio-demografische Merkmale der Alternativen (n=103)

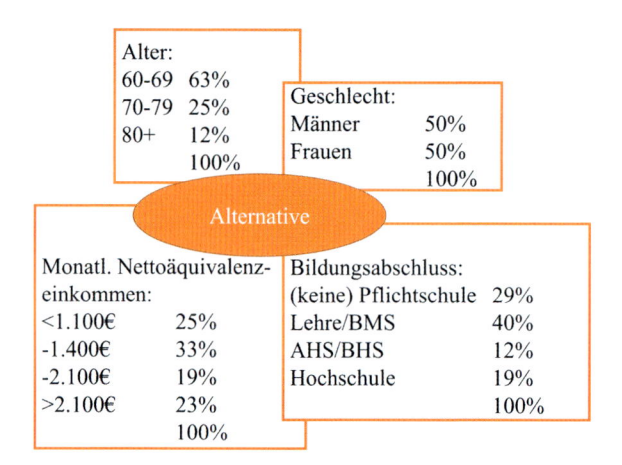

Alter:		Geschlecht:	
60-69	63%	Männer	50%
70-79	25%	Frauen	50%
80+	12%		100%
	100%		

Alternative

Monatl. Nettoäquivalenz-einkommen:		Bildungsabschluss:	
<1.100€	25%	(keine) Pflichtschule	29%
-1.400€	33%	Lehre/BMS	40%
-2.100€	19%	AHS/BHS	12%
>2.100€	23%	Hochschule	19%
	100%		100%

Wohnsituation

Die Wohnverhältnisse der Alternativen zeigen sich in der Stichprobe als divers. So wohnen 54 % in Wohnung mit 49m² Wohnfläche pro Person, die restlichen 46 % leben in Häusern mit 79m² Wohnfläche[40]. 38 % der Alternativen leben in Städten mit über 50.000 Einwohnerinnen und Einwohnern und ein weiteres Viertel lebt in mittelgroßen Gemeinden mit 5.000 bis 50.000 Einwohnerinnen und Einwohnern. Aufgrund u. a. des jüngeren Durchschnittsalters der Gruppe als bei den anderen Zielgruppen, leben die Alternativen im Schnitt weniger lange in ihrer aktuellen Wohnform[41]. Dies wirkt sich auch auf die Verbundenheit mit der Wohnform und die Zufriedenheit mit der Wohnsituation aus. So fühlen sich die Alternativen weniger verbunden mit ihrer Wohnform als die anderen drei Zielgruppen (59 %) und sind allgemein weniger zufrieden mit ihrer Wohnsituation (32 %) sowie der Nachbarschaft (39 %)[42]. Gerade

---

37 Gesundheit – mittel/schlecht: Zw: 41 %; Verw: 37 %; Altern: 35 %; Ind: 24 %; Cramers-V=0,123 p<0,001
38 ADL – Hilfe benötigt: Zw: 22 %; Verw: 17 %; Altern: 18 %; Ind: 11 %; V=0,098 p<0,05
39 Positives Altersbild – trifft sehr zu: Zw: 18 %; Verw: 32 %; Altern: 32 %; Ind: 48 %; V=0,159 p<0,001
40 Haus: MW=79m² SD=40m²; Wohnung: MW=49m² SD=23m² T-Test: p<0,001
41 Wohndauer: Zw: (MW=31 Jahre SD=20); Verw: (MW=39 Jahre SD=19); Altern: (MW=28 Jahre SD=19); Ind: (MW=32 Jahre SD=16); KW-Test: Verw. zu den drei anderen Gruppen p<0,001
42 Verbundenheit – sehr verbunden: Zw: 67 %; Verw: 90 %; Altern: 59 %; Ind: 86 %; V=0,179 p<0,001
    Wohnzufriedenheit – sehr zufrieden (10): Zw: 41 %; Verw: 70 %; Altern: 32 %; Ind: 51 %; V=0,220 p<0,001

die geringe Zufriedenheit mit der Nachbarschaft zeigt sich auch in weniger engen Kontakten zu den Nachbarn und Nachbarinnen[43].

Wohnpräferenzen im höheren Lebensalter

Die Umzugsbereitschaft der Alternativen ist ähnlich hoch wie bei den anderen Zielgruppen, wenn auch etwas mehr Personen einen Umzug in Erwägung ziehen. So halten 45 % der Alternativen einen Umzug im Alter für unwahrscheinlich, 12 % sind unentschlossen und 43 % halten einen Umzug für eher bis sehr wahrscheinlich. Eine 24h-Betreuung für zu Hause gilt zwar auch bei den Alternativen als vorstellbar, allerdings können sie es sich weniger vorstellen als die Verwurzelten und die Individualitätsorientierten (56 %)[44].

Bei den Einstellungen zu alternativen Wohnformen haben die Alternativen ähnlich hohe Werte wie die Gesamtstichprobe. Lediglich bei den Alters-WGs gibt diese Zielgruppe etwas mehr Interesse an. So äußerten 20 % Interesse daran und weitere 20 % sind unentschlossen[45]. Betrachtet man das Interesse an traditionellen Wohnformen, so könnten sich die Alternativen am ehesten einen Umzug in ein betreutes Wohnen (47 %) oder eine Stadtwohnung (42 %) vorstellen.

Grundsätzlich empfinden die Alternativen Pflegeheime zwar durchaus als positiv[46], allerdings schätzen sie die einzelnen Aspekte wesentlich negativer ein als die anderen drei Typen. So schätzen 15 % die selbstbestimmte Lebensführung und die Privatsphäre als gut ein, 29 % die Pflegequalität und 35 % die Sozialkontakte und den Wohnkomfort (siehe Abb. 56). Aufgrund dieser schlechteren Wahrnehmung von Pflegeheimen wünschen sich die Alternativen vor allem mehr Ausstattungsangebote in einem modernen Pflegeheim. Sie wünschen sich stärker als die anderen drei, dass es kleine Wohngruppen (76 %) und Internet (81 %) gibt[47]. Im Vergleich zu den Zweckorientierten hätten sie ebenfalls gerne mehr Platz im Sinne eines eigenen Schlaf- und Wohnzimmers (87 %).

Nachbarschaft – sehr zufrieden: Zw: 45 %; Verw: 73 %; Altern: 39 %; Ind: 54 %; V=0,197 p<0,001
43 Enger Kontakt zu Nachbarinnen und Nachbarn: Zw: 67 %; Verw: 81 %; Altern: 58 %; Ind: 70 %; V=0,178 p<0,001
44 24h-Betreuung – vorstellbar: Zw: 54 %; Verw: 70 %; Altern: 56 %; Ind: 62 %; V=0,141 p<0,001
45 Alters-WG – (6 – 10): Zw: 16 %; Verw: 16 %; Altern: 20 %; Ind: 11 %; V=0,090 p<0,05
46 52 % haben Werte zwischen 6 und 10 „sehr positiv" angegeben.
47 Wohngruppe: Zw: 60 %; Verw: 65 %; Altern: 76 %; Ind: 66 %; V=0,094 p<0,05
    Internet: Zw: 68 %; Verw: 63 %; Altern: 81 %; Ind: 80 %; V=0,168 p<0,001

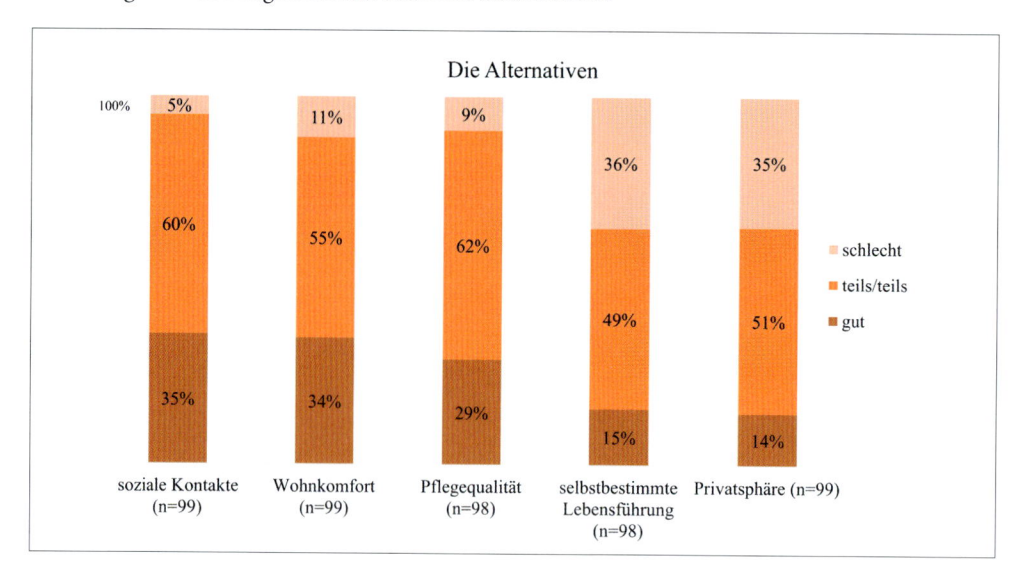

Abbildung 56: Das Pflegeheim aus Sicht der Alternativen

[Balkendiagramm "Die Alternativen":
- soziale Kontakte (n=99): gut 35%, teils/teils 60%, schlecht 5%
- Wohnkomfort (n=99): gut 34%, teils/teils 55%, schlecht 11%
- Pflegequalität (n=98): gut 29%, teils/teils 62%, schlecht 9%
- selbstbestimmte Lebensführung (n=98): gut 15%, teils/teils 49%, schlecht 36%
- Privatsphäre (n=99): gut 14%, teils/teils 51%, schlecht 35%]

Ähnlich wie die Verwurzelten äußern die Alternativen also auch ein größeres Interesse an einem gemeinschaftlichen Wohnen, allerdings weniger an mehrgenerationellem Wohnen und mehr an Wohngemeinschaften oder Wohngruppen mit Gleichaltrigen. Obwohl sie Pflegeheimen nicht grundsätzlich negativ gegenüberstehen, sehen sie doch mehr Verbesserungsbedarf und wünschen sich vor allem ein unterschiedliches Angebot.

Die Individualitätsorientierten

Mit 229 Befragten (25 %) stellen die Individualitätsorientierten die zweitgrößte Zielgruppe der Stichprobe dar. Die Individualitätsorientierten zeichnen sich vor allem durch eine höhere Wichtigkeit von materiellen und hedonistischen Werten aus: Sie geben an, dass es ihnen wichtig ist, einen hohen Lebensstandard zu haben und das Leben in vollen Zügen zu genießen. Weniger wichtig ist den Individualitätsorientierten hingegen eine pflegeleichte, praktische und preiswerte Wohnung.

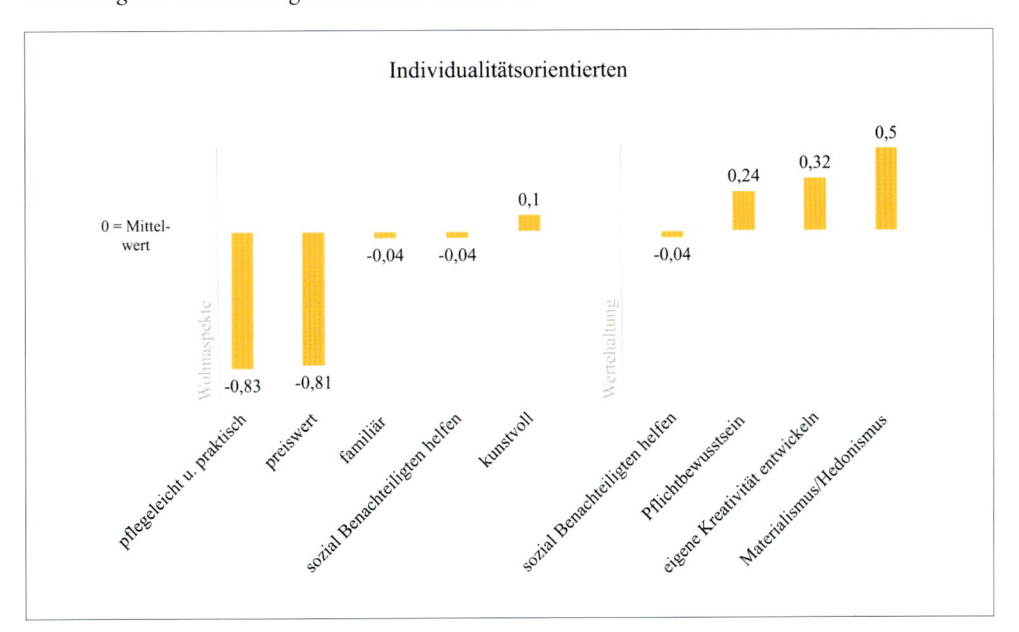

Abbildung 57: Werthaltungen der Individualitätsorientierten

Legende: Zahlenwerte entsprechen den mittleren Abweichungen vom Gesamtmittelwert =0 (n=229)

Die Individualitätsorientierten sind eher jüngere Frauen und Männer mit höherem Einkommen. So sind 55 % zwischen 60 und 69 Jahren alt und haben mehr als 1.400€ Einkommen pro Haushaltsmitglied zur Verfügung. Auch die Individualitätsorientierten zeichnen sich durch einen hohen Anteil an Personen mit Hochschulabschluss und Matura aus, zusätzlich ist für diese Gruppe der niedrigere Anteil an Personen mit oder ohne Pflichtschulabschluss charakteristisch.

Entsprechend ihrer sozialen Lage geben die Individualitätsorientierten auch den besten Gesundheitszustand der Stichprobe an. So schätzen 31 % ihre Gesundheit als sehr gut ein und 24 % als mittelmäßig bis schlecht[48]. Jeder und jede Zehnte benötigt Hilfe bei der Erledigung alltäglicher Aufgaben (ADL)[49]. Dies spiegelt sich auch im Altersbild wider und so nimmt fast die Hälfte der Individualitätsorientierten ihr eigenes Älterwerden als sehr positiv wahr, verbindet somit das Älterwerden mit Aktivität und der Möglichkeit neue Dinge zu lernen[50].

---

48 Gesundheit – mittel/schlecht: Zw: 41 %; Verw: 37 %; Altern: 35 %; Ind: 24 %; Cramers-V=0,123 p<0,001
49 ADL – Hilfe benötigt: Zw: 22 %; Verw: 17 %; Altern: 18 %; Ind: 11 %; V=0,098 p<0,05
50 Positives Altersbild – trifft sehr zu: Zw: 18 %; Verw: 32 %; Altern: 32 %; Ind: 48 %; V=0,159 p<0,001

Abbildung 58: Sozio-demografische Verteilung der Individualitätsorientierten (n=229)

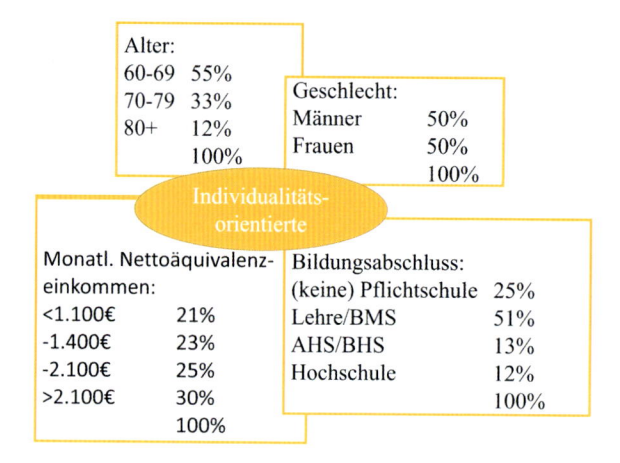

```
Alter:
60-69   55%
70-79   33%          Geschlecht:
80+     12%          Männer    50%
       100%          Frauen    50%
                              100%

              Individualitäts-
                orientierte

Monatl. Nettoäquivalenz-    Bildungsabschluss:
einkommen:                  (keine) Pflichtschule  25%
<1.100€   21%               Lehre/BMS              51%
-1.400€   23%               AHS/BHS                13%
-2.100€   25%               Hochschule             12%
>2.100€   30%                                     100%
         100%
```

Wohnsituation

Die Individualitätsorientierten sind sowohl in Häusern (54 %) mit durchschnittlich 78m² Wohnfläche pro Person als auch in Wohnungen mit um die 50m² Wohnfläche pro Person zu finden (46 %)[51]. Ein Drittel der Individualitätsorientierten lebt in kleinen Gemeinden mit weniger als 5.000 Einwohnerinnen und Einwohnern, 27 % in Gemeinden zwischen 5.000 und 50.000 Personen und 39 % lebt in Städten mit mehr als 50.000 Einwohnerinnen und Einwohnern. Im Gegensatz zu den Alternativen fühlt sich der überwiegende Teil der Individualitätsorientierten mit ihrer Wohnform sehr verbunden (86 %) und ist mit der Wohnsituation im Allgemeinen (51 %) sowie auch den Grünflächen in der Wohnumgebung (75 %) sehr zufrieden[52].

Wohnpräferenzen im höheren Lebensalter

Die Individualitätsorientierten unterscheiden sich, wie die anderen Zielgruppen, in ihrer Umzugsbereitschaft nicht vom Mittelwert der Stichprobe. So hält die Hälfte der Zweckorientierten einen Umzug im Alter für unwahrscheinlich, 16 % sind unentschlossen und 36 % halten einen Umzug für eher bis sehr wahrscheinlich. Die hohe Verbundenheit und Zufriedenheit mit der Wohnsituation zeigen sich, ähnlich wie bei den Verwurzelten, in einem stärkeren Interesse an einer 24h-Betreuung (62 %)[53].

---

51 Haus: MW=78m² SD=39m²; Wohnung: MW=50m² SD=21m² T-Test: p<0,001
52 Verbundenheit – sehr verbunden: Zw: 67 %; Verw: 90 %; Altern: 59 %; Ind: 86 %; V=0,179 p<0,001
Wohnzufriedenheit – sehr zufrieden (10): Zw: 41 %; Verw: 70 %; Altern: 32 %; Ind: 51 %; V=0,220 p<0,001
Grünflächen – sehr zufrieden: Zw: 65 %; Verw: 82 %; Altern: 61 %; Ind: 75 %; V=0,146 p<0,001
53 24h-Betreuung – vorstellbar: Zw: 54 %; Verw: 70 %; Altern: 56 %; Ind: 62 %; V=0,141 p<0,001

Während sich die Individualitätsorientierten in ihrer Einstellung zu Mehrgenerationenhäusern und Wohndörfern nicht von den anderen Zielgruppen unterscheiden, zeigen sich die unterschiedlichen Wohnstile und Lebenswelten der Alternativen und Individualitätsorientierten beim Interesse an Alters-WGs. So geben 11 % der Individualitätsorientierten an, eher bis sehr gerne in einer Alters-WG wohnen zu wollen und 12 % sind unentschlossen – und unterscheiden sich damit signifikant von den anderen Zielgruppen[54]. Betrachtet man das Interesse an traditionellen Wohnalternativen, so könnten sich die Individualitätsorientierten am ehesten einen Umzug in ein betreutes Wohnen (45 %) oder ein Haus am Land (55 %) vorstellen. Sie haben allerdings das geringste Interesse von den vier Zielgruppen daran, mit nahen Angehörigen zu wohnen (31 %)[55].

Auch die Individualitätsorientierten haben größtenteils eine positive Einstellung gegenüber Pflegeheimen (51 %). In den spezifischen Aspekten des Lebens in Pflegeheimen und deren Bewertung ähneln die Individualitätsorientierten der Zielgruppe der Alternativen. So gehen die Individualitätsorientierten vor allem von einer schlecht gegebenen selbstbestimmten Lebensführung und Privatsphäre aus[56]. Die Pflegequalität, den Wohnkomfort und die sozialen Kontakte schätzen sie allerdings durchaus als gut ein[57]. Ausstattungs- und Aktivitätsangebote in Pflegeheimen spielen für diese Zielgruppe eine zentrale Rolle: Sie wünschen sich von den vier Zielgruppen am stärksten ein diverses Aktivitätsprogramm. Vor allem eine eigene Küche (70 %), Internet (80 %) und Fitness- sowie Weiterbildungsmöglichkeiten (83 % und 71 %) wünschen sie sich in einem größeren Ausmaß als die anderen[58].

---

54 Alters-WG – (6 – 10): Zw: 16 %; Verw: 16 %; Altern: 20 %; Ind: 11 %; V=0,090 p<0,05
55 Mit nahen Angehörigen wohnen: Zw: 35 %; Verw: 50 %; Altern: 35 %; Ind: 31 %; V=0,171 p<0,001
56 Selbstbestimmte Lebensführung – gut: Zw: 27 %; Verw: 35 %; Altern: 15 %; Ind: 17 %; V=0,159 p<0,001
Privatsphäre – gut: Zw: 24 %; Verw: 38 %; Altern: 14 %; Ind: 25 %; V=0,142 p<0,001
57 Pflegequalität – gut: Zw: 40 %; Verw: 55 %; Altern: 29 %; Ind: 40 %; V=0,134 p<0,001
Sozialkontakte – gut: Zw: 52 %; Verw: 52 %; Altern: 35 %; Ind: 41 %; V=0,105 p<0,01
Wohnkomfort – gut: Zw: 36 %; Verw: 50 %; Altern: 34 %; Ind: 41 %; V=0,110 p<0,01
58 Weiterbildungskurse: Zw: 51 %; Verw: 69 %; Altern: 59 %; Ind: 71 %; V=0,159 p<0,001
Fitnessangebote: Zw: 67 %; Verw: 81 %; Altern: 74 %; Ind: 82 %; V=0,137 p<0,001
Internet: Zw: 68 %; Verw: 63 %; Altern: 81 %; Ind: 80 %; V=0,168 p<0,001
Eigene Küche: Zw: 53 %; Verw: 61 %; Altern: 64 %; Ind: 70 %; V=0,117 p<0,01

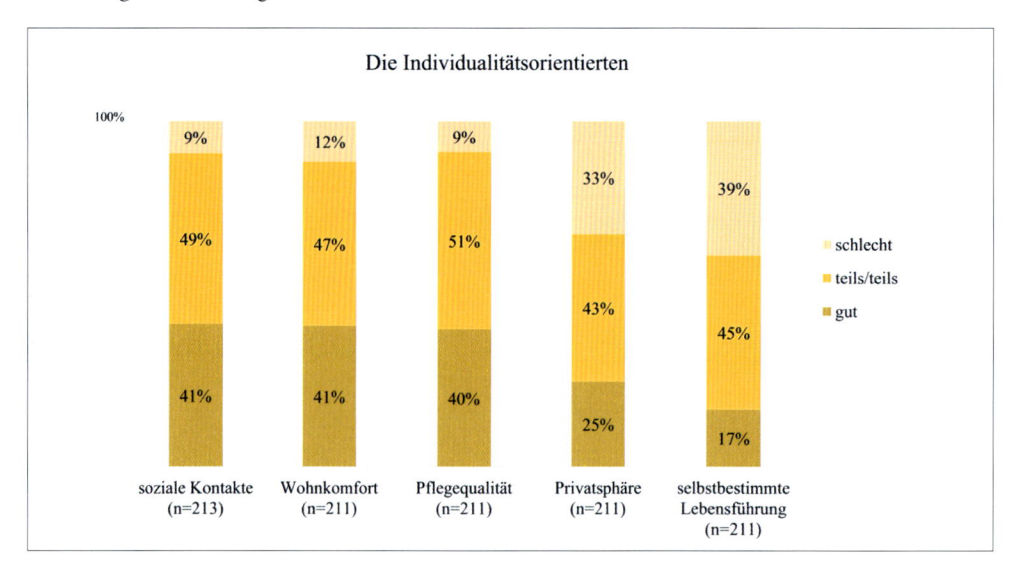

Abbildung 59: Das Pflegeheim aus Sicht der Individualitätsorientierten

Die Individualitätsorientierten

Kategorie	gut	teils/teils	schlecht
soziale Kontakte (n=213)	41%	49%	9%
Wohnkomfort (n=211)	41%	47%	12%
Pflegequalität (n=211)	40%	51%	9%
Privatsphäre (n=211)	25%	43%	33%
selbstbestimmte Lebensführung (n=211)	17%	45%	39%

Die Individualitätsorientierten planen also, ähnlich wie die Verwurzelten, bei Bedarfsfall eher eine 24h-Betreuung als einen Umzug, vor allem an einer Alters-WG haben sie das geringste Interesse. Im Gegensatz zu den Verwurzelten sind sie allerdings nicht wirklich für gemeinschaftliche Wohnformen zu begeistern und auch ein Zusammenziehen mit nahen Angehörigen wird von den Individualitätsorientierten stärker abgelehnt. Bei Pflegeheimen sehen sie vor allem Probleme mit der selbstbestimmten Lebensführung und der Privatsphäre und wünschen sich eine große Auswahl von Aktivitäts- und Freizeitangeboten.

Welche Angebote stoßen bei den jeweiligen Zielgruppen auf Interesse?

Ziel des Zielgruppenansatzes ist es, die Wohnbedürfnisse und -präferenzen älterer Menschen besser zu verstehen. Denn damit können politische wie auch privatwirtschaftliche Wohnbauplanungen an den Interessen und Bedürfnissen der Kundschaft ausgerichtet werden und so kann gerade durch die Berücksichtigung der 60- bis 69-Jährigen auch langfristig für die nächste Generation Hochaltriger geplant werden. Die Attraktivität der Gemeinden wird zukünftig ganz entscheidend davon abhängen, welche Wohn- und Lebensqualität sie den älteren Menschen anbieten können. Hier besteht deutliches Potenzial, um unterschiedliche ambulante, betreute und stationäre Angebote für die Zielgruppen zu schaffen und auszubauen. Denn für eine gelingende Pflege im Alter sind gute Wohnbedingungen und eine hohe Wohnzufriedenheit günstig. Ein stimulierendes Wohnumfeld wirkt mobilitätsfördernd, wodurch die Selbstständigkeit zielgruppenorientiert gefördert und erhalten wird.

So lässt sich zusammenfassend über die Zielgruppen festhalten, dass die Zweckorientierten eher ältere Männer mit geringerem Einkommen sind, die Grenzen in der Unterstützung für zu Hause sehen und sich daher im Bedarfsfall eher ein betreutes Wohnen und ein Wohnen in einem Pflegeheim vorstellen können und dabei nicht viele Ansprüche an die Ausstattung oder das Angebot haben. Die Verwurzelten dagegen setzen sich vorwiegend aus älteren Frauen mit niedrigem sozio-ökonomischen Status zusammen, die sich sehr stark mit ihrer Wohnform verbunden fühlen. Sollten sie allerdings doch im höheren Alter umziehen müssen, dann würde sie am ehesten Interesse an einem gemeinschaftlichen Wohnen entweder in der eigenen Familie, einem Mehrgenerationenhaus oder einem Pflegeheim haben.

Die Alternativen sind dagegen vorwiegend jüngere und höher gebildete Personen, die ebenfalls Interesse am gemeinschaftlichen Wohnen äußern, allerdings weniger an mehrgenerationellem Wohnen und mehr an Wohngemeinschaften oder Wohngruppen mit Gleichaltrigen. Schließlich sind die Individualitätsorientierten jüngere, wohlhabendere Personen, die sich mit ihrer Wohnform stark verbunden fühlen und, ähnlich wie die Verwurzelten, bei Bedarfsfall eher eine 24h-Betreuung bevorzugen. Im Gegensatz zu den Verwurzelten sind sie allerdings weniger für gemeinschaftliche Wohnformen zu begeistern und auch ein Zusammenziehen mit nahen Angehörigen wird von den Individualitätsorientierten stärker abgelehnt.

Handreichungen für die Praxis

Das höhere Lebensalter ist in modernen Gesellschaften zu einem vielfältigen und dynamischen Phänomen geworden und ist heute eine Lebensphase, die nicht mehr (nur) mit dem Rückzug aus dem öffentlichen Leben und gesundheitlichen Einschränkungen, sondern auch mit einem gesteigerten Aktivitäts- und Teilhabeniveau und damit einhergehenden Ressourcen verbunden ist. Damit ist die Lebensphase Alter heute durch eine hohe Diversität der Lebensbedingungen und Lebensstile älterer Menschen gekennzeichnet. Wohnen im Alter heißt vor diesem Hintergrund, älteren Menschen in unterschiedlichen Lebenslagen Aktivität, Anerkennung und Autonomie sowie Entwicklungs- und Gestaltungsfreiräume zu ermöglichen und im höheren Lebensalter aufrechtzuerhalten.

Die vorliegende Studie ist darauf ausgerichtet, die sich wandelnden Ansprüche an das Wohnen im Alter und die Vielfalt der Wohnwünsche älterer Menschen zu berichten. Sie stellt damit erstmals die Wohnbedürfnisse älterer Menschen in Österreich auf eine empirische Basis. Welche Erkenntnisse lassen sich aus den vorliegenden Daten für die kommunale Gestaltung und Planung des Wohnens im Alter gewinnen? Was kann aus den Ergebnissen für die Weiterentwicklung altersfreundlicher Gemeinden abgeleitet werden? Es geht in diesem abschließenden Kapitel um Handlungsempfehlungen für die Praxis.

Wie wohnen ältere Menschen in Österreich?

Wohnen heißt, an einem bestimmten Ort zu Hause zu sein, mit ihm verbunden zu sein und dort hinzugehören. Es hat mit Selbstbewahrung, Beheimatung, Sicherheit, Identität und Kontemplation zu tun. Wohnen ist nicht nur eine Frage des persönlichen Geschmacks und bietet damit Möglichkeiten der Selbstentfaltung, sondern ist auch ein wichtiger Faktor für die Lebensqualität im höheren Lebensalter. Was zeichnet nun die Wohnverhältnisse älterer Österreicher und Österreicherinnen aus? Auf Basis der Forschungsergebnisse lassen sich vier Charakteristika des Wohnens im Alter zusammenfassen:

Erstens heißt Wohnen im Alter für die Mehrheit der Bevölkerung in Österreich, ein Eigentum zu besitzen. Mietwohnungen sind stärker ein städtisches bzw. großstädtisches Phänomen. Damit verbunden ist auch eine lange Wohndauer, die bei den „jungen Alten" etwas abnimmt.

Das Wohnen im höheren Alter bedeutet für zwei Drittel der älteren Österreicher und Österreicherinnen ein Leben in Eigentumsverhältnissen, womit niedrige Wohnkosten verbunden sind. Die Wohnkosten nehmen mit steigendem Alter ab, und zwar aufgrund der langen Wohndauer der heute älteren Generationen. Die häufigste Wohnform im Eigentum stellt das Wohnen im eigenen Haus dar, das durchschnittlich bereits 38 Jahre lang bewohnt wird. Auch für ältere Mieterinnen und Mieter zeichnet sich das Wohnen im Alter durch Kontinuität aus, sie leben durchschnittlich seit 28 Jahren in ihrer Wohnung oder ihrem Haus.

Zweitens zeichnen sich die Wohnverhältnisse im Alter durch zunehmendes Alleinleben aus, d. h. je älter die Befragten, desto größer ist der Anteil der Alleinlebenden. Eng mit dem Alleinleben verknüpft ist auch eine entsprechende Lebensform, die als Singularisierung bezeichnet wird. Verwitwung führt selbst dann, wenn eine neue Partnerschaft entsteht, nicht notwendigerweise zu einem neuerlichen Zusammenleben. Alleinleben im Alter ist zu einer eigenen, positiv besetzten Wohn- und Lebensform geworden. Dies gilt vor allem für die „jungen Alten".

Ein Drittel der über 60-Jährigen lebt alleine, wobei der Anteil bei über 80-Jährigen auf mehr als die Hälfte steigt. Aufgrund der höheren Lebenserwartung sind es vor allem hochaltrige Frauen, die alleine leben. Das Wohnen im Alter ist damit auch durch eine passive Wohnraumexpansion geprägt: Mit zunehmendem Alter steigt die Wohnfläche pro Kopf an. Mehr Wohnraum kann im Alter dabei auch zur Belastung werden: Besonders alleinlebende Frauen haben durchschnittlich weniger Einkommen zur Verfügung, was einerseits einen Umbau erschwert, andererseits einen Umzug aufgrund höherer Mietpreise in Neubauwohnungen zur Herausforderung macht.

Drittens zeigt sich Wohnen im Alter in allen Altersgruppen mehrheitlich als privates Wohnen. Wohnen im Pflegeheim oder anderen stationären Einrichtungen ist für Teilgruppen der älteren Menschen relevant und wird so weit als möglich hinausgeschoben, und zwar sowohl vom Individuum als auch von der Angebotsseite. Problematisch ist allerdings, dass das private Wohnen nur teilweise an die sich ändernden Bedürfnisse und Lebenssituation im höheren Alter angepasst wird.

Wohnen im Alter ist stark vom Gesundheitszustand der befragten Person geprägt. Die Mehrheit der Befragten gibt einen sehr guten Gesundheitszustand an und nur die wenigsten beurteilen ihre Gesundheit als schlecht. Auch hier kann für Personen mit schlechter Gesundheit das Wohnen im Alter zur Herausforderung werden: Sie geben in der Befragung ein signifikant kleineres soziales Netzwerk an engen Verwandten und Bekannten an. Dies wirkt sich direkt auf das Wohnen im Alter aus, denn kleinere soziale Netzwerfe führen zu einer höheren Unzufriedenheit mit der Wohnsituation und der Wohnumgebung.

Viertens ist das Wohnen im Alter durch erhebliche Unterschiede zwischen ländlichen und städtischen Wohngegenden gekennzeichnet. Das betrifft die Wohnumwelt in Form des Vorhandenseins sozialer Netzwerke, das betrifft die Akzeptanz des Pflegeheimwohnens, die in ländlichen Gebieten deutlich höher ist als im urbanen Raum oder das betrifft das Vorhandensein unterstützender Technologien.

Insgesamt leben zwei Fünftel der Befragten in ländlichen Gemeinden, d. h. weniger als 5.000 Einwohner und Einwohnerinnen. Die Ortsgröße ist dabei ein wichtiger Faktor hinsichtlich der Erreichbarkeit von Haltestellen des öffentlichen Verkehrs, Einkaufsmöglichkeiten, Ärztinnen und Ärzten oder Restaurants und Cafés. Ältere Menschen, die in kleineren Gemeinden leben, geben eine größere Entfernung zu den lokalen Einrichtungen, wie Bildungs-, Freizeit- und Gesundheitseinrichtungen an als Personen in Städten und sind deswegen mit diesen Aspekten auch weniger zufrieden. Allerdings zeigen sich ältere Menschen am Land zufriedener mit anderen Aspekten des Wohnens: Die Zufriedenheit mit der Nachbarschaft und den Grünflächen in der Umgebung ist bei Befragten in ländlichen Gebieten signifikant höher. Die Ortsgröße ist auch für die Einstellung zu Pflegeheimen relevant. So haben Personen in kleineren Gemeinden ein positiveres Bild von Alten- und Pflegeheimen als Personen in größeren Gemeinden.

Welche Wohnformen werden von älteren Menschen nachgefragt?

Wohnbedürfnisse und Wohnwünsche unterscheiden sich je nach Lebensphase, in der man sich befindet, variieren aber auch nach der Lebenslage, Lebensstilen und Wertehaltungen. Das höhere Alter wird unterschiedlich erlebt und gestaltet, weshalb ein einheitliches Wohnkonzept für diese Altersgruppen zu kurz greift. So will zwar der überwiegende Teil der älteren Bevölkerung nicht mehr umziehen, allerdings ist die jüngere Generation älterer Menschen offener gegenüber einem Umzug eingestellt: Ein Fünftel der Befragten erachtet einen Umzug als sehr wahrscheinlich. Die umzugsbereiteste Gruppe der Befragten sind 60- bis 69-jährige Frauen und Männer.

Ältere Menschen, die sich einen Umzug vorstellen können, geben besonders häufig an, in eine kleinere Wohnung oder eine Stadtwohnung ziehen zu wollen. Dieses Ergebnis verdeutlicht einen Bedarf an möglichst zentrumsnahen Wohnungen, die leicht zu pflegen sind. Ältere Menschen mit engen Kontakten zu ihren Kindern und Enkelkindern, die sich bei Pflegebedarf Unterstützung von ihren Angehörigen erwarten, zeigen dagegen ein höheres Interesse daran, bei ihren Angehörigen zu wohnen. Hier besteht Bedarf an Wohnformen, die soziale Beziehungen älterer Menschen unterstützen – etwa durch gemeinschaftliches Wohnen oder sogenanntes Co-Housing, bei dem Siedlungen mit umfangreichen Gemeinschaftseinrichtungen ausgestattet sind. Schließlich interessieren sich Personen mit sehr guter subjektiver Gesundheit, die derzeit in einer Wohnung mit weniger Wohnfläche leben, für eine größere Wohnung. Hier zeigen die Daten, dass sich unter den „jungen Alten", die ihre Gesundheit sehr gut einschätzen und über entsprechendes Einkommen verfügen, durchaus Interesse besteht, in eine größere Wohnung zu ziehen und diese neu zu gestalten. Aus dieser Perspektive besteht auch Nachfrage nach größeren, exklusiveren Wohnformen im Alter.

Zusätzlich zu den bestehenden Wohnformen entstehen in den letzten Jahren vermehrt alternative Wohnkonzepte und Wohnformen für Menschen in der dritten und vierten Lebensphase. Die Einstellung zu solchen neuen Wohnformen reicht von hoher Zustimmung bis fast völliger Ablehnung. Es zeigt sich ein durchaus großes Interesse an Wohnformen mit eigenem Wohnbereich, wie den Mehrgenartionenhäusern und betreuten Wohnformen. So interessiert das Mehrgenerationenhaus, in dem Menschen verschiedener Generationen zusammenleben, eher Personen ohne gesundheitliche Einschränkungen, für die beim Wohnen vor allem soziale Zugehörigkeit wichtig ist. Interesse an betreuten Wohnformen, wie einem Wohndorf für ältere Menschen, ist bei Personen mit gesundheitlichen Einschränkungen größer. Die Wohngemeinschaft, in der Menschen sehr nahe zueinander leben und praktisch nur ein privates Zimmer haben, ist für die Mehrheit der Befragten nicht vorstellbar. Vorstellbar ist diese Wohnform für eine kleine Gruppe unter den „jungen Alten" mit höherer Schulbildung und ablehnender Haltung gegenüber institutionellen Wohnformen.

Alten- und Pflegeheime werden von der Mehrheit der Befragten positiv bewertet, aber weniger als eine aktiv anzustrebende Wohnform ins Kalkül gezogen. Positiv bewertet werden Pflegeheime in Hinsicht auf soziale Kontakte und die Pflegequalität, kritischer werden Aspekte wie Selbstbestimmung und Privatsphäre gesehen. Alter und sozialer Status beeinflussen die Einstellung zum Pflegeheim. Es sollte nicht übersehen werden, dass das Pflegeheim nicht nur eine Pflegeeinrichtung ist, sondern auch eine soziale Errungenschaft, die für Menschen mit geringem Einkommen eine gute Lebensqualität gewährleistet.

Für eine gute Wohnqualität im Alter sind Anpassungen notwendig. Weniger als ein Fünftel der Befragten gibt an, in einem barrierefreien Haus oder einer barrierefreien Wohnung zu leben. Von jenen, die nicht bereits barrierefrei leben, kann sich etwa ein Viertel eine Anpassung vorstellen. Technische Unterstützungen, wie ein Notrufarmband oder ein Bewegungssensor zur Vermeidung von Stürzen in der Wohnung, werden von einem Großteil der Befragten als hilfreich für das Wohnen im Alter gesehen. Weniger Zustimmung erfahren smarte Technologie wie z. B. Serviceroboter zum Putzen oder Rasenmähen.

Praxiskonsequenzen und Praxisempfehlungen

Die Schlussfolgerungen aus der vorliegenden Studie und die Empfehlungen für die politische und wirtschaftliche Praxis richten sich an folgende Akteure und Akteurinnen: (a) Personen, die sich mit gemeindebezogener Altenarbeit befassen, (b) Personen und Unternehmen, die Wohnangebote für ältere Menschen planen, (c) Entscheidungsträger und -trägerinnen in der Regionalentwicklung, (d) Träger und Trägerinnen von Pflegeeinrichtungen, (e) Interessenvertretungen der Senioren und Seniorinnen (f) Verwaltung und Politik.

Empfehlung 1: Aufbau einer Wohnberatung für ältere Menschen

Viele der älteren Menschen verfügen über Wohnungseigentum, weshalb eine Alters-Politik der Zukunft sich vermehrt mit Fragen des Wohneigentums beschäftigen sollte. Die Forschungsergebnisse zeigen, dass Wohneigentum im Alter – und damit einhergehend meist auch eine große Wohnfläche – für viele ältere Menschen einerseits Potenzial zur Umgestaltung und Neu-Nutzung dieser Wohnfläche eröffnet, andererseits aber auch zur Belastung werden kann. Dies trifft vor allem Personen mit weniger finanziellen Ressourcen. Empfohlen wird eine altersgerechte Wohnberatung, die auf die Vielfalt der Wohnbedürfnisse älterer Menschen reagieren kann. Themenfelder einer solchen Beratung sind die Instandhaltung und Anpassung des Wohnraums. Es geht um Beratung zur Herstellung eines barrierereduzierten Wohnraums, um Informationen und Zugänge zu assistiven Technologien sowie gemeinschaftliche Nutzungsmöglichkeiten von Privatwohnungen. Dabei gilt es zu beachten, dass eine solche Beratung sowohl die „jungen Alten" als auch die „alten Alten" je spezifisch ansprechen sollte.

Empfehlung 2: Berücksichtigung der Wohnumgebung in der Angebotsplanung

Die Daten machen den Einfluss der Wohnumgebung und der Nachbarschaft auf die Wohnzufriedenheit deutlich: Je zufriedener die Befragten mit der Wohnumgebung sind, desto zufriedener sind sie mit ihrer Wohnsituation im Allgemeinen. Für die Planung von Wohnangeboten für ältere Menschen bedeutet das, die Wohnumgebung und sozialen Kontakte in der unmittelbaren Wohnumgebung in die Konzeption miteinzubeziehen.

Alleinlebende ältere Menschen können durch eine gute Einbindung in lokale soziale Netzwerke und Einrichtungen rasch Hilfe bekommen, wenn eine solche notwendig ist. Dazu gehören etwa kleinere Einkäufe oder Begleitung zum Arzt oder zur Ärztin. Ein Angebot, das jüngere und ältere Menschen eines Quartiers verbindet, ihnen die Übernahme von Aufgaben ermöglicht und im Bedarfsfall Unterstützung anbietet, braucht zwar Zeit, um sich zu etablieren und ist auch nicht für alle Zielgruppen von Interesse, jedoch werden damit gute Bedingungen für einen langen Verbleib im privaten Heim geschaffen. Mehrgenerationenhäuser und Formen des Co-Housing haben großes Potenzial, die lokalen sozialen Ressourcen anzusprechen. Beim Quartiersansatz werden die Älteren nicht als Zielgruppe von Maßnahmen gesehen, sondern sie werden zu Akteuren und Akteurinnen in der Gestaltung der Wohnbedingungen.

Bei teilstationären und stationären Angeboten sind vor allem im ländlichen Raum die Anbindung an den öffentlichen Verkehr, Einkaufsmöglichkeiten sowie Freizeit- und Bildungsangebote von großer Bedeutung. In Städten sind dagegen nahegelegene Grünflächen wichtig.

Empfehlung 3: Bessere öffentliche Darstellung von Pflegeheimen in Hinsicht auf Selbstbestimmung und Privatsphäre

Die Mehrheit der Befragten steht dem Wohnen im Alten- und Pflegeheim prinzipiell positiv gegenüber. Über die Hälfte gibt ein eher positives Bild vom Pflegeheim an. Im Detail zeigt sich hier, dass vor allem die Aspekte der Pflegequalität und sozialen Kontakte im Pflegeheim positiv bewertet werden. Weniger positiv sehen die Befragten die Aspekte Selbstbestimmung und Privatsphäre in Pflegeheimen realisiert.

Pflegeheime sind Orte, die für die meisten Besucher und Besucherinnen befremdlich wirken. Dies hängt unter anderem damit zusammen, dass Heime kaum dem Idealtypus des modernen Wohnens entsprechen. Modernes Wohnen ist gekennzeichnet durch die Trennung von Öffentlichkeit und Privatheit und der damit einhergehenden Emotionalisierung des Wohnens. Wohnen umfasst Aktivitäten, die mit Scham- und Peinlichkeitsempfinden verknüpft sind. In der vor dem Blick der Öffentlichkeit schützenden Abgeschlossenheit separater Räume können sich Emotionalität und Körperlichkeit entfalten. Sozialpsychologisch ist die Wohnung ein Ort der Privatheit und Intimität.

Alten- und Pflegeheime haben darauf reagiert und sind bemüht, Selbstbestimmung und Privatsphäre der Bewohner und Bewohnerinnen zu ermöglichen. Dies geschieht im Heimalltag beispielsweise durch individuelle Essenszeiten und Freizeitprogramme oder die Möglichkeit für Bewohnerinnen und Bewohner, Aufgaben im Heim zu übernehmen. Alten- und Pflegeheime bieten damit viele Punkte an, vor deren Hintergrund Selbstbestimmung und Privatheit von den Bewohnerinnen und Bewohnern gelebt werden können.

Neben einem Bedarf zur Aufrechterhaltung und Ausbau solcher Initiativen zeigt die Studie damit auch die Notwendigkeit einer besseren öffentlichen Darstellung von Pflegeheimen in Hinsicht auf Selbstbestimmung und Privatsphäre auf. Strategien zur besseren öffentlichen Darstellung von Pflegeheimen können sein: Vermehrter Kontakt mit Heimen von Personen, die (noch) nicht dort wohnen, eine stärkere Einbindung von Pflegeheimen in die Quartiere und Nachbarschaften oder eine positive mediale Berichterstattung über das Wohnen im Pflegeheim. Es gilt hier, die öffentliche Darstellung von Pflegeheimen gerade in den Punkten der Privatsphäre und Selbstbestimmung zu verbessern.

Empfehlung 4: Zielgruppenspezifische Wohnangebote für ältere Menschen

Die Daten zeigen deutlich, dass ältere Menschen sowohl in Bezug auf ihre Lebenslage als auch bezüglich ihrer Lebensstile und Einstellungen eine heterogene Gruppe sind. Im Rahmen dieser Studie wurden vier Zielgruppen älterer Menschen identifiziert: die Zweckorientierten, die Verwurzelten, die Alternativen und die Individualitätsorientierten. Die Diversität älterer Menschen zeigt sich damit auch deutlich in den Wohnwünschen und Wohnbedürfnissen. Daraus ergibt sich der Bedarf an zielgruppenspezifischen Wohnangeboten.

Alternative Wohnformen, wie das Mehrgenerationenhaus, das Wohndorf, das betreute Wohnen oder die Alters-WG, sprechen jeweils bestimmte Gruppen von älteren Menschen an. Zielgruppen sollten direkt beworben werden, weil die Daten zeigen, dass jede Zielgruppe andere Wohnangebote im höheren Alter nachfragt. Verwurzelte interessieren sich überdurchschnittlich häufig für das Mehrgenerationenhaus, während das Seniorendorf eher von Alternativen und betreutes Wohnen von Zweckorientierten nachgefragt wird.

Die Studie hat außerdem gezeigt, dass das Wohnen im Alter als eine Geschmacks- und Stilfrage zu denken ist. Die identifizierten Zielgruppen unterscheiden sich in ihrem Wohnungsstil, Werteinstellungen und Wohngeschmack. Besonders für gemeinschaftliche Wohnformen verdeutlicht das die Notwendigkeit, gemeinsames Wohnen im Alter als Milieu- und Geschmacksfrage zu denken. So sollte über Einrichtungsgegenstände, die Gestaltung von Außenflächen oder Freizeitaktivitäten, die gemeinschaftlich organisiert werden, ein milieuspezifisches Zusammengehörigkeitsgefühl in gemeinschaftlichen Wohnformen gestärkt werden. Dabei ist darauf zu achten, welchem Milieu und welcher Zielgruppe sich ältere Bewohnerinnen und Bewohner zugehörig fühlen.

Empfehlung 5: Wohnunterstützung für sozial belastete Zielgruppen

Durchschnittlich geben die Befragten ein hohes Niveau der Wohnzufriedenheit an. Ähnlich wie in anderen Lebensphasen ist die Wohnzufriedenheit vor allem vom Einkommen und der Wohnfläche beeinflusst: Personen mit mehr finanziellen Ressourcen und mehr Wohnraum zeigen sich signifikant zufriedener mit ihrer Wohnsituation. Obwohl sich also die Mehrheit der Befragten mit der Wohnsituation zufrieden zeigt, sind vor allem Mieterinnen und Mieter, Personen mit niedrigeren Einkommen und mit schlechter Gesundheit weniger zufrieden mit ihrer Wohnsituation.

Die geringere Zufriedenheit und das geringere Wohlbefinden sozial belasteter Gruppen älterer Menschen müssen thematisiert werden und finanzielle Unterstützung für ein leistbares Wohnen und einen altersgerechten Umbau stärker ausgebaut werden. Hier stellt es sich als Herausforderung dar, dass für diese Gruppen auch ein Umzug im Alter unwahrscheinlich ist und weniger Interesse an alternativen Wohnformen besteht. Aus dieser Perspektive ist es nötig, vor allem jenen, die sich nicht mit alternativen Wohnformen erreichen lassen, durch aufsuchende Informations- und Beratungsarbeit eine Auseinandersetzung und Gestaltung der Wohnsituation im Alter zu ermöglichen. Es gilt Maßnahmen zu setzen, um die ungewollte und diskriminierende Immobilität sozial belasteter Zielgruppen zu beseitigen, z. B. durch finanzielle Förderungen, kostenlose Information und Beratung.

Empfehlung 6: Unterstützungsangebote zur Nutzung assistiver Technologien

Assistive Technologie stellt einen wichtigen Bereich der häuslichen und stationären Unterstützung und Pflege dar. Die Daten zeigen hier eine hohe Akzeptanz der älteren Bevölkerung. Ältere Menschen stehen den gegenwärtigen Unterstützungstechnologien interessiert gegenüber, allerdings verwenden die wenigsten die Technologien tatsächlich. Dies liegt einerseits an den Anschaffungskosten der Geräte und geringer Technikerfahrung eines Teils der älteren Bevölkerung, andererseits an einem mit der Benutzung einhergehenden Stigmatisierungsprozess als krank, alt und hilfsbedürftig: Das Notrufarmband etwa kann die Selbstbeschreibung als jung-geblieben und agil herausfordern und wird deswegen häufig abgelehnt.

Die Ergebnisse der Studie verdeutlichen damit, dass assistive Technologien einen geeigneten Weg für die Zukunft darstellen können, es dafür aber Unterstützungsangebote braucht, um älteren Menschen den Zugang zu Technologien zu erleichtern. Neben finanziellen Ressourcen stellen fehlende Technikerfahrung und Technikkompetenz häufig eine Barriere in der Nutzung von neuen Technologien dar. Hier braucht es finanzielle Unterstützungsmöglichkeiten für die Anschaffung technischer Hilfsmittel, Lern- und Bildungsangebote, um das Kennenlernen neuer Technologien zu begleiten und Beratung, die die Techniknutzung im Alter als einen sozialen Prozess versteht und diesen begleitet.

Bibliographie

Aartsen, M. J., van Tilburg, T., Smits, C. H. M., & Knipscheer, K. C. P. M. (2004). A Longitudinal Study of the Impact of Physical and Cognitive Decline on the Personal Network in Old Age. Journal of Social and Personal Relationships, 21(2), 249–266. https://doi.org/10.1177/0265407504041386

Ackermann, A., & Oswald, W. D. (2008). Selbständigkeit erhalten, Pflegebedürftigkeit und Demenz verhindern. In: Oswald, W., Gatterer, D., & Fleischmann, G. (Hrsg.). Gerontopsychologie. Vienna: Springer Vienna.

Amann, A., Ehgartner, G., & Felder, D. (2010). Sozialprodukt des Alters: Über Produktivitätswahn, Alter und Lebensqualität. Wien [u. a.]: Böhlau Verlag.

Amann, A., Löger, B., & Lang, G. (2005). Lebensqualität im Pflegeheim. Ein Projekt im Auftrag der NÖ Wohnbauforschung. St.Pölten: ZENTAS.

Angel, S., & Kolland, F. (2011). Armut und soziale Benachteiligung im Alter. In R. Verwiebe (Hrsg.), Armut in Österreich: Bestandsaufnahme, Trends, Risikogruppen (S. 185–208). Wien: Wilhelm Braumüller.

Antonucci, T. C., Ajrouch, K. J., & Birditt, K. S. (2014). The Convoy Model: Explaining Social Relations From a Multidisciplinary Perspective. The Gerontologist, 54(1), 82–92. https://doi.org/10.1093/geront/gnt118

Baltes, M. M., Maas, I., Wilms, H.-U., & Borchelt, M. (1996). Alltagskompetenz im Alter. In K. U. Mayer & P. B. Baltes (Hrsg.), Die Berliner Altersstudie (pp. 525–542). Berlin: Akademie Verlag.

Baltes, P. B. & Smith, J. (2003). New frontiers in the future of aging: From successful aging of the young old to the dilemmas of the fourth age. Gerontology, 49 (2), 123–135.

Baumgartner, K., Kolland, F., & Wanka, A. (2013). Altern im ländlichen Raum: Entwicklungsmöglichkeiten und Teilhabepotentiale. Stuttgart: Kohlhammer.

BauWohnberatung Karlsruhe (Hrsg.). (2004). Neues Wohnen fürs Alter. Was geht und wie es geht. Frankfurt a.M.: Anabas Verlag.

BBSR, Bundesinstitut für Bau-, Stadt- und Raumforschung (2015). Lebenslagen und Einkommenssituation älterer Menschen Implikationen für Wohnungsversorgung und Wohnungsmärkte. Bonn: BBSR. Online: https://www.bbsr.bund.de/BBSR/DE/Veroeffentlichungen/Sonderveroeffentlichungen/2015/lebenslagen-aelterer-menschen.html?nn=438910 (Letzter Zugriff 18.8.2018)

Beck, U. (1983). Jenseits von Stand und Klasse? Soziale Ungleichheiten, gesellschaftliche Individualisierungsprozesse und die Entstehung neuer sozialer Formationen und Identitäten. In R. Kreckel (Hrsg.), Soziale Ungleichheiten (Bd. Soziale Welt: Sonderband 2, S. 35–74). Göttingen: Schwartz.

Bekhet, A. K., Zauszniewski, J. A., & Nakhla, W. E. (2009). Reasons for Relocation to Retirement Communities: A Qualitative Study. Western Journal of Nursing Research, 31(4), 462–479. https://doi.org/10.1177/0193945909332009

Bengtson, V. L., & Roberts, R. E. L. (1991): Intergenerational Solidarity in Aging Families: An Example of Formal Theory Construction. Journal of Marriage and the Family 53 (4), 856–870.

Bengtson, V. L., Rosenthal, C. J., & Burton, L. (1990). Families, Poverty, and the Changing Contract Across Generations. In: Binstock, R. H., & George, L. K. (Eds.): Handbook of aging and the social sciences. San Diego: Academic Press, 263–287.

Blasius, J. 2017. Wohnen. In L. Kühnhardt & T Mayer (Hrsg.), Bonner Enzyklopädie der Globalität (pp. 811-822). Wiesbaden: Springer.

Bleck, C., van Rießen, A., & Knopp, R. (2018). Alter und Pflege im Sozialraum. Wiesbaden: Springer.

BMASK, B. für A. S. und K. (2017). Österreichischer Pflegevorsorgebericht 2016. Wien: Sozialministerium Sektion IV.

BMASK, B. für A. S. und K. (2018). Infoservice: Alten-/Pflegeheime - Begriffserklärungen Abgerufen 30. Mai 2018, von https://www.infoservice.sozialministerium.at/InfoService2/;jsessionid=33CF2E8953D2DFA8DD6F6DC825CDF575?execution=e1s3

BMASK, B. für A., Soziales und Konsumentenschutz, Sektion IV. (2016). Österreichischer Pflegevorsorgebericht 2015. Wien: Sozialministerium.

BMFSFJ, Bundesministerium für Familie, Senioren, Frauen und Jugend (2016). Siebter Altenbericht. Sorge und Mitverantwortung in der Kommune – Aufbau und Sicherung zukunftsfähiger Gemeinschaften und Stellungnahme der Bundesregierung. https://www.bmfsfj.de/bmfsfj/service/publikationen/siebter-altenbericht/120148 (Letzter Zugriff 12. Mai 2018).

Boyle, P., Norman, P., & Reese, P. (2004). Changing places. Do changes in the relative deprivation of areas influence limiting long-term illness and mortality among non-migrant people living in non-deprived households? Social Science & Medicine, 58, 2459–2471. doi: 10.1016/j.socscimed.2003.09.011.

Brandl, F., & Gruber, E. (2014). Gemeinschaftliches Wohnen in Wien: Bedarf und Ausblick (No. Projekt MA 50 – Mi411812/14). Wien: Studie im Auftrag der Stadt Wien, Magistratsabteilung 50 – Wohnbauförderung und Schlichtungsstelle für wohnrechtliche Angelegenheiten, Referat für Wohnbauforschung und internationale Beziehungen.

Brandt, M. (2009). Hilfe zwischen Generationen: Ein europäischer Vergleich. Wiesbaden: VS Verlag für Sozialwissenschaften / GWV Fachverlage GmbH, Wiesbaden.

Brenes-Camacho, G. (2011). Favourable changes in economic well-being and self-rated health among the elderly. Social Science & Medicine, 72(8), 1228–1235.

Bubolz-Lutz, E. (2003). Beratung - ein Basiskonzept der Geragogik. In E Gösken & M. Pfaff (Hrsg.), Lernen im Alter - Altern lernen (pp. 198-217). Oberhausen: Athena.

Bubolz-Lutz, E., Gösken, E., Kricheldorff, C., & Schramek, R. (2010). Geragogik: Bildung und Lernen im Prozess des Alterns: Das Lehrbuch. Stuttgart: Kohlhammer.

Cannuscio, C. (2003). Social Capital and Successful Aging: The Role of Senior Housing. Annals of Internal Medicine, 139, 395–400.

Carp, F. M., & Carp, A. (1984). A complementary/congruence model of well-being or mental health for the community elderly. In: I. Altman, M. P. Lawton, & J. F. Wohlwill (Hrsg.), Elderly people and the environment. New York: Plenum Press.

Clemens, W. (1993). Soziologische Aspekte eines „Strukturwandel des Alters". In: Naegele, G., & Tews, H. P. (Hrsg.). Lebenslagen im Strukturwandel des Alters: Alternde Gesellschaft - Folgen für die Politik. Opladen: Westdt. Verl.

Clemens, W. (1993). Soziologische Aspekte eines „Strukturwandel des Alters". In: Naegele, G., & Tews, H. P. (Hrsg.). Lebenslagen im Strukturwandel des Alters: Alternde Gesellschaft - Folgen für die Politik. Opladen: Westdt. Verl.

Cumming E., & Henry W. (1961). Growing Old: The Process of Disengagement. Basic Books: New York.

Dangschat, G., Droth, W., Friedrichs, J., & Kiehl, J. (1982). Aktionsräume von Stadtbewohnern. Eine empirische Untersuchung in der Region Hamburg. Beiträge zur sozialwissenschaftlichen Forschung 3. Opladen: Westdeutscher Verlag.

De Donder, L., De Witte, N., Dury, S., Buffel, T., & Verte, D. (2012). Individual risk factors of feelings of unsafety in later life. European Journal of Ageing, 9(3), 233–242.

Demiris, G., Rantz, M. J., Aud, M. A., Marek, K. D., Tyrer, M., Skubic, M., & Hussam, A. A. (2009). Older adults' attitudes towards and perceptions of 'smart home' technologies: a pilot study. Medical Informatics and the Internet in Medicine, 29 (2), 87–94.

Destatis, Statistisches Bundesamt (2017). Wirtschaftsrechnungen – LEBEN IN EUROPA (EU-SILC): Einkommen und Lebensbedingungen in Deutschland und der Europäischen Union 2015 (Fachserie 15 Reihe 3) https://www.destatis.de/DE/Publikationen/Thematisch/EinkommenKonsumLebensbedingungen/LebeninEuropa/EinkommenLebensbedingungen2150300157004.pdf?__blob=publicationFile (Letzter Zugriff: 16.05.2018)

Dittmann, J. (2008). Deutsche zweifeln an der Qualität und Erschwinglichkeit stationärer Pflege: Einstellungen zur Pflege in Deutschland und Europa. Informationsdienst Soziale Indikatoren, 40, 1–6.

DStGB/Netzwerk SONG/ KDA. (2012). Lebensräume zum Älterwerden: Anregungen und Praxisbeispiele für ein neues Miteinander im Quartier (No. DStGB Dokumentation No. 110).

Einem, E.v. (2016). Explodierende Wohnwünsche: Befragung der nächsten Generation. In: E. v. Einem (Hrsg.), Wohnen. Markt in Schieflage – Politik in Not (pp. 145-158). Springer: Wiesbaden.

Elias, N. (1983). Die höfische Gesellschaft. Frankfurt a.M.: Suhrkamp.

Estermann, J. (2008). Warum Lebensqualität im Pflegeheim bedeutsam ist und wie sie gemessen werden kann. Schweizerische Zeitschrift für Soziologie = Revue Suisse de Sociologie = Swiss Journal of Sociology, 34(1), 187–210.

Eurostat (2015). Being young in Europe today. Luxembourg: Publications Office of the European Union. http://ec.europa.eu/eurostat/en/web/products-statistical-books/-/KS-05-14-031.

Felce, D., & Perry, J. (1995). Quality of Life: Its Definition and Measurement. Research in Developmental Disabilities, 16(1), 51–74.

Fessel +GfK. 2006. Generation 50plus in Österreich. Repräsentativbefragung der Fessel+GfK Sozialforschung. Wien.

Feuerstein, C. (2008). Altern im Stadtquartier: Formen und Räume im Wandel. Wien: Passagen Verlag.

Feuerstein, C., & Leeb, F. (2015). Generationen Wohnen: Neue Konzepte für Architektur und soziale Interaktion (Erste Auflage.). München: DETAIL – Institut für internationale Architektur-Dokumentation GmbH & Co. KG.

Fidlschuster, L., Dax, T., &T Oedl-Wieser, T. (2016). Demografischer Wandel, Diversität und Entwicklungsfähigkeit. In: Egger, R., & Posch, A. (2016). Lebensentwürfe im ländlichen Raum - Ein prekärer Zusammenhang? Wiesbaden: Springer, 7–28.

Flade, A. (2006). Wohnen psychologisch betrachtet. Bern: Huber.

Friedrich, K. (1995). Altern in räumlicher Umwelt. Sozialräumliche Interaktionsmuster in Deutschland und in den USA. [Aging in the spatial context. Social-environmental patterns of interaction in Germany and the U.S.A.] Darmstadt: Steinkopff.

Friedrichs, J. (2017). Effekte des Wohngebiets auf die mentale und physische Gesundheit der Bewohner/innen. In C. Fabian (Hrsg.), Quartier und Gesundheit (pp. 41-57). Wiesbaden: Springer.

Giles, L. C., Glonek, G. F., Luszcz, M. A., & Andrews, G. R. (2007). Do social networks affect the use of residential aged care among older Australians? BMC Geriatrics, 7(24), 24. https://doi.org/10.1186/1471-2318-7-24

Gilleard, C. J., & Higgs, P. (2000). Cultures of Ageing: Self, Citizen, and the Body. New York: Pearson Education.

Goffman, E. (2014). Asyle: Über die soziale Situation psychiatrischer Patienten und anderer Insassen (19. Auflage (aus dem amerikanischen von Nils Lindquist, Original: 1961)). Frankfurt am Main: Suhrkamp Verlag.

Golant, S. M. (2011). The quest for residential normalcy by older adults: Relocation but one pathway. Journal of Aging Studies, 25 (3), 193–205.

Golant, S. M. (2012). Out of Their Residential Comfort and Mastery Zones: Toward a More Relevant Environmental Gerontology. Journal of Housing for the Elderly, 26, (1–3), 26–43.

Golant, S. M. (2015). Residential Normalcy and the Enriched Coping Repertoires of Successfully Aging Older Adults. The Gerontologist, Special Issue: Successful Aging, 55 (1), 70–82.

Grauel, J., & Spellerberg, A. (2007). Akzeptanz neuer Wohntechniken für ein selbstständiges Leben im Alter. Zeitschrift für Sozialreform, 53(2), 191–215.

Greenfield, E.A. (2012), Using Ecological Frameworks to Advance a Field of Research, Practice, and Policy on Aging-in-Place Initiatives. The Gerontologist, 52 (1), 1–12.

Groh-Samberg, O. (2009). Armut, soziale Ausgrenzung und Klassenstruktur. Zur Integration multidimensionaler und längsschnittlicher Perspektiven. Wiesbaden: Springer VS.

Grünberg, P. (2013). Die Rolle der Medienberichterstattung für das Vertrauen in das Gesundheitssystem. In C. Rossmann & M. R. Hastall (Hrsg.), Medien und Gesundheitskommunikation: Befunde, Entwicklung, Herausforderungen (S. 33–48). Baden-Baden: Nomos.

Haberkern, K. (2009). Pflege in Europa. Wiesbaden: VS Verlag für Sozialwissenschaften.

Haefker, M., & Tieling, K. (2017). Altern. Gesundheit. Partizipation. Alternative Wohn- und Versorgungsformen im Zeichen des demografischen Wandels. Wiesbaden: Springer.

Hansen, E. B., & Gottschalk, G. (2006). What Makes Older People Consider Moving House and What Makes Them Move? Housing, Theory and Society, 23(1), 34–54. https://doi.org/10.1080/14036090600587521

Harth, A., & Scheller, G. (2012). Das Wohnerlebnis in Deutschland: Eine Wiederholungsstudie nach 20 Jahren. Wiesbaden: VS Verlag für Sozialwissenschaften/Springer Fachmedien.

Harth, A., & Scheller, G. (2012a). Einführung. Wohnen als alltägliches Handeln. In A. Hart & G. Scheller (Hrsg.), Wohnerlebnis in Deutschland (pp. 7-12). VS Verlag für Sozialwissenschaften.

Hasse, J. (2012). Wohnen. In F. Eckardt (Hrsg), Handbuch Stadtsoziologie (pp. 475-502). Wiesbaden: Springer.

Häußermann, H., & Siebel, W. (1996). Soziologie des Wohnens. Eine Einführung in Wandel und Ausdifferenzierung des Wohnens. Weinheim: Juventa.

Häußermann, H., & Siebel, W. (2000). Soziologie des Wohnens. München: Juventa.

Havighurst, R.J. (1958). A World View of Gerontology. Journal of Gerontology, 13 (Suppl 1), 2–5.

Havighurst, R. J. (1961). Successful Aging. The Gerontologist, 1, 8–13.

Heckmann, A. (2000). Wohnen als Thema und Aufgabe der Altenbildung. In S. Becker, L. Veelken, & K. P. Wallrave (Hrsg.), Handbuch Altenbildung. Theorien und Konzepte für die Gegenwart der Zukunft (pp. 411-423). Leske + Budrich: Opladen.

Heinze, R. G. (2018). Alter und Technik. In: Künemund, H., & Fachinger, U. (Hrsg.) Alter und Technik: Sozialwissenschaftliche Befunde und Perspektiven. Wiesbaden: Springer, 15-33.

Heinze, R. G., Naegele, G., & Schneiders K. (2011). Wirtschaftliche Potenziale des Alters. Stuttgart: Kohlhammer.

Höpflinger, F. (2004). Traditionelles und neues Wohnen im Alter. Zürich: Seismo.

Höpflinger, F. (2005). Pflege und das Generationenproblem: Pflegesituationen und intergenerationelle Zusammenhänge. In K. R. Schroeter & T. Rosenthal (Hrsg.), Soziologie der Pflege: Grundlagen, Wissensbestände und Perspektiven (S. 157–175). Weinheim & München: Juventa Verlag.

Höpflinger, F. (2009), Age Report 2009. Einblicke und Ausblicke zum Wohnen im Alter. Zürich & Genf: Seismo.

Höpflinger, F., (2017). Wandel des Alters. Neues Alter für neue Generationen. Bezogen von: http://www.hoepflinger.com/fhtop/Wandel-des-Alters.pdf. [letzter Zugriff: 20.08.2018].

Höpflinger, F., & Hugentolber, V. (2005). Familiale, ambulante und stationäre Pflege im Alter – Perspektiven für die Schweiz. Bern: Verlag Hans. Huber.

Höpflinger, F., & Van Wezemael, J. (Hrsg.). (2014). Wohnen im höheren Lebensalter. Grundlagen und Trends. Age Report 3. Zürich & Genf: Seismo Verlag.

Hradil, Stefan (1987), Sozialstrukturanalyse in einer fortgeschrittenen Gesellschaft. Opladen: Leske + Budrich, darin: Lagen und Milieus (pp. 139-170).

Huber, A. (Hrsg.). (2008). Neues Wohnen in der zweiten Lebenshälfte. Basel: Birkhäuser.

Huning, S. (2000): Technik und Wohnen im Alter in internationaler Perspektive. In: Wüstenrot Stiftung (Hg.). Technik und Wohnen im Alter. Dokumentation eines internationalen Wettbewerbes der Wüstenrot-Stiftung. Ludwigsburg: Wüstenrot-Stiftung, 91–143.

IFES. (2003). Leben und Lebensqualität in Wien. Wien: Magistrat der Stadt Wien.

IFES. (2010). Lebensqualität im Alter. Studie im Auftrag des Bundesministeriums für Arbeit, Soziales und Konsumentenschutz. Wien: IFES.

Isfort, M. (2013). Der Pflegeberuf im Spiegel der Öffentlichkeit. Bundesgesundheitsblatt-Gesundheitsforschung - Gesundheitsschutz, 56, 1081–1087.

Iwarsson, S., Wahl, H.-W., Nygren, C., Oswald, F., Sixsmith, A., Sixsmith, J., Széman, Z. & Tomsone, S. (2007), Importance of the Home Environment for Healthy Aging: Conceptual and Methodological Background of the European ENABLE–AGE Project. The Gerontologist, 47 (1), 78–84.

Jansen, K., Schneiders, K., & Bölting, T. (2008). Gemeinsam statt einsam! Gemeinschaftliche Wohnprojekte für Ältere: Best-Practice-Projekte aus Deutschland und dem europäischen Ausland. Bochum: Kuratorium Qualitätssiegel Betreutes Wohnen für ältere Menschen in NRW.

Jenkins, A., & Mostafa, T. (2014). The effects of learning on wellbeing for older adults in England. Ageing and Society, 35, 2053–2070.

Josefsson K, Andersson M, Erikstedt A (2016) Older adults' self-rated health and differences by age and gender: A quantitative study. Healthy Aging Research. 5(5), 1–10.

Jylhä, M. (2009). What is self-rated health and why does it predict mortality? Towards a unified conceptual model. Social Science & Medicine. 69(3), 307–316.

Kade, Sylvia (2007). Altern und Bildung: Eine Einführung. Bielefeld: Wbv.

Kaiser, H., & Oswald, W. (2000). Autofahren im Alter - eine Literaturanalyse: Driving in Old Age - A Review of Scientific Publications. Zeitschrift Für Gerontopsychologie & -psychiatrie, 13(3/4), 131–170.

Katschnig-Fasch, E. (1998). Möblierter Sinn. Städtische Wohn- und Lebensstile. Wien: Böhlau.

Kisser, R. (2009). Sicherheit im hohen Alter. In Bundesministerium für Soziales und Konsumentenschutz (Hrsg.), Hochaltrigkeit in Österreich. Eine Bestandsaufnahme (pp. 161-180). Wien: BMSK.

Kitwood, T. M. (2008). Demenz: Der person-zentrierte Ansatz im Umgang mit verwirrten Menschen (5., erg. Aufl., Bd. Deutschsprachige Ausgabe hrsg. von C. Müller-Hergl). Bern: Huber. Abgerufen von https://ubdata.univie.ac.at/AC07482960

Knesebeck, O. (2000). Sozialer Status und subjektive Gesundheit im Alter. Journal of Public Health, 8(3), 262–272.

Koch-Straube, U. (2005). Lebenswelt Pflegeheim. In K. R. Schroeter, T. Rosenthal (Hrsg.), Soziologie der Pflege (pp. 211-226). München: Juventa.

Köcher, R. & Sommer, M. (2017). Generali Altersstudie 2017: Wie ältere Menschen in Deutschland denken und leben. Generali Deutschland AG (Hrsg.). Deutschland: Springer Verlag.

Kolland, F., & Ahmadi, P. (2010). Bildung und aktives Altern. Bielefeld: Bertelsmann.

Kolland, F., & Rosenmayr, L. (2002). Älterwerden in Wien. Wien: Forschungsbericht (MA18).

Kolland, F., Gallistl, V., & Wanka, A. (2018). Bildungsberatung für Menschen im Alter. Grundlagen, Zielgruppen, Konzepte. Stuttgart: Kohlhammer.

Kremer-Preiß, U. (2014). Wohnatlas: Rahmenbedingungen der Bundesländer beim Wohnen im Alter: Teil 1: Bestandsanalyse und Praxisbeispiele. Ludwigsburg: Kuratorium Deutsche Altershilfe/Wüstenrot Stiftung.

Kremer-Preiß, U., & Stolarz, H. (2003). Neue Wohnkonzepte für das Alter und praktische Erfahrungen bei der Umsetzung: eine Bestandsanalyse (No. Zwischenbericht im Rahmen des Projektes „Leben und Wohnen im Alter" der Bertelsmann Stiftung und des Kuratoriums Deutsche Altershilfe). Köln: Bertelsmann Stiftung/KDA.

Krings-Heckemeier, M. T., Braun, R., Schmidt, M., & Schwedt, A. (2006). Die Generationen über 50: Wohnsituation, Potenziale und Perspektiven. Berlin: Bundesgeschäftsstelle Landesbausparkassen im Deutschen Sparkassen und Giroverband. Abgerufen von https://www.lbs.de/media/service/s/ratgeber_und_informationen/broschueren/pdfs_2/Die_Generationen_ueber_50.pdf

Krings-Heckemeier, M.-T., & Pfeifer U. (1994). Wohnen im Alter. Forum Demographie und Politik. 6, 141-156

Kruse, A. & Wahl, H.W. (2010). Zukunft Altern. Individuelle und gesellschaftliche Weichenstellungen. Heidelberg: Spektrum Akademischer Verlag.

Künemund, H., & Fachinger, U. (2018). Einleitung. In: Künemund, H., & Fachinger, U. (Hrsg.) Alter und Technik: Sozialwissenschaftliche Befunde und Perspektiven. Wiesbaden: Springer, 9–14.

Kweon, B., Sullivan, W., & Wiley, A. (1998). Green Common Spaces and the Social Integration of Inner-City Older Adults. Environment and Behavior, 30(6), 832–858.

Laslett, P. (1989). A fresh map of life: The emergence of the third age. London: Weidenfeld and Nicolson.

Laslett, P. (1995). Das dritte Alter. Historische Soziologie des Alterns. München: Juventa Verlag.

Lawton, M. P. (1970). Ecology and Aging. Spatial Behavior of older People. In L. A. Pastalan & D. H. Carson (Hrsg.), Spatial Behavior of Older People (pp. 40–76). Ann Arbor: University of Michigan.

Lawton, M. P., & Simon, B. B. (1968). The Ecology of Social Relationships in Housing for the Elderly. The Gerontologist, 8, 108–115.

Levy, B. R. & Myers, L. M. (2004). Preventive health behaviors influenced by self-perceptions of aging. Preventive Medicine, 39(3), 625-629.

Levy, B., Slade, M., Kunkel, S., & Kasl, S. (2002). Longevity increased by positive self-perceptions of aging. Journal of Personality and Social Psychology, 83(2), 261-70.

Löfqvist, C., Granbom, M., Himmelsbach, I., Iwarsson, S., Oswald, F., & Haak, M. (2013). Voices on Relocation and Aging in Place in Very Old Age: A Complex and Ambivalent Matter. The Gerontologist, 53(6), 919–927.

Lovatt, M. (2018). Becoming at home in residential care for older people: A material culture perspective. Sociology of Health & Illness, 40(2), 366–378.

Marmot, M. (2004). The status syndrome: How social standing affects our health and longevity. New York: Times Books.

Marshall, B. (2015). Anti ageing and identities. In J. Twiggs und W. Martin (Hrsg.), Routledge Handbook of Cultural Gerontology. London: Taylor and Francis. 210–217.

Miesenberger, K., Klaus, J., Zagler,W.L., & Karshmer A. (Hrsg.) (2008). Computers Helping People With Special Needs. Proceedings of the 11th ICCHP. New York/Wien: Springer.

Motel, A., Künemund, H. Bode, C. (2000). Wohnen und Wohnumfeld. In: Kohli, M., Künemund, H. (Hrsg.), Die zweite Lebenshälfte. Gesellschaftliche Lage und Partizipation im Spiegel des Alters-Survey. Opladen: Leske+Budrich, 124-175.

Nagl-Cupal, M., Kolland, F., Zartler, U., Mayer, H., Bittner, M., Koller, M., Parisot, V., Stöhr, D., & Bundesministerium für Arbeit, Soziales, Gesundheit und Konsumentenschutz (Hg.) (2018). Angehörigenpflege in Österreich. Einsicht in die Situation pflegender Angehöriger und in die Entwicklung informeller Pflegenetzwerke. Universität Wien.

Neugarten, B. L. (1974). Age Groups in American Society and the Rise of the Young-Old. The ANNALS of the American Academy of Political and Social Science, 415, 187–198. doi:10.1177/000271627441500114

Nisic N., & Abraham, M. (2015). Familie und Mobilität. In Hill, P., & Kopp, J. (Hrsg). Handbuch Familiensoziologie. Wiesbaden : Springer Fachmedien

Nowossadeck, S. & Engstler, H. (2017). Wohnung und Wohnkosten im Alter. In: Mahne, K., Wolff, J., Simonson, J., & Tesch-Römer, C. (Hrsg.), Altern Im Wandel: Zwei Jahrzehnte Deutscher Alterssurvey (DEAS). Wiesbaden: Springer, 287–300.

Nowossadeck, S. & Mahne, K. (2017a). Bewertung des Wohnumfeldes in der zweiten Lebenshälfte. In: Mahne, K., Wolff, J., Simonson, J., & Tesch-Römer, C. (Hrsg.), Altern Im Wandel: Zwei Jahrzehnte Deutscher Alterssurvey (DEAS). Wiesbaden: Springer, 301–314.

Nowossadeck, S., & Mahne, K. (2017b). Soziale Kohäsion in der Nachbarschaft. In: Mahne, K., Wolff, J., Simonson, J., & Tesch-Römer, C. (Hrsg). Altern Im Wandel: Zwei Jahrzehnte Deutscher Alterssurvey (DEAS). Wiesbaden: Springer, 315–328.

OECD. (2017). Preventing Ageing Unequally. Paris: OECD Publishing. Abgerufen von http://www.oecd-ilibrary.org/employment/preventing-ageing-unequally_9789264279087-en

Oswald, F. (1996). Hier bin ich zu Hause. Zur Bedeutung des Wohnens: Eine empirische Studie mit gesunden und gehbeeinträchtigen Älteren. Regensburg: Roderer.

Oswald, F., Jopp, D., Rott , C., & Wahl, H. W. (2011). Is aging in place a resource for or risk to life satisfaction? The Gerontologist, 51(2), 238–250.

Oswald, F., & Rowles, G. D. (2007). Beyond the relocation trauma in old age: New trends in today's elders' residential decisions. In H.-W. Wahl, C. Tesch-Römer, & A. Hoff (Eds.). New Dynamics in Old Age: Environmental and Societal Perspectives. Amityville, New York: Baywood Publ., 127–152.

Peuckert, R. (2012). Familienformen Im Sozialen Wandel. Wiesbaden: VS Verlag für Sozialwissenschaften.

Poddig, B. (2006). Die „Neuen Alten" im Wohnungsmarkt: Aktuelle Forschungsergebnisse über eine stark wachsende Zielgruppe. vhw Forum Wohneigentum, 3, 211–217.

Pohlmann, S. (2011). Sozialgerontologie. München: Reinhardt.

Pope, N. D., & Kang, B. (2010). Residential Relocation in Later Life: A Comparison of Proactive and Reactive Moves. Journal of Housing For the Elderly, 24(2), 193–207. https://doi.org/10.1080/02763891003757122

Reimer, R. (2013). Die Kunst des Gemeinsamen: Potenziale und Herausforderungen selbstverwalteter Wohnprojekte. Sozialwissenschaften und Berufspraxis, 36(1), 18–29.

Rischanek, U. (2008). Lebenformen und Wohnsituation der Hochbetagten in Österreich. In Bundesministerium für Soziales und Konsumentenschutz (Hrsg.), Hochaltrigkeit in Österreich. Eine Bestandsaufnahme (pp. 75–92). Wien: BMSK.

Rohrauer-Näf, G., Giedenbacher, Y., & Krappinger, A. (2018). „Auf gesunde Nachbarschaft" – Erprobung niederschwelliger Zugänge zur Förderung der Gesundheit älterer Menschen durch soziale Teilhabe und soziale Unterstützung. In G. Braunegger-Kallinger, V. Zeuschner, R. Christ, & G. Lang (Hrsg.), Faire Chancen gesund zu altern (pp. 71–82). Wien: Gesundheit Österreich GmbH. Bezogen von: http://fgoe.org/sites/fgoe.org/files/2018-07/Sammelband_Faire_Chancen_gesund_zu_altern.pdf. [letzter Zugriff: 22.08.2018].

Rosenmayer, L. (1987). Altsein im 21. Jahrhundert. In: Deutsches Zentrum für Altersfragen. (Hrsg). Die ergraute Gesellschaft. Berlin: DZA.

Rossi, P. (1955) Why families move: a study in the social psychology of urban residential mobility. Glenceo, Illinois: The Free Press.

Rossi, P. (1980) Why families move. 2nd edition. Beverly Hills, London: Sage Publications.

Roth, E G; Keimig, L., Rubinstein, R. L., Morgan, L., Eckert, K. J., Goldman, S., & Peeples, A. D. (2011). Baby Boomers in an Active Adult Retirement Community: Comity Interrupted. The Gerontologist, 2012, 52, 189–198.

Rubinstein, R. L., & Parmelee, P. A. (1992). Attachment to place and the representation of life course by the elderly. In I. Altman & S. M. Low (Eds.), Place attachment. New York, NY: Plenum Press, 139–163.

Sampson, R.J. (2006). Collective efficacy theory: Lessons learned and directions for future inquiry. In F. T. Cullen, J. P. Wright, & K. R. Blevins (Hrsg.), Taking stock: The status of criminological theory (pp. 149–167). New Brunswick, NJ: Transaction.

Saup, W. (1993). Alter und Umwelt. Eine Einführung in die ökologische Gerontologie. Stuttgart: Kohlhammer.

Saup, W. (2001). Ältere Menschen im Betreuten Wohnen. Augsburg: Verlag für Gerontologie.

Schelisch, L. (2016). Technisch unterstütztes Wohnen im Stadtquartier: Potentiale, Akzeptanz und Nutzung eines Assistenzsystems für ältere Menschen. Wiesbaden: Springer.

Schipfer, R. K. (2005). Der Wandel der Bevölkerungsstruktur in Österreich. Auswirkungen auf Regionen und Kommunen. Working Paper 51. Österreichisches Institut für Familienforschung.

Schmid-Hertha, B., & Mühlbauer, C. (2012). Lebensbedingungen, Lebensstile und Altersbilder älterer Erwachsener. In: J. Rossow & K.-P. Schwitzer (Hrsg.) Individuelle und kulturelle Altersbilder. Expertisen zum sechsten Altenbericht der Bundesregierung. Band 1. Wiesbaden VS Verlag für Sozialwissenschaften, 109–149.

Schnabel, E., & Schönberg, F. (2002). Qualitätssicherung: Nutzerorientierung und „Patient View" in stationären Altenpflegeeinrichtungen. In Th. Klie, A. Buhl, H. Entzian, & R. Schmidt (Hrsg.), Das Pflegewesen und die Pflegebedürftigen (pp. 203–222). Frankfurt a.M: Mabuse Verlag.

Schneider, N., & Spellerberg, A. (1999). Lebensstile, Wohnbedürfnisse und räumliche Mobilität. Opladen: Leske + Budrich.

Schneiders, K. (2011). Zurück zur Großfamilie? Chancen und Grenzen gemeinschaftlicher Wohnformen aus soziologischer Perspektive. Sozialer Fortschritt, 11, 264–271.

Schoeni, R. F., Freedman, V. A., & Martin, L. G. (2008). Socioeconomic and Demographic Disparities in Trends in Old-Age Disability. Cutler, D., & Wise, D. (Eds.). Health at Older Ages: The Causes and Consequences of Declining Disability among the Elderly. Chicago: University of Chicago Press, 75–102.

Sclar, E. D. (1987).When it comes to housing, Trickle-Down Theory is a dry well. Bezogen von: https://www.nytimes.com/1987/10/05/opinion/l-when-it-comes-to-housing-trickle-down-theory-is-a-dry-well-356787.html [letzter Zugriff: 08.07.2018].

Seifert, A., & Schelling, H. R. (2011). Leben im Altersheim: Erwartungen und Erfahrungen. Zürcher Schriften zur Gerontologie. Zürich: Zentrum für Gerontologie, 9.

Seifert, A., & Schelling, H. R. (2013). «Im Alter ziehe ich (nie und nimmer) ins Altersheim»: Motive und Einstellungen zum Altersheim. Zürcher Schriften zur Gerontologie. Zürich: Zentrum für Gerontologie, 11.

Seifert, A., & Schelling, H. R. (2017). Attitudes Toward Aging and Retirement Homes Before and After Entry Intro a Retirement Home. Journal of Housing For the Elderly, 32(1), 12–25.

Silbermann, A. (1991). Neues vom Wohnen der Deutschen (West). Köln: Verlag Wissenschaft und Politik Berend von Nottbeck.

Smith, A. (2009): Ageing in Urban Neighbourhoods. Place Attachment and Social Exclusion. Bristol: Policy Press.

Spangenberg, L., Glaesmer, H., Brähler, E., Kersting, A., & Strauß, B. (2013). Nachdenken über das Wohnen im Alter: Einflussfaktoren auf wohnbezogene Zukunftspläne und Wohnpräferenzen in einer repräsentativen Stichprobe ab 45-Jähriger. Zeitschrift für Gerontologie und Geriatrie, 46(3), 251–259.

Spellerberg, A. (1996). Soziale Differenzierung durch Lebensstile. Eine empirische Untersuchung zur Lebensqualität in West- und Ostdeutschland. (Hrsg. Vom Wissenschaftszentrum Berlin für Sozialforschung, Abteilung: Sozialstruktur und Sozialberichterstattung). Berlin: Ed. Sigma Rainer Bohn.

Stadler, J. (2018. Von institutioneller Versorgung zum Wohnen. Eine qualitative Studie zur Person-Umwelt-Passung am Beispiel der NÖ Pflege- und Betreuungszentren. Wien: Masterarbeit Universität Wien.

STATcube-Statistische Datenbank der Statistik Austria. (2015). Registerzählung 2011 – Personen. Abgerufen 29. Mai 2018, von http://statcube.at/statistik.at/ext/statcube/jsf/tableView/tableView.xhtml#

Statistik Austria. (2015). Gesundheitsbefragung 2014: Subjektiver Gesundheitszustand. Abgerufen 23. Juni 2018, von file:///C:/Users/Rebekka/AppData/Local/Packages/Microsoft.MicrosoftEdge_8wekyb3d8bbwe/TempState/Downloads/subjektiver_gesundheitszustand_2014 %20(1).pdf

Statistik Austria (2016). Wohnen 2015: Mikrozensus –Wohnungserhebung und EU-SILC. https://www.statistik.at/web_de/statistiken/menschen_und_gesellschaft/wohnen/wohnsituation/index.html (Letzter Zugriff 8. Mai 2018).

Statistik Austria. (2017). Datensatz: Mikrozensus-Arbeitskräfteerhebung. 4. Quartal 2017.

Statistik Austria (2017a). Bevölkerung zu Jahresbeginn seit 2002 nach fünfjährigen Altersgruppen und Geschlecht. Wien. https://www.statistik.at/web_de/statistiken/menschen_und_gesellschaft/bevoelkerung/bevoelkerungsstruktur/bevoelkerung_nach_alter_geschlecht/index.html (Letzter Zugriff 18.05.2018).

Statistik Austria (2017b). Bevölkerungsprognose 2016–2100 für Österreich, Hauptvariante. Wien (Erstellt am 12.10.2017) http://www.statistik.at/web_de/statistiken/menschen _und_gesellschaft/bevoelkerung/demographische_prognosen/bevoelkerungsprognosen/index.html (Letzter Zugriff: 16.05.2018)

Statistik Austria (2018). Wohnungsgröße von Hauptwohnsitzwohnungen nach Bundesland (Zeitreihe). Mikrozensus (Erstellt am 24.05.2018). https://www.statistik.at/web_de/statistiken/menschen_und_gesellschaft/wohnen/wohnsituation/index.html (Letzter Zugriff 21. August 2018).

Tesch-Römer, C. (2010). Soziale Beziehungen alter Menschen. Stuttgart: Kohlhammer.

Tews, H. P. (1993). Neue und alte Aspekte des Strukturwandels des Alters. In G. Naegele & H. P. Tews (Hrsg.), Lebenslagen im Strukturwandel des Alters: Alternde Gesellschaft - Folgen für die Politik (S. 15–42). Opladen: Westdt. Verl.

Teti, A., Kuhlmey, A., Dräger, D., & Blüher, S. (2012). Prädiktoren individueller Wohnmobilität älterer Frauen und Männer. Prävention und Gesundheitsförderung,7(4), 278–285.

Tsai, H.S., Shillair, R., & Cotton, S.R. (2017). Social Support and "Playing Around": An Examinations of How Older Adults Acquire Digital Literacy With Tablet Computers. Journal of Applied Gerontology, 36(1), 29–55. doi:10.1177/0733464815609440

Tulle-Winton, E. (1999). Growing Old and Resistance: Towards a New Cultural Economy of Old Age. Ageing and Society, 19, 281–299.

van Tilburg, T. (1998). Losing and Gaining in Old Age: Changes in Personal Network Size and Social Support in a Four-Year Longitudinal Study. The Journals of Gerontology: Social Sciences, 53B(6), 313–323. https://doi.org/10.1093/geronb/53B.6.S313

Vester, M. (2010). Soziale Ungleichheiten aus milieutheoretischer Perspektive. In Monica Budowski, & Michael Nollert (Hrsg.), Soziale Ungleichheiten (S. 97–129). Zürich: Seismo.

Voges, W. (2002): Perspektiven des Lebenslagenkonzeptes. Zeitschrift für Sozialreform 48, 262–278.

Völkl, S. (2010). Lebensqualität im Alter: Befragung von Personen ab 60 Jahren. Studienbericht. Bundesministerium für Arbeit, Soziales und Konsumentenschutz. Archivnummer: 23004 007.

Von Hippel, A., Tippelt, R., & Gebrande, J. (2018). Adressaten-, Teilnehmer- und Zielgruppenforschung in der Erwachsenenbildung. In R. Tippelt & A. Von Hippel (Hrsg.), Handbuch Erwachsenenbildung/ Weiterbildung (6., überarbeitete und aktualisierte Auflage, S. 1131–1149). Wiesbaden: Springer Fachmedien.

Wahl, H.-W., & Lang, F. R. (2006). Psychological Aging-74: A Contextual View. In: Conn, P. M. (Ed). Handbook of models for human aging. Boston: Elsevier Academic Press, 881–895.

Wahl, H. W., Mollenkopf, H., & Oswald, F. (Hrsg.). (1999). Alte Menschen in ihrer Umwelt. Opladen: Westdeutscher Verlag.

Wahl, H.-W., & Reichert, M. (1994). Übersiedlung und Wohnen im Altenheim als Lebensaufgabe. In A. Kruse & H.-W. Wahl (Hrsg.), Altern und Wohnen im Heim: Endstation oder Lebensort? (S. 15–48). Bern [u. a.]: Hans Huber.

Wahl, H.-W. (1998). Alltagskompetenz: Ein Konstrukt auf der Suche nach einer Identität. Zeitschrift für Gerontologie und Geriatrie, 31(4), 243–249.

Walker, A. (1996). Intergenerational relations and the provision of welfare. In A. Walker (Hrsg.), The new generational contract: Intergenerational relations, old age and welfare (S. 10–36). London: UCL Press.

WHO (2002). Active Ageing. A Policy Framework. Genf. http://www.who.int/ageing/publications/active_ageing/en/ (Zugriff: 11.07.2018).

Wichert, R. (2012) 'Foreword' in R. Wichert and B. Eberhardt (eds), Ambient Assisted Living, Berlin Heidelberg: Springer, pp V–VI.

Wiedenbeck, M., & Züll, C. (2001). Klassifikation mit Clusteranalyse: Grundlegende Techniken hierarchischer und K-means-Verfahren. Mannheim: ZUMA, How-to-Reihe Nr. 10. Abgerufen von https://www.gesis.org/fileadmin/upload/forschung/publikationen/gesis_reihen/howto/howto10mwcz.pdf

Wiles, J.L., Leibing, A., Guberman, N., Reeve, J., & Allen, R. E. S., (2012). The meaning of 'ageing in place' to older people. The Gerontologist 52 (3), 357–366.

Wiles, J. L., Rolleston, A., Pillai, A., Broad, J. Teh, R., Gott, M., & Kerse, N. (2017). Attachment to place in advanced age: A study of the LiLACS NZ cohort. Social Science & Medicine, 185, 27–37.

Wolff, J.K., Nowossadeck, S. & Spuling, S.M. (2017). Altern nachfolgende Kohorten gesünder? Selbstberichtete Erkrankungen und funktionale Gesundheit im Kohortenvergleich. In: Mahne, K., Wolff, J., Simonson, J., & Tesch-Römer, C. (Hrsg.), Altern Im Wandel: Zwei Jahrzehnte Deutscher Alterssurvey (DEAS). Wiesbaden: Springer, 125-138.

Wolter, B. 2017. Gesundheitsförderliche Quartiere für alte Menschen – Herausforderungen und Barrieren. In C. Fabian et al. (Hrsg.), Quartier und Gesundheit (pp. 61–78). Wiesbaden: Springer.

Wright, D., Gutwirth, S., & Friedewald, M. (2008). Safeguards in a World of Ambient Intelligence. Springer: New York.

Wu, S., Wang, R., Zhao, Y., Ma, X., Wu, M., Yan, X., & He, J. (2013). The relationship between self-rated health and objective health status: A population-based study. BMC Public Health, 13(1), 320.

Wurm, S., & Huxhold, O. (2012). Sozialer Wandel und individuelle Entwicklung von Altersbildern. In F. Berner, J. Rossow, & K.-P. Schwitzer (Hrsg.), Individuelle und kulturelle Altersbilder: Expertisen zum Sechsten Altenbericht der Bundesregierung (Bd. 1, S. 27–69). Wiesbaden: VS Verlag für Sozialwissenschaften/Springer Fachmedien.

Yang, Y., & Lee, L. C. (2010). Dynamics and heterogeneity in the process of human frailty and aging: Evidence from the U.S. older adult population. Journals of Gerontology Series B: Psychological Sciences and Social Sciences, 65B, 246–255. doi: 10.1093/geronb/gbp102.

Zajacova, A., Huzurbazar, S., & Todd, M. (2017). Gender and the structure of self-rated health across the adult life span. Social Science & Medicine, 187, 58–66.

Zebhauser, A., Baumert, J., Emeny, R.T., Ronel, J., Peters, A. & Ladwig, K.H. (2015). What prevents old people living alone from feeling lonely? Findings from the KORA-Age-study, Aging & Mental Health, 19:9, 773–780.

Zimmerli, J. (2016) Wohnmobilität im Alter – ein zukunftsfähiger Ansatz für die Siedlungsentwicklung nach innen?, disP – The Planning Review, 52 (3), 61–72.

Abbildungsverzeichnis

Abbildung 1: Beispiele lebensweltlicher Veränderungen, die sich im Wohnen niederschlagen 56
Abbildung 2: Links: sehr hohe Wohnzufriedenheit nach Alter und Geschlecht (n = 1000), rechts: sehr hohe Zufriedenheit mit den strukturellen Einrichtungen nach Alter und Geschlecht (n = 929).. 83
Abbildung 3: Von links nach rechts: Sehr hohe Wohnzufriedenheit (Wert 10) nach Verbundenheit mit Wohnung (n = 1001), nach Wohndauer (n = 987), nach Wohnungsgröße (n = 968), und nach Ortsgröße (n = 987)...................... 84
Abbildung 4: Gute subjektive Gesundheit von Frauen und Männern (n = 998).......... 87
Abbildung 5: Einfluss des subjektiven Gesundheitsempfindens auf die Wohn- (n = 998) und Wohnumgebungszufriedenheit (n =926). 89
Abbildung 6: Zufriedenheit mit ausgewählten Aspekten der Wohnumgebung (sehr zufrieden = 10, nicht zufrieden = 1 – 7, eher zufrieden wird nicht angezeigt, besteht jedoch aus der Differenz zu den 100%) nach der subjektiven Gesundheit (n = zwischen 929 und 998) 90
Abbildung 7: Vorhandensein einer bodengleichen Dusche nach der Wohnzufriedenheit bei gutem subjektiven Gesundheitsempfinden (n =998) 92
Abbildung 8: Autonome Kfz-Nutzung von Männern nach Wohnzufriedenheit (wenig zufrieden =1-7, sehr zufrieden=10, eher zufrieden wird nicht dargestellt, ergibt sich jedoch aus der Differenz) und nach Altersgruppen (n =435) 93
Abbildung 9: Positives Altersbild nach ausgewählten Einflussfaktoren. Dargestellt ist der Anteil an Personen mit hoher Zustimmung zum positiven Altersbild (n= zwischen 797 und 988), d. h. hoher Zustimmung zu (1) „Älterwerden bedeutet für mich, dass ich weiterhin viele Pläne mache" und (2) „Älterwerden bedeutet für mich, dass ich weiterhin in der Lage bin, neue Dinge zu lernen".............................. 95
Abbildung 10: Positives Altersbild (trifft nicht zu =100%, trifft zu = 100%) nach Wohnzufriedenheit (wenig zufrieden =1-7, sehr zufrieden =10, eher zufrieden nicht dargestellt, ergibt sich aus der Differenz; n =989).............................. 96
Abbildung 11: Links: Zufriedenheit mit der Nachbarschaft und Anzahl an engen sozialen Kontakten (n = 985); rechts: Anzahl an engen sozialen Kontakten und subjektives Gesundheitsempfinden (n = 994) 97
Abbildung 12: Sozialkontakte und hohe Zufriedenheit mit verschiedenen Aspekten der Wohnumgebung (n = zwischen 923 und 997)................................ 98
Abbildung 13: Rechtsverhältnis nach Wohnortsgröße (n=989) 104
Abbildung 14: Mittlere Entfernung zu strukturellen Einrichtungen in Gehminuten nach Ortsgröße 109
Abbildung 15: Erreichbarkeit struktureller Einrichtungen nach Ortsgröße (n=927) 111
Abbildung 16: Zufriedenheit mit der Wohnumgebung, Antwortkategorie „sehr zufrieden" nach Wohnortsgröße.. 115

Abbildung 17: Oben: Vorstellbarkeit von personellen Unterstützungsmaßnahmen durch Angehörige nach Alter, Geschlecht (n= 992), unten: Wohnortsgröße (n = 980) und Haushaltsgröße (n = 991).. 122
Abbildung 18: Links: Informelle Unterstützung und Sozialkontakte (n =989); rechts: Zufriedenheit mit der Nachbarschaft und Unterstützung durch Nachbarn und Nachbarinnen (n= 981), nicht dargestellt ist die Kategorie „eher zufrieden"........... 124
Abbildung 19: Einflussfaktoren auf informelle Unterstützungsmaßnahmen 125
Abbildung 20: Links: Einkommen und 24h-Betreuung (n =786); rechts: Ortsgröße und 24h-Betreuung (n = 963) 126
Abbildung 21: Einflussfaktoren auf professionelle Unterstützungsmaßnahmen 127
Abbildung 22: Interesse an unterschiedlichen assistiven Technologien nach Alter (n = zwischen 982 und 996)... 130
Abbildung 23: Einflussfaktoren auf die Akzeptanz von assistiven Technologien 131
Abbildung 24: Links: Umzugswahrscheinlichkeit insgesamt (n = 969); rechts: Umzugswahrscheinlichkeit nach Altersgruppen (n = 969) 136
Abbildung 25: Umzugswahrscheinlichkeit nach Geschlecht und Alter; „mittelmäßig wahrscheinlich" bei den beiden unteren Grafiken nicht dargestellt (n = 970) 138
Abbildung 26: Links: Wohndauer in Jahren und Umzugswahrscheinlichkeit (n = 955); Rechts: Verbundenheit mit der Wohnung und Umzugswahrscheinlichkeit (n = 970). „mittelmäßig wahrscheinlich" wird nicht dargestellt 140
Abbildung 27: Rechtsverhältnis und Umzugsbereitschaft (n=968) 141
Abbildung 28: Negatives Altersbild nach der Umzugswahrscheinlichkeit; „mittelmäßig wahrscheinlich" wird nicht dargestellt (n= 956) 142
Abbildung 29: Einstellung gegenüber Pflegeheimen nach der Umzugswahrscheinlichkeit; „mittelmäßig wahrscheinlich" wird nicht dargestellt (n = 942)................... 143
Abbildung 30: Hohe Umzugswahrscheinlichkeit und Interesse an verschieden Wohnformen (n = zwischen 949 und 970), ... 144
Abbildung 31: Lineare Regression: Umzugswahrscheinlichkeit 146
Abbildung 32: Beweggründe für einen Umzug nach Altersgruppen; „keiner dieser Gründe" wird nicht dargestellt und ergibt sich aus der Differenz (n = 946) 148
Abbildung 33: Allgemeine Einstellung gegenüber Pflegeheimen nach Wohnortsgröße (n=961) 154
Abbildung 34: Beurteilung spezifischer Aspekte von Alten- und Pflegeheimen........... 156
Abbildung 35: Einschätzung von Pflegeheimen nach Altersgruppen................... 157
Abbildung 36: Einstellung zu Angeboten in Pflegeheimen nach Alter.................. 158
Abbildung 37: Multiple Regressionsanalysen der Zusammenhänge des Alters, der Gesundheit und des positiven Altersbildes mit der Einstellung zu Pflegeheimen 160
Abbildung 38: Einstellung zu Pflegeheimen nach dem gefühltem Alter (n=949).......... 161
Abbildung 39: Zustimmung zu Aktivitäts- und Ausstattungsangeboten nach dem positiven Altersbild 162
Abbildung 40: Direkte und indirekte Einflussfaktoren auf die allgemeine Einstellung zu Pflegeheimen... 163
Abbildung 41: Bivariate Unterschiede beim Interesse an traditionellen Wohnformen nach aktueller Wohnkategorie 173

Abbildung 42: Interesse an einem Haus am Land (n=976) und einer Stadtwohnung (n=981) nach Wohnortsgröße 175
Abbildung 43: Interesse am betreuten Wohnen nach potenzieller Unterstützungsmaßnahme 177
Abbildung 44: Interesse an Mehrgenerationenhäusern nach den potenziellen Unterstützungsmaßnahmen bei schlechterer Gesundheit........................ 180
Abbildung 45: Interesse an Wohndörfern nach der subjektiven Gesundheitseinschätzung (n=985; Tc=0,099 p<0,001).. 182
Abbildung 46: Interesse an Wohndörfern nach dem Interesse an assistiver Technologie ... 182
Abbildung 47: Zielgruppen des Wohnens im Alter nach sozio-ökonomischem Status..... 190
Abbildung 48: Werthaltungen der Zweckorientierten 191
Abbildung 49: Sozio-demografische Merkmale der Zweckorientierten (n=186) 192
Abbildung 50: Das Pflegeheim aus der Sicht der Zweckorientierten 194
Abbildung 51: Die Zielgruppe der Verwurzelten................................. 195
Abbildung 52: Sozio-demografische Merkmale der Verwurzelten (n=411) 196
Abbildung 53: Das Pflegeheim aus Sicht der Verwurzelten 198
Abbildung 54: Werthaltungen der Alternativen................................. 199
Abbildung 55: Sozio-demografische Merkmale der Alternativen (n=103) 200
Abbildung 56: Das Pflegeheim aus Sicht der Alternativen......................... 202
Abbildung 57: Werthaltungen der Individualitätsorientierten 203
Abbildung 58: Sozio-demografische Verteilung der Individualitätsorientierten (n=229)... 204
Abbildung 59: Das Pflegeheim aus Sicht der Individualitätsorientierten................ 206

Tabellenverzeichnis

Tabelle 1: Zur Haushaltsgröße und Lebensform älterer Menschen im Ländervergleich (2016) 34
Tabelle 2: Einschätzung der finanziellen Lage des eigenen Haushalts im Ländervergleich (2002–2016) 35
Tabelle 3: Schlechte Wohnverhältnisse – nach Einschätzung der finanziellen Lage 2014 37
Tabelle 4: Subjektive und funktionale Gesundheit älterer Personen im Ländervergleich 2016 38
Tabelle 5: Wohnform und Wohnkategorie im Vergleich Österreich-Schweiz 42
Tabelle 6: Wohnsituation der 65-jährigen und älteren Befragten nach Gemeindegrößenklasse 43
Tabelle 7: Durchschnittliche Wohnkosten bei älteren Menschen in Österreich und der Schweiz 44
Tabelle 8: Stufen in oder vor der Wohnung – und Einstufung der Wohnung als barrierefrei 45
Tabelle 9: Zuhause lebende Personen 65+: Geschätzte Gehminuten bis zur nächsten Haltestelle des öffentlichen Verkehrs und zur nächsten Einkaufsmöglichkeit (Lebensmittel) 46
Tabelle 10: Zufriedenheit mit Aspekten der Wohnumgebung nach Gemeindegröße 47
Tabelle 11: Allgemeine Wohnzufriedenheit: Vergleich Österreich-Schweiz 48
Tabelle 12: Einfluss von Wohnmerkmalen auf allgemeine Wohnzufriedenheit: Vergleich Österreich-Schweiz 49
Tabelle 13: Themen des Erhebungsbogens 78
Tabelle 14: Beschreibung der Stichprobe nach sozio-demografischen Merkmalen 79
Tabelle 15: Wohnverbundenheit (n =928), Wohndauer (n = 913), Ortsgröße (n = 919) nach der Zufriedenheit mit den Einrichtungen in der Wohnumgebung 85
Tabelle 16: Haushaltskonstellation nach Altersgruppen und Geschlecht der Befragten (n=992) 106
Tabelle 17: Rechtsverhältnis nach dem Haushaltseinkommen, den Wohnkosten und der Wohnfläche 107
Tabelle 18: Wohnzufriedenheit und Wohndauer nach Altersgruppen 112
Tabelle 19: Wohnzufriedenheit nach sozialen und wohnbezogenen Aspekten 114
Tabelle 20: Anzahl und Anteil unterschiedlicher Altersgruppen in Pflegeanstalten und Altersheimen (Registerzählung 2011) 151
Tabelle 21: Multinominale Regressionsanalyse der fünf Aspekte von Pflegeheimen: Vergleich schlechte Einschätzung mit guter Einschätzung (fortlaufend) 166
Tabelle 22: Interesse an einer größeren Wohnung nach der Wohnform, den Sozialkontakten und der subjektiven Gesundheit 174
Tabelle 23: Interesse am betreuten Wohnen nach Alter (n=978) und subjektiver Gesundheit (n=974) 176
Tabelle 24: Einstellung zu innovativen Wohnformen nach Alter 178

Tabelle 25: Interesse an Mehrgenerationenhäusern nach dem Interesse an einer
    kleineren Wohnung und einem betreuten Wohnen sowie der Umzugsbereitschaft 180
Tabelle 26: Zielgruppen des Wohnens im Alter.. 189
Tabelle 27: Durchschnittliches Nettoeinkommen und Verteilung auf Bildungsabschlüsse
    innerhalb der Zielgruppen 190